新时代基础教育发展

中国普通高中教育

1→2→3→4

蔡建东 朱敬 等著

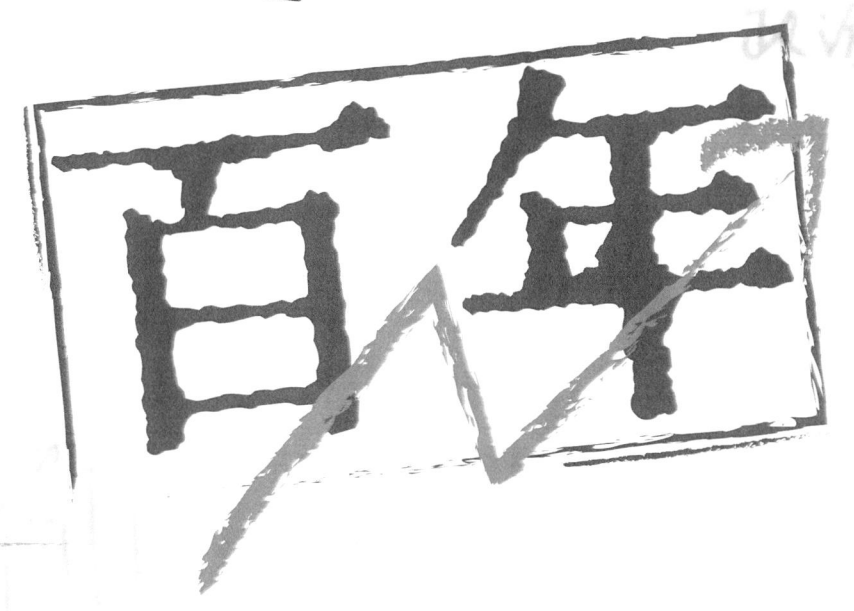

中国社会科学出版社

图书在版编目（CIP）数据

中国普通高中教育百年 / 蔡建东等著. -- 北京：中国社会科学出版社，2024.12. -- （新时代基础教育发展）. -- ISBN 978-7-5227-4491-9

Ⅰ. G639.29

中国国家版本馆 CIP 数据核字第 20243PP283 号

出 版 人	赵剑英	
责任编辑	李金涛	
责任校对	刘春芬	
责任印制	李寡寡	

出　　版	中国社会科学出版社	
社　　址	北京鼓楼西大街甲 158 号	
邮　　编	100720	
网　　址	http://www.csspw.cn	
发 行 部	010-84083685	
门 市 部	010-84029450	
经　　销	新华书店及其他书店	
印　　刷	北京明恒达印务有限公司	
装　　订	廊坊市广阳区广增装订厂	
版　　次	2024 年 12 月第 1 版	
印　　次	2024 年 12 月第 1 次印刷	
开　　本	710×1000　1/16	
印　　张	23	
插　　页	2	
字　　数	345 千字	
定　　价	198.00 元	

凡购买中国社会科学出版社图书，如有质量问题请与本社营销中心联系调换
电话：010-84083683
版权所有　侵权必究

总　　序

党的二十大报告对教育作出了全新的定位。之前的报告把教育放在民生中，此次报告把教育、科技和人才一体化系统部署，突出了教育在科教兴国战略、人才强国战略、创新驱动发展战略中的基础性作用。教育既是民生更是国计，这是对教育与经济社会互动发展规律的深刻认识。

建设教育强国，基点在基础教育。2023年8月16日，《教育部　国家发展改革委　财政部关于实施新时代基础教育扩优提质行动计划的意见》明确了新时代我国基础教育发展重心为"扩优提质"，更好满足人民群众"上好学"的美好愿望，并确立了"到2027年，适应新型城镇化发展和学龄人口变化趋势的城乡中小学幼儿园学位供给调整机制基本建立，优质教育资源扩充机制更加健全，学前教育优质普惠、义务教育优质均衡、普通高中优质特色、特殊教育优质融合发展的格局基本形成"的主要目标，规划了重大行动与系列任务。[①] 那么，如何高绩效实现既定目标？如何扎实有效完成各项任务？这套丛书给出了回答，为我国基础教育高质量发展提供了智力支持。

在丛书组织实施过程中，发现基础教育教学中不断衍生出新问题，对新状况、新问题的把握与深入探讨具有现实意义。因此，确定了丛书规划的首要原则——动态开放原则，即本丛书只做总体规划，不做具体主题设计。在充满机遇与挑战的新时代，在日新月异的发展变化中，以动态开放的姿态不断发现新问题并持续思考如何解决，比某一

[①] 教育部、国家发展改革委、财政部：《教育部　国家发展改革委　财政部关于实施新时代基础教育扩优提质行动计划的意见》，《中华人民共和国教育部公报》2023年第7、8号。

时间定点的主题选择与问题厘定更有价值，更能体现紧跟时代步伐、乘长风破万里浪的决心与视野。

此外，本丛书还遵循以下原则：

理论与实践双重发展原则。教育理论与教育实践的关系是个复杂且有争议的话题，但无论如何二者良性互动必是双赢局面。因此，本丛书既要做教育理论的审思与延展，也要对基础教育实践做充分的观照，更要在理论与实践双重发展中探寻新时代基础教育中国特色发展之道。

多层面问题导向原则。问题是事物矛盾的体现，不断解决矛盾问题、勇于突破创新是推动新时代基础教育高质量发展的突破口。本丛书希望在确定问题及讨论问题时，涉及基础教育宏观、中观与微观各个层面，涉及学前教育、义务教育、高中教育各个学段，涉及政府、学校、教师、儿童与家长各类主体，从不同层面研究新时代基础教育发展的理论与实践。当然，全面梳理固然重要，但事有轻重缓急，丛书将择其重者先为之。

本丛书是河南省普通高中发展研究中心研究团队对新时代基础教育发展的审思、探索与回应。有些是博士生的倾力之作，有些是研究课题团队的智力产出。在此过程中，国内外专家同行给予了大力支持与帮助，有些还亲自执笔参与撰稿，在此深表谢意！同时，感谢中国社会科学出版社！感谢责任编辑李金涛老师，正是由于大家的鼎力支持才使丛书得以问世。

因时间、精力与水平有限，已经成形和正在成形的成果难免有错漏与不足，敬请专家学者、同行朋友以及基础教育一线的老师们批评指正！

蔡建东
2023年9月于河南大学

目 录

前　言 ……………………………………………………………（1）

绪章　中国普通高中教育百年发展阶段划分与研究思路 ………（1）
　　一　回顾中国普通高中教育百年发展的背景与意义 ………（1）
　　二　关于普通高中教育百年发展阶段划分的考量 …………（3）
　　三　普通高中教育百年发展的四个阶段及其主要特征 ……（4）
　　四　普通高中教育百年发展研究与阐述思路 ………………（10）

第一章　高中学段独立与初步发展阶段（1922—1949年）………（12）
　第一节　1922年新学制的出台 …………………………………（12）
　　一　1922年新学制出台的背景 ………………………………（13）
　　二　1922年新学制的内容 ……………………………………（15）
　第二节　民国时期普通高中教育的发展演进 …………………（17）
　　一　民国时期普通高中教育政策的演变 ……………………（18）
　　二　民国时期普通高中学校的设置情状 ……………………（34）
　　三　民国时期普通高中教育的实施成效 ……………………（48）
　　四　抗战流亡大学附属中学的发展 …………………………（54）
　第三节　民国时期的普通高中女子教育 ………………………（56）
　　一　民国时期中学女子教育的产生 …………………………（57）
　　二　民国时期普通高中女子教育的发展 ……………………（62）
　　三　民国时期普通高中女子中学典型案例 …………………（66）

第二章　重点高中阶段(1949—1993年) ……………………… (74)
第一节　重点高中阶段形成背景与定位 ………………………… (74)
　　一　重点高中阶段的历史传承与形成背景 ………………… (75)
　　二　重点高中阶段普通高中教育的定位 …………………… (78)
第二节　重点高中阶段普通高中教育的改革与发展 …………… (84)
　　一　改革开放前的探索改革时期 …………………………… (84)
　　二　改革开放后新的历史发展时期 ………………………… (95)
第三节　重点高中阶段的普通高中建设情况 ………………… (101)
　　一　普通高中建设总体情况 ………………………………… (101)
　　二　重点高中的建设 ………………………………………… (109)
第四节　关于"重点中学"的讨论 ……………………………… (115)
　　一　20世纪80年代关于"要不要办重点学校"的讨论 …… (116)
　　二　20世纪90年代关于"重点学校制度存废"大辩论 …… (120)
　　三　关于重点学校的省思 …………………………………… (128)

第三章　示范性高中阶段(1993—2009年) ……………………… (133)
第一节　示范性高中阶段形成背景与定位 …………………… (133)
　　一　示范性高中阶段形成的背景 …………………………… (133)
　　二　示范性高中阶段普通高中的定位 ……………………… (136)
第二节　示范性普通高中的形成与发展 ……………………… (139)
　　一　示范性普通高中建设的政策指引 ……………………… (139)
　　二　示范性普通高中建设的地方实践 ……………………… (142)
　　三　示范性普通高中的建设要求、特点与进步性 ………… (148)
第三节　示范性普通高中阶段的重要改革 …………………… (157)
　　一　促进办学体制改革 ……………………………………… (157)
　　二　积极推进课程改革 ……………………………………… (165)
　　三　推进考试制度改革 ……………………………………… (188)
第四节　薄弱普通高中的改进 ………………………………… (197)
　　一　薄弱普通高中的形成 …………………………………… (198)
　　二　薄弱普通高中改进的政策引导 ………………………… (200)

三　薄弱普通高中改进的地方实践 …………………………… (202)
　　四　优质普通高中辐射薄弱普通高中的主要模式 ………… (206)

第四章　普通高中多样化特色发展阶段(2010年至今) ……… (212)
　第一节　普通高中多样化特色发展阶段的背景与定位 …… (212)
　　一　普通高中多样化特色发展阶段的背景 ………………… (212)
　　二　普通高中多样化特色发展的定位与政策演进 ………… (216)
　第二节　普通高中多样化特色发展阶段的核心：
　　　　　育人方式改革 ……………………………………… (221)
　　一　普通高中育人方式改革的政策分析 …………………… (221)
　　二　育人方式改革抓手：新课程、新教材和新高考改革 …… (222)
　　三　普通高中育人方式改革各省市推进要点 ……………… (225)
　第三节　普通高中多样化特色发展的若干重要问题 ……… (230)
　　一　县域普通高中振兴问题 ………………………………… (231)
　　二　普通高中培养拔尖创新人才问题 ……………………… (245)
　　三　普通高中学科基地建设有效推进问题 ………………… (262)
　　四　普通高中学校特色发展问题 …………………………… (279)
　　五　普通高中办学质量评价问题 …………………………… (296)

第五章　普通高中教育百年发展内在逻辑动力与未来审思 …… (306)
　　一　前人关于普通高中定位的研究与讨论 ………………… (306)
　　二　动态视角下普通高中教育发展逻辑审视 ……………… (309)
　　三　普通高中教育百年发展之动力 ………………………… (319)
　　四　关于未来的些许思考 …………………………………… (321)

附录一　重点/示范阶段重要政策文件 ……………………… (323)
附录二　多样化发展阶段重要政策文件 …………………… (328)
参考文献 ……………………………………………………… (331)
后　　记 ……………………………………………………… (357)

前　言

中国教育史上高中作为独立学段肇始于1922年中华民国北洋政府颁布的壬戌学制。2019年,《国务院办公厅关于新时代推进普通高中育人方式改革的指导意见》明确提出:"到2022年……普通高中多样化有特色发展的格局基本形成。"[1] 这似乎是对高中学段独立"百年"发展历史的回应。但是,学术领域和实践领域对此均没有太多声音,似乎在印证"普通高中在整个教育体系中依然处于相对'边缘'地位"[2]的说法。此种说法虽然有些偏激,但却提醒我们,百年之际回眸,对于当下与未来均具有重要意义,是不可回避的使命与责任。

2022年,在高中作为独立学段百年之际,河南省普通高中发展研究中心成立。中心整合了河南大学教育学科和心理学科高水平研究力量,为回眸中国高中教育百年发展历程提供了坚实的基础与充分的条件。中心组建了研究团队,开展了为期一年的深入研究,以成此稿。书稿既是对中国高中教育百年的献礼,又是对新时代普通高中教育高质量发展的研思。虽然书稿尚粗陋,但拳拳之心可鉴。

历史研究最难是阶段划分。本书希望面向的读者不仅是学界研究者,而且还包括中学校长、教师以及教育行政部门相关工作人员,因此阶段划分需兼顾理想与现实、政府导向与社会认知,更易为人所理

---

[1] 国务院办公厅:《国务院办公厅关于新时代推进普通高中育人方式改革的指导意见》,《中华人民共和国教育部公报》2019年第6号。

[2] 杨润勇、杨依菲:《我国普通高中发展二十年政策回顾与分析》,《教育理论与实践》2010年第7期。

解与识记。经过多次讨论，确立了以下分期依据。首先是普通高中教育百年来发展的重要政策文件。教育政策起着重要引导作用，体现了当时的基本判断，揭示了高中教育定位演变，因此分期时考虑了以下重要文件：1922年《学校系统改革案》、1993年《中国教育改革和发展纲要》、1994年《国务院关于〈中国教育改革和发展纲要〉的实施意见》、1995年《示范性普通高级中学评估验收标准（试行）》、2010年《国家中长期教育改革和发展规划纲要（2010—2020年）》。其次兼顾学界与社会认知。对于学界与民众所熟知的"重点高中""示范性高中"等词汇，分期时予以充分考量，以便大家更好地理解与接受。需要注意的是，本书采用"重点高中""示范性高中"进行阶段表征，并不意味着只讨论重点高中、示范性高中，而是对以此为表征的阶段进行综合考量。此外，参照历史发展的重要节点。中华人民共和国成立后，普通高中教育开启了新篇章，这是分期必须考量的节点。

综上，本书将普通高中教育百年发展分为四个阶段：作为独立学段的初生发展阶段（1922—1949年）、重点高中阶段（1949—1993年）、示范性高中阶段（1993—2009年）与多样化特色发展阶段（2010年至今）。第一阶段的主要特征是高中作为独立学段登上历史舞台。清末民初多次学制改革，直至1922年《学校系统改革案》提出"六三三学制"，高级中学方开启中学教育新阶段。后续历经调整，努力彰显高中独立学段之价值，探索普通高中教育本土化路径。第二阶段的主要特征是集中资源辗转发展。此阶段几近半个世纪，在风雨中见证着中国经济社会的发展。中华人民共和国成立后百废待兴，集中力量办好重点中学，是历史条件下的恰适选择。随着国家经济实力提升，重点高中制度历经波折与质疑，但其为社会主义建设做出的重要贡献是不可忽视的。第三阶段的主要特征是素质教育旨向出现，标志是1993年《中国教育改革和发展纲要》、1994年《国务院关于〈中国教育改革和发展纲要〉的实施意见》、1995年《示范性普通高级中学评估验收标准（试行）》等系列文件。尽管教育教学实践层面尚无法很好地践行，但素质教育旨向悄然翻开历史新篇章。此阶段也是重要的承上启下阶段。第四阶段是当下如火如荼的多样化特色发展阶段，其主要特征是深入推进素质教育，发展综合素质。2010年《国家中长期教育改革和发展规划纲要（2010—2020年）》对于普通高中发展来说具有里程碑意义，它开启了普通高中在新世纪转型发展、创新发展的新征程，多样化、有特色发展成为普通高中教育驱动创新、探索未来的发展思路。

  本书由蔡建东、朱敬、王海凤、贺玉婷、黄丽静共同完成。蔡建东与朱敬进行了总体规划，设计并多次修订了书稿定位、思路与框架，同时承担了绪章与第五章的撰写工作；王海凤撰写了第一章；黄丽静撰写了第二章、第三章以及附录一，贺玉婷撰写了第四章与附录二。蔡建东、朱敬完成了统稿工作。

  感谢所有心系普通高中教育发展的读者！

蔡建东

2023年9月于河南大学

绪章　中国普通高中教育百年发展阶段划分与研究思路

一　回顾中国普通高中教育百年发展的背景与意义

高中教育1802年在法国诞生。① 120年后，1922年中华民国北洋政府颁布的壬戌学制开启了中国教育史上高中作为独立学段的征程，至今已逾百年。但是，学术领域和实践领域对此均没有太多关注。有学者对教育历年工作要点进行了分析，认为普通高中在"普及（巩固、提高）九年义务教育，大力发展职业教育，提高高等教育质量"的教育发展战略重点主线中始终处于边缘位置，"普通高中教育受到一定程度的忽视和轻视，表现在政策层面上，其发展在一定程度上存在'顺其自然'的倾向"②。还有学者认为："普通高中教育实际上处于一种下推上拉的状态，即九年义务教育的普及和高等教育的扩招，夹在中间的普通高中教育虽有所发展，但一直处于一种被动状态，普通高中的性质也一直没有明确。"③ 这样的状态引起了我们的关注与深度思索，普通高中为什么会遭遇"长期忽视"？它是如何在承上启下过程中发展的？历经了哪些阶段？在政策、实践以及相关研究方面做了哪些探索？其内在逻辑与发展动力是什么？厘清这些问题，对于普

---

①　卢立涛：《全球视野下高中教育的性质、定位和功能》，《外国教育研究》2007年第4期。
②　杨润勇、杨依菲：《我国普通高中发展二十年政策回顾与分析》，《教育理论与实践》2010年第7期。
③　廖军和、李志勇：《从精英到大众：我国普通高中教育定位之思考》，《教育科学研究》2011年第2期。

通高中未来发展有着至关重要的作用。

"一切历史都是当代史。"① "历史学家的诉说，无论采用什么样的材料和形式，最终表达的是当下社会的变迁、诉求及其思想的进步。"② 因此，我们研究中国普通高中教育百年发展，希望在厘清原生历史的基础上，重点观照当下，探索未来。

那么，当下的诉求是什么？

党的二十大报告明确指出："办好人民满意的教育、全面贯彻党的教育方针，落实立德树人根本任务，培养德智体美劳全面发展的社会主义建设者和接班人……加快建设高质量教育体系，发展素质教育，促进教育公平。"③ 中国基础教育处于新的发展阶段，为人民群众提供更高质量的基础教育，是当下教育工作者的时代使命与必然要求。办好更加公平、更高质量的基础教育是建设教育强国的基石。普通高中阶段面临多样化特色发展、高中新课程改革、新教材实施、高考综合改革等重要任务，需要积淀历史智慧，探索高效发展路径。

此外，还需要看到，教育数字化转型正成为进一步推动教育改革发展的重要动力。④ 教育数字化转型作为世界范围内正在兴起的一场由数字技术引发的教育颠覆式变革，涉及数字资源顶层设计、数字素养框架制订、数字化课程建设、教学和评价模式改革、教师数字素养提升、数字信息安全与伦理教育等方方面面。⑤ 中国教育信息化发展经历了以信息技术应用为基础的外生变量型 1.0 阶段，强调深度融合、创新发展的内生变量型 2.0 阶段。教育数字化转型强调教育教学生态的全方位改变，是教育信息化发展新阶段的表征。教育部部长怀进鹏

---

① [意] 贝奈戴托·克罗齐：《历史学的理论和实际》，[英] 道格拉斯·安斯利英译，傅任敢译，商务印书馆1982年版，第2页。

② 辛逸、高洁：《口述史学新解——以山西十个合作社的口述史研究为例》，《中共党史研究》2011年第8期。

③ 习近平：《高举中国特色社会主义伟大旗帜　为全面建设社会主义现代化国家而团结奋斗：在中国共产党第二十次全国代表大会上的报告》，人民出版社2022年版，第33—36页。

④ 肖银洁、吕宏山：《教育数字化赋能高校教学新形态的风险审视与纾解路向》，《大学教育科学》2023年第2期。

⑤ 刘宝存、岑宇：《世界教育数字化转型的动因、趋势及镜鉴》，《现代远程教育研究》2022年第6期。

在2022年6月出席教育变革峰会预备会议时提出："大力推动教育数字化转型，改变教育生态、学校形态、教学方式，帮助人们适应数字化时代。"[1] 教育数字化行动已成为国家层面的战略行动，中国教育信息化正迈向数字化转型新阶段。[2] 普通高中如何应对数字时代挑战，亦是需要审视与探索的问题。

二 关于普通高中教育百年发展阶段划分的考量

历史的分期是对历史的认识活动，需要坚持逻辑与历史相统一。同时，还需要厘清"为什么人"这个哲学社会科学研究的根本性、原则性问题，坚持"以人民为中心的研究导向"，坚持人民是历史创造者的观点，坚持"以人民为中心，为人民做学问，为人民研究历史"[3]的历史研究价值取向。基于此，确定了如下依据。

首先是普通高中教育发展百年来的重要政策文件。普通高中教育的定位不仅是高中教育本身发展的诉求，更是综合因素影响下的结果。在这个过程中，教育政策起着重要的引导作用，因此，在分期时考虑了以下重要文件，分别是1922年的《学校系统改革案》、1993年的《中国教育改革和发展纲要》、1994年的《国务院关于〈中国教育改革和发展纲要〉的实施意见》、1995年的《示范性普通高级中学评估验收标准（试行）》、2010年的《国家中长期教育改革和发展规划纲要（2010—2020年）》。

其次是兼顾社会认知。民众所熟知的"重点高中""示范性高中"等词汇，分期时应予以考量，以便民众更好地理解与接受。但是，需要特别注意的是，尽管采用了"重点高中""示范性高中"进行阶段

---

[1] 中华人民共和国教育部政府门户网站：《怀进鹏出席教育变革峰会预备会议及2030年教育高级别指导委员会领导小组会议》，2022年6月29日，http://www.moe.gov.cn/jyb_zzjg/huodong/202206/t20220629_641937.html，2023年4月22日。

[2] 中华人民共和国教育部政府门户网站：《关于政协十三届全国委员会第五次会议第02315号（教育事业类228号）提案答复的函》，2022年8月19日，http://www.moe.gov.cn/jyb_xxgk/xxgk_jyta/jyta_gaojiaosi/202208/t20220819_654029.html，2023年5月5日。

[3] 周一平、钱崇君：《为人民研究历史：历史研究的根本价值取向》，《河北学刊》2017年第6期。

描述，但并不意味着只讨论重点高中、示范性高中，而是对以此为表征的阶段进行综合考量。如，"重点高中阶段"不仅讨论重点高中，也讨论非重点高中的发展情况。

此外，还对中国历史发展的重要节点进行了考虑。中华人民共和国成立后，普通高中发展开启了新篇章，分期时必须予以充分考量。

综上，我们将普通高中百年发展分为四个阶段：作为独立学段的初生发展阶段（1922—1949年）、重点高中阶段（1949—1993年）、示范性高中阶段（1993—2009年）与多样化特色发展阶段（2010年至今）。我们希望兼顾政府导向与社会认知，也希望这样的阶段划分和关键节点更为人们所理解与识记。

三 普通高中教育百年发展的四个阶段及其主要特征

（一）作为独立学段的初生发展阶段（1922—1949年）

初生发展阶段最重要的历史贡献就是高中学段得以独立。清末民初进行了多次学制改革，直至1922年《学校系统改革案》提出"六三三学制"，高级中学方开启中学教育新阶段。后续历经调整，努力彰显高中独立学段之价值，探索普通高中教育本土化路径。

中学教育在中国的萌芽，主要经由日本受西方的影响。19世纪70年代中后期，清政府先后向多个西方国家和日本派驻使节。中国驻西方国家的第一位外交官郭嵩焘1876—1879年任"出使英国钦差大臣"，后兼使法国，在参观两国各级学校后，他首次向国人介绍了西方国家包括中学在内的三段制学制模式。① 有学者言："晚清新政中最富积极意义而有极大社会影响的内容当推教育改革。"② 中国在甲午一战中败北后，"要学西方，先学日本"的论调不止。西方一些著名教育家如夸美纽斯、洛克、赫尔巴特及裴斯泰洛奇等人的教育思想，大多借道日本传入中国。面对此种现象，教育家庄泽宣曾有如此评价："中国新教育之发生，间接是受了西洋，直接是受了日本的影响。"③ 如清末

---

① 谢长法：《中国中学教育史》，山西教育出版社2009年版，第2页。
② 陈旭麓：《近代中国社会的新陈代谢》，上海人民出版社1992年版，第264页。
③ 庄泽宣：《如何使新教育中国化》，民智书局1929年版，第6页。

学制几乎完全抄自日本。

普通高中教育作为独立学段，始自 1922 年新学制的出台。实际上，在此之前，中国已经颁布过多次学制，即 1902 年的"壬寅学制"，1903 年拟定、1904 年 1 月颁布的"癸卯学制"以及 1912—1913 年的"壬子·癸丑学制"。1912 年制定的"壬子·癸丑学制"尽管为推进中国现代学校体系的制度化奠定了基础，且执行了长达 10 年之久，但这一学制在实行过程中也暴露出不少弊端：一是定位不清，表现在"宗旨含糊"、种类简单、名称不准确、独立性弱、目的不连贯等；二是学段安排不合理、不完善，或过早，或太少，或不衔接，导致无法适应社会所需；三是"个性的发展"不足，未能满足学生个体发展的需求。[①] 由是，1922 年的"壬戌学制"应时而生。

1922 年 9 月，国民政府教育部召开全国学制会议，颁布《学校系统改革案》，实行"六三三制"，其中初级中学三年，高级中学三年。中等教育可分为普通中学、师范及职业学校三类，其中以普通中学的数量最多。"六三三学制"是中国近代教育史上实施时间最长、影响最大的一个学制。"新学制"的形成，主要由三种趋势促成：一是各国中学教育的趋势，如美国已经实行"六三三制"，德国实行"六六制"；二是研究青年身心发展的结果，青年之身心大概自 11 岁或 12 岁起形成一个新阶段，再到 14—15 岁的时候又成了另一个阶段，到了 18—19 岁，则青春期已算完毕，中等教育告终，故而中学分为"三三制"，最合于身心发展的原则；三是注意教育指导的趋势，人类的天性各有不同，而其可发展的天才亦互有长短，学校课程当有充分的伸缩性，以资指导学生所学者适合其天性而有充分的发展。[②]

1922 年新学制颁布时处于北洋政府统治时期，当时政府无暇顾及教育领域。南京国民政府上台之后，在中学教育领域颁布了一系列有关中学教育的法令法规，尤其对 1922 年的"新学制"进行了调整，对普通高中教育及教育行政管理进行了改革，使中学教育体制趋于规

---

① 袁伯樵：《中等教育》（上），商务印书馆 1949 年版，第 101 页。
② 廖世承：《中学教育》，商务印书馆 1930 年版，第 80—84 页。

范化和制度化。在南京国民政府的重视下，普通高中教育取得了一定的发展。1928年《整理中华民国学校系统案》提出"戊辰学制"，保留了"壬戌学制"的架构，进行了局部的修订、补充或完善。与1922年学制相比，戊辰学制除在高级中学设职业科外，还单独设立高级职业学校及初级职业学校，与初级中学和高级中学相对应，并在小学中增设职业科。1928年公布的"戊辰学制"虽提出师范学校、职业学校可以另外单设，但高中仍分设普通、师范、职业等科。1932年《中学法》颁布。就普通中学而言，根据《中学法》的规定，仍采用"六三三制"，将普通中学分为高中、初中，修业年限各为3年，初中、高中混合设立。《中学规程》进一步明确规定，初级中学、高级中学合设者称"中学"，单设者称"初级中学"或"高级中学"。中学分为省立、市立、县立、联立、私立五种。[①]

初生发展阶段普通高中教育取得了一定成效，在为中等教育打好基础的同时，也为高等教育输送了大批人才。

(二) 集中资源辗转发展的重点高中阶段（1949—1993年）

重点高中阶段主要特征是集中资源辗转发展。此阶段几近半个世纪，在风雨中见证着国家经济社会的发展。中华人民共和国成立后百废待兴，集中力量办好重点中学，解决了资源有限与人才培养之间的矛盾。随着经济实力提升，重点高中制度历经波折与质疑，但其为社会主义建设做出的重要贡献是不可忽视的。

1949年中华人民共和国成立后，《中国人民政治协商会议共同纲领》确定新民主主义的教育定位："第四十一条：中华人民共和国的文化教育为新民主主义的，即民族的、科学的、大众的文化教育。人民政府的文化教育工作，应以提高人民文化水平，培养国家建设人才，肃清封建的、买办的、法西斯主义的思想，发展为人民服务的思想为主要任务。""第四十二条：提倡爱祖国、爱人民、爱劳动、爱科学、爱护公共财物为中华人民共和国全体国民的公德。"[②] 在这样的教育定

---

① 《中学规程》，《社会周刊》第52期，1933年3月。
② 中国人民政治协商会议第一届全体会议：《中国人民政治协商会议共同纲领》，载何东昌主编《中华人民共和国重要教育文献（1949—1997）》，海南出版社1998年版，第1页。

位下，延续延安时期办"模范小学"和"中心小学"的教育实践思路，集中有限的教育资源先重点办好少数学校，以此确保社会各方面人才的有效供应。

1953年5月，毛泽东在中共中央政治局教育工作讨论会上首次提出要办重点中学。同年5月26日，教育部发出通知，要求各省、市、自治区选择一两所领导干部、教师质量及设备条件更好的中学作为重点，以获取经验。1962年12月，教育部又发出了《教育部关于有重点地办好一批全日制中、小学校的通知》："各省、市、自治区要选定若干所中学进行重点建设，基础好的地区可以多一些，基础差的地区可以少一些。"[1] 为了多出人才快出人才，1977年5月，邓小平提出"尊重知识，尊重人才"的口号："抓科技必须同时抓教育。从小学抓起，一直到中学、大学。我希望从现在开始做起，五年小见成效，十年中见成效，十五年二十年大见成效。办教育要两条腿走路，既注意普及，又注意提高。要办重点小学、重点中学、重点大学。要经过严格考试，把最优秀的人集中在重点中学和大学。"[2] 1978年1月11日，教育部颁发《关于办好一批重点中小学的试行方案》，指出"真正搞好无产阶级教育革命中小学教育是基础"，要"切实办好一批重点中小学，以提高中小学的教育质量，总结经验，推动整个中小学教育工作的深入发展"。[3] 该政策的颁布直接推动了重点高中的快速发展。1980年教育部《教育部关于分期分批办好重点中学的决定》中指出："我国人口多，底子薄，各地发展不平衡，师资、经费、设备又有限，如果平均使用力量，所有中学齐头并进提高教育水平，是不可能的，也是不符合事物发展的客观规律的。因此，必须首先集中力量办好一批条件较好的重点中学。"[4]

在系列政策推动下，全国重点中小学形成"小金字塔"结构，并

---

[1] 教育部：《教育部关于有重点地办好一批全日制中、小学校的通知》，载何东昌主编《中华人民共和国重要教育文献（1949—1997）》，海南出版社1998年版，第1133页。

[2] 中共中央文献编辑委员会：《邓小平文选》第二卷，人民出版社1994年版，第40页。

[3] 教育部：《教育部颁发〈关于办好一批重点中小学的试行方案〉的通知》，载何东昌主编《中华人民共和国重要教育文献（1949—1997）》，海南出版社1998年版，第1591页。

[4] 教育部：《教育部关于分期分批办好重点中学的决定》，载何东昌主编《中华人民共和国重要教育文献（1949—1997）》，海南出版社1998年版，第1860—1861页。

在经费投入、办学条件、师资队伍、学生来源等方面向重点学校优先倾斜，由此形成国家级、省级、地级、县级的重点学校"层层重点"的格局。

在这一阶段，中国普通高中在改革、发展、提高中前进，虽道路曲折，但取得了极大成就。重点中学受到优惠政策的倾斜，发展规模不断扩大。但随着经济社会和教育事业的发展，重点学校制度的弊端不断显露，在20世纪80年代和90年代分别引发了关于"重点学校"制度的讨论高潮。

（三）旨向素质教育的示范性高中阶段（1993—2009年）

示范性高中阶段主要特征是素质教育旨向出现，标志是1993年的《中国教育改革和发展纲要》、1994年的《国务院关于〈中国教育改革和发展纲要〉的实施意见》、1995年的《示范性普通高级中学评估验收标准（试行）》等系列文件。尽管教育教学实践层面尚无法很好践行，但素质教育旨向悄然翻开历史新篇章。此阶段也是重要的承上启下阶段。

中国从重点中学向示范性高中发展，是社会经济和教育事业发展的必然要求。随着教育理念由"应试教育"向"素质教育"转变，社会对优质高中教育资源的需求与日俱增。在这一背景下，中国提出要建设和评估验收1000所左右示范性高中，以扩大优质资源规模，促进基础教育向素质教育方向发展。1993年，中共中央、国务院印发《中国教育改革和发展纲要》，提出"中小学要由'应试教育'转向全面提高国民素质的轨道"，同时还特别指出，中小学要"面向全体学生，全面提高学生的思想道德、文化科学、劳动技能和身体心理素质，促进学生生动活泼地发展，办出各自的特色"[1]。1994年7月，《国务院关于〈中国教育改革和发展纲要〉的实施意见》提出到2000年"全国重点建设1000所左右实验性、示范性高中"的具体目标。[2] 1995年国家教委印发《关于评估验收1000所左右示范性普通高

---

[1] 中共中央、国务院：《中国教育改革和发展纲要》，载何东昌主编《中华人民共和国重要教育文献（1949—1997）》，海南出版社1998年版，第3467—3473页。

[2] 国务院：《国务院关于〈中国教育改革和发展纲要〉的实施意见》，载何东昌主编《中华人民共和国重要教育文献（1949—1997）》，海南出版社1998年版，第3461—3466页。

级中学的通知》①，并发布《示范性普通高级中学评估验收标准（试行）》②，明确指出建设和评估验收1000所左右示范性高中是一项重要的战略措施，对于加速人才培养，推动普通高中教育的发展，带动中国教育水平的提高，将起到积极的作用，并要求各地要把建设示范性普通高中作为促进基础教育发展的战略任务来抓，增加投入，改善办学条件，调动示范性高中的积极性，深化教育改革，发挥示范性高中在全面贯彻教育方针、全面提高教育质量方面的示范作用。此外，《示范性普通高级中学评估验收标准（试行）》还提出示范性高中的建设要遵循"改革、实验、示范、高质量、有特色、现代化"的办学思想。

根据文件精神及示范性普通高中建设实际，示范性普通高中建设呈现出示范性、标准性、优质性、辐射性、发展性等特点，表现在办学观念由"应试教育"向"素质教育"转变，教育资源由集中向分散转变，学校地位由确定性向动态性转变。

（四）面向综合素质的多样化特色发展阶段（2010年至今）

当下如火如荼的多样化特色发展阶段主要特征是深入推进素质教育，发展综合素质。2010年《国家中长期教育改革和发展规划纲要（2010—2020年）》对于普通高中发展来说具有里程碑意义，它开启了普通高中在新世纪转型发展、创新发展的新征程，多样化有特色发展成为普通高中驱动创新、探索未来的发展思路。

2010年的《国家中长期教育改革和发展规划纲要（2010—2020年）》明确指出："推动普通高中多样化发展。促进办学体制多样化，扩大优质资源。推进培养模式多样化，满足不同潜质学生的发展需要……鼓励普通高中办出特色。"③围绕普通高中多样化特色发展，教育部陆续出台多个文件加大实施力度。2012年教育部《国家教育事业发展第十二个五年规划》提出"鼓励普通高中开设丰富多彩的选修课

---

① 国家教育委员会：《关于评估验收1000所左右示范性普通高级中学的通知》，《学科教育》1995年第9期。

② 国家教育委员会：《示范性普通高级中学评估验收标准（试行）》，《学科教育》1995年第9期。

③ 中共中央、国务院：《国家中长期教育改革和发展规划纲要（2010—2020年）》，人民出版社2010年版，第24—25页。

程""探索普通高中分层教学、走班制、学分制等教学管理制度改革"。① 2019年2月《中国教育现代化2035》明确指出要"鼓励普通高中多样化有特色发展"。② 2019年6月,《国务院办公厅关于新时代推进普通高中育人方式改革的指导意见》明确提出,"到2022年……普通高中多样化有特色发展的格局基本形成"③,形成对1922年高中学段独立的百年回应。

当下人才培养的关键是增强综合素质,深入育人方式改革。要在坚定理想信念上下功夫,在厚植爱国主义情怀上下功夫,在加强品德修养上下功夫,在增长知识见识上下功夫,在培养奋斗精神上下功夫,在增强综合素质上下功夫。④ 其中,综合素质是指全面发展,育人方式改革是必然路径。普通高中育人方式改革的关键是深化课程教学改革和推进高考综合改革,近些年已取得不少成果,正逐步向深入推进。

还有一些重点难点问题需要更深入的研究实践,如县中塌陷的问题,普通高中拔尖创新人才培养的问题,普通高中学科基地建设的问题,普通高中办学质量评价问题以及普通高中特色发展问题,等等。这些问题是普通高中多样化特色发展过程中的重要问题,决定着普通高中育人方式改革的深度与进程。

四 普通高中教育百年发展研究与阐述思路

历史是一个有机的整体。"小历史"与"大历史"并不是非此即彼,而是相辅相成、相互补充。⑤ 因此,对于每一个阶段的大历史与小历史均有所讨论,不仅讨论该阶段的"大历史"背景及其发展线

---

① 中华人民共和国教育部编:《国家教育事业发展第十二个五年规划》,教育科学出版社2012年版,第36—60页。
② 中共中央、国务院:《中国教育现代化2035》,载王战军主编《新时代研究生教育研究资料汇编(2010—2020)》,中国科学技术出版社2021年版,第673—677页。
③ 国务院办公厅:《国务院办公厅关于新时代推进普通高中育人方式改革的指导意见》,《中华人民共和国教育部公报》2019年第6号。
④ 张宁娟:《"六个下功夫":新时代人才培养的行动指南》,《教育研究》2018年第9期。
⑤ 叶帆:《"小历史"与大视野》,《人民日报》2008年11月25日第7版。

索，还讨论该阶段的典型事件与典型案例，以对普通高中教育的宏观、中观与微观发展情况做全景式扫描。

在初生发展阶段，首先探讨在动荡时代高中教育如何萌生、如何崭露头角，然后重点讨论关于高中发展的政策如何演进、高中学校设置情状如何、高中教育取得什么成效。抗战流亡大学附属中学以及普通高中女子教育是民国时期高中教育的典型案例，因此也给予了较多笔墨。

在重点高中阶段，首先探讨重点高中形成的背景，分析当时普通高中的定位，然后重点探讨重点高中制度的建立与发展以及该阶段学校发展情况，既包括重点高中的发展，也含纳非重点高中的发展。正如前文所述，"重点高中"只是阶段表征，并不意味只讨论重点高中。重点中学制度曾经发挥了重要作用，同时也引发了一些争议。20世纪80年代、90年代均有对重点高中存废的争论，这些重要的思潮同样引起我们的极大关注。

在示范性高中阶段，首先探讨示范性高中形成的背景与定位，关注应试教育向素质教育的转向，然后重点讨论示范性高中制度的形成与发展，以及示范性高中与非示范性高中的实践情状，并对示范性高中发展进行反思。示范性高中评估是此阶段的重要内容，我们也给予了特别关注。

多样化特色发展阶段延续上文思路，在讨论背景、定位与政策发展的基础上，重点讨论育人方式变革与当下若干重点、热点问题，如学科（课程）基地建设、县域高中振兴等问题。此阶段是正在进行时，"身在此山中"，可能会出现"不识庐山真面目"的状况，我们希望抛砖引玉，引发大家更多的思考。

在上述四个阶段的基础上，本书对普通高中教育发展的内在逻辑与发展动力进行了讨论，对当下问题的解决与未来发展做了尝试性探索。尽管可能有妄言之嫌，但略陈管见亦是我们不可推卸的责任。

第一章 高中学段独立与初步发展阶段
（1922—1949年）

言及普通高中教育，不得不提到"中等教育"。作为连接初等教育与高等教育的重要桥梁，中等教育是整个国家国民教育的关键环节。在中国古代教育中，仅有小学与大学之分。"中学"这一学段，乃由西方传入。中国近代教育史上，普通高中教育的萌芽，可追溯至1922年新学制的出台。"新学制"颁布后，普通高中教育正式成为一个独立的学段。在北洋政府后期，由于社会动荡不安，普通高中教育在曲折中发展。南京国民政府上台之后，普通高中教育先后经历了三个阶段：在统治的最初十年内，国民政府颁布了一系列中等教育法规，保证了普通高中教育的发展，主要体现在中等教育内部结构的调整，而非数量的增加；"七七事变"后，作为各级学校教育承上启下的关键环节，普通高中教育在"抗战建国"方针的引导下，高中学校数量增长较快；抗战胜利后，普通高中教育一直呈现发展趋势，但后期由于国民党的倒行逆施，其统制下的普通高中教育走向没落。

第一节 1922年新学制的出台

普通高中教育的独立，可溯自1922年新学制的出台。彼时的中国教育界，经过五四新文化运动的洗礼，国人的思想观念发生了巨大的变化。在教育层面，强烈地要求改革旧的教学制度、旧的教学内容和方法，1922年学制应时而生。1922年学制，原名"学校系统改革案",亦称"新学制",因颁布时为农历壬戌年,又称壬戌学制。在壬戌学制颁布之后,"普通高中教育"开始崭露头角。

一 1922年新学制出台的背景

五四新文化运动期间,一批激进的学者高举科学、民主的大旗,提出"今日之教育方针"应贯彻四大主义:现实主义、惟民主义、职业主义、普性教育(以注重体魄和意志锻炼的强健教育取代忽视体育的弱民教育)。思想文化领域的革命成为教育改革的先导。当时西方思潮特别是马克思主义教育思潮、平民教育思潮、工读教育思潮、科学教育思潮的大量涌入,为人们提供了批判和改造旧教育的武器。各种教育、科学社团的成立及《教育杂志》《中华教育界》等期刊的出现,又为教育新思潮的传播提供了阵地。欧美教育家的相继到华,特别是杜威、孟禄等的到华讲学,以及胡适、陶行知、蒋梦麟等对杜威实用主义学说的摇旗呐喊,为教育改革做了思想和理论上的准备。在这样的社会文化背景下,一部应时而生的新学制可以说是呼之欲出。

五四运动后,国人的思想和社会的情形,都呈现出剧烈的解放与变动。加之1919年杜威到华讲学,时逾二年,足迹遍及全国,加快了教育思想解放和教育观念变革的进程,促进了外国教育理论的传入和新教育思潮的形成。新文化运动使中国教育界出现了全新的局面,原有的学制体系已不能适应中国社会发展的需要,改革势在必行。1912—1913年制定的"壬子·癸丑学制",尽管为推进中国现代学校体系的制度化奠定了基础,且执行了长达10年之久,但这一学制在实行过程中也暴露出不少弊端。当时的学制系统,可以说由清末递嬗而来,而清末学制几乎完全抄自日本,对于当时的学制,教育界人士发现了如下缺点:

(一)中学校的宗旨含糊,以致毕业生升学既为事实上之难能,就业又乏技术上之训练,故终乃多数漂泊社会,流为游民,"其根本救济方法,还是明定宗旨"。(二)四年中学完毕原定五年课程已是不能,况且还有许多应时而产生的新课程要加入,自然时间上是不足够了。(三)中等学校实行分实业学校①与普通学校，前者施以谋生教育，后者施以人才教育，未免过早，使学生在意志未定的时候，选择职业自多困难。(四)过去的课程虽已由划一而至紊杂，然于个性的发展仍未能顾到，于学生思想的迅速发展，亦未能使其欲望达到满足；因此学潮丛起，改进之道，首在修正学制，改造课程。②

由是可知，改进中国教育已成为时势所需，1922年的壬戌学制应时而生。

征诸历史实情，早在1915年，全国教育会联合会在天津召开第一届年会时，湖南省教育会在"改革学校系统案"中，即指出1912—1913年"壬子·癸丑学制"的六大弊端："一是学校种类太简，不足谋教育方面的发展；二是学校名称不正确，过分强调中小学的准备性，而失其独立性；三是学校目的不连贯，迭经初小、高小、中学、预科、大学的转折迁徙，使求学之人每隔三四年一改其宗旨，莫能一致；四是学校教育不完善，即使是依规定的学科时间，罄其所学，学生仍不能获得社会生活能力，毕业后反为社会之累；五是学校阶段不衔接；六是学习年限过长，且各阶段分配不当，大学分预科和本科，共计六七年，而中学只有四年又太少。"③湖南省教育会在会上提出的"改革学校系统案"，发了学制改革的先声。

1919年，全国教育会联合会召开第五届年会，专门讨论了修订学制的问题。在1920年举行的第六届全国教育会联合会上，共通过要案24件，其中包含3起与时代思潮有直接关系的议案，即"民治教育实施标准案""学生自治纲要案"与"改革学制系统案"。然则，在教育上欲达到民治的精神与学生自治的效果，均须从改革优良的学制着手，

---

① 民初通用"实业教育"之名，至民国六年（1917）以后，经黄炎培等提倡，始用"职业教育"之名。
② 袁伯樵：《中等教育》（上），商务印书馆1949年版，第85页。
③ 李建求：《世界走向中国——西方科技与教育在近代中国的传播与发展》，广东科技出版社2003年版，第370页。

所以"改革学制系统案"成为"民治教育实施标准案"与"学生自治纲要案"的出发点。此次的学制改革案,并未涉及学制的内容,而为次年在广州举行的第七届全国教育会联合会打开了一条路,为"学制系统草案"做了准备工作。1921年,全国教育会联合会第七届年会在广州召开,以学制为主要议题,广东、浙江等10个省均提出了各自的学制改革案,最后决议以广东的提案为基础,向全国征求意见。

1922年9月,北洋政府教育部先行召集了一次全国学制会议,会议由蔡元培主持,对全国教育会联合会第七次会议议决的"学制系统草案"进行审议修改。其议决案由教育部提出,嗣后,提交是年10月11日在济南举行的第八届全国教育会联合会。在此次会议上,21个省区代表及教育部特派员到会,著名教育界人士袁希涛、胡适、黄炎培、经亨颐、许倬云、何日章等参加,大会审议、修改了"学制系统草案"。当经袁希涛、胡适、许倬云3人根据第七届会议的草案与学制会议的议决案提出"起草员案"后,经袁希涛等15人审查后提请大会通过,成为第八届全国教育会议决案。11月,教育部根据教育会议决案,以大总统的名义公布《学校系统改革案》,即"1922年学制"。

二 1922年新学制的内容

1922年学制,原名《学校系统改革案》,亦称壬戌学制,为与壬子·癸丑学制相区别,又称之为"新学制"。壬戌学制对清末实行的癸卯学制和民国初年实行的壬子·癸丑学制进行了较大调整,尤其是在中等教育领域。该学制将小学、初级中学与高级中学的修业年限分别定为6年、3年和3年,自6岁至12岁,称为"初等教育";自12岁至18岁,称之为"中等教育";自18岁至24岁,称为"高等教育"。所以,又称之为"六三三学制",这是中国近代教育史上实施时间最长、影响最大的一个学制。关于新学制的形成,廖世承曾指出,主要由三种趋势促成:一是各国中学教育的趋势,如美国已经实行"六三三制",德国实行"六六制";二是研究青年身心发展的结果,青年之身心大概自11岁与12岁起形成了一个新阶段,再到14、15岁的时候又成了另一个阶段,到了18、19岁,则青春期已算完毕,中等教育告终，故而中学分为"三三制"，实在最合于身心发展的原则；三是注意教育指导的趋势，人类的天性各有不同，而其可发展的天才亦因互有长短，学校课程当有充分的伸缩性，以资指导学生所学者适合其天性而有充分的发展。①

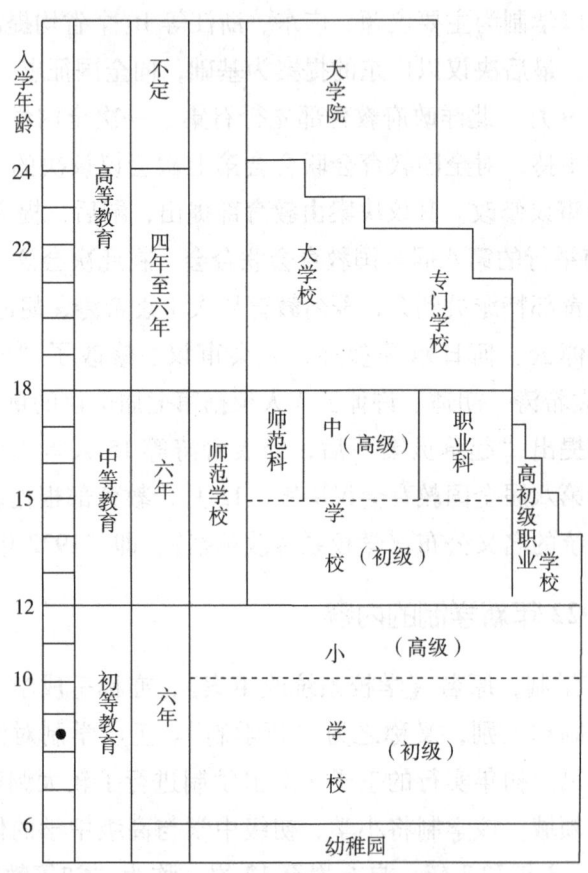

图1-1-1　1922年新学制系统

资料来源：周德昌主编：《简明教育辞典》，广东高等教育出版社1992年版，第304页。

与1912—1913年"壬子·癸丑学制"相比，1922年的壬戌学制有许多重要改革，在中等教育系统尤为明显。在1922年颁布的《学校

---

① 廖世承：《中学教育》，商务印书馆1924年版，第80—84页。

系统改革案》中，中等教育修业年限从 4 年延长为 6 年，分初级、高级两级，各持续 3 年，并采用选科制。根据科目的性质，初级和高级的学习年限，可变通为"二四制"或"四二制"。初级中学不允许同时设立职业科目，而高级中学则分为普通、农、工、商、师范、家事等科。将旧制中的普通中学与职业学校分途并立制改革为"转通较易，适于个性发展，所谓纵横活动之制"的综合制中学。[①] 其中，高级中学采行综合中学制，分设以升学为目的的普通科与以就业为目的的职业科（农、工、商、师范等），普通科则分文、理 2 组，文科组重文学及社会科学，理科组重数学及自然科学。在改革学制的同时，全国教育会联合会组织了"新学制课程起草委员会"，经多次讨论，于 1923 年 6 月确定并颁布了《新学制课程标准纲要》。其中指出，高级中学的课程标准纲要如下：公共必修科包括国语、外国语、人生哲学、社会问题、文化史、科学概论、体育。至于普通科文科组科目，特设国文、心理学初步、伦理学初步、自然科或数学一种；理科组科目，主要从三角、高中几何、高中代数、解析几何大意，以及物理、化学、生物中选习两科。高级中学的职业科，分为农、工、商、师范、家事等门类，此外还设有若干选修课。[②] 这一课程标准纲要虽未经政府正式公布，但由于全国教育会联合会在当时有相当的代表性和权威性，各地均按此施行。自是而后，"普通高中教育"正式独立为一个学段，专门为之设立的学校称之为"高级中学"。

第二节 民国时期普通高中教育的发展演进

1922 年新学制颁布后，普通高中教育虽成为一个独立的学段，但仍隶属中学教育范围。此时正处于北洋政府统治时期，中国政府无暇顾及教育领域，并未出台正式的有关高中教育的政策。南京国民政府

[①] 宋恩荣主编：《近代中国教育改革》，教育科学出版社 1994 年版，第 182 页。
[②] 《新学制课程标准纲要》，《河南教育公报》第 2 卷第 15—17 期，1923 年 8 月。

上台之后，颁布了一系列有关中学教育的法令法规，尤其对1922年的"新学制"进行了调整，对普通高中教育及教育行政管理进行了改革，使中学教育体制趋于规范化和制度化。在南京国民政府的重视下，普通高中教育取得了一定的发展。

一　民国时期普通高中教育政策的演变

北洋政府时期，全国各地军阀割据，他们忙于军事和政治斗争，整个国家陷入无休止的内战。为扩充实力，各地军阀大量举借内外债，导致民穷财尽、国库空虚。上述种种作为，进一步导致中国教育经费的短缺。故而斯时，北洋政府无暇顾及普通高中教育。直至1927年4月18日，蒋介石在南京成立国民政府。南京国民政府成立伊始，沿用广东国民政府时期的教育行政委员会制度。在蔡元培等人的极力主张下，中华民国大学院于1927年6月17日宣告成立，蔡元培被任命为大学院院长。是年6月27日，中央政治会议通过《中华民国大学院组织法》11条，后于7月4日正式公布。依照组织法的规定："中华民国大学院，为全国最高学术教育机关，承国民政府之命，管理全国学术及教育行政事宜。"[①] 然则，不到一年时间，大学院便悄然落幕。

就中等教育而言，南京国民政府上台后，国民政府教育部颁行了一整套有关中学教育的法规体系。起初，中学体制仍沿用1922年新学制的初、高中三三分段的"综合中学制"，将普通教育、师范教育、职业教育在同一学校中并设。南京国民政府上台后，出于推行三民主义教育的需要，主张修订学制系统，提出高级中学应集中。[②] 1928年5月15日，在蔡元培的领导下，国民政府大学院在南京召开了"第一次全国教育会议"，在此次会议上，重点讨论了《整理中华民国学校系统案》，该案经整理后，于5月21日以《中华民国学校系统草案》为名获大会通过。同年8月6日，大学院第11次院务会议议决通过了该

---

① 《要闻：中华民国大学院组织法》，《申报》1927年6月30日，第11版。
② 蔡芹香：《中国学制史》，世界书局1933年版，第239页。

案。同年 8 月 9 日，大学院公布了《学校系统表》。因 1928 年为农历戊辰年，故将修改后的学制称为"戊辰学制"。

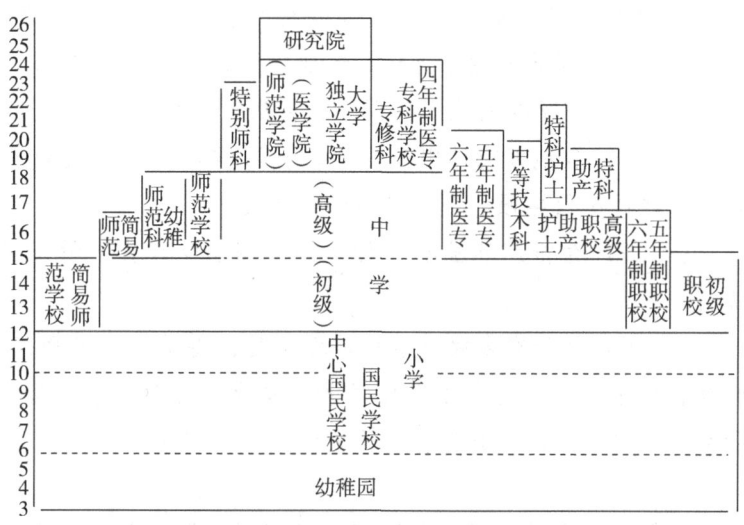

图 1-2-1 1928 年"戊辰学制"系统

资料来源：蔡芹香：《中国学制史》，世界书局 1933 年版，第 239—242 页。

1928 年提出的《整理中华民国学校系统案》，即"戊辰学制"，分原则、学校系统及说明三部分。第一部分提出如下七项原则：（一）根据本国实情，（二）适应民生需要，（三）提高教育效率，（四）提高学科标准，（五）谋个性之发展，（六）使教育易于普及，（七）留地方伸缩之可能。在"学校系统"部分，"戊辰学制"系统分为初等教育、中等教育和高等教育三个部分，其中有关"中等教育"的规定如下：

（六）中学校修业年限六年，分为初、高两级，初级三年，高级三年。但依设科性质，得定为初级四年、高级二年。

（七）初级中学得单设之。

（八）高级中学应与初级中学并设，但有特别情形时得单设之，高级中学以集中设立为原则。

（九）初级中学施行普通教育，但得视地方需要，兼设各种职业科。

（十）高级中学得分普通科及农、工、商、家事、师范职业科；但酌量地方情形，得单设普通科。农、工、商、师范等科，得单独设立为高级职业中学校，修业年限，以三年为原则。

（十一）中学校初级三年以上，得酌行选科制。

（十二）各地方应设中等程度之补习学校（或称民众学校），其补习之种类及年限，视地方情形酌定之。

（十三）为推广职业教育计，得于相当学校内，附设职业师资科。

（十四）为补充乡村小学教员之不足，得酌设乡村师范学校，收受初级中学毕业生或相当程度学校肄业生之有教学经验，且对于乡村教育具改革之志愿者，修业年限一年以上。[①]

由上可知，"戊辰学制"保留了"壬戌学制"的架构，根据时局仅对其进行了局部的修订、补充或完善。与1922年学制相比，"戊辰学制"除在高级中学设职业科外，还单独设立高级职业学校及初级职业学校，与初级中学和高级中学相对应，并在小学中增设职业科。

1928年8月，大学院院长蔡元培辞职，10月，国民政府行政院成立。是年11月1日，国民政府下令：大学院改为教育部，"所有前大学院一切事宜，均由教育部办理"。[②] 11月30日，国民政府教育部正式成立。是年12月，国民政府公布《教育部组织法》，规定国民政府教育部设总务司、高等教育司、普通教育司及社会教育司等部门。其中，有关普通高中教育的事项，主要由普通教育司负责。1929年4月26日，国民政府正式公布《中华民国教育宗旨及其实施方针》，主要内容分"教育宗旨"与"实施方针"两部分。其中规定，中华民国的教育宗旨如下："根据三民主义，以充实人民生活，扶植社会生存，发展国民生计，延续民族生命为目的。务期民族独立，民权普遍，民

---

① 《通过之学校系统案》，《新闻报》1928年5月23日，第3版。
② 《国民政府令》，《教育部公报》第1卷第1期，1929年1月。

生发展，以促进世界大同。"① 1931 年 6 月 1 日，国民政府公布《中华民国训政时期约法》，在"国民教育"章中，明确规定"三民主义为中华民国教育之根本原则"②。1931 年 9 月，国民党通过的《三民主义教育实施原则》规定了中等教育的如下目标：

> 一、确定青年三民主义之信仰，并切实陶冶其忠孝、仁爱、信义、和平之国民道德；二、注意青年个性及其身心发育状态，而予以适当的指导及训练；三、对于青年应予以职业指导，并养成其从事职业所必具之知能。③

降及 1932 年，国民政府教育部认为中学系统混杂，目标分歧，以致普通中学教育无从发展，师范教育和职业教育难以保证，于是年 12 月相继公布《师范学校法》《职业学校法》《中学法》，决定废止综合中学，将普通中学、师范学校、职业学校分别设立，高中不再分文、理科。国民政府教育部在《中学法》中进一步明确："中学应遵照中华民国教育宗旨及其实施方针，继续小学之基础训练，以发展青年身心，培养健全国民，并为研究高深学术及从事各种职业之预备。"④ 其中亦指出：

> 第二条　中学分初级中学、高级中学，修业年限各三年。初级中学、高级中学，得混合设立之。
> 第三条　中学由省或直隶于行政院之市设立之，但按照地方情形，有设立中学之需要，而无妨碍小学教育之设施者，得由县市设立之。
> 第四条　中学由省市或县设立者，为省立、市立或县立中学，

---

① 《民国以来有关教育宗旨及方针的重要参考资料》，1912—1947 年，中国第二历史档案馆藏，全宗号 5（2），案卷号 662。
② 《中华民国训政时期约法》，《山东教育行政周报》第 140 期，1931 年 7 月。
③ 《三民主义教育实施原则》（续），《新闻报》1931 年 9 月 7 日，第 12 版。
④ 《中学法》，《湖北省政府公报》第 19 期，1933 年 1 月。

由两县以上合设者，为某某县联立中学，由私人或团体设立者，为私立中学。

....

第十一条 高级中学入学资格，须曾在公立或已立案之私立初级中学毕业，其在初级中学毕业生人数过少之地方，得招收具有同等学力者，但不得超过录取总额五分之一，初级中学入学资格，初级中学入学资格，须曾在公立或已立案之私立小学毕业，或具有同等学力者，均应经入学试验及格。①

可以看出，1932年的《中学法》关于综合中学的问题修改最大。1928年公布的"戊辰学制"虽提出师范学校、职业学校可以另外单设，但高中仍分设普通、师范、职业等科。其后，根据《中学法》第13条的规定，国民政府教育部于1933年3月18日公布《中学规程》。其中明确指出："中学为严格训练青年心身，培养健全国民之场所。""规程"还规定了中学训练的如下内容："（1）锻炼强健体格，（2）陶融公民道德，（3）培育民族文化，（4）充实生活知能，（5）培植科学基础，（6）养成劳动习惯，（7）启发艺术兴趣。"② 可以说，自是而后，国民政府的中学教育目标于此定型。

1937年7月7日，抗日战争全面爆发，8月，针对战时的教育设施，国民政府教育部颁行了由行政院核准的《总动员时督导教育工作办法纲领》，拟定出初战阶段各级教育的应变计划。是项"纲领"的具体内容如下：

一、战事发生时，全国各地各级学校暨其他文化机关，务力持镇静，以就地维持课务为原则。

二、比较安全区域内之学校，尽可能范围内，设法扩充容量，收容战区学生。

---

① 《中学法》，《湖北省政府公报》第19期，1933年1月。
② 《中学规程》，《社会周刊》第52期，1933年3月。

三、各级学校之训练，应力求切合国防需要。但课程之变更，仍须遵照部定范围。

四、各级学校之教职员暨中等以上学校之学生，得就其本地设立战时后方服务团体，但须严格遵照部定办法，不得以任何名义妨害学校之秩序。

五、为安定全国教育工作起见，中央及各省市教育经费在战时仍应照常发给。倘至极万不得已有量予紧缩之必要时，在中央应由财、教两部协商，呈准行政院核定后办理，在地方应由主管财、教厅局会商，呈准省市政府核定后办理。

六、中央及各地方主管教育行政机关，对于战区学校之经费得为财政紧急处分，酌量变更其用途，必要时并得对于其全部主管教育经费为权宜之处置，以适应实际需要。①

由上述文字材料可以看出，国民政府认为，在战争迫近时，各级教育应"力持镇静"，以"就地维持课务"为原则。嗣后的8月13日，国民政府教育部下发《各级学校处理校务临时办法》，其中指出，各级学校处理校务的临时办法，应特别注重于设备的保存、精神的振奋以及必要时的迁移。8月25日，国民政府教育部为维护学校空袭安全起见，特电令各校一方面维持校务，一方面在尽可能范围内避免损害，并限各校于本学期教育部规定的开学期限以前，一律保全最低限度之避难设备，以防空袭。

面对骤变的形势，国民政府已经开始谋求教育适应战时需要的转变。然而，这些办法的战时色彩和应急意味甚浓。此种"力持镇静，以就地维持课务"的原则，无疑是全面抗战初期指导各级学校教育的一大败笔。② 此种指导方针所导致的后果，诚如相关人士所言：

从彷徨到坚定，这中间，差不多经过了一年。在这彷徨和混

---

① 《教育类：总动员时督导教育工作办法纲领（二十六年八月行政院颁布）》，《中央战时法规汇编》（下），江西省政府秘书处法制室1939年编印，第4页。

② 余子侠主编：《中国研究生教育史》，福建人民出版社2021年版，第230页。

乱的一年中，我国教育所蒙受的损失，极其严重，在此时间，大多数学校都无法维持原状，以致学生人数顿减。据二十七年年底的统计：高等教育自战前的41922人，突然减为31188人，较战前约少四分之一。中等教育和初等教育，也因为沦陷区的逐渐扩大，学生数额也大大地减少：中等学校的学生数从战前的627246人，减为389948人；初等教育的学生数则由战前的18364996人，减为12847924人。单就学生数去看，已经足以显露出教育在这一时期的退步和窘困，至于教育机关的财产损失，其数额的庞大，那更是无法统计了！①

总体而论，当时国民政府有关教育的整体政策，还是尽量维持学校教学的正常秩序，应该说这个思路比较切合长期抗战及战后建设的长远需要。但是，究竟采用何等应急措施和如何处置或安排各地学校及师生，围绕着教育当不当变以及怎样应变，其时并没有一颗"定盘星"，由是引发社会上尤其教育界的一场大争论。

受到全面抗战初期"速胜论""焦土抗战"等思想的影响，当时教育界部分人士极力主张全面变更学校教育制度，要求与战事没有直接关系的高中以上学校全部改组或停办，师生悉数应征入伍。从表面看，这些言论是集中力量支持抗战的表现，但实质上所带来的危害甚大。若依此方法，中华民族尚存的教育基础必将受到损失，长期抗战和战后重建所需的种种人才，也会过早地夭折于战火之中。② 客观地讲，这种主张集中反映了国难危机下部分知识分子急迫的救国心态，然则此种心态却偏离了学术本位的逻辑。

与此相反的是，部分教育界人士主张在战时状态下，应该维持"平时教育"。时任国民政府教育部高等教育司司长的吴俊升认为："教育为百年大计，只应对于战时需要，作临时适应的措施，不应全盘改弦更张，使有关百年大计的正规教育中断。"③ 胡适在庐山谈话会

---

① 汪家正：《抗战期间教育设施的总清算》，《东方杂志》第42卷第17期，1946年9月。
② 余子侠、冉春：《抗日战争时期中国教育研究》，团结出版社2015年版，第92页。
③ 余子侠主编：《中国研究生教育史》，福建人民出版社2021年版，第230页。

上亦曾向蒋介石提出："国防教育不是非常时期教育，是常态的教育。"① 时任武汉大学校长的王星拱更是强调：

  在抗战时期，各种国家及社会事业，都要经受相当的变迁，教育自然不是例外。然而教育有教育的本身任务，尤其是大学教育，其任务为专门人才之养成，专门人才之养成，也是抗战中之不可缺乏的工作。②

他甚至坚决地表态："苟有一个学生能留校上课，本人当绝不离校。"③

除教育界人士外，部分政界人士亦提出教育应维持原状的主张。如陈诚指出，学界有许多人高喊"离开学校""抛开课本"的口号，应该说用心是好的，不能算错，但此论实乃"一叶障目，不见泰山"，"要知道教育是千年万年的大计，所谓'百年树人'，一个国家，要建国，要强盛，就要培养无量数的人才，以为领导，以为中坚"。能否培养出"无量数的人才"，是抗战建国的关键所在。从这个角度讲，"教育是立国的根本，尤其当国家临到存亡断续的关头，成为绝对的需要，这是一个国家最强韧、最可靠的生存力量"。由是，他告诫学生要用心向学："做学生的也就要安心求学，方使前方后方，井然有序。倘使做军人的反到后方读书，做学生的反到前方作战，这还成什么样子！"④

相对于上述彻底改弦与维持原状两种对立的观点，还有一种调和折中的主张。陈礼江在《论战时教育》一文中指出："战时教育应包括治标、治本两方面，既不以维持原状为然，也不以短期训练为足，而须以远大的目光，作标本兼治的筹划。"所谓"治标教育""是指应目前迫切的需要，而设施各种暂时的办法，谋补救因抗战而发生的种

---

① 朱正编选：《胡适文集》第4卷，花城出版社2013年版，第327页。
② 王星拱：《抗战与教育》，《国立武汉大学周刊》第292期，1937年。
③ 《武大停课问题，王校长谈并无其事》，《大公报》1937年12月5日，第3版。
④ 陈诚：《抗战建国与青年的责任》，国民政府军事委员会政治部1938年版，第120—122页。

种事实上的困难，并以增加抗战力量"；所谓"治本教育""是指对于整个教育事业，加以整理、充实、调整、改进、扩充，为根本远大之谋，以期应付长期抗战，适应建国需要"。①

关于战时教育究竟何去何从的争议，一直持续至1939年春上。直到国民政府最高当局的相关政策出台后，争论方才渐渐平复。这场争论，使教育界对战时教育的形势和性质有了较为明晰的认识，让人们更清楚地认识到战争环境中教育发展的困难性和复杂性，既为制定正确而有效的教育政策提供了充分讨论和酝酿的时机，也为"战时须作平时看"教育方针的出台夯实了学理基础。

1938年3月7日，陈立夫在陪都重庆宣誓就任国民政府教育部部长。上任伊始，他即对战时教育的走向及此后的教育实施方针进行了如下清晰的阐释：

> 关于战时所发生之教育问题，已设有战时教育问题研究会，期参酌各方意见，研究实施方案，此乃应实际之需要，理论上无所谓战时教育，盖平时教育实应包含战时之准备也。今后教育之根本方针，须德智兼顾，文武合一，农工并重，教育与政治设施、经济计划及社会生活实况尤须贯通，并与其他主管机关取得密切联系，庶能学以致用，人尽其才，同时并应注重乡土教育，认识本国国情，适应国防生产之需要。男女教育尤应有别，俾发挥母性优美之特质，建立家庭良好之基础。大学教育，应根据国家各种需要作有计划之设施，对于政治、法律、教育、经济各科，尤宜注重质量之提高与本国教材之充实，俾能具备管理之技能与经验，而适应我国由农业而入工业化之阶段之需要。专科学校，应以养成各种生产技术人才以应地方经济实况之需要为主要目的。中等教育，应注重养成地方自治及各种职业之中级干部人员。小学教育，以养成良好公民为主要目的。社会教育，应充分利用社会现有之各种组织以施教，务使目标明显而单纯，用各种方法，

---

① 陈礼江：《论战时教育》，《教育通讯》第7期，1938年5月。

第一章 高中学段独立与初步发展阶段(1922—1949年)

以达德智体三育之普及,尤宜注重沟通家庭与社会之关系,以发挥社教之效能。①

简而言之,陈立夫关于战时教育总体方向及各级教育目标的主张,可以用"战时须作平时看"七字来加以概括。至此,国民政府已明确将教育工作的重心移至维持稳定正常教学秩序上面,从而为稍后正式出台的战时教育方针定下了基调。

由上可知,国民政府教育部决定维持原有的教育制度。是年4月,中国国民党召开临时全国代表大会,在会上制定并颁布了《抗战建国纲领》,其中,关于教育的建设,特制定专章。是项"纲领"在"总则"中明确指出:"一、确定三民主义暨总理遗教为一般抗战行动及建国之最高准绳;二、全国抗战力量,应在本党及蒋委员长领导之下,集中全力,奋励迈进。"② 其中,在"教育"专章部分,针对教育方针列有如下四点说明:

(二十九)改订教育制度及教材,推行战时教程,注重于国民道德之修养,提高科学的研究与扩充其设备;

(三十)训练各种专门技术人员,与以适当之分配,以应抗战需要;

(三十一)训练青年,俾能服务于战区及农村;

(三十二)训练妇女,俾能服务于社会事业,以增加抗战力量。③

上述声明,均强调了教育应服务于抗战的实际需要,显示出整体教育在战时应具有的一些基本特征。可以说,此论符合当时特定的历史环境与现实形势。嗣后,在国民参政会议上,会议一致通过并拥护《抗战建国纲领》的决议。会议强调:"吾整个民族,不分党派,不分职业,惟有精诚团结,坚(艰)苦奋斗,一面抗战,一面建国,始能

---

① 《陈部长谈今后教育方针》,《教育通讯》第1卷第1期,1938年3月。
② 《抗战建国纲领》,《抗战建国旬刊》第2期,1938年7月。
③ 《中国国民党抗战建国纲领》,《解放》第37期,1938年5月。

免沦于奴隶灭亡之境，而跻于自由平等之域。"①

如果说上述"纲领"仅是一个总纲，关于各级教育究竟应该如何具体办理，在此次临时全国代表大会上，为使《抗战建国纲领》便于实施，国民政府特通过《战时各级教育实施方案纲要》。针对战时教育建设的意义及实施方针，上述"纲要"作出了具体的阐述。《战时各级教育实施方案纲要》在开篇即指出了教育的重要性：

> 教育为立国之本，整个国力之构成，有赖于教育，在平时然，在战时亦然。国家教育在平时，若健全充实，在战时即立著其功能，其有缺点，则一至战时，此等缺点即全部显露，而有待于急速之补救与改正，所贵乎战时教育之设施者，即针对教育上之缺点，以谋根本之挽救而已，非战时教育之必大有异于平时也。②

更值得一提的是，在此项"纲要"中，对于战时教育的设施，提出了"九大方针"和"十七项要求"，成为指导战时全国教育发展的总纲领和行动指南。为便于了解，现将"九大方针"的具体内容列示如下：

> 今后教育之设施，其方针有可得而言者：一曰三育并进；二曰文武合一；三曰农村需要与工业需要并重；四曰教育目的与政治目的一贯；五曰家庭教育与学校教育密切联系；六曰对于吾国固有文化精粹所寄之文史哲艺，以科学方法加以整理发扬，以立民族之自信；七曰对于自然科学，依据需要，迎头赶上，以应国防与生产之急需；八曰对于社会科学，取人之长，补己之短，对其原则整理，对于制度应谋创造，以求一切适合于国情；九曰对于各级学校教育，力求目标之明确，并谋各地平均之发展，对于义务教育，依照原定期限，以达普及，对于社会教育与家庭教育，

---

① 《实施抗战建国纲领》，《国民参政论坛》第2期，1938年7月。
② 《战时各级教育实施方案纲要》，《教育通讯》第4期，1938年4月。

力求有计划之实施。①

根据"九大方针"，国民政府教育部拟具整理及改善教育之方案，以为此后实施之准则，共有"十七项要求"。其要点如下：

（一）对现行学制，大体应仍维现状，惟遇拘泥模袭他国制度，过于划一而不易施行者，应酌量变通，或与以弹性之规定，务使用事制宜，因才施教，而收得实际效果。

（二）对于全国各地各级学校之迁移与设置，应有通盘计划，务与政治、经济实施方针相呼应，每一学校之设立及每一科系之设置，均应规定其明确目标与研究对象，务求学以致用，人尽其才，庶几地尽其利，物尽其用，货畅其流之效可见。

（三）对师资之训练，应特别重视，而亟谋实施，各级学校教师之资格审查与学术进修之办法，应从速规定，为养成中等学校德智体三育所需之师资，并应参酌从前高等师范之旧制而急谋设置。

（四）对于各级学校各科教材，应彻底加以整理，使之成为一贯之体系，而应抗战与建国之需要。尤宜尽先编辑中小学公民、国文、史地等教科书及各地乡土教材，以坚定爱国爱乡之观念。

（五）对于中小学教学科目，应加以整理，毋使过于繁重致损及学生身心之健康。对于大学各院科系，应从经济及需要之观点，设法调整，使学校教学力求切实，不事铺张。

（六）订定各级学校训育标准，并切实施行导师制，使各个学生在品格修养及生活指导与公民道德之训练上，均有导师为之负责，同时可重立师道之尊严。

（七）对于学校及社会体育，应普遍设施，整理体育教材，使与军训、童训取得联贯，以矫正过去之缺点。强迫课外运动，以锻炼在学青年之体魄，并注意学生卫生方法之指导及食物营养之充足。

---

① 《战时各级教育实施方案纲要》，《教育通讯》第4期，1938年4月。

（八）对于管理，应采严格主义，尤注重于中学阶段之严格管理。中等以上学校，一律采军事管理方法，养成清洁、整齐、确实、敏捷的美德，劳动服务之习惯，与负责任、守纪律之团体生活。

（九）对于中央及地方之教育经费，一方面应有整个之筹集与整理方法，并设法逐年增加，一方面务使用得其当，毋使虚糜。

（十）对于各级学校之建筑，应只求朴实合用，不宜求其华美。但仪器与实习用具之设备，应尽量充实，期达到规定之标准。

（十一）各级教育行政机构，应设法使其完密，尤应重视各级督学工作之联系与效能，对各级教育行政人员之人选，应以德行与学识并重，特别慎重其铨衡。

（十二）全国最高学术审议机构，应即设立，以提高学术标准。

（十三）改订留学制度，务使今后留学生之派遣，成国家整个教育计划之一部分。对于私费留学，亦应加以相当之统制，革除过去分歧放任之积弊。

（十四）中小学中之女生，应使之注重女子家事教育，并设法使学校教育与家庭教育相辅推行。

（十五）督促改进边疆教育与华侨教育，并分别编订教材，养成其师资，从实际需要入手。

（十六）确定社会教育制度，并迅速完成其机构，充分利用一切现有之组织与工具，务期于五年内普及识字教育，肃清文盲并普及适应于建国需要之基础训练。

（十七）为谋教育行政与国防及生产建设事业之沟通与合作，应实施建教合作办法，并尽量推行职业补习教育，使各种职业之各级干部人员均有充分之供给，俾生产机构早日完成。

以上数点，均切合国家社会之急迫需要，务期于最短期间完成其使命。[①]

[①] 《战时各级教育实施方案纲要》，《教育通讯》第4期，1938年4月。

第一章 高中学段独立与初步发展阶段(1922—1949年)

由前文可知，与"九大方针"相对应的"十七项要求"，包括现代学制的维持与变通、学校迁移设置的通盘计划、师资训练的重视，以及对留学教育、女子教育、社会教育、职业补习教育、边疆教育、华侨教育等的相应措施。《各级教育实施方案纲要》成为全面抗战时期教育的最高指导方针被确定下来，在一定程度上，平息了全面抗战初期关于学校教育何去何从的争议。至此，全面抗战时期的基本教育方针政策大致确立，此后所颁布的各项教育法令、法规以及相关条例，无不以上述教育方针政策为基本依据。

就中学教育言之，随着日寇铁蹄的步步深入，中学教育的正常发展遭受严重的破坏。随着华北、华东等大片国土相继沦于敌掌，对于沦陷区的中学教育，日寇先是大肆进行摧毁破坏，继而妄想通过建立奴化教育体系来培养殖民统治的工具与走狗，多数不甘沦为亡国奴的青少年学子，被迫含泪挥别家乡和亲人，随着流离失所者在战争期间向后方移动。为了拯救这些无家可归和未受过教育的流亡学生，并为抗日战争的后续力量做准备，国民政府教育部于1937年年底开始庇护和重新安置流亡学生。

是年8月，国民政府教育部专门公布《各公私立中学接受战区学生办法》，令后方各省中学"尽量予以收容，不得留难"[1]。对于冀察绥平津各省市先后到达南京的中等学生，教育部除助其升学或受训外，还汇款补助鲁、陕教厅，"办理救济事宜"[2]。

随着黄河以北相继陷敌，是年冬，陇海、平汉两路告急，河南地面流亡学生日益增多。1937年10月底，为进一步"收容各省市战区学生"[3]，国民政府教育部决定在豫酌设"临时中学、师范一二所"[4]，派查良钊前往筹办，并令冀省师范校长姚寅顺、张陈卿、杨玉如等人"赴豫参加工作"[5]。不久，时局更为紧张，临时中学遂于1938年2月

---

[1] 《教部规定各公私立中学收受战区学生办法》，《教育通讯》第33期，1938年11月。
[2] 《中央救济华北教育：在豫筹设临时中学师范》，《教育研究》第80期，1937年12月。
[3] 《教育部在河南设临时中学师范，收容各省市战区学生》，《江西地方教育》第98—99期，1937年11月。
[4] 《教部在豫设临时中学》，《申报》1937年10月30日，第4版。
[5] 《教育部在豫设临时中学》，《大公报》1937年10月30日，第3版。

初转往淅川山区择地办理。与此同时，上海、南京等华东一线各大中城市相继失陷，为救济"公私立中等学校学生"起见，国民政府教育部决定在豫、甘、川、黔等处设立临时中学，豫、甘二处以容纳"冀察绥晋鲁平津等省市员生"为主，川、黔二处以容纳"京苏浙皖等省市员生"[①]为主。

随着战事的逐渐扩大，战区后撤的中学生不断增多，后方原有中学容纳力量有限，安置日益困难。同时，后方收容的中学教师越来越多，这些离乡背井的教育工作者，均为无校可归、无生可教之人。面对此种情状，国民政府教育部决定创设国立中学，借以解决流亡师生的教与学问题。1938年2月24日，国民政府教育部将汉字第1001号文件呈行政院，为"谋战区中等学校失业失学教职员生得继续其工作与学业"起见，特于陕、甘、豫、鄂、川、黔等省，暂设国立中学各一所，以资收容，并订定《国立中学暂行规程》请鉴核等情，经提出本院（行政院）第三五一次会议决议"修正通过"[②]。就在国民政府教育部向行政院呈文次日，即1938年2月25日，国民政府教育部公布《处理由战区退出之各级学校学生办法大纲》，其中指出："战区中等学校不能在原地继续开学，且未迁移他地或指定借读学校者，其原有学生可向各教育厅、局登记，由教育厅、局汇报本部。"经登记的学生，志愿继续读书者，可由国民政府教育部"指定入各国立中学肄业（国立中学办法另订之）"[③]。是年2月27日，国民政府教育部正式颁布《国立中学暂行规程》，具体内容如下：

第一条　教育部为谋战区省立中等学校职员及公私立中等学

[①] 《教部择定川黔等省设临时中学及中小学教师服务团》，《江西地方教育》第104—105期，1938年1月。

[②] 《指令：国民政府指令：渝字第二二三号（二十七年三月十六日）：令行政院：二十七年三月二十四日汉字第一零零一号呈一件，据教育部呈，为谋战区中等学校失业失学教职员生得继续其工作与学业起见，特于陕甘豫鄂川黔等省暂设国立中学各一所，以资收容，并订定〈国立中学暂行规程〉请鉴核等情，经提出本院第三五一次会议决议，修正通过，缮呈鉴核备案由》，《国民政府公报》第34号，1938年3月。

[③] 《处理由战区退出之各级学校学生办法大纲》，《中央战时法规汇编》（下），江西省政府秘书处法制室1939年编印，第18—19页。

第一章 高中学段独立与初步发展阶段(1922—1949年)

校学生继续施教与受教起见,特于陕、甘、豫、川、黔等省,暂设国立中学若干所,以继续发挥教育功能、充厚民族力量。

第二条 国立中学以所在省名为校名,称为某某中学,如在一省内设立两校或两校以上时,得称国立某某省第几中学。

第三条 国立中学学生,暂依照战区学校科别、年级分别编配之。各类学生人数足额时,得分中学、师范、职业三部,男女兼收,其设置地址,或集中一处,或分设数处,就当地情形酌定之。

第四条 国立中学设立校务委员会为本校审议机关,由部就部派人员及教职员中指定七人至十一人为委员,并指定一人为主席委员。

第五条 校务委员会之职权范围如左(下):

(一)关于校政方针之决定事项;

(二)关于校务上应兴、应革事宜之审议事项;

(三)关于学校经费预算、决算之审核事项;

(四)关于训育工作之研究改进事项;

(五)关于学生重大惩奖事项;

(六)其他临时发生重大事项。

第六条 国立中学设校长一人,主持本校一切校务,由部就校务委员中指派之。校长下设总务、教导二处,高中、初中、师范、职业等部,各处部各设主任一人,由校长派充,并呈部备案。总务处分文书、会计、庶务、卫生四组;教导处分教务、训导、体育三组,各组各设组长一人,组员或书记若干人,各部设各科教员若干人。各处部教职员,除会计组长由部指派外,由各处部主任提请校长聘任之。各年级各设级任导师一人、导师若干人,另设女生指导员若干人,均由教员兼任之。各科教员、各部分职员,以就战区各教职中选聘为原则,遇有特殊需要时,得聘请相当人员充任之。

第七条 校务委员会决议事件,咨送校长执行,执行遇有困难时,校长得提请委员会复议。

第八条 国立中学教职员服务细则另订之。

第九条 国立中学课程,除依照部颁各类中等学校课程标准斟酌变通支配外，并应增加生产及战时知能等科目。

第十条　国立中学训育，根据部颁《中等以上学校军事管理办法大纲》及《特种教育纲要》严格试行。

第十一条　国立中学得附设中小学教师服务团，其规则另订之。

第十二条　国立中学除本规程规定外，其他一切实施，均依照修正中学、师范、职业各规程办理之。

第十三条　本规程自行政院核准之日施行。[①]

由上述条文可知，为谋战区省立中等学校职员及公私立中等学校学生继续施教与受教起见，国民政府教育部决定创办国立中学，以继续发挥教育功能。自是项"暂行规程"颁布后，国立中学在制度上正式成型，并在抗战烽火中日渐壮大，普通高中教育也在战时得到了快速的发展。

二　民国时期普通高中学校的设置情状

在1922年新学制颁布之前，普通高中教育虽没有独立存在，但中等教育已有。相关数据显示，1912年，全国有中学校373所，学生52100人。至1915年，中学校增至444所，学生增至69770人。[②] 1918年，全国中学共有484所，学生77621人。[③] 斯时，因普通高中教育并未独立出来，故而并无高级中学的设立。

1922年新学制公布后，中等教育分为普通中学、师范及职业学校3类，其中以普通中学的数量最多。就普通中学而言，根据《中学法》的规定，仍采用"六三三制"，将普通中学分为初中、高中，修业年限各为3年，初中、高中混合设立。《中学规程》进一步明确规定，初级中学、高级中学合设者称"中学"，单设者称"初级中学"或"高级中学"。中学分为省立、市立、县立、联立、私立五种。自"新学制"公布后，各地纷纷争设初级中学，加之高中实行分科制，各地

[①]《战时国立中学课程纲要已颁布，注重实际以适应战时需要，另附〈国立中学暂行规程〉》，《教育季刊》第14卷第4期，1938年12月。

[②] 谢长法主编：《中国中学教育史》，山西教育出版社2009年版，第64—65页。

[③] 丁伟：《中国近现代函授教育史专题研究》，黑龙江科学技术出版社2023年版，第45页。

师范学校并入中学，改为高级中学师范科，致使中学生数量大增。至1925年，全国有687所中学，学生129978人。①

南京国民政府上台后，在政府当局的重视下，在教育界人士的不懈努力下，中学教育发展"蔚然可观"②，进入了稳步发展和逐步定型的时期，但普通高中教育处于缓慢发展期。根据国民政府教育部1928年的统计，全国中等学校共1339所，其中国立中学1所，省、市立中学354所，县立中学566所，私立中学418所。③ 其中，初级中学690所，高级中学16所，完全中学248所，职业学校149所，师范学校236所。全国中等学校中，学生共234811人，初级中学107609人，高级中学4080人。为了便于了解，现将1928年8月至1929年7月全国中等学校的类别百分比图（图1-2-2）列示如下：

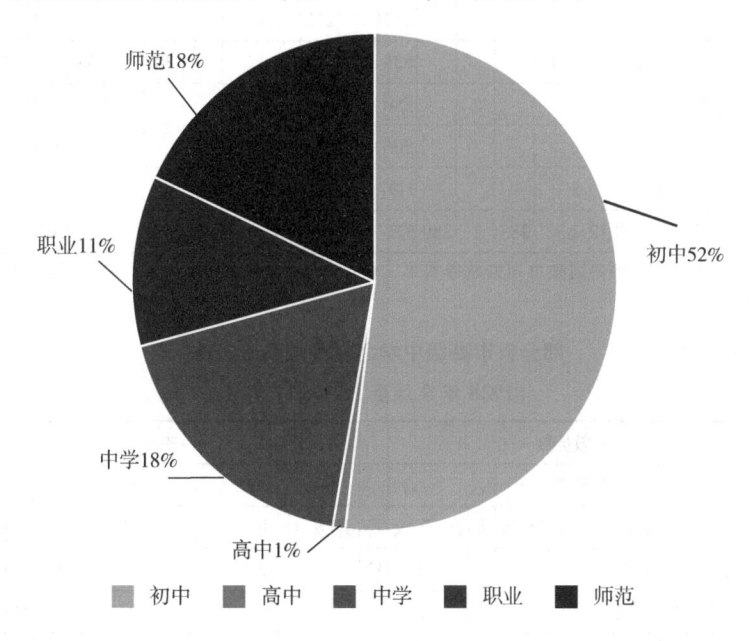

图1-2-2　1928年8月至1929年7月全国中等学校类别百分比

---

① 李建求：《世界走向中国——西方科技与教育在近代中国的传播与发展》，广东科技出版社2003年版，第374页。
② 沈灌群：《我国中等教育之史的检讨》，《中等教育季刊》第1卷第1期，1941年3月。
③ 此项统计系由国民政府教育部制定表式，直接寄发全国公、私立各中等学校，令其填报。唯因军事影响，据填报送部者，约当全数80%。

可以看出，1928年8月至1929年7月期间，在全国中等学校中，普通高中仅占比1%，数量极少。在全国设立的高级中学中，各省设立的数量又各不相同。现将1928年8月至1929年7月各省市高级中学的校数及学生数（表1-2-1）、教员数及职员数（表1-2-2）列表示下：

表1-2-1　　部分省市高级中学之校数及学生数
（1928年8月至1929年7月）

省市	校数					学生数											
	国立	省市立	县市立	私立	合计	国立			省市立			县市立			私立			合计		
						男	女	计	男	女	计	男	女	计	男	女	计	男	女	计
浙江	(2)	1			1(2)	288	1	289	107	22	129							395	23	418
四川		1			1				252		252							252		252
福建		2	(1)		2(1)				635	87	722					38	38	673	87	760
河南		2			2				580		580							580		580
山东		1			1				506	7	513							506	7	513
辽宁		3	2		5				1197		1197	67		67				1264		1264
总计	(2)	10	2	(1)	12(3)	288	1	289	3277	116	3393	67		67		38	38	3670	117	3787

资料来源：教育部普通教育司暨总务司第二科：《全国中等教育概况》，中华书局1931年版，第35页。

表1-2-2　　部分省市高级中学之教员数及职员数
（1928年8月至1929年7月）

省市	教员数															职员数							
	国立			省市立			县市立			私立			合计			国立			省市立			县市立			私立			合计		
	男	女	计	男	女	计	男	女	计	男	女	计	男	女	计	男	女	计	男	女	计	男	女	计	男	女	计	男	女	计
浙江	58	2	60	21	1	22							79	3	82				18	1	19							18	1	19
四川				22	1	23							22	1	23				16		16							16		16
福建				70	3	73							70	3	73				25	2	27							25	2	27
河南				39		39							39		39				29		29							29		29
山东				41	5	46							41	5	46				26	1	27							26	1	27
辽宁				73		73	8		8				81		81				20		20	3		3				23		23
总计	58	2	60	266	10	276	8		8				332	12	344				134	4	138	3		3				137	4	141

资料来源：教育部普通教育司暨总务司第二科：《全国中等教育概况》，中华书局1931年版，第36页。

南京国民政府上台之初，全国各省市已开始出现单独设立的高级中学。相关数据显示，至1931年，全国各省市高级中学共有220所，其中辽宁、福建、江苏、河北等省设立的高级中学数量最多（表1-2-3）。

表1-2-3　　　　1931年各省市高级中学统计

省市别	学校数	学级班数	学生人数
浙江	15	99	2292
山东	6	69	2399
湖南	10	58	1853
湖北	12	66	1858
河南	8	52	1734
河北	20	78	2476
辽宁	34	201	7579
东省特区	5	36	1233
吉林	6	24	709
甘肃	1	2	18
福建	25	138	2793
安徽	13	52	1410
绥远	2	4	74
陕西	1	3	150
贵州	3	17	667
四川	13	36	1349
热河	1	2	35
云南	4	18	479
江苏	24	132	4859
南京	12	43	1885
青岛	4	9	201
汉口	1	2	51
统计	220	1141	36104（36563）

资料来源：《各省市高级中学之统计》，《社会杂志》第2卷第3期，1931年。

附注：各省市学校，包括公立、省立及核准立案之私校，其性质如师范、农业、工商及其他职业等校均在内。学生人数及学校班数，福建三民中学因原呈报内有初中六班，合并计算，无从分开。

以厦门大学附设高级中学为例。该校创办于1921年，最初设预科，为"中学毕业生升学之准备"，规定2年毕业。至1931年，该校的历届毕业生已有300余人。该校从1930年起，遵照国民政府教育部令，预科停止招生，并根据其本校情形及社会需要，改办高中，名为"厦门大学附设高级中学"，根据国民政府教育部颁布的《中小学课程暂行标准》，该校将旧有预科课程重新编订，暂设普通科，分为文、理2组。该校设立的宗旨如下：

（1）培养青年期内应具之智能；
（2）增进身心健康；
（3）施行公民训练；
（4）与初中毕业生以升学之准备。①

1930年秋，该校的高中学生总数为203人（已入各学院而在高中补课者不在内），男生计182人，女生计21人，现将其列表（表1-2-4）示下。

表1-2-4　　　　　　1930年厦门大学附设高级中学学生统计

年级	在籍学生			统计
	一年级	二年级	三年级	
男	58	77	47	182
女	10	6	5	21
共计	68	83	52	203

资料来源：《各学院及附设高级中学概况：附设高级中学》，《厦大周刊》1931年厦门大学十周年纪念刊。

抗日战争全面爆发后，国民政府依据"抗战建国"的国策，对中学教育采取了一些调整措施。由于沦陷区学校师生流亡到大后方者日益增多，国民政府设立国立中学予以安置。此时的"国立中学"，既包括初级中学，又包括高级中学。是故，全面抗战时期有关普通高中

---

① 《各学院及附设高级中学概况：附设高级中学》，《厦大周刊》1931年厦门大学十周年纪念刊。

第一章 高中学段独立与初步发展阶段(1922—1949年)

的设置情状，主要以"国立中学"为例。

为收容各省市流亡的中学生，国民政府教育部最初计划创设国立中学6所，主要是国立河南中学、国立陕西中学、国立湖北中学、国立四川中学、国立甘肃中学、国立贵州中学。① 在6所学校中，国立河南中学最先开学。为了及时救济战区中等学校流亡员生，国民政府教育部特在豫设立国立河南中学，校址定于淅川上集，于1938年3月1日开学，3月5日"正式上课"。② 与国立河南中学同月开学的国立四川中学，规模较大，校址定在北碚。③ 该校以收容"京苏浙皖各地员生"为原则，至1938年，有京、苏、浙、皖、赣、川、湘、鄂、滇、闽、冀、鲁、豫、晋、陕、沪、平、青等省市籍贯之学生，共计1828人。④

时隔两月后，国立陕西中学、国立贵州中学与国立甘肃中学相继开学。其中，国立陕西中学动议较早，教育部决定在汉口等地设立登记处时，亦拟对察绥晋战区退往后方的中等学校师生安排"在西安登记""经费亦由教育部负责"⑤。1938年2月，国立陕西中学着手筹立于陕西安康，是年5月1日正式开学，不及半年便迁至四川阆中。国立贵州中学，经教部决定"设在铜仁"⑥，收容京、苏、浙、皖各地学生。1938年1月，国立甘肃中学在天水择址设校，用以收容晋、鲁、冀、察、绥、平、津等省市撤至陇境的中等学校员生。至于国立湖北中学，开学较晚。该校于1938年2月筹设于湖北郧县，主要收容冀、鲁等省退至鄂西一线的中等学校员生。正因为其生源主要来自山东、河北，该校于1939年2月迁四川绵阳后，即改名国立山东中学，并在四川新设了4所分校。至于就读国立中学的费用，国民政府教育部1938年3月12日颁布的《处理由战区退出之中小学学生办法实施要

---

① 《国立中学六校校长人选，每校经费一万八千》，《申报》1938年11月17日，第7版。
② 《河南中学定五日上课》，《大公报》1938年3月2日，第4版。
③ 《国立四川中学校址设北碚，正在兴建校舍》，《申报》1938年2月15日，第2版。
④ 《教部创立国立中学六所，实施战时教育方针：三育兼重，文武合一》，《电声》1938年快乐周刊。
⑤ 《汉市昨截止登记员生千五百余人，川黔设临时中学收容》，《大公报》1938年1月8日，第4版。
⑥ 《国立贵州中学决设在铜仁》，《申报》1938年2月7日，第1版。

点》指出，战区退出之中等学校学生，以"免收学费自备缮费"[①]为原则。为了"救济战区之中等学生"[②]，国民政府教育部还规定，学生确系清寒者，一切费用由学校供给。

除上述6所国立中学外，1938年3月，国民政府教育部考虑到山西成为战区，"由该处退出之中等各校员生甚众"，原有的国立陕西中学与国立甘肃中学无法容纳，呈行政院核准，拨款增办国立山西中学1所，以收容"晋省及其他战区退出之中等各校员生"[③]。至1938年5月上旬，该校已登记教职员及学生700余人，于"月底开学"[④]。随着日寇疯狂地侵犯中部各省，安徽、河南等地亦相继沦为战区。其时，皖省中等学校的大部分员生纷纷撤往湘西、川东一带，豫省中等学校的部分学生，则向陕甘方向迁徙。为救济"皖省失学青年"[⑤]，国民政府教育部于1938年8月在湘西乾城添设国立安徽中学，安置皖省大部分和苏省部分流散在湘西的师生。同年9月，国民政府教育部又在四川江津设立国立安徽第二中学，收容逃亡川东一带的皖、苏等省的中等学校师生，同时，将设在乾城的国立安徽中学改名为"国立安徽第一中学"。至1938年年底，国民政府教育部共计设有9所国立中学。现将各校的具体创办情状列表（表1-2-5）示下：

表1-2-5　　　　　　　　1938年国立中学设置一览

校别	校长	校址	教职员人数（暑假前）	学生人数（暑假前）	1937年度毕业生数	校务情况
国立河南中学	校本部杨玉如	上集	102	师范217 初中266	高中34	1938年3月4日开学，每月经费19000元。第三分校校长已辞职，据报，暂不设分校
	一分校郝濯	西峡口		高中132 初中176		
	二分校李云波	涌泉观		高中136		
	三分校	下集		初中270		

---

① 《处理由战区退出之中小学学生办法实施要点》，《中央战时法规汇编》（下），江西省政府秘书处法制室1939年编印，第61页。
② 《开办国立中学六所》，《教育通讯》第1期，1938年3月。
③ 《增办国立山西中学》，《教育通讯》第10期，1938年5月。
④ 《山西中学月底在陕开学》，《申报》1938年5月10日，第2版。
⑤ 《教部添设国立安徽中学》，《教育通讯》第17期，1938年7月。

第一章　高中学段独立与初步发展阶段(1922—1949 年)

续表

校别	校长	校址	教职员人数（暑假前）	学生人数（暑假前）	1937 年度毕业生数	校务情况
国立湖北中学	校本部蒋士健	郧县	172	高中 250	师范 66 简师 109	1938 年 6 月 8 日开学，每月经费 32000 元，校本部校长已病故。该校原分设三分校，因校本部学生过多，乃将初中部分分设为第四分校
	一分校杨书田	均县		师范 250 简师 600	职初 7	
	二分校苏郁文	谷城县		初中 350		
	三分校田修溪	房县		初中 350		
	四分校孙维狱	安阳镇		初中 450		
国立陕西中学	校本部胡子恒	安康城隍庙		高中 336	高中 41	1938 年 5 月 1 日开学，每月经费 17000 元，该校经改组后，因前校委会与该校长积不相能，各该分校长多拒不就职，已派顾督学兆麟前往处理
	一分校张耀			师范 78		
	二分校刘汉	安康复兴营		初中 328		
	三分校张国实			初中 326		
国立甘肃中学	校本部张崇儒	天水玉泉观	207	高中 430 师范 71 职业 79	高中 37 初中 43	1938 年 5 月 4 日开学，每月经费 24000 元，该校纠纷迭起，新校长迄未就职，已派隋视察员星源前往处理
	一分校常君	天水南国寺		初中 316	师范 9 职业 2	
	二分校张元亨	泰安		初中 150		
	三分校高象九	甘谷		初中 150		
国立四川中学	校本部周厚枢	合川	349	1555	高中 189 初中 222	1938 年 3 月 28 日开学，每月经费 25000 元，该校近始将校委会撤销，实行校长制
	师范分校马客谈	北培		162	师范 48	
	初中分校孙为霆	合川		611		

续表

校别	校长	校址	教职员人数（暑假前）	学生人数（暑假前）	1937年度毕业生数	校务情况
国立贵州中学	周邦道	铜仁	142	1154		1938年5月2日开学，每月经费18000元，该校秩序较佳，校委计有周邦道、张燊云、曹国恩、叶桐、吴学增、胡耐安、杨道钧、卢仲华、毛罔鸣、黄新进等10人，主席校委由周邦道兼
国立山西中学	张国瑞	陕西洋县	118	890		1938年6月27日开学，每月经费13000元，该校专收晋籍员生，校委会委员为王怀明、张国瑞、李汾、刘钧、赵一峯、王钟文、温伯涵、杨仁康、贾业修、赵煊、赵希复等11人，主席委员由王怀明兼任
国立安徽中学	邵华	乾城	320	3000		每月经费约30000元，该校设本部于乾城，并拟于永绥、永顺、保靖凤凰、洪江等地设分校，但尚未经核定
国立安徽第二中学	陈访先	重庆	150	1200		每月经费16000元，该校拟在重庆南岸大佛寺及静观场办理

资料来源：根据《国立各中学近况》（《教育通讯》第31期，1938年10月）；《救济战区中学生，教部特设国立中学，分设豫、鄂、陕、甘、川、黔、晋、皖八省》（《申报》1938年11月26日，第8版）中相关资料整理而成。

第一章 高中学段独立与初步发展阶段(1922—1949年)

之后，国民政府教育部陆续设立了多所国立中学。如为收容河南撤往甘肃的中等学校员生，设立国立甘肃第二中学，校址择定甘肃清水，原以"陇豫公学"之名筹设，旋于1938年12月正式开学前夕改称"国立甘肃第二中学"。随着武汉、长沙相继失守，湖北、湖南各地的广大师生亦加入了流亡队列。1939年春，国民政府教育部以"湖南战区退出之中学失学学生日益众多"，特筹设国立湖南中学，以便收容失学学生，并"予以求学之机会"。① 嗣后，国民政府教育部又于四川长寿筹立国立湖北中学。因其时原设于郧县，此际已转迁绵阳的国立鄂中已改名国立山东中学，故而接用湖北中学之名，正式安置由武汉等地入川的湖北员生。在两校尚在择地筹设之时，国民政府教育部将修正后的《国立中学暂行规程》上呈行政院，行政院第402次会议决议"修正通过"，其中指出，所有国立中学"由部切实调整，以不设分校"②为原则。1939年2月24日，行政院以吕字第1783号将修正后的《国立中学暂行规程》上呈国民政府，3月7日，国民政府下发渝字第328号令"准予备案"。1939年3月17日，国民政府教育部以第5553号训令正式公布《修正国立中学暂行规程》，其文如下：

第一条　教育部为谋战区省市立中等学校教职员及公私立中等学校学生继续施教与受教起见，特暂设国立中学若干所，以继续发挥教育功能、充实民族力量。

第二条　国立中学依设立次序冠以数字，称为国立第几中学。

第三条　国立中学收容战区公私立中学及师范学校男女学生，必要时亦得收容职业学校学生。

第四条　国立中学各校于必要时得酌设分校。

第五条　国立中学设校长一人主持校务，分校各设分校长一

---

① 《教部筹设国立湖南中学》，《申报》1939年2月23日，第10版。
② 《指令：国民政府指令：渝字第三二八号（二十八年三月七日）：令行政院：二十八年二月二十四日吕字第一七八三号呈一件为据教育部呈送修正国立中学暂行规程，请核准施行等情，经提出本院会议决议修正通过，但所有国立中学由部切实调整，以不设分校为原则，除令饬遵照外，缮具修正规程，请鉴核备案由》，《国民政府公报》第134号，1939年3月。

人，秉承校长主持各该分校校务，校长由部委派，分校长由校长加倍遴荐，由部委派，或由部径派之。

第六条　国立中学设教导、总务二处及会计室，教导、总务二处，各设主任一人。不设分校之中学，其高中、初中、师范（或另有职业及女子）等部分，得各设部主任一人，各主任由校长遴聘，并呈部备案，教导处分教务、训导、体育三组，总务处分文书、出纳、卫生、庶务四组，各组设组长一人，干事及书记若干人，主任由校长聘任之，干事及书记由主任商请校长分别聘派之。各分校设教导及总务两课，各设主任一人，干事及书记若干人。主任秉承分校长，并分别商承本校教导及总务两主任处理其职务。各部分职员，均以就战区各教职员中遴任为原则。会计室设会计员一人，佐理员若干人，依主计处组织法之规定办理。

第七条　国立中学各科教员，分别由分校长、教导处主任及各部主任商请校长就战区合格教员遴聘之，必要时，得另行延聘。各年级各设级任导师一人，导师若干人，均由教员兼任之，女生导师应选任女教员，必要时，得另设女生指导员。

第八条　国立中学得设立校务委员会为本校审议机关，由部就部派人员及教职员中指定七人至十一人为委员，并指定一人为主任委员。

第九条　校务委员会之职权范围如左（下）：一、关于校政方针之决定事项；二、关于校务上应兴应革事宜之审议事项；三、关于学校经费预算决算之审核事项；四、关于训育工作之研究改进事项；五、关于学生重大奖惩事项；六、其他临时发生重大事项。

第十条　校务委员会决议事件，交由校长执行。执行遇有困难时，校长得提请委员会复议。

第十一条　不设校务委员会之国立中学，应组织校务会议，执行本规程第八条所列举之职权。此项校务会议，由校长、分校长、各处部课主任、会计员、各组长及各级任导师组织之，以校长为主席，校长因事不能出席时，得指定一人为主席。每学期至少应开会四次,分校或各部,其课主任及级任导师,得不出席校务会议。

第十二条 分校之校务会议,由分校长召集主任及各级任导师举行之;商讨分校应行兴革事项,每学期至少应开会四次,各处部课主任,得就其职掌范围内,召集各该处部课会议。

第十三条 本校与分校间遇事,以直接洽商办理为主,其必须文书往来者,本校对分校用通知,分校对本校用报告,须力求简单正确迅速,避免虚文迂缓。

第十四条 分校长在分校内得发布告,必要时并得对外行文,但仍须报告本校,分校各科教职员聘函及学生毕业证书,由分校长副署。

第十五条 国立中学每校之预算,为整个的分校各教职员应支之薪俸,学生之待遇,由本校照额拨交分校转发,其分校办公费应视人数、班级数及校舍等各项情形酌量比配,分拨应用,分校对本校负责报销,由本校综合造报。

第十六条 国立中学应注重精神训练、体格训练、学科训练、生产劳动训练及特种教学与战时后方服务训练。

第十七条 国立中学训育管理,应根据部颁高中以上学校军事管理办法、初中童子军管理办法、青年训练大纲、中等以上学校导师制纲要及中等学校特种教育纲要等严格实施。

第十八条 国立中学教职员服务细则另订之。

第十九条 本规程未尽规定事项,均依照修正中学师范及职业学校各规程办理之。

第二十条 本规程自行政院核准颁布之日施行。[1]

自上述《规程》公布后,根据是项《规程》第二条的规定,各国立中学依"设立次序"[2]更改校名。之后,国民政府教育部即在当月

---

[1] 《修正国立中学暂行规程》,《教育通讯》第2卷第14期,1939年4月。
[2] 《国立中学更改校名,依照设立次序》,《申报》1939年4月29日,第8版。

下令，令各地国立中学更改校名。如国立四川中学"遵令改称国立第二中学"①。国立安徽第一中学改为国立第八中学，原有"国立安徽第一中学钤记""即日缴销"②。现将其时国立中学更改后的校名列表（表1-2-6）示下。

表1-2-6　　　　　　　国立中学更改校名一览

原校名	新校名	校长	备考
国立河南中学	国立第一中学	杨玉如	
国立四川中学	国立第二中学	周厚枢	
国立贵州中学	国立第三中学	周邦道	
国立陕西中学	国立第四中学	张志广	
国立甘肃第一中学	国立第五中学	沈涤生	
国立山东中学	国立第六中学	葛为菜	
国立山西中学	国立第七中学	李汾	
国立安徽第一中学	国立第八中学	邵华	
国立安徽第二中学	国立第九中学	邓季宣	代理
国立甘肃第二中学	国立第十中学	许逢熙	
国立湖南中学	国立第十一中学	杨宙康、吴学增	筹备正副主任
国立湖北中学	国立第十二中学	陈时	筹备主任

资料来源：《国立中学更改校名一览表》，《抗建三日刊》第10期，1939年7月。

上述《规程》公布之后，1939年3月28日下午，行政院第407次会议决议通过"教育部提请设立国立第十二中学，以便收容湖北省公私立各中学迁至后方学生案"③。是年10月22日，国民政府教育部以"赣省战区失学青年甚多"④，为"救济战区学生"⑤，在赣设立国立第十三中学，派陈颖春为校长，"收容赣皖失学青年"⑥。该校的经

---

① 《国立四川中学改称国立第二中学》，《教育通讯》第2卷第13期，1939年4月。
② 《本校奉教育部训令改为国立第八中学》，《安徽学生》第10期，1939年4月。
③ 《行政院会议纪：呈请国府褒扬吕宓筹，通过设立国立十二中学》，《申报》1939年3月29日，第4版。
④ 《教育部设立国立第十三中学，并扩充国立第十一中学学生名额》，《教育通讯》第2卷第38期，1939年9月。
⑤ 《赣省筹设国立中学》，《申报》1939年10月23日，第3版。
⑥ 《教育部将在浙设国立中学》，《浙江战时教育文化月刊》第1卷第9期，1939年11月。

第一章 高中学段独立与初步发展阶段(1922—1949年)

费与学额,依教育部的原议,开办费为12000元,每月经费为18000元,共收学生1200名。[①] 另于贵溪莲花筹设分校二处。[②] 国立第十三中学设立之后,鉴于战区退出失学青年人数之众多,国民政府教育部为"收容中央各机关公务人员子弟以及一部分战区学生",决定成立国立第十四中学。[③] 不久,教育部在合川筹设国立第十五中学,"专以收容保育院升学儿童"。

值得一提的是,之后国民政府教育部成立的国立第十六中学、国立第十七中学、国立第十八中学,均与中山中学班相关。全面抗战初期,除国立中学外,国民政府教育部为救济战区失学学生及改进后方中学教育,还于1938年冬在西部开办名为"中山中学班"的小型中学。至1939年春,即有6所此类中学班。1941年,国民政府教育部鉴于国立中学制度已然成型并日渐成熟,为便于管理,于是年8月将原有中山中学班名义"一律取消"[④],分别改设或并入国立中学,或交由所在省市教育当局自行办理。[⑤] 如国民政府教育部将原设合江之第三、五、六中山中学班合并,改为国立第十六中学,即以原第五中山中学班改为校本部,第三、六中山中学班改为分校;将原设白沙之第七中山中学班改为国立第十七中学,以第四、八中山中学班为该校分校。[⑥] 之后成立的国立第十八中学,原系国立东北中学、三台私立国本中学两校合并而成,高中部东北籍学生较多,初中部则"川籍同学较多"[⑦]。总计而言,全面抗战期间,国民政府教育部先后共计设立34所国立中学,其中的28校,即初设于西部各省市,另有3所于战时转迁西部,仅有3校始终未曾涉足西部地区。

抗日战争胜利后,中等教育一度得到短暂发展。1946年,国民政

---

① 《赣南筹设国立十三中学,陈颖春任校长》,《申报》1939年11月8日,第7版。
② 《国立第十三中学筹设分校二处》,《申报》1939年11月24日,第10版。
③ 《国立中学要闻》,《申报》1940年10月23日,第8版。
④ 《教育部取消中山中学班名义,并入国立中学或改称》,《新闻报》1941年9月3日,第14版。
⑤ 《教部新创国立中学,所有中山中学班一律取消》,《学生之友》第3卷第4—5期,1941年11月。
⑥ 《教部添设国立中学三校:第十五六七三中学》,《申报》1941年9月11日,第9版。
⑦ 《国立十八中学》,《中央日报扫荡报》1942年7月19日,第8版。

府教育部开展国立中学复员工作，针对全国所有国立中学，教育部决定"分别交由各省办理"①。国民政府教育部指出，为适应现实需要，在内地各省设立的国立中等学校，原系全面抗战期间"安置各战区退出中等学校员生之临时设置"。为充实大后方各省中学力量，国民政府教育部认为中等教育应仍以各省市教育厅、局负责办理为宜。中学教育的秩序逐渐恢复正常。据中等学校司司长曹刍谈："除边远省份所设之国立中等学校，暂时仍由教部办理外，其余则依学生教职员之籍贯及志愿，一律分发各省立中学就读或任职。"② 为此，关于国立中学的复员，国民政府教育部特拟定数项原则：

一、国立中学，以交由各省市办理为原则；二、国立中学有特殊情形者，暂仍国立，其校址地点由教育部决定之；三、边远省份为人力财力所限，平时未能多设优良中学，原设之国立中学仍暂继续办理。③

1946年4月14日，国民政府教育部以中字第20697号令训令所有国立中等学校，尽量依其沿革及现况，分别移交原省市或所在地的省市接收办理，各校校舍、设备，以移交所在地的省市为原则。教职员及学生各回原籍，各省市教育厅、局对于回籍员生，应照教育部所发名册尽量集中，设校收容。如回籍员生人数太多，所设学校不敷容纳，或人数过少，不足增班设校时，应"指定所属其他学校安插"④。然而，后期因国民党统治者倒行逆施愈演愈烈，国民政府的中学教育包括高中教育也像其他教育一样逐渐败落。

三 民国时期普通高中教育的实施成效

自普通高中教育成为一个独立的学段起，至中华人民共和国成

---

① 《国立中学决交由各省办理》，《中央日报》1945年10月14日，第3版。
② 《国立中学复员，教职员学生自定志愿，分发至省立中学教读》，《大公报》1945年11月19日，第2版。
③ 《国立中学复员，教部拟定原则》，《申报》1945年12月28日，第4版。
④ 《处置各国立中等学校令》，《法令周刊》第9卷第19期，1946年5月。

第一章 高中学段独立与初步发展阶段(1922—1949年)

立止,在近30年的时间里,普通高中教育取得了一定的成效:其一,在南京国民政府的重视下,办学主体多样化,提升了办学层次;其二,为高等教育输送了大批人才;其三,女子高级中学的设立,为女子提供了接受更高层次教育的机会,因本章第三节将对女子高中教育进行专门论述,故而此处不再赘述。

（一）办学主体多样化,提升了办学层次

纵观民国时期的普通高中教育,可以发现三类不同主体办学的鲜明特色。民国成立后颁布的《中学令》规定中学为省立,由省费维持,立案权在省,称为"省立中学",但也需要报告教育总长。与此同时,鼓励各县在足额完成法定学校（指的是初、高等小学）的设立任务后,以余款办理中学校,称为"县立中学"。在民国初年的教育统计中,省立和县立中学校统称为"公立中学校",由私人所设立的中学校称为"私立中学校"。南京国民政府上台后颁布的《中学法》规定:"由私人或团体设立者,为私立中学。"反观之前的公立中学,不再使用"公立"的概念,改为"国立""省市立""县市立"等。

以民物富庶、学校教育发达的省份广东省为例。据1928年该省教育厅的统计,是年全省中学校共有144所,其中属于省立者14所,市立者3所,县立者65所,区立者6所,私立者56所。学生数共有24400余人,其中省立者占19.66%,市立者占2.31%,县立者占34.62%,区立者占2.85%,私立者占40.56%。再如1931年,广州市开办高中25校,国立者1所,省立者4所,市立者4所,县立者1所,私立者15所,学生共有2966人。[①] 为进一步了解相关信息,现将1928年广东省公、私立中学校校数比较图（图1-2-3）与公、私立中学校学生数比较图（图1-2-4）列示如下。

由广东省公、私立中学校的设置情状可以看出,民国时期普通高中教育的办学主体呈现多样化的趋势,尤其是私立中学的数量占比大约40%。私立中学在中国中学制度上占有很重要的地位。北洋政府统治时

---

① 《本市高级中学之调查》,《统计汇刊》第2卷第1—6期,1931年6月。

期，私立中学处于公立中学的补充地位。南京国民政府成立后，私立中学的比重逐年增加，到1936年甚至超过了公立中学。究其主因，诚如时人所言，公立学校经费支绌，人事复杂，私立中学人事单纯，地位超然，牵制甚少，"只要财政有着落，放手去做，都可定有点成绩"[①]。

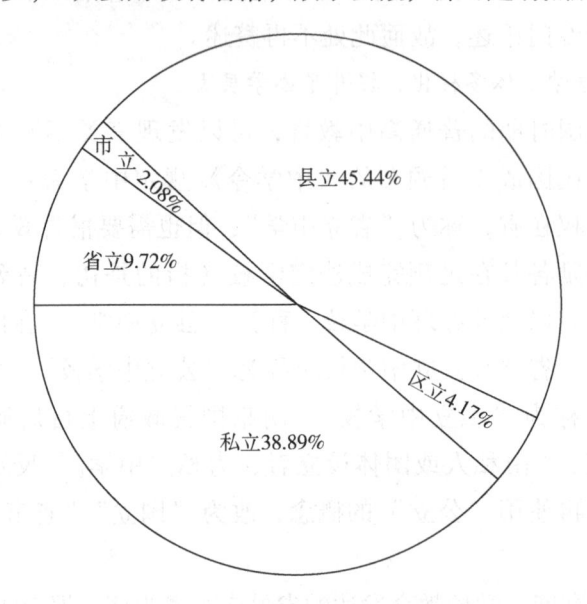

市立 2.08%
县立 45.44%
省立 9.72%
区立 4.17%
私立 38.89%

图1-2-3 1928年广东省公、私立中学校校数比较

国民政府教育部统计的抗战胜利前后全国私立中学的发展数字，即是最好的说明。1936年，全国公立中学808所，学生212229人；私立中学计824所，学生207655人。1944年，公立中学增至1445所，学生有508252人；私立中学增至1304所，学生有421045人。前后相比，私立中学无论是校数还是学生数几乎始终与公立中学平分秋色。这些不同主体所办的高级中学，在办学理念、办学宗旨、开设课程及学校特色方面各有差异，而且在相互碰撞中，使得民国时期普通高中教育异彩纷呈、别具一格，不仅提升了普通高中教育的办学层次，而且加速了普通高中教育的现代化进程。

---

① 《教育资料：有关私立中学》，《邕宁教育》第3期，1948年12月。

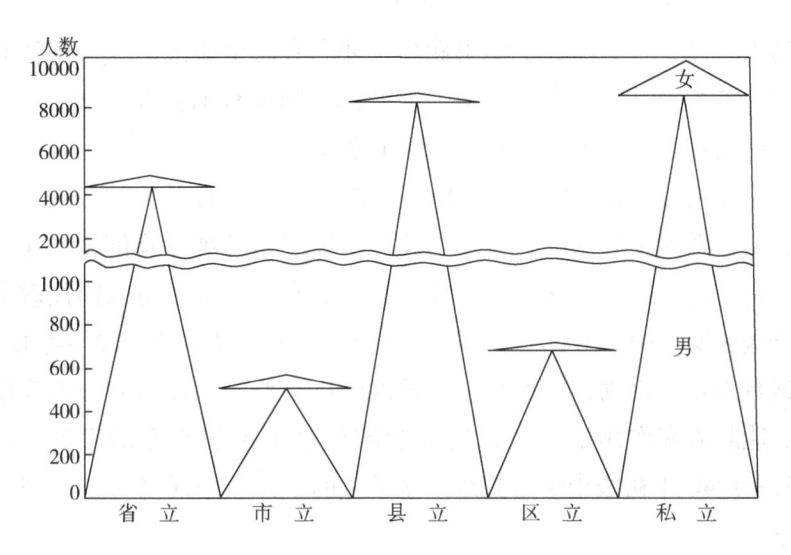

图 1-2-4　1928 年度广东省公私立中学校学生数比较

资料来源：《本市高级中学之调查》，《统计汇刊》第 2 卷第 1—6 期，1931 年 6 月。

（二）为高等教育输送了大批人才

"新学制"颁布之后，普通中学开始有了初级、高级两段之分，其中的高级中学，即现在的普通高中教育。民国时期，国人已经意识到中等教育的重要性，且不无远见地指出："中等教育是全部教育系统中的中枢，如果不能导入正轨，则整个教育就要发生'中气不接'之症。不但初等教育必然夭折，不能繁荣滋长，高等教育亦必软弱，没有充实健壮的基础。"① "新学制"颁布之初，从办学实践看来，多数地区认为，"初中之入高中，一如高中之入大学，中间必有多少淘汰"，因此出现了高中教育发展滞后的局面。

南京国民政府上台之后，高中教育得到了一定的发展。以湖北省为例，在 1930 年以前，湖北省未有单独设立的高级中学，至于完全中学，仅设立在省会及较大的都邑市镇。如武昌的一中、二中、一女中、二女中，汉阳的三中，宜昌的四中，襄阳的五中，黄冈的六中，江陵的八中等，皆仅有初级班次。到了 1930 年夏季，湖北省教育厅计划集

---

① 王纪初：《十九年中等教育的总检查》，《河南教育月刊》第 1 卷第 4 期，1931 年 1 月。

中高中，设立省立高级中学于武昌，并令有高中班次的学校停招高中学生。该校于是年开办，分男、女两部，起初仅有男生3班，女生2班，后逐年增加至男生8班，女生4班。①

全面抗战时期，国民政府依据"战时须作平时看"的抗战教育方针，出台系列政策法令，为高中教育的恢复与发展纾难解困、应变救急，在一定程度上保存了普通高中教育的实力。加之南京国民政府在部分地区实行中学分区制，即划分若干中学区，调整公私立学校配置，还试行六年一贯制，以提高学科程度为试行原则，以求办一批高质量的、能起表率作用的学校，这些措施促进了中学教育的发展。现将1931—1946年初级中学与高级中学学生的统计数据列表（表1-2-7）示下：

表1-2-7　　1931—1946年初级中学与高级中学学生统计一览

年份	学生总数	初级中学学生总数	高级中学学生总数	初、高中学生数比例（以初级中学学生数为100）	高中续读率（年度环比）
1931年	401772	345634	56138	100∶16.2	
1932年	409586	348412	61174	100∶17.6	
1933年	415948	349823	66325	100∶19.0	
1934年	401449	332423	69026	100∶20.8	19.97%
1935年	438113	356014	82099	100∶23.1	23.56%
1936年	482522	393691	88831	100∶22.6	25.39%
1937年	309563	258608	50955	100∶19.7	15.33%
1938年	389009	327031	61978	100∶19.0	17.41%
1939年	524395	428181	96214	100∶22.5	24.44%
1940年	642688	532652	110036	100∶20.7	42.55%
1941年	703756	586985	116771	100∶19.9	35.71%
1942年	831716	688614	143102	100∶20.8	33.42%
1943年	902163	738869	163294	100∶22.1	30.66%
1944年	929297	753866	175431	100∶23.3	29.89%

---

① 湖北省教育厅编：《教育部督学视察湖北教育总报告》，湖北省教育厅1934年版，第15页。

续表

年份	学生总数	初级中学学生总数	高级中学学生总数	初、高中学生数比例（以初级中学学生数为100）	高中续读率（年度环比）
1945 年	1262199	1011544	250655	100∶24.8	36.40%
1946 年	1485147	1168645	316502	100∶27.1	42.84%

资料来源：王伦信：《清末民国时期中学教育研究》，博士学位论文，华东师范大学，2001年，第144页。

附注：此处的高中续读率，为是年的高中学生总数与三年前的初中学生总数的比率，这种推算方法的原理是：中国20世纪30—40年代采用的是"三三"制中学模式，初、高中年限相等，如果不考虑中途失学、留级等情况，是年的高中在校生即是由三年前的初中在校生升学而来，如1934年高中一、二、三年级在校生，即分别来自1931年初中一、二、三年级的学生。

由上表可以看出，20世纪30—40年代，初中生与高中生的比例保持在100∶15至100∶30之间，高中生的比例整体呈上升趋势。

在中等教育的三大组成部分中，普通高中与高等教育的联系最为直接，是高等学校生源最主要的培养渠道。这些从高级中学毕业的学生，为高等院校提供了生源，源源不断的生源又为高校的生存和发展添砖加瓦。以全面抗战时期为例，其时，战区西迁和西部自有的各高等、中等教育机构紧密合作，在生源的输送方面也是相互交织，不分彼此。先就战区西迁中学与西部地方高校的联系来看，很多西迁中学都以办学质量好、升学率高而闻名，为西部地方高校提供了大批的优秀生源，为西部地区高等教育的长足发展做出了贡献。如四川大学原本以招收本省学生为主，兼收西部其他各省学生，但抗战全面爆发后，川大的学生来源发生了很大的变化，每年新入校的学生有三分之一以上来自沦陷区。[1] 再从西部地方中学为西迁高校提供的生源来说，以湖北武昌迁入西部的三所高校为例，武汉大学1938年春由武昌西迁四川乐山时，全校仅有1名乐山籍学生，迁至乐山后招考的第一届新生乐山籍有5人，此后逐年增多，到1946年全校已有30余名乐山本地学子。中华大学1938年由武昌西迁重庆，1939年全校共有学生430人，其中有一半来自战区，其余均为四川及重庆籍学生。华中大学西迁之前的生源，主要集中于两湖地区，来自西南的学子很少，云南籍

---

[1] 徐辉主编：《抗战大后方教育研究》，重庆出版社2015年版，第84—85页。

的更是罕见，迁至云南大理喜洲之后，西部地区尤其是云南籍学子的比例增长很快。1941年秋季注册的77名新生中，云南籍学生有32名。到1945年秋季，云南籍学生更是高达174名，占在校注册学生总数286名的68%以上。①

四　抗战流亡大学附属中学的发展

除国立中学外，抗日战争时期，流亡大学的附属中学可谓一道特殊的风景。卢沟桥事变后，国民政府教育部向各省市教育厅颁布《战区内学校处置办法》，令"凡已受袭击或易受袭击区域之学校一律向安全地带迁移"。1937年9月29日，国民政府教育部颁布《战事发生前后教育部对各级学校之措置总说明》，一面责令"比较安全地域各校，预定战事发生收容战区学生计划，以免战时学生流离失所，无法就学"，一面责令"危险地域各校预为安全措置""速择比较安全之地区，预为简单临时校舍之布置，以便于战事发生或逼迫时量为迁移"。战区内大批中学都迁至较为偏远的西南或西北地区办学，其中包括各大学的附属中学。

值得一提的是，其时还有数所由原战区的公私立组织新建于西部的中学，也可算入战时中等教育内迁运动之列。1936年，时任南开大学校长的张伯苓，因参加禁烟会议进入四川，其时，他"默察敌寇野心欲望无穷，而教育事业不可一日终止，故即决意在渝另建中学"②。会议结束后，张伯苓返回南京，经多方求援，获得了5万元的捐助。不久，"南渝中学"便在重庆沙坪坝动工，暑期结束就开始招收新生。全面抗战爆发后，诸多原南开中学退至大后方的员生相继投奔"南渝中学""各项计划之未雨绸缪，故能迅赴事机，切合需要"③。1938年9月，南渝中学董事会决议将校名更名为"南开学校"，除呈请教育部备案外，还将是年10月17日定为该校成立25周年纪念日，使其正式

---

①　余子侠：《民族危机下的教育应对》，华中师范大学出版社2001年版，第226页。

②　张兰普、梁吉生：《铅字流芳大先生：近代报刊中的张伯苓》（上），天津社会科学院出版社2021年版，第313页。

③　《南渝中学创立经过》，《教育通讯》第1卷第9期，1938年5月。

接过天津南开学校的招牌和衣钵。①

随着战势的变化，许多高校被迫陆续西迁，其附属中学亦随之迁到了西部地区。虽然如此迁转的中学数量有限，可是其内迁的具体状况却相当复杂。有的附中是在所属高校本部所在地就近择址办学，如武昌艺术专科学校附中，与其本部一同迁到四川江津；国立社会学院附属中学迁至重庆青木关，距其校本部所在地璧山亦为不远。有的附中乃是随所属高校之分部一同西迁，如私立光华大学本部避入上海租界，而其分校与附中西迁至成都西郊。更特别的是，有的高校附中虽然与其所属高校都迁到了西部地区，然而几经辗转，最终迁定后的所在地却相距甚远，如国立中央大学迁至重庆，而其实验学校却在贵阳。还有的附中因为高校合并的关系，自身的校名在西迁后也发生了更易，如北平师范大学附中，因北平师大与北平大学、北洋工学院合而复分，最终定名为国立西北师范学院附属中学。② 此外，还有部分高校在西迁后便开始创办附属中学，如"中华大学办有湘校、渝校两所中学，武汉大学在乐山开办有附中，西南联大在昆明办有昆华中学等"③。私立华中大学则直接将当地的五台中学用作自己的附属中学。不管是高校带着自己的附中迁转，还是迁转后新设自己的附中，这样的附中加在一起计有十余所。但是依靠高校的显赫名声和强有力的师资保障，这类中学的影响不容小觑。如浙江大学附中，"数十位老师，除一部分专职外，其余大多是浙大研究生。解放后，这些老师绝大部分在大学任教"，而且该校1942年"高中第一期毕业生以优异的成绩，全部考入国内有名的大学，轰动一时"④。这些附中如同内迁的高校，为全面抗战时期后方省区的教育开发和进步做出了卓越的贡献。现根据有关资料，将全面抗战时期内迁高校的附属中学列表（表1-2-8）示下。

---

① 《南渝中学改名南开学校》，《教育通讯》第1卷第29期，1938年10月。
② 李爱民、曹怀玉：《西北师范学院史略》，载中国人民政治协商会议甘肃省委员会文史资料研究委员会编《甘肃文史资料选辑》第23辑，甘肃人民出版社1985年版，第92页。
③ 徐辉主编：《抗战大后方教育研究》，重庆出版社2015年版，第48页。
④ 胡秀清、李成杰：《回忆浙大附中》，载中国人民政治协商会议贵州省委员会文史资料研究委员会编《贵州文史资料选辑》第26辑，中国人民政治协商会议贵州省委员会文史资料研究委员会1988年版，第179—182页。

表1-2-8　　　　　　　　战时西迁高校附中情况

校名	原址	新址	备注
私立光华大学附属中学	上海	成都西郊外草堂寺	
国立同济大学附设高中	上海	四川	随同济大学转迁多地
孔学院附属中学		四川涪陵	
七七中学	潭头	潭头	
国立社会学院附属中学	南京	重庆青木关	
武昌中华大学附中	武昌	重庆南岸米市街	中华大学另在湖南湘乡设有湘校，后改名中华中学
武昌艺术专科学校附中	武昌	江津德感坝	
国立中央大学实验学校	南京	贵阳	后改为国立第十四中学，而以原国立十四中为国立中央大学的实验中学
金陵大学附属中学	南京	四川万县	
大夏大学附设中学	上海	贵阳	后改名伯群中学
北平师范大学附属中学	北平	陕西城固	后改称国立西北师范学院附中
中法大学附属中学	北平	昆明	
南开中学	天津	重庆沙坪坝	
昆华中学		昆明	西南联大西迁后开办
武汉大学附中	武汉	乐山	武大西迁后开办
浙江大学附中	杭州	湄潭	浙大西迁后开办
私立华中大学五台中学		大理喜洲	华大西迁大理后改五台中学为附中
贵州省平越高中		贵州平越	交通大学唐山工程学院与贵州省教育厅合办

资料来源：《中央日报》1937年7月7日至1945年8月15日；蒋致远主编：《第二次中国教育年鉴》第四编"中学教育"，商务印书馆1948年版；中国人民政治协商会议贵州省委员会文史资料研究委员会编：《贵州文史资料选辑》第26辑，中国人民政治协商会议贵州省委员会文史资料研究委员会1988年版；政协西南地区文史资料委员会编：《抗战时期西南的教育事业》，贵州省文史书店1994年版。

第三节　民国时期的普通高中女子教育

自古以来，女子一直被排除在正规教育系统之外，直至民国时期，

第一章　高中学段独立与初步发展阶段(1922—1949年)

女子教育逐渐引起国人的重视，并正式成为学校教育中的一部分。中学女子教育作为连接小学女子教育与高校女子教育的关键阶段，不容忽视。梁启超曾言："女学愈盛，国家愈强。"中学女子教育的萌芽，是中国教育近代化的重要标志。但具讽刺意味的是，中华教育界最早的女学由传教士所创办，可谓是西方殖民教育的产物。如最早开放的通商口岸厦门，传教士创办的"怜儿堂"收纳被贫苦人家抛弃的女童，在提供食宿的基础上教这些女童读经写字。19世纪，美国归正教传教士打马字（Rev. JohnVan Nest Talmage）二姑娘（Miss M. E. Talmage）① 将其设立的具有小学程度的学堂发展为后来的毓德女校。直至19世纪末，在维新思潮的推动下，经元善创办了经正女学，不同形式的女学才相继在国内出现。

一　民国时期中学女子教育的产生

自清末以来的学制系统中，为阻止教育界兴起的女学之风，明令禁止开办女学。如"壬寅学制"中完全没有女子教育的位置，第一次正式颁布且实行的学制"癸卯学制"中，与女子教育相关的内容，仅《奏定蒙养院章程及家庭教育法章程》在"蒙养家教合一章"中言及：

> 三代以来，女子亦皆有教，备见经典。所谓教者，教以为女、为妇、为母之道也。惟中国男女之辨甚谨，少年女子，断不宜令其结队入学，游行街市……故女子只可于家庭教之，或受母教，或受保姆之教……足以持家、教子而已……故女学之无弊者，惟有家庭教育……使全国女子无学，则母教必不能善，幼儿身体断不能强，气质习染断不能美。蒙养通乎圣功，实为国民教育之第一基址。②

其中亦指出，各省学堂将《孝经》《列女传》《女诫》《女训》及

---

① 打马字二姑娘是当地人对马利亚的称呼。马利亚为传教士打马字（闽南语音译）的次女。
② 《奏定蒙养院章程及家庭教育法章程》，载璩鑫圭、唐良炎编《中国近代教育史资料汇编——学制演变》，上海教育出版社1991年版，第398—400页。

《教女遗规》等书,择其最切要而极明显者,分别次序浅深,明白解说,编成一书,并选取外国家庭教育之书,择其平正简易,与中国妇道、妇职不相悖者,广为译书刊布。据此可见,尽管章程的颁定透露出清廷主动或被动地承认女子教育重要性的倾向,但无论是从教育形式还是从教育内容来看,蒙养院更接近于家庭范围的传统女学,而非现代意义上的女子教育。

由上所见,在"癸卯学制"中,女子教育列在家庭教育当中。那时拟定女子教育的观念,大致有三点:

(1) 女子结队入学游行街市,很不雅观。(2) 女子多读西书,便信仰外国自由结婚,蔑视父母夫婿。(3) 女子只求能持家教子,不必多习高深学问。①

虽有章程的限制,但其时以私立和其他形式创办的女学仍有增无减。由私人创办的女学,多半属于中等教育程度。清末新政之后,"开放女禁"已成为一股不可阻遏的时代潮流。慈禧太后于1906年2月面谕学部,振兴女子教育。光绪三十三年(1907)正月二十四日,学部正式颁布《女子师范学堂及女子小学堂章程》。② 是项章程的公布,奠定了中国女子教育在教育体系中的法律地位。然则,当时尚没有出现女子中学。

女子中学的出现,可追溯至《中学校令》的颁布。辛亥革命之后,男女平等的观念得到了确认,允许国民小学一、二年级男女可以合校。1912年9月28日,教育部以第13号部令公布《中学校令》。其中第二条明确规定:"专教女子之中学校称女子中学校。"③ 此项法令的公布,为女子中等教育的发展提供了制度保障,女子中等教育获得了与男子同等的地位。不过,学制上虽已确认女子中学教育的地位,但实际上,在学制公布八九年间,由政府设立的女子中学校仍然凤

---

① 廖世承:《中学教育》,商务印书馆1930年版,第12页。
② 《学部奏定女子小学堂章程》,《教育世界》第145号,1907年2月。
③ 《法令:中学校令》,《中华教育界》第1期,1913年1月。

第一章 高中学段独立与初步发展阶段(1922—1949年)

毛麟角。所以这种规定,也不过是一纸文书罢了。在五四运动之前,公家很少有女子中学的设立,"所谓中学校关于女子中学的规定者,只是虚拟了八九年之久,至多不过对私立女子中学有些制裁的效力而已"①。

其后,在新文化运动的倡导和五四运动的推动下,思想解放,女子中学教育逐渐成长起来。加之北京大学、南京高等师范院校相继开放女禁,女子求知的渴望因而高涨,但当时仅有小学校与女子师范学校两级,女子中学为数寥寥,学校数量实不足以供女子求知的需要。所以,民国八年(1919)五月二十四日,教育部通令各省区应设法筹办女子中学校:

> 查现在各处女子高等小学毕业生,日见增多。本部现又就北京设立女子高等师范学校,女子中学校之设立,实系要图。各省区如未经设立女子中学校,应先就省区经费筹办省立或区立女子中学校,以宏造就。至已设立者,自应如原案所拟充实内容,力求进步。②

需补充说明的是,受"男女有别"观念的影响,女子教育一直被隔离。中华民国成立后,尽管取消了对男女小学生的限制,但由于中学生的特殊年龄阶段,中等教育阶段仍然采用性别隔离制度。为了促进女子中学教育的快速发展,要求中学男女同校的需求越来越大。1920年10月21日至11月10日,全国教育会联合会第六次会议在上海召开,为增加女子求学机会,促进男女同学起见,会议议决"促进男女同学以推广女子教育案"呈请教育部施行,案中以"一年以来,各地高等专门以上学校男女同学已逐渐实行,惟女子中等教育尚未普及,专门大学招考女生及格者自居少数"为由,请求教育部"通令各省区各级学校招收学生,或绝对的男女同学,或部分同学,或添设女

---

① 程谪凡:《中国现代女子教育史》,安徽师范大学出版社2019年版,第108页。
② 《记事:大事记(五月二十四日至六月七日)》,《教育杂志》第11卷第7期,1919年7月。

子班或附设女校"①。1921年7月21日，针对全国教育联合会呈交的议案，教育部训令各省教育厅速设女子中等学校：

> 据第六次全国教育会联合会呈送议决促进男女同学以推广女子教育案。查现时女学未甚发达，实由女子中学太少，应由本部通行各省速设女子中学，并于相当学校附设女子中等部，以资推广。惟中等学校男女同校，现尚未便照准。②

由上述指示可以看出，教育部已命令各地区加快建立女子中学，并要求在同等学校附设女子中学。然而，男女同校则尚未获得批准。自是而后，出现了小规模的女子中学教育，如江苏将无锡竞志女子中学作为替代中学，在第一、第二女子师范学校附设了女子中学班级，山东在济南女子职业学校增加了女子中学班级。

1922年，"新学制"公布后，真正的不分性别的单轨制建立起来，男子的中学系统亦是女子的中学系统。在北洋政府后期，部分私立中学率先实行男女同校，如广州的执信中学、湖南的岳云中学、上海的吴淞中学等。公立中学率先实行男女同校的是北京高等师范学校附属中学，该校于1921年秋季招收一个女生班，但在校内还是分开上课。③到20世纪20年代末期，中学男女同校已成为普遍现象。

南京国民政府上台后，在1928年第一次全国教育会议上，根据广东、广西省教育厅提出的"中等女子学校应独立设置"的提案，通过了"中等女子教育应有特殊设施"案，其中强调：

> 女子高、初级中学，以特别设置为原则，各地方因经济力及教授人材之缺乏，不能分设者，得于中等学校中，分设男女

---

① 《促进男女同学以推广女子教育案》，《教育杂志》第12卷第12号，1920年12月。
② 《大事记：七月十二日，教育部训令速设女子中等学校》，《教育杂志》第13卷第8期，1921年8月。
③ 周调阳：《北高附中实行男女同校后一年来经过之概况》，《教育丛刊》第3卷第3期，1922年5月。

第一章 高中学段独立与初步发展阶段(1922—1949年)

两部。①

应该说，此议决案与原提案相比，已有了更多的灵活性，但因为它有悖于男女社交日益公开的趋势，同时各地在客观条件上实施男女分校也存在困难，这一决议案还是遭到部分省区代表的强烈反对，其中浙江代表刘大白、杨廉在议案通过当日即致书大学院院长蔡元培，声明浙江大学区将不受此决议案的约束。②

在1933年公布、1935年修正的《中学规程》中，规定"中学学生以男女分校或分班为原则"，贯彻了第一次全国教育大会决议案的精神。抗战胜利后，1947年2月，国民政府教育部重提1928年第一次全国教育会议的议决案，训令中学男女分校：

> 查中等学校，学生以男女分校为原则，乃民国十七年（1928）第一次全国教育会议之决议，且在中学、师范、职业各类中等学校规程中，均有明确规定。男女分校，因材施教，于适应个性差异之中，原寓力谋机会均等之意……是男女分校之措施，法令理论悉有依据，自应切实遵行。至小地方及穷僻区域，困于经费，限于设备，其男女分部或分班者，自属权宜，一时不得已而为之例外，绝不可援引成风，故事迁就，有违男女分校之原则。近年以来，由于人力财力之艰困，演成不合规定之事实，渐致因循忽略而莫能觉察。各地中学不惟不能认真实行男女分校，甚至不分部不分班者，亦所在多有。似此情形，殊属昧于设学旨趣，故违教育法令，实有速予纠正之必要，应由各该校切实负责，依照分校之原则办理，不得再事姑容。③

据此原则，1947年4月，国民政府教育部又一次修正《中学规

---

① 李景文、马小泉主编：《民国教育史料丛刊·中国教育事业》，大象出版社2015年版，第118页。
② 王伦信：《清末民国时期中学教育研究》，华东师范大学出版社2002年版，第242页。
③ 《中等学校男女分校之原委》，《教育通讯》第3卷第5期，1947年5月。

程》，明确规定"中学学生以男女分校为原则"①。从 1935 年规定"以男女分校或分班为原则"到 1947 年规定"以男女分校为原则"，明确反映了原则下限的提升，前者在一定程度上默认了男女可以同校，后者则明确"男女分校"。应该指出，规程条文的变化，固然反映了主政者对这一问题的观念，但随着中学教育的发展，女中学生的数量不断扩大，各地独立设置女子中学的条件也正逐步成熟。

二 民国时期普通高中女子教育的发展

征诸历史实情，在普通高中女子教育出现之前，女子中学已开始设立，如在民国最初的几年内，全国已建立了一定数量的女子中学，但发展迟缓，甚至出现反复。可以说，女子中学教育并未取得实质性的发展。相关统计资料显示，1912 年，中学校数总计 373 所，男校 359 所，女校 14 所；学生总数 52100 人，男生 51423 人，女生 677 人。至 1916 年，中学校数合计 350 所，男校 342 所，女校 8 所；学生总数 60924 人，男生 60200 人，女生 724 人。② 可以看出，在 1912—1916 年，女子中学的数量不但没有增长，反而呈现出减少的趋势。由此可知，五四运动之前，女子高中教育尚处于萌芽期内，学校数量少之又少。据教育部第五次全国教育统计数据显示，1916 年 8 月至 1917 年 7 月，女子中学学生数为 724 人。又根据中华教育改进社调查，1919 年以前，政府设立的女子中学仅有 9 所，学生 622 人，教职员 132 人。③

直至 1920 年，北京大学及南京高等师范学校开放女禁，社会开始注意女子中学教育的问题，如江苏省立第一及第二女子师范都在同年创办了附设女子中学校。1921 年，广东省立中等学校开始招收女生，北京高等师范附属中学亦招收一班女生，试办男女同校。至

---

① 顾明远总主编：《中国教育大系：历代教育制度考》（二），湖北教育出版社 2004 年版，第 2282 页。
② 王伦信：《清末民国时期中学教育研究》，博士学位论文，华东师范大学，2001 年，第 155 页。
③ 雷良波、陈阳凤、熊贤君：《中国女子教育史》，武汉出版社 1993 年版，第 361—362 页。

1922年新学制颁布后，就理论方面而言，男女在教育上已享受平等的地位。男子的学制系统，同样适用于女子，可是对于中学男女同校同学，依然有反对的论调。就实践方面而论，女子中学生的数量明显有所增加，中学女生数达到了3249人，比1916年增长了将近4倍。根据中华教育改进社的调查，1922年全国女子中学生数如下表（表1-3-1）所示：

表1-3-1　　1922年全国中学校学生数与女学生总数明细

省区	男女生总数/人	女生数/人	女生约占总人数百分比
京师及京兆	5469	823	15.05%
直隶	7480	46	0.61%
奉天	3712	154	4.15%
吉林	960	—	0
黑龙江	629	35	5.56%
山东	6291	92	1.46%
河南	3036	—	0
山西	6910	—	0
江苏	9216	953	10.34%
安徽	1938	18	0.93%
江西	4165	—	0
福建	3773	111	2.94%
浙江	5131	120	2.34%
湖北	5524	186	3.37%
湖南	8953	86	0.96%
陕西	1829	—	0
甘肃	777	—	0
新疆	—	—	0
四川	9581	—	0
广东	9107	468	5.14%
广西	3921	—	0
云南	2940	157	5.34%
贵州	1664	—	0
热河	178	—	0

续表

省区	男女生总数/人	女生数/人	女生约占总人数百分比
绥远	102	—	0
察哈尔	99	—	0
总数	103385	3249	3.14%

资料来源：程谪凡：《中国现代女子教育史》，安徽师范大学出版社2019年版，第120页。

由上表可以看出，1922年全国女子中学生数为3249人，约占中学生总数的3.14%，男生数是女生数的30多倍。

南京国民政府成立后，中学女子教育开始步入发展的快车道。1929年，女子中学生数最多的省份为江苏，有5294人；其次为浙江、湖南，各有2500余人；最少者为绥远，仅22人；无女子中学者，有黑龙江、新疆、西康、青海、宁夏。根据教育部的统计，现将1930年各省市高级中学女生概况表（表1-3-2）与1930年全国女子中学生数比例表（表1-3-3）列示如下。

表1-3-2　　　　1930年各省市高级中学女生概况

省市	高中	
	男生数/人	女生数/人
江苏	3443	704
浙江	1543	243
安徽	705	69
江西	1465	219
湖北	1257	309
湖南	852	283
四川	2794	212
福建	1632	376
云南	128	/
贵州	254	5
广东	2679	422
广西	603	75
陕西	809	80
山西	967	33

续表

省市	高中 男生数/人	高中 女生数/人
河南	884	21
河北	1848	197
山东	1007	122
甘肃	136	/
宁夏	/	/
青海	/	/
新疆	/	/
辽宁	2150	455
吉林	128	/
黑龙江	96	/
绥远	112	/
热河	/	/
察哈尔	65	/
西康	/	/
东省特别区	221	/
南京	1518	261
上海	5913	1498
北平	4420	991
青岛	262	105
威海卫	/	/
总数	37891	6680

资料来源：程谪凡：《中国现代女子教育史》，安徽师范大学出版社2019年版，第121—122页。

表1-3-3　　　　1930年全国女子中学生数比例

	女生数/人	中学生总数/人	女生约占总人数百分比
高中	6680	44571	14.99%
初中	50171	336851	14.89%
总数	56851	381422	14.91%

资料来源：程谪凡：《中国现代女子教育史》，安徽师范大学出版社2019年版，第123页。

由上表可知，每100名中学生中，约有女生15人，男生数几乎为女生数的 6 倍。不过，与民国十一年（1922）相比，中学女生由 3249 人增至 56851 人，增加约 16 倍，可见进步之速。与民国十八年（1929）相比，一年中，女生数亦增加 23778 人。

1922 年新学制颁布后，高级中学设师范科，中师合并开始成为定势。实行中师合并，将旧有的女子师范学校并入或改设女子中学者，有浙江、湖北、福建、江西、江苏、安徽等省；仍沿旧制单独设立者，有四川、广东、贵州、山西、河北、山东、甘肃、辽宁、吉林、黑龙江等省；两制同时并行者，有湖南、云南、陕西、河南等省。

抗战全面爆发后，省立学校的存续成为更关键的问题。江苏省"省立中等学校原有三十余校，自战事发生后，少数省校以地邻战区，未能上课，其余各校弦诵不辍"，上海、南京相继失守后，"大江南北省立学校全告停止"。① 上海租界形成"孤岛"之后，江南诸省立中学，如"苏中、扬中……苏女师、镇师"先后迁沪复课，松江女中也不例外。② 再如南京的女子中学，彼时，南京的中学大多停办，少数中学奉命西迁，或自行组织师生撤离。如私立汇文女子中学、中华女子中学于 1938 年迁往上海，与其他教会学校组成华东基督教联合中学。1939 年，联合中学解散后，汇文女子中学在南京复课。

综合言之，在高中学段独立与初步发展阶段，普通高中女子教育的发展一波三折。五四运动之后，随着男女平等观念的不断深入，女子中学的数量呈现不断增长的态势，尤其在南京国民政府上台后，普通高中女子教育步入发展的快车道。然而，在全面抗战的时代背景下，在敌寇炮火的摧残下，普通高中女子教育走向衰落，艰难维持。

三 民国时期普通女子高级中学典型案例

民国时期，自女子教育兴起之后，女子中学的数量逐渐增多，其中即包括普通女子高级中学，其时，因创办主体不同，导致办学性质不同。为便于了解民国时期普通女子高级中学的具体情形，公立女子

---

① 倪浩然：《江学珠与松江女中》，上海辞书出版社 2019 年版，第 136 页。
② 《苏省教育最近状况（下）：中小学教师继续为教育尽瘁，江南北游击区中仍设置学校》，《申报》1939 年 2 月 22 日，第 15 版。

高级中学以中央大学区立南京女子中学、苏州女子中学为例，私立女子高级中学以私立成都华英女子高级中学、河南省北仓女子中学为例，教会女子高级中学则以华南女子高级中学为例。

（一）中央大学区立南京女子中学

南京女子中学原为江苏省立第一女子师范学校，成立于1912年，办校历史悠久。江苏省立第一女子师范学校，即原宁垣属女子师范学堂，辛亥革命时一度停办，民国元年（1912）5月复办，定名为江苏省立第一女子师范学校。

1927年，国民革命军抵达南京，在南京实施改革，教育方面开始施行大学区制，江苏试行大学区制，南京亦实行实验学区制。受时局所限，南京仅有公立和私立中学15所。大学行政院将前江苏省立第一女子师范学校改组为省立南京女子中学，校址位于马府街、细柳巷一带。[1]

南京女子中学改组后，分设初中部、高中部，高中部设教导主任1人，训育主任1人。教导处日常工作，高中由教导主任、训育主任、值日导师及训育员、教务员3人分别负责办理。该校高中分三个年级，高一的课程主要有国文、几何、本地、本史、生物，高二的课程有国文、代数、外史、外地、化学，高三的课程有国文、数学、外史。[2] 值得注意的是，该校高中附设学生斋舍（图1-3-1）。

（二）苏州女子中学

苏州女子中学建立于1912年，初建时为江苏省立第二女子师范学校，由重视女子教育的首任校长杨达权创办。1912年9月1日，江苏省立第二女子师范学校在盘门新桥巷积谷仓旧址开学。北洋政府时期，该校是江苏省培养小学女教师的中等师范学校，校址在苏州市东大街新桥巷，以"诚朴"为校训，办学宗旨是"德、智、体三育并进"，主要课程包括国文、历史、地理、数学、物理、化学、音乐、体育、美术、修身、家事、缝纫、手工等。1920年，该校增设中学部。1927

---

[1] 南京市地方志编纂委员会编：《南京市志》第9册，方志出版社2013年版，第81页。
[2] 王骏声、唐道海：《视察省立南京女子中学报告》（视察日期自二十四年四月十九日至廿五日），《江苏教育》第4卷第10期，1935年10月。

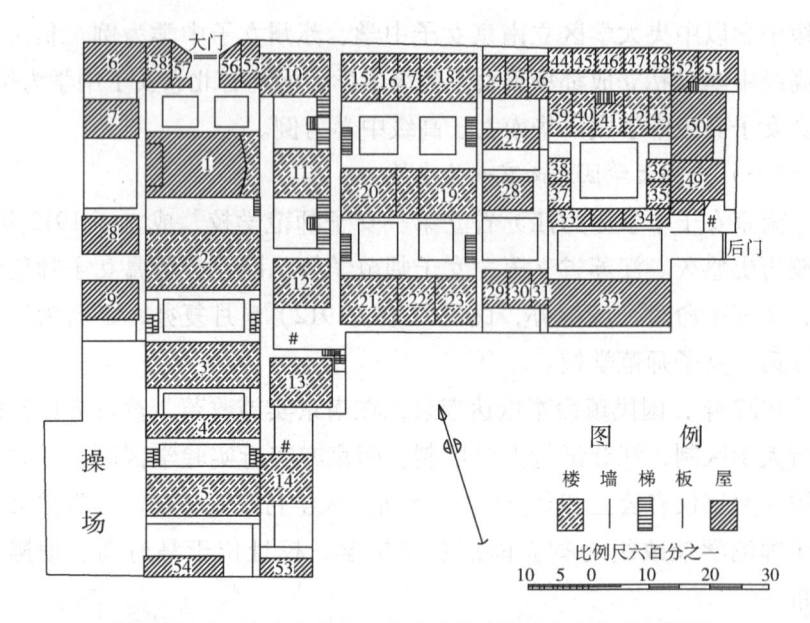

图 1-3-1 中央大学区立南京女子中学高中部校舍平面图

资料来源：《中央大学区立南京女子中学高中部校舍平面图》，《中央大学区立南京女子中学校刊》第 6 期，1928 年。

年，江苏省实行大学区制，实行中（学）、师（范）合并，该校改称"江苏省立苏州女子中学"，其后校名多次变更。1929 年秋，大学区制取消，师范教育独立设置。1932 年 7 月，该校又改名"江苏省立苏州女子师范学校"，设有高中、初中两部，高中部单班，初中部双班，1937 年后停办。抗日战争胜利后，该校在原址复校。1949 年以后，原省立苏州师范（前身为国立社教学院附属师范）并入，改名为"苏南新苏师范学校"，开始男女合校。1952 年秋，苏南幼儿师范学校又并入该校。1953 年，苏南、苏北两行署合并为"江苏省"，改名为"江苏省新苏师范学校"，属于苏州市属中等师范学校。

（三）私立成都华英女子高级中学

私立成都华英女子高级中学，即现在的四川省成都市第十一中学。该校于 1895 年由基督教英美会女传教士、加拿大人白宝玉在成都方正东街 72 号开办，初建时校名为"华英女校"，仅办小学，学生七八人，继添高小。1915 年，该校增办初中班，改名"华英女子初级中学",中、小学分离。

1928年,该校招收高中班,分设华英女子初级、高级中学,改名"华英女子高级中学",始由中国人任校长。之前,该校由加拿大基督教会华西教育会领导,校长由加拿大传教士担任,以"传教"为办学宗旨。至于该校的生源,多由川内各地英美会所办之女子教会学校保送,主课是《圣经》。1938年,该校的高中与初中合并,改称"私立成都华英女子中学校",并于1939年向当地政府立案。该校以人格感化为主,实行教训合一,推行导师制,提倡师生共同生活。尤其值得一提的是,该校注意女子特殊教育,聘请有学识又懂得教授法的教师执教。全面抗战时期,该校"曾迁办彭县城关"[1],1945年9月迁回成都原址。1946年9月,受省教育厅委托,该校增办高级家事职业班。战时,该校曾推行新教组织,有家庭施教队、乡村宣传队。此外,该校的音乐教学和音乐活动极有特色。中华人民共和国成立后的1952年,成都市人民政府接办该校,更名"四川省成都市第十一中学校"。

(四)河南省北仓女子中学

1921年7月,张嘉谋联合国会议员王敬芳、河南实业厅厅长张之锐等于开封老街(今乐观街)发起筹办河南私立第一女子中学校,张嘉谋亲任校长。是年年底,学校迁至新校址——丰豫仓(清官仓,位于开封城区北部三皇庙街3号,又称"北仓")。言及张嘉谋,实为清举人,富有维新思想,目睹国家沦为半封建半殖民地,文化落后,青年特别是女子无处读书,辛亥革命后,他变卖田产办女学,并与其他校董多方筹集办学经费,发河南女子中学之先声,故最初校名定为"河南第一女子中学"。其后,随着规模的不断扩大,该校于1930年正式改名为"河南私立北仓女子中学"[2],时人称"北仓女中"。

就师资队伍来看,北仓女中当时的教师阵容很强,相当多的教师是大学教授或其他中学的知名教员,思想进步又有真才实学,学术造

---

[1] 涂文涛主编:《四川教育史》(上),四川教育出版社2007年版,第277页。
[2] 《私立北仓女子中学校》,《河南教育月刊》第5卷第3期,1935年1月。

谊甚深。这些教员有些是中共地下党员，有些是新文化的传播者，不但教给学生新的思想、新的知识，而且采取启发诱导的方式，点燃学生心灵的火花，让他们去思索问题、寻求解答、领悟真理。更有甚者，部分教师还在学生骨干中组织秘密的读书会，如1936年建立的秘密革命组织"民族解放先锋队"，即在于指导学生们开展校内外的群众活动。1937年，中共开封市委负责人李炳之在北仓女中吸收先进分子，先后发展宋静初、鲁静云等20多人入党，在师生中撒下革命的火种。

就学生培养质量而言，北仓女中成立后，张嘉谋及历任校长即将创始时的校训"勤、朴、敏、肃"始终贯彻于学校教学与生活之中。针对学生的思想状况，该校提出"自己伺候自己，谁敢说是奴隶""不做寄生虫，我们要自立"[①]的口号。为此，该校成立学生自治会，鼓励学生参加打扫卫生、管理伙食、检查纪律及图书借阅、出墙报、黑板报、组织讨论会、歌咏赛等课外活动，让学生自己管理自己，以培养学生自立、自强、自治的能力，从而形成北仓女中艰苦朴素的校风。[②]北仓女中培育的学生，大多思想进步、情操高尚、视野开阔、成绩优良，曾多次名列全省统考第一，体育成绩更是蜚声全国，连续多年保持全省女子田径、球类冠军。如1930年河南省联合运动会取得女子个人总分第一。再如1934年在天津举行的第18届华北运动会上，女子项目共10个，河南女将夺得了7项冠军，均由北仓女中运动员获得。其中，焦玉莲一人夺得4项冠军，并以13.2秒的成绩创下全国女子百米的新纪录。在河南人民出版社、北京日报出版社先后出版的以曾克为主编的北仓女中回忆录《春华秋实》中，邓颖超题写书名并题词："播革命之种，开革命之花。"楚国南题诗："长夜漫漫忆昔年，新苗茁壮抗寒天。而今桃李灿若锦，国运振兴有后贤。"[③]

抗战全面爆发之后，北仓女中于1938年辗转迁于南阳、内乡、镇平赵湾等地坚持办校。1945年抗日战争胜利后，该校部分师生留守镇

[①] 徐玉坤主编：《河南教育名人传》，河南教育出版社1989年版，第293页。
[②] 河南省开封市政协文史资料委员会编：《开封文史资料》第12辑教育专辑，河南省开封市政协文史资料委员会1992年版，第141—162页。
[③] 陈宁宁编：《河南大学忆往》，河南大学出版社2002年版，第168页。

平，成立河南私立北仓女中镇平分校，后并入镇平县雪枫中学。校长马戢武率领部分师生返回开封后，重新筹备建校，在各方的支持下，北仓女中很快复校招生。1949年8月，该校由省人民政府接管，正式改名为"河南省北仓女子中学"，结束了近30年的私立办学历史。[①]在中国共产党的领导下，该校面貌日新月异。1951年12月，河南省北仓女子中学改称"河南省第二女子中学"。1953年2月，再次改名为"河南省开封市第一女子初级中学"，后改为"河南省开封第一女子中学"，恢复招收高中生。1956年，改为"河南师范学院附属中学"，后改为"开封师范学院附属中学"。1958年秋，该校开始招收男生，实行男女同校，结束了近40年只招女生的女子中学历史。是年10月，该校试办10年一贯制学校，北门大街小学并入，计有高中10个班，初中9个班，小学22个班，幼儿园4个班，学生人数达2058人。1959年7月，该校又与北门大街小学分开，恢复原有建制。1963年，开封师院附属中学和开封师院附属实验学校合并，定名为"开封师范学院附属中学"，时称原附属中学为"附中东校"，原实验学校为"附中西校"。"文化大革命"时，开封师院到灵宝县，附中改名为"开封市第二十三中学"。1977年11月24日，中共开封市委汴发（1997）第38号文，同意将开封市第二十三中学（原附中东校）作为开封师范学院附属中学。开封师范学院附属中学由此恢复原来建制。1979年8月，开封师范学院附属中学改名为"河南师范大学附属中学"，1984年改名为"河南大学附属中学"。

（五）华南女子高级中学

19世纪末，外国教会在福建各地开办有多所初等、中等学校：福州的保福山学校，在南台铺前顶保福山（今吉祥山），该校1848年由美国基督教美部会创办，是美国教会在福建办的第一所初等学堂，后改名"福音精舍""格致书院"，迁校于今福州格致中学内；陶淑女子小学，校址仓前山岭后，1864年由英国安利间教会创办；鹤龄英华书院，后改名"英华中学"，位于仓前山鹤龄路，是1881年由美国教会

[①] 胡悌云、张文彬主编：《河南通典》，东方出版中心1998年版，第757页。

提议创办的中学。上述教会学校，除传播基督教思想外，也为福州带来了西方教育的先进管理方式。①

随着初等和中等教育的日益发展，以及外国教会在福州所办的各种机构、宗教团体等对从业女性文化的要求，开办女子高等学校时机成熟。1908年2月，由美国教会在福州开办了第一所女子高等学堂，即华英女学堂，该校同时开设中学及师范班。② 由此，一个兼具中等和高等教育的教会女校在福州诞生了。华英女学堂创办初期，因无校舍，先租用太茂女塾（即毓英女子初级中学）的校舍，首任校长是加拿大籍美国女传教士程吕底亚（Miss Lydia A. Trimble，1863—1941）女士。③ 其时，华英女学堂附属中学建立之初，设置的课程包括《圣经》、汉语、英文、历史、代数、几何、地理、植物、物理、化学、音乐、体育、烹调等。招生对象多为福州、莆田等地的教会小学毕业生。办校伊始，由于当时的中国社会重男轻女的传统观念根深蒂固，加之学费昂贵，中国家庭的女子能接受并有经济能力踏进该校的为数不多，以致生源匮乏。至1912年，该校首届高中毕业生仅4人。1916年，华英女学堂改名为"华南女子大学"，设大、中学两部。1924年，华南女子大学中学部取消初中，只设高中，学制3年，定名为"华南女子大学附属高级中学"。

1925年1月，年逾花甲的程吕底亚校长在该校辛劳工作17年后辞职。1926年，美以美会在华的副秘书卢爱德（Dr. Ida. Belle Lewis，1887—1969）接任华南女子大学校长兼附中校长。1927年，在国内各界掀起的"反文化侵略，收回教育权"运动中，南京国民政府教育部颁布《私立学校规程》规定：全国私立学校均须获得政府立案批准方能开办学校，教会学校一律冠以"私立"字样；外国人所办学校，立案的条件之一是校长、董事长均须由国人担任；课程设置须呈教育主

---

① 中国人民政治协商会议福建省福州市委员会文史资料工作委员会编：《福州文史资料选辑》第12辑，中国人民政治协商会议福建省福州市委员会文史资料工作委员会1993年版，第133—135页。

② 赵麟斌：《福州民俗文化述略》，同济大学出版社2010年版，第5页。

③ 中国人民政治协商会议福建省委员会文史资料研究委员会编：《福建文史资料》第13辑，中国人民政治协商会议福建省委员会文史资料研究委员会1986年版，第168页。

第一章　高中学段独立与初步发展阶段(1922—1949年)

管机关审定，教会学校的《圣经》不得作为必修课。当时，部分教会学校暂时停办，而卢爱德则选择辞去校长一职，使得该校继续办学。该校英籍教授华惠德（Miss L. Ethet Wallace）也辞去教务长一职，与卢爱德共同担任该校的顾问。董事会原准备推荐陈淑圭为院长，但陈婉言谢绝了。之后，学校成立"五人校务委员会"，由陈淑圭任委员长，王世静委员兼任教务长，黄惠贞委员兼任附属中学主任，黄惠珠委员兼秘书，李美德委员兼庶务。

1928年，卢爱德离校。其时，省立各级学校取消委员制，恢复校长制。该校由校董事会聘国人王世静任华南女子大学校长兼附属中学校长。同年，王世静由于获得美国密歇根大学奖学金，赴美深造，推迟上任。1929年7月，王世静回国后接任大学校长兼附属中学校长。1933年，华南女子大学因不符合大学须有3个及以上学院的规定，经教育部批准更名为"私立华南女子文理学院"，附属中学定名为"私立华南女子文理学院附属高级中学"（简称"华南女中"或"华中"）。课程设置方面，经上报得到政府相关部门认可，学校得以继续办学。

1937年抗战全面爆发之后，地处沿海的福州深受日寇的侵袭，福州各校均无法正常办学，奉省教育厅令，各校迁往闽西、闽北山区办学。华南女中也随私立华南女子文理学院于1938年6月迁往南平县黄金山，借用美以美会所办的南平剑津中学部分校舍及美以美会牧师的住宅坚持办学。在国家民族遭受空前劫难、山区条件异常艰难的条件下，该校继续在异地培养学子。为了解决校舍紧张问题，附属中学建了一座二层新楼，楼上为宿舍，楼下为教室、办公室、阅览室等。1945年8月，中国人民终于迎来了抗战胜利。之后，华南女中师生也陆续迁回福州，原校址已满目疮痍，后经美国联合理事会拨5万美元，加上国内外校友、国际友人等的资助，该校顺利重建校舍。[1]

---

[1] 秦佳:《华南女中，如歌岁月——献给母校福建师大附中140周年诞辰》，2021年7月6日，https://sdfz.fjnu.edu.cn/78/f8/c14387a293112/pagem.htm，2023年12月20日。

第二章 重点高中阶段(1949—1993年)

中华人民共和国成立初期至20世纪90年代初,面对极端落后的不发达状态以及众多的人口与相对稀缺的资源所共同构成的巨大压力,中国不得不选择集中有限的资源发展一批重点学校,以期解决教育资源短缺与国家亟需在短时间内培养一批工业化人才之间的供需矛盾。这一阶段,中国普通高中的发展可划分为改革开放前的探索改革时期与改革开放后至20世纪90年代新的历史发展时期。在探索改革时期,中国积极建设新民主主义的教育,根据社会经济与教育发展情况不断调整教育工作方针,提高普通高中教育质量。在新的历史发展时期,通过整顿学校教育,进行教学计划与教学的改革,纠正片面追求升学率的价值取向以及集中力量办好一批重点中学等一系列举措,中国普通高中持续发展、不断进步。但随着经济社会的进步和教育事业的发展,重点学校制度的弊端逐渐显现,从而在20世纪80年代和90年代两度引发了关于重点学校制度讨论的小高潮。

第一节 重点高中阶段形成背景与定位

面对极端落后的不发达状态、众多的人口与相对稀缺的资源所共同构成的巨大压力,中国必须快速培养与社会主义现代化事业相适应的优秀人才。对此,在经济发展压力与建设人才需求的双重考量下,中国出台了重点学校政策,为更快更好地培养人才提供制度上的保障和支持。在这一发展阶段，普通高中教育最初被定位为大众教育，而在改革开放后，随着社会和教育事业的发展，普通高中教育逐渐被定位为基础教育。

一 重点高中阶段的历史传承与形成背景

重点学校制度的出台与发展，有其特定的历史和经济、政治等背景。就历史经验而言，延安时期办"模范小学"和"中心小学"的教育实践提供了发展重点学校的范例。就经济背景而言，中华人民共和国成立之初，面对的是极端落后的不发达状态，是众多的人口与相对稀缺的资源所共同构成的巨大压力，教育经费严重不足。就政治背景而言，对于刚刚经历过战火和硝烟的国家来说，快速培养与社会主义现代化事业相适应的优秀人才成为国家决策的重点和难点。

（一）历史传承：革命战争时期的教育实践

延安时期办"模范小学"和"中心小学"的教育实践为中华人民共和国成立以后重点学校制度的产生提供了范例。延安时期，受到"集中力量办大事"的战略思维的影响，为在短时间内集中有限的财力、物力、人力率先办好少数学校以此带动和辐射其他学校的发展，边区政策决定"有重点地发展"学校，并提出建立"模范小学"和"中心小学"的教育发展策略。1937年7月抗日战争全面爆发后，为了提高陕甘宁边区少年儿童的科学文化知识水平，为发展起来的干部教育事业输送合格新生，并为广泛开展的社会教育培养大量教员和为陕甘宁边区培养初级干部，1937—1940年间，陕甘宁边区政府对小学教育始终坚持在着重数量的基础上提高质量的工作方针。1938年4月，陕甘宁边区政府教育厅在延安召开第一次各县第三科科长联席会议。会议决定发展小学教育，提高质量，扩大数量，建立模范小学和高级小学。同年8月15日，陕甘宁边区教育厅公布了《陕甘宁边区小学法》和《陕甘宁边区建立模范小学暂行条例》，又提出《关于扩大与改进小学的决议》，该决议指出："小学教育工作最弱的一环，还是小学的质量太差。"因此应坚持以改进小学质量为主的方针，坚持建立完全小学和模范小学，塑造国防教育的模范，以推动影响其他小学的发展。① 此外,《关于扩大与改进小学的决议》再一次强调坚持建立完全小学和模范小学,加强小学教育的正规化和按照基本标准建设。② 1947年3月,陕甘宁边区自卫战争打响,各学校的集中学习被迫中止,中小学教育陷入停顿状态。随着自卫战争的不断胜利,边区小学教育逐步恢复。1948年7月,陕甘宁边区政府发出《关于恢复老区国民教育工作的指示》,指出:"恢复国民教育的重心应放在完小。老区各县应集中力量办好一个或几个完小……区署应有重点的选择一个地点适中、基础较好、学生较多的初小加强领导,多予帮助,使它成为本区初小之中心,起核心示范作用。"③

费正清曾就延安时期的教育进行过考证,认为延安时期的"中心学校"集中了优秀的师资、优良的设备,并负有指导附近较为薄弱的学校的义务,在一定程度上是后来发展起来的具有争议性的重点学校制度的前身。④ 可以说,延安时期形成的"模范小学"和"中心小学"的探索为中华人民共和国成立后重点学校的建设提供了历史依据与经验借鉴。

(二)经济背景:经济基础薄弱

1949年10月1日,中华人民共和国的成立,标志着中国从根本上结束了半封建半殖民地社会的历史,开始了从新民主主义向社会主义的转变。但在中华人民共和国成立初期,当时国民经济中现代工业占17%,个体农业和手工业占83%。由于受到长期的战争破坏,本来已经落后的经济面临着许多严重问题和困难。一是工业生产遭到严重破坏。1949年工业产值与抗战前最高年份相比降低了50%。⑤ 二是农业遭到严重破坏。1949年农业产值与抗战前最高年份相比降低25%。中华人民共和国成立初期,中国人均国民收入仅为77元,人均粮食产量

---

① 陕西省地方编纂委员会编:《陕西省志·教育志》(下),三秦出版社2009年版,第978页。
② 陕西师范大学教育研究所编辑:《陕甘宁边区教育资料(小学教育部分)》,教育科学出版社1981年版,第14—16页。
③ 刘宪曾、刘端棻主编:《陕甘宁边区教育史》,陕西人民出版社1994年版,第67页。
④ [美]费正清、罗德里·麦克法夸尔主编:《剑桥中华人民共和国史(1949—1965)》,王建朗等译,上海人民出版社1990年版,第205页。
⑤ 卢希悦主编:《当代中国经济学概论》,山东人民出版社1994年版,第2页。

仅为209千克，不能维持温饱。① 三是交通运输受到严重破坏，城乡物资交流阻塞。中国铁路、公路、海运、空运、交通本来就很落后，经过战争，上万千米铁路遭到破坏，机动车多因破损无法运行。由于交通被破坏，城乡物资交流严重受阻，投机倒把活动盛行，城乡居民生活非常困难。四是通货膨胀，财政困难。由于国民党反动政权滥发纸币，用超经济手段搜刮社会财富，剥夺劳动人民，使法币大幅度贬值。就解放区和新中国财政状况而言，1949年财政收入303亿斤粮，支出则是567亿斤粮，财政状况十分艰难。②

面对极端落后的不发达状态、众多的人口与相对稀缺的资源所共同构成的巨大压力，增强国家的经济实力成了新中国的首要任务。因此，中华人民共和国成立以来，资源分配的核心领域是国防、重工业以及经济领域，社会文化事业则不在该核心领域。但是，经济的发展需要人才来支撑，必须大力发展教育。鉴于中国还处于社会主义初级阶段，经济基础薄弱这一事实，要大力普及各级教育自然是心有余而力不足。因此，在教育领域，沿用"优先发展"的经济发展战略，进行重点学校制度建设，集中有限的教育资源重点办好少数学校，以期通过重点学校的发展带动整个基础教育质量的提高，解决教育资源短缺与国家亟需在短时间内培养一批工业化人才之间的供需矛盾。

（三）政治背景：加速社会主义现代化建设人才的培养

一个国家的繁荣和强大离不开优秀人才对于刚刚经历过战火的新中国来说，快速培养与社会主义现代化事业相适应的优秀人才成为国家决策的重点和难点。1953—1966年，在国家领导人的呼吁和倡导下，中国进入了重点中学制度的探索和实践阶段，为更快、更好地培养人才提供了制度上的保障和支持。在经受"文化大革命"对人才和教育带来的极大冲击后，国家认识到："教育必须为社会主义建设服务，社会主义建设必须依靠教育。"③ 教育的根本目的就在于为中国的

---

① 卢希悦主编：《当代中国经济学概论》，山东人民出版社1994年版，第2页。
② 卢希悦主编：《当代中国经济学概论》，山东人民出版社1994年版，第2页。
③ 中共中央：《中共中央关于教育体制改革的决定》，载何东昌主编《中华人民共和国重要教育文献（1949—1997）》，海南出版社1998年版，第2285—2289页。

经济和社会发展培养各级各类能坚持社会主义方向的人才。① 为加快中国经济社会发展，必须加快教育，加速社会主义现代化建设人才的培养。对此，1977年邓小平提出"办教育要两条腿走路，既要注意普及，又要注意提高。要办重点小学、重点中学、重点大学。要经过严格的考试，把最优秀的人集中在重点中学和大学"。② 邓小平在1978年"全教会"上提出："为了加速造就人才和带动整个教育水平的提高，必须考虑集中力量加强重点大学和重点中小学的建设，尽快提高他们的教学水平和教学质量。"③ 报告肯定了新的历史时期办好重点中学，尽快提高教育质量所具有的重要战略意义。1980年，时任教育部副部长、党组书记张承先在全国重点中学工作会议上作了题为《贯彻全面发展方针，提高教育质量》的主题报告。报告指出："办好重点中学，是一项为'四化'培养人才的重要战略措施……只有集中力量办好一批重点中学，才能较快地提高教育质量，为高等学校输送高水平的合格新生，使高等学校有较高的起点，为各行各业提供优良的劳动后备力量，并带动一般中学前进。"④ 可见，重点中学政策体系的建立与中国的政治背景息息相关。

二　重点高中阶段普通高中教育的定位

这一阶段，中国普通高中教育的定位经历了两个时期的变化。中华人民共和国成立之初至改革开放前，中国普通高中教育的定位为旨在"全面发展"的大众教育，而随着中国经济社会的发展，在改革开放后至20世纪90年代初，中国普通高中教育的定位为"进一步提高国民素质"的基础教育。这一转变也反映了中国教育体系的不断完善和优化。

---

① 袁振国：《论中国教育政策的转变——对我国重点中学平等与效益的个案研究》，广东教育出版社1999年版，第32页。
② 中共中央文献编辑委员会：《邓小平文选》第二卷，人民出版社1994年版，第40页。
③ 中共中央文献编辑委员会：《邓小平文选》第二卷，人民出版社1994年版，第104页。
④ 张承先：《贯彻全面发展方针，提高教育质量——在全国重点中学工作会议上的讲话（摘要）》，《人民教育》1980年第9期。

第二章 重点高中阶段(1949—1993年)

(一) 旨在"全面发展"的大众教育

1949年12月23日,在第一次全国教育工作会议上,时任教育部部长的马叙伦特别强调,中等教育的性质是为人民大众服务的大众教育。[①] 马叙伦指出,作为巩固与发展人民民主专政的一种斗争工具的新教育,就是新民主主义的,即民族的、科学的、大众的教育。[②] 因此,作为中等教育重要组成部分的高中教育,在这一时期的性质定位亦是大众教育,旨在提高广大人民的文化水平和培养社会所需要的人才。

在坚持大众教育的前提下,中国对普通中学的培养目标和教育任务进行了探讨。中学是普通教育的重要阶段,学生正处于长身体、积累知识、发展智能的重要时期,也是提高社会主义觉悟、形成共产主义道德品质、奠定科学世界观基础的重要时期。在这一时期,普通中学的培养目标,虽提法有所不同,但基本精神是一致的,即实现使学生获得全面发展的培养目标。1951年3月,马叙伦在第一次全国中等教育会议上提出:"普通中学的宗旨和培养目标是使青年一代在智育、德育、体育、美育各方面获得全面发展,使之成为新民主主义社会自觉的积极的成员。"[③] 1952年3月,教育部颁发试行的《中学暂行规程(草案)》明确提出,普通中学要"用马克思列宁主义的理论与中国革命实际相结合的毛泽东思想和普通文化知识教育青年一代使他们的身心获发展"[④]。1954年4月,政务院发布的《政务院关于改进和发展中学教育的指示》中指出:"中学教育的目的,是以社会主义思想教育学生,培养他们成为社会主义社会全面发展的成员。"[⑤] 同年,时任教育部副部长董纯才在《人民日报》发表《为培养社会主义社会全面发展的成员而努力》的文章,提出中小学教育的目的任务,是培养社会

[①] 周坤亮:《普通高中教育定位的历史考察》,《全球教育展望》2014年第4期。
[②] 马叙伦:《马叙伦部长在第一次全国教育工作会议上的开幕词》,载何东昌主编《中华人民共和国重要教育文献(1949—1997)》,海南出版社1998年版,第6—7页。
[③] 马叙伦:《马叙伦部长在第一次全国教育工作会议上的开幕词》,载何东昌主编《中华人民共和国重要教育文献(1949—1997)》,海南出版社1998年版,第83—84页。
[④] 教育部:《中学暂行规程(草案)》,载何东昌主编《中华人民共和国重要教育文献(1949—1997)》,海南出版社1998年版,第139—142页。
[⑤] 政务院:《政务院关于改进和发展中学教育的指示》,载何东昌主编《中华人民共和国重要教育文献(1949—1997)》,海南出版社1998年版,第305—306页。

主义社会全面发展的成员，即社会主义社会的自觉的积极的建设者和伟大祖国的保卫者。① 可以说，这一时期确定了以培养学生德智体美劳全面发展为包括高中在内的普通中学的培养目标。

中华人民共和国成立初期便提出了普通高中教育的"双重任务"属性，即为国家培养合格的劳动后备力量和为高一级学校培养合格的新生。1952年3月，教育部颁发试行的《中学暂行规程（草案）》提出，中学的教育任务是"用马克思列宁主义的理论与中国革命实践相结合的毛泽东思想和普通文化知识教育青年一代，使他们的身心获得全面的发展，以便为升入高等学校或参加建设工作打好基础"②。这是目前可查到最早的教育部文件中有关中学教育（包括普通高中教育）双重任务的表述。③ 1954年1月，《关于目前全国中学教育的基本情况与今后的方针任务》的报告中指出，中学教育经过四年的整顿和改革取得了极大收获，其中一点收获即"为培养国家建设人才提供了后备力量。四年来，全国高中有21.6万多学生毕业，初中有105.5万多学生毕业。这些学生除一部分直接参加了中国人民解放军、中国人民志愿军和军事干部学校以及其他各项建设事业外，大部分都升入了高等学校和高级中等学校继续深造"。④ 由此，可将中国普通高中的教育任务归纳为两项：一是为中国社会建设服务提供人才，二是为高等教育提供后备军。之后，教育部召开全国中学教育会议，正式讨论和确定了中学教育的"双重任务"。习仲勋在会上谈论关于中学的未来发展问题时再次强调了普通高中的双重任务："中学教育带有两重任务，一方面给高等学校培养一部分学生来源，一部分直接培养为具有一定文化程度的劳动后备力量。"⑤ 同年3月，习仲勋在全国文化教育工作

---

① 董纯才：《为培养社会主义社会全面发展的成员而努力》，《人民日报》1954年8月8日第3版。
② 教育部：《中学暂行规程（草案）》，载何东昌主编《中华人民共和国重要教育文献（1949—1997）》，海南出版社1998年版，第139—142页。
③ 叶立群：《普通高中的任务和课程》，《课程教材教法》1989年第10期。
④ 林砺儒：《关于目前全国中学教育的基本情况与今后的方针任务》，载何东昌主编《中华人民共和国重要教育文献（1949—1997）》，海南出版社1998年版，第277—280页。
⑤ 习仲勋：《中央文委习仲勋副主任在全国中学教育会议上的讲话》，载何东昌主编《中华人民共和国重要教育文献（1949—1997）》，海南出版社1998年版，第284—287页。

会议上作的报告中提到,要"适当发展和改进普通教育中学教育的任务,一方面为高等学校培养新生,另一方面为国家各项建设事业供应具有一定文化科学知识的劳动后备力量"①,这再次强调了普通高中教育的双重任务。同年4月,《政务院关于改进和发展中学教育的指示》中明确:"中学教育不仅要供应高等学校以足够的合格的新生,并且还要供应国家生产建设以具有一定政治觉悟、文化教养和健康体质的新生力量。"② 1963年的《全日制中学暂行工作条例(草案)》③和1978年1月的《全日制十年制中小学教学计划试行草案》均将中学教育的任务表述为,"为社会主义建设事业培养劳动后备力量和为高一级学校培养合格的新生"。④

综上所述,中华人民共和国成立至改革开放前这一时期,普通高中教育的性质是大众教育,培养目标在于使受教育者在德育、智育、体育几方面都得到发展,成为有社会主义觉悟的有文化的劳动者,教育任务是为国家培养劳动后备力量和为高一级学校培养合格的新生。

(二) 以"进一步提高国民素质"为目的的基础教育

自改革开放后至20世纪90年代初,中学教育得到了长足的发展。在此背景下,国家对普通高中的性质定位进行了更为深入的探讨,并最终将中学教育的性质定位由大众教育转变为基础教育。

1981年4月,教育部颁布《全日制六年制重点中学教学计划试行草案》,该草案明确指出:"中学教育是基础教育。"⑤ 之后,1983年8月颁布的《教育部关于进一步提高普通中学教育质量的几点意见》要

---

① 习仲勋:《1954年文化教育工作的方针和任务》,载何东昌主编《中华人民共和国重要教育文献(1949—1997)》,海南出版社1998年版,第292—297页。

② 政务院:《政务院关于改进和发展中学教育的指示》,载何东昌主编《中华人民共和国重要教育文献(1949—1997)》,海南出版社1998年版,第305—307页。

③ 中共中央:《中共中央关于讨论试行全日制中小学工作条列草案和对当前中小学教育工作几个问题的指示》,载何东昌主编《中华人民共和国重要教育文献(1949—1997)》,海南出版社1998年版,第1155—1159页。

④ 教育部:《教育部颁发〈全日制十年制中小学教学计划试行草案〉的通知》,载何东昌主编《中华人民共和国重要教育文献(1949—1997)》,海南出版社1998年版,第1592—1594页。

⑤ 教育部:《教育部颁发〈全日制六年制重点中学教学计划试行草案〉〈全日制五年制中学教学计划试行草案的修订意见〉的通知》,载何东昌主编《中华人民共和国重要教育文献(1949—1997)》,海南出版社1998年版,第1927—1928页。

求,进一步明确办学指导思想,强调中学教育是基础教育。① 可见,这一时期,中国将普通高中教育性质定位为基础教育,与小学教育一样具有基础性。20世纪80年代末至90年代初,掀起了一波关于普通高中教育性质定位问题的讨论。1989年7月31日至8月3日,国家教委基础教育司、人民教育出版社和中央教育科学研究所在长春联合主持召开了"中苏双边中等教育研讨会",在讨论会上,各方代表发表了对普通高中的性质问题的看法。吴也显认为,普通高中教育要"使掌握知识和培养人格综合起来,重视学生的自身发展"。时任吉林省教委副主任梁植文认为,"高中教育不同于小学和初中。它是基础教育,专业教育和专业预备教育三者的不同形式的结合体"②。总体来看,学者们基本赞同普通高中教育属基础性教育。1990年召开的"普通高中问题研讨会"专门讨论了普通高中教育的性质定位问题,代表们对普通高中的性质主要有以下几种阐述。一是较高层次的基础教育。首先,普通高中教育的"基础"应是在九年义务教育后进一步提高的基础;其次,普通高中应是普通教育,应突出其普通教育性质;再次,应是特色的基础教育,即应发展学生个性特长,打好身心发展的基础。二是非义务性的基础教育。区别于小学和初中教育,普通高中应是非义务性的基础教育。三是非定向性的、较高层次的基础教育。该观点认为,在对高中性质的阐述上,应突出普通高中的特征,而"非定向性"则是它区别于职业教育的一个重要特征。③ 除此之外,其他研究者也对高中教育定位进行了论述。王道俊指出:"普通中小学教育的性质是基础教育……任务是培养全体学生的基本素质,为他们学习做人和进一步接受专业(职业)教育打好基础,为提高民族素质打好基础。"④ 钟启泉亦认为,普通高中教育的性质是基础教育,并提出"基础"应

---

① 教育部:《教育部关于进一步提高普通中学教育质量的几点意见》,载何东昌主编《中华人民共和国重要教育文献(1949—1997)》,海南出版社1998年版,第2113—2115页。
② 国家教委:《中苏双边中等教育研讨会》,载《中国教育事典》编委会编《中国教育事典·中等教育卷》,河北教育出版社1994年版,第122—123页。
③ 国家教委:《普通高中课程问题研讨会》,载《中国教育事典》编委会编《中国教育事典·中等教育卷》,河北教育出版社1994年版,第131页。
④ 王道俊、王汉澜:《教育学》,人民教育出版社1989年版,第119—120页。

第二章　重点高中阶段(1949—1993年)

该是"治学之道"的基础和"为人之道"的基础。① 总体来看，这一阶段普遍认同普通高中教育是基础教育的性质定位，只是在基础教育中"基础"的类型及程度等方面存在分歧。

关于普通高中教育的培养目标与教育任务，改革开放后依然继续强调全面发展的培养目标，沿用"双重任务"的教育任务，但进一步强调了国民素质的提高。1981年的《全日制六年制重点中学教学计划试行草案》②和1983年的《教育部关于进一步提高普通中学教育质量的几点意见》③都提出，中学教育是基础教育，应为高一级学校输送合格的新生，为"四化"建设培养大批优良的劳动后备力量，并强调要提高学生思想政治品德，发展学生文化科学基础知识和基本技能，促进学生身心健康发展，增强体质，培育学生审美能力和劳动技能，不能只抓考分，忽视德育、体育，忽视基础知识和培养能力。可见，促进学生德智体美劳全面发展，为高一级学校输送合格的新生，为社会培养大批优良的劳动后备力量是改革开放后普通高中教育的培养目标与教育任务。值得注意的是，在"双重任务"的表述中，相较于改革开放前"为国家培养合格的劳动后备力量和为高一级学校培养合格的新生"的表述内容，这一时期将培养"合格的"劳动后备力量改为培养"优良的"劳动后备力量。可见，这一时期的普通高中教育强调了教育质量，对普通高中提高国民素质提出了进一步要求。1990年5月召开了"普通高中课程问题研讨会"，会上对普通高中的任务进行了探讨，与会代表们形成了以下三种主要观点。一是双重任务。普通高中的"双重任务"，即为高一级学校输送合格的新生和为社会培养优良劳动者，这是中国普通高中任务历来的规定，也是普通高中毕业生去向的实际情况。二是打"基础"。北师大顾明远认为，普通高中

---

① 《中国教育事典》编委会编:《中国教育事典　中等教育卷》，河北教育出版社1994年版，第131页。

② 教育部:《教育部颁发〈全日制六年制重点中学教学计划试行草案〉〈全日制五年制中学教学计划试行草案的修订意见〉的通知》，载何东昌主编《中华人民共和国重要教育文献（1949—1997）》，海南出版社1998年版，第1927—1928页。

③ 教育部:《教育部关于进一步提高普通中学教育质量的几点意见》，载何东昌主编《中华人民共和国重要教育文献（1949—1997）》，海南出版社1998年版，第2113—2115页。

的任务应打好三个"基础":第一,为进一步学习(包括升学及一生的学习)打好基础;第二,为将来接受职业训练打好基础,现代的职业不是终生职业,是要变化的;第三,为学生身心发展打好基础,包括思想品德、心理品质、生活能力、精神境界的提高,以及打好个性发展的基础。三是三项任务。华东师大钟启泉认为,普通高中应具有以下功能:第一,为高等教育机构输送合格的生源;第二,为社会劳动力市场提供具备足够普通教育素养的劳动力;第三,为社会提供文化服务。同时,钟启泉认为,改革普通高中的主要课题在于强化第二功能,并随社区文化建设的发展,逐步强化第三功能。此外,讨论会上代表们普遍认为应该从德、智、体、美、劳各方面确定对普通高中学生的培养目标,并强调思想政治素质和文化素质,认为政治素质最重要的是树立人生观,文化素质最重要的是科学态度和方法,提高学生基础学力。[①]

第二节 重点高中阶段普通高中教育的改革与发展

中华人民共和国成立后,各级党委和人民政府根据《共同纲领》"加强中等教育"的规定,有计划、有步骤地对旧有普通中学进行根本改革。此后,随着社会主义建设事业的发展,国家在各个不同的历史时期,制定了一系列的建设和发展中学教育的方针、政策。在这44年中,中国普通高中教育在改革进程中持续发展,不断进步,取得了显著的成就。

一 改革开放前的探索改革时期

(一)三年国民经济恢复时期到第一个五年计划时期

1949年12月,教育部召开的第一次全国教育工作会议确定了教育工作必须为国家建设服务,学校必须为工农开门的总方针,并强调:"建设新教育是一个长期的奋斗过程。要以老解放区新教育经验为基

[①] 国家教委:《普通高中课程问题研讨会》,载《中国教育事典》编委会《中国教育事典 中等教育卷》,河北教育出版社1994年版,第131—132页。

础，吸收旧教育的某些有用经验，借助苏联的经验，来建设新民主主义的教育。"① 这一时期，中国积极建设新民主主义的教育，根据社会经济与教育发展情况不断调整教育工作方针，提高普通高中教育质量。

1. 明确并调整中学教育工作方针

1951年3月19日，第一次全国中等教育会议分析了中等教育的情况和国家建设的迫切需要，指出："国防建设、经济建设及文教建设等迫切需要中等技术人才……各部队、各机关也迫切需要受过普通中学教育，具有相当文化水平的中学生，直接地或经过短期训练之后，参加工作。"会议强调："中等教育是国家教育建设的重要环节，它必须为国家建设更有效地服务。"会议讨论确定了普通中学发展的方针："应以整顿、巩固和提高为主，打好基础，准备发展。"并强调："高等教育是重点，普通教育是基础，只有将普通教育办好，才能保证高等教育的质量。"② 此外，会议讨论并确定了普通中学的宗旨、教育目标和课程标准，制定了《中学暂行规程（草案）》，并特别提出：（1）学校的基本工作是教学，搞好教学工作，是学校工作的中心一环；（2）办好学校，做好教学工作，必须正确地执行校长责任制和教师责任制；（3）课堂教学是教学的主要形式同时还要辅以课外和校外的活动；（4）按照《中学暂行规程（草案）》的规定，首先在各地选择较好的中学250所，切实执行，取得经验，逐步推广。③

在实施第一个五年计划之际，中国对前三年的教育工作进行了评价和总结。国家统计局参照1949—1952年的报告指出，这三年期间，教育工作出现了诸多不足之处，具体表现为：教育工作计划性和远见不足，教育发展与经济发展协调度不够，且未能正确处理数量与质量的问题。④ 1953年1月，习仲勋在文教委员会主任会议上指出："高等教育是重点，普通教育是基础，只有把普通教育办好，才能保证高等

---

① 刘厚成、张泽厚：《中国教育结构研究》，山西经济出版社1989年版，第65页。
② 刘英杰主编：《中国教育大事典（1949—1990）》，浙江教育出版社1993年版，第334页。
③ 《中国教育年鉴》编辑部编：《中国教育年鉴（1949—1981）》，中国大百科全书出版社1984年版，第148页。
④ 陈守林、郑志昌、王志学等主编：《新中国教育大事纪略》，吉林大学出版社1990年版，第33—34页。

教育的质量。"① 并提出了"整顿巩固，重点发展，保证质量，稳步前进"的文教工作方针，要求适当发展中学教育。② 1953 年 6 月，第二次全国教育工作会议提出，三年来"成绩是显著的"，工作中的主要缺点和错误是"脱离实际和盲目冒进的倾向"。在五年计划中，教育事业必须适应国家建设的需要，并提出此后工作重点，"一是加强和发展高等师范教育，这是今后整个教育能否办好与能否发展的决定关键；一是加强和发展中学，特别是高中，这是解决培养建设人才的来源问题"。时任教育部部长张奚若在会上强调，要加强和发展中学教育，特别是高中，这是解决培养建设人才的源泉问题。③ 1954 年 4 月，《政务院关于改进和发展中学教育的指示》明确规定，要积极地、稳步地提高中学教育的质量，特别是要办好高级中学、完全中学和工农速成中学，并强调，中学教育的发展，是着重发展高级中学，初级中学依据可能条件适当发展。④ 这个时期，普通高中在校生数量稳步发展。据统计，高中阶段的在校学生数量 1954 年与 1953 年相比，增加 11.8 万人；1955 年与 1954 年相比，增加 10.18 万人。⑤

1955 年 12 月召开的全国普通教育、师范教育事业座谈会上，批判了教育方面的保守思想，并确定 1956 年的教育工作方针是"加速发展，提高质量，全国规划，加强领导"⑥。由此，教育领域"巩固提高"的方针也转变为"加速发展"。之后，在"大跃进"的影响下，

---

① 习仲勋：《1953 年文化教育工作的方针和任务——政务院文化教育委员会习仲勋副主任在大区文委主任会议上的总结报告》，载何东昌主编《中华人民共和国重要教育文献（1949—1997）》，海南出版社 1998 年版，第 189—191 页。

② 习仲勋：《1953 年文化教育工作的方针和任务——政务院文化教育委员会习仲勋副主任在大区文委主任会议上的总结报告》，载何东昌主编《中华人民共和国重要教育文献（1949—1997）》，海南出版社 1998 年版，第 189—191 页。

③ 陈守林、郑志昌、王志学等主编：《新中国教育大事纪略》，吉林大学出版社 1990 年版，第 37 页。

④ 政务院：《政务院关于改进和发展中学教育的指示》，载何东昌主编《中华人民共和国重要教育文献（1949—1997）》，海南出版社 1998 年版，第 305—307 页。

⑤ 《中国教育年鉴》编辑部编：《中国教育年鉴（1949—1981）》，中国大百科全书出版社 1984 年版，第 149 页。

⑥ 《中国教育年鉴》编辑部编：《中国教育年鉴（1949—1981）》，中国大百科全书出版社 1984 年版，第 90 页。

"一五"期间教育领域所践行的"整顿巩固、重点发展、提高质量、稳步前进"的方针被"多快好省力争上游"所取代。在此期间,中国普通中学得到快速发展,学校数量不断增加,学生人数急剧增长。到1957年,普通中学在校生由1952年的249万人增加到628.1万人,增长152%,其中初中增长141%,高中增长247.7%。[①]

2. 积极改进和发展教育中学,提高教育质量

在三年国民经济恢复时期,中国在"有计划、有步骤和谨慎地进行改革"的方针指导下,积极改造旧的教育,从改革教育内容着手,改革课程,改编教材,改进教学方法,改变教学组织,建立新的教育制度。改革的重点是加强革命的政治学习,建立新的教学组织,采取措施,合理地精简旧有课程与教材,力求课程内容适合国家建设的需要。1949年12月,第一次全国教育工作会议讨论了编审中小学教材的问题。1950年,教育部建立了统一的中学教育制度。同年8月,教育部颁发的《中学暂行教学计划(草案)》规定了普通中学的课程设置及教学时数。同年10月,政务院颁布的《政务院关于改革学制的决定》对中学、"工农"速成教育和业余成人教育提出了具体的修业年限,其中中学的修业年限为6年,分初、高两级,修业年限各为3年。[②] 该学制形成正规教育、工农速成教育和业余成人教育三足鼎立的局面。这一教育方针和学制,促使中等教育迅猛发展。到1952年,普通中学在校生总数由1949年的103.9万人增加到249.01万人,增长140%,其中初中增长168%,高中增长26%。[③] 1950—1954年四年间,初中学校数从2472所发展到3543所,学生从106万人增加到310万人。[④]

在第一个五年计划时期,中国坚持以全面发展的方针为指导思

[①] 刘英杰主编:《中国教育大事典(1949—1990)》,浙江教育出版社1993年版,第334—335页。

[②] 政务院:《政务院关于改革学制的决定》,载何东昌主编《中华人民共和国重要教育文献(1949—1997)》,海南出版社1998年版,第105—107页。

[③] 刘英杰主编:《中国教育大事典(1949—1990)》,浙江教育出版社1993年版,第334—335页。

[④] 袁振国:《论中国教育政策的转变——对我国重点中学平等与效益的个案研究》,广东教育出版社1999年版,第17—18页。

想，努力提高教育质量。教育部于 1953 年着手抓提高教育质量的工作，并在 1954 年 1 月召开了全国中学教育会议，会议主要讨论和解决了普通中学的方针、任务、发展计划、教学质量提高、师资培养、改进领导关系等问题。会议决定，中学教育的任务是以国家总路线的精神教育学生，把他们培养成积极参加社会主义建设和保卫祖国的全面发展的新人，并提出要从加强政治思想教育、改进教学工作与改进体育卫生工作三个方面来提高教育质量。会议认为，过去中学教学改革的基本经验是结合中国实际学习苏联经验，教育与生产结合，与政治结合，此次改革要以教学内容的改革为中心，相应地改革教学方法。①《政务院关于改进和发展中学教育的指示》对贯彻全面发展的方针，提高教育质量提出了明确要求。此外，指示要求教育部根据中国社会发展情况与中学教育的目的，有计划地修订中学教学计划、教学大纲和教科书，并为教师编写一套教学指导书，要求加强教师的政治与文化学习，改进学校领导工作，建立领导核心，发挥集体作用。学校必须以领导教学为中心，使教学工作成为学校的中心任务。② 同年 8 月，教育部向全国通报中共北京市委《中共北京市委关于提高北京市中、小学教育质量的决定》。8 月下旬，中共中央向全党批转中共北京市委的这个决定。中央批示指出，在有计划地继续扩大中学设置的同时，必须加强领导、培养和提高师资、改进教材和改进教学方法等，努力创造条件，逐步把中学教育的质量提高到应有的水平。同年 12 月，教育部召开中学教育工作汇报会，检查一年来各地贯彻《政务院关于改进和发展中学教育的指示》的情况及存在的问题，并强调，1955 年及此后一个时期内，中学教育以提高教育质量为中心任务，以全面发展的教育方针为指导思想。③ 1955 年 4 月，教育部发出关于这次汇报会的通报，要求进一步认真学习《政务院关于改进和发展中学

---

① 陈守林、郑志昌、王志学等主编：《新中国教育大事纪略》，吉林大学出版社 1990 年版，第 37 页。

② 华东师范大学教育系教育学教研室编：《教育学参考资料》（上册），人民教育出版社 1980 年版，第 15—20 页。

③ 政务院：《政务院关于改进和发展中学教育的指示》，载何东昌主编《中华人民共和国重要教育文献（1949—1997）》，海南出版社 1998 年版，第 305—307 页。

教育的指示》，切实领会文件的思想内容与要求。通报指出，提高中学教育质量是一个长期复杂的任务，需要从各方面进行工作，必须注意纠正和防止学生负担过重的现象。同年5月，国务院文教办公室召开全国文化教育工作会议，再次强调此后一个时期内的教育工作以提高质量为重点，指出提高中学教育的质量，必须贯彻全面发展的方针，要注意学生的智育、德育、体育、美育的教育，并要求有步骤地实施基本生产技术教育，把编辑和修改中小学教材作为中心任务之一，认真抓好。①

3. 重点学校政策的出台

1953年，行政区文教委员会主任会议制定了"整顿巩固，重点发展，保证质量，稳步前进"的文教工作方针，要求适当发展中学教育，以保证高等教育学生的质量和数量，克服初级教育的混乱状况，提高质量。② 1953年5月，毛泽东在中共中央政治局举行会议中提出"要办重点中学"。5月26日，教育部发出通知，要求在全国积极充实和重点办好高级中学和完全中学，以逐步提高中学教育质量，培养合格毕业生，请各省、自治区、直辖市选定学校，并要求于此类学校中再选择一两所领导干部、教师质量及设备条件更好的中学作为重点，以取得经验，推动一般。③ 这是中华人民共和国成立以来重点学校制度首次见诸国家公文之中。6月，第二次全国教育工作会议提出并讨论了《关于有重点地办好一些中学与师范学校的意见》，明确了举办重点中学的政策，并明确各地重点中学数量，具体而言分配各地举办重点中学的数目是："北京20所，江苏14所，天津、上海、四川、安徽、福建各10所，全国重点中学总数为194所，占全国中学的4.4%……"④ 7月，教育部将此次会议关于中学和师范教育工作的几项决定通知各地，

---

① 《中国教育年鉴》编辑部编：《中国教育年鉴（1949—1981）》，中国大百科全书出版社1984年版，第90页。

② 习仲勋：《1953年文化教育工作的方针和任务——政务院文化教育委员会习仲勋副主任在大区文委主任会议上的总结报告》，载何东昌主编《中华人民共和国重要教育文献（1949—1997）》，海南出版社1998年版，第189—191页。

③ 教育部：《关于有重点地办好一些中学与师范学校的意见》，载《中国教育年鉴》编辑部编《中国教育年鉴（1949—1981）》，中国大百科全书出版社1984年版，第167页。

④ 雷佑新：《城乡劳动力市场一体化制度创新研究》，中国经济出版社2012年版，第79页。

其中第一条便是:"有重点地办好一些中学与师范,取得经验,指导一般。"1954年5月,教育部发出通知,要求对1953年所确定的重点办好的中学根据有关规定继续办好。

(二) 1958—1976年时期

1958年年底,"大跃进"的高潮过去了,国家吸取教育"大跃进"的经验与教训,积极进行中学教育的改革与调整,促进普通中学教育有序、稳步前进,重视重点学校的建设。

1. 教育的改革与调整

1958年9月,中共中央、国务院发布的《中共中央 国务院关于教育工作的指示》提出,党的教育工作方针是教育为无产阶级的政治服务,教育与生产劳动相结合,并提出教育要办三类学校,即全日制的学校、半工半读的学校以及各种形式的业余学习的学校,来大力发展教育事业。[①] 这些改革是必要的,但一度出现了生产劳动过剩的现象。

1959年1月,中共中央在北京召开教育工作会议,针对1958年教育革命和发展中出现的问题,提出1959年的方针是巩固、整顿和提高,并在这个基础上有重点地发展。1960年12月,中共中央召开全国文教工作会议,时任教育部部长杨秀峰在会议上指出:1958年以来,教育事业发展同经济发展产生了不适应的情况,教育事业发展过快,占用劳动力过多。从中等学校学生数量增长来看,1958年以前的8年,增长速度是23.9%,1958—1960年增长速度则是30.7%。[②] 时任国务院文教办公室主任张际春在会上提出:全日制普通中学的发展速度,1961年应当放慢一点,要采取多种形式普及初中,全日制初中不可能办得过多,高中发展的比例不可能过高。[③]

1961年9月,杨秀峰在中共中央工作会议上指出,1962年、1963年教育事业要贯彻八字方针,大力进行调整,"在各级各类学校中,确定一

---

① 中共中央、国务院:《中共中央 国务院关于教育工作的指示》,载何东昌主编《中华人民共和国重要教育文献(1949—1997)》,海南出版社1998年版,第858—861页。
② 杨秀峰:《杨秀峰同志在全国文教工作会议上的发言》,载何东昌主编《中华人民共和国重要教育文献(1949—1997)》,海南出版社1998年版,第1021—1025页。
③ 张际春:《张际春同志在全国文教工作会议上的报告》,载何东昌主编《中华人民共和国重要教育文献(1949—1997)》,海南出版社1998年版,第1013—1018页。

批重点学校,规模不要过大,努力改善各种条件,认真办好"①。1962年的全国教育会议提出"全日制中小学要适当压缩规模"。随后,印发了《教育部党组关于进一步调整教育事业和精减学校教职工的报告》,报告提出,必须下最大的决心,对教育事业进行进一步的调整。②1962年,中学在校生由1960年的1026万人减少为752.8万人,减少了26.6%。③

经过几年的教育调整,1963年3月,中共中央发出《关于讨论全日制中小学工作条例(草案)和对当前中小学教育工作几个问题的指示》,全面地总结了中学教育的发展并规定了办学方针,指出中小学教育事业要认真贯彻执行"两条腿走路"的方针,采取多种多样的形式举办中小学教育,并强调,教育事业必须适应以农业为基础、以工业为主导的发展国民经济的总方针,直接地间接地为这个总方针服务,必须努力办好农村中小学,全日制中学应设置生产知识课。1964—1965年,先后召开半农半读、半工半读会议,大力推行和发展半农半读、半工半读的两种教育制度,使中学教育的改革,大大地向前推进了一步。1965年,普通中学在校生由1962年的752.8万人增加到933.8万人,增长了24%。④

2. 教学改革和学制改革的实验

(1) 教学改革实验

1958年,党中央进一步规定了"教育必须为无产阶级政治服务,教育必须同生产劳动相结合","使受教育者在德育、智育、体育几方面都得到发展,成为有社会主义觉悟的有文化的劳动者"的教育方针。⑤在教育方针的指导下,我国开始积极进行教学改革。杨秀峰在第二届全国人民代表大会第二次会议上指出:"建国以来,我们对各

---

① 杨秀峰:《杨秀峰同志在全国文教工作会议上的发言》,载何东昌主编《中华人民共和国重要教育文献(1949—1997)》,海南出版社1998年版,第1021—1025页。

② 教育部:《教育部党组关于进一步调整教育事业和精减学校教职工的报告》,载何东昌主编《中华人民共和国重要教育文献(1949—1997)》,海南出版社1998年版,第1095—1098页。

③ 刘英杰主编:《中国教育大事典(1949—1990)》,浙江教育出版社1993年版,第336页。

④ 刘英杰主编:《中国教育大事典(1949—1990)》,浙江教育出版社1993年版,第336页。

⑤ 中共中央、国务院:《中共中央 国务院关于教育工作的指示》,载何东昌主编《中华人民共和国重要教育文献(1949—1997)》,海南出版社1998年版,第858—861页。

级全日制学校不断进行过教学改革工作。在普通教育方面，虽然也取得了不少成绩，但是对于落后于我国社会主义建设发展需要的学制、课程以及教学内容等重大方面，则还没有进行彻底的必要的改革，还存在着较严重的少慢差费的情况。"杨秀峰进一步指出，"少慢差费"的情况主要表现在：一是，课程门类繁多，重点不够突出；二是，课程内容陈腐落后，烦琐重复；三是教法方法落后。因此必须进行教学改革，以适应社会主义建设各方面的需要。[①] 1960年3月，省市委文教书记会议讨论并明确教学改革的方针、原则、学生参加生产劳动的具体政策。此外，教育部先后在天津、北京召开普通教育座谈会。在座谈会上，大家普遍认为，要把部分课程逐级下放，合并次要科目，减少循环，提高主要学科的知识水平。课程教材改革可以大改、小改并举，除基础知识外，也必须充分反映地方的特点。1962—1965年期间，教育部每年都要召开一次或两次会议，研究改革学制，改革课程、教材、教学方法和考试方法，加强思想政治教育，加强劳动教育等问题，推进教学改革。[②]

（2）学制改革

1959年，中共中央、国务院发布《关于试验改革学制的规定》，规定各省、市、自治区党委和教育行政部门应有领导、有计划地指定个别小学、普通中学进行改革学制的试验。1960年3月，各地曾试验过中学四年制，中学五年一贯制，中学三、二制，中学四、二制，中小学五、四、二制，中小学九、二制，高中二年制分科，高中三年制分科，初中二年制，中小学十年一贯制，中、小学九年一贯制，中、小学七年一贯制。据27个省、自治区、直辖市的统计，进行学制改革试验的中学，总计达3495所，占这些地区中学总数的18.67%。[③] 1960年4月，在全国人大二届二次会议上，陆定一提出："从现在起，

[①] 杨秀峰：《积极进行教学改革，多快好省地发展教育事业——杨秀峰部长在第二届全国人民代表大会第二次会议上的发言》，载何东昌主编《中华人民共和国重要教育文献（1949—1997）》，海南出版社1998年版，第896—898页。

[②] 《中国教育年鉴》编辑部编：《中国教育年鉴（1949—1981）》，中国大百科全书出版社1984年版，第150—151页。

[③] 《中国教育年鉴》编辑部编：《中国教育年鉴（1949—1981）》，中国大百科全书出版社1984年版，第150页。

进行规模较大的试验，在全日制的中小学教育中，适当缩短年限……准备10—20年的时间，逐步分期分批地实现全日制中小学教育的学制改革。"① 随后，教育部先后在天津、北京召开普通教育座谈会，座谈会提出中小学学习年限由12年缩短为10年。1961年2月，教育部召开普通教育新学制试点学校座谈会，交流10个省、直辖市普通教育新学制试点经验。会议提出，当前只试验十年制，程度要求相当于十二年制的水平，试验面不宜过大，试验成熟了再推广。②

在学制改革中，由于当时没有经验，对试验改革要求上有些急于求成，即部分地区试验面宽了一些，改革的步伐急了一些。1961年秋，根据中央指示，强调必须选择条件较好的学校进行试验，适当地调整，缩小试验面，要求停止全面套级过渡，停止九年一贯制试验。1962年5月，教育部召开12个省市教育厅局长参加的中小学教学改革座谈会，再次提出学制改革的试点面积不宜过大，新学制的试验，应从小学和初中一年级开始，不宜在其他年级套级过渡，要有好的教师，要走群众路线。经过调整，1963年，全国23个省、自治区、直辖市共有试验五年制的中学68所，1964年增长为80所，1965年约有100所，多是城市的完全中学，绝大多数中学试验三、二分段制，少数试验五年一贯制。③

3. 重视重点中学的建设

在1959年提出的"巩固、整顿和提高，并在这个基础上有重点的发展"教育工作方针的指导下，中国无论是在教育大会上还是在政策文件上，都要求积极建设重点中学。1959年4月，在全国人民代表大会上，周恩来提出："应当首先集中较大力量办好一批重点学校，以便为国家培养更高质量的专门人才，迅速促进我国科学文化水平的提高。"④

---

① 陆定一：《教学必须改革》，载何东昌主编《中华人民共和国重要教育文献（1949—1997）》，海南出版社1998年版，第970—973页。

② 《中国教育年鉴》编辑部编：《中国教育年鉴（1949—1981）》，中国大百科全书出版社1984年版，第150页。

③ 《中国教育年鉴》编辑部编：《中国教育年鉴（1949—1981）》，中国大百科全书出版社1984年版，第151页。

④ 中国教育科学研究院编：《中国共产党百年教育大事记1921—2021》，教育科学出版社2022年版，第275页。

杨秀峰亦指出："在全日制学校当中，挑出一批学校，作为重点，着重提高质量，使之成为教育事业中的骨干。"他认为，这样可以"合理使用有限的力量"，可以做到"既照顾普及，又注意提高"。① 1960年12月，中共中央召开全国文教工作会议，确定了"调整、巩固、充实、提高"的文化教育工作方针，并提出在城市和农村都应认真办好一批全日制重点中学，教学时间每年应保证有八九个月。②

1962年12月，教育部颁发了《教育部关于有重点地办好一批全日制中、小学校的通知》，要求各省、自治区、直辖市选定若干所中学，"基础好的地区可以多一些，基础差的地区可以少一些。总数目不宜过多，以便集中力量，尽快地把这批学校办好，然后视可能条件，再分期分批地扩大这批中、小学校的数量"。通知还提出了办好这批学校的具体措施。③ 1963年1月，教育部就重点办好一批中小学的有关问题复函云南省教育厅，指出：（1）要保持和逐步办好一定数的全日制中小学且高中包括其中，与高一级学校形成"小宝塔"；（2）有重点地办好一批基础较好的学校，是指先集中力量办好一批"拔尖"学校。1963年3—4月，教育部先后向各地转发了上海、江苏、北京三省、直辖市《关于提高中小学教育质量和有重点地办好一批中小学校的初步意见（草稿）》。三个文件都提出了提高中小学教育质量的具体措施。如上海市提出，在原有重点中学的基础上，选择中学52所，试行全日制中学工作条例（草案），秋季开始在初中一年级试行新教学计划和新编教材等。④ 由此，中国基础教育领域逐渐建立起"国家—省级—市级—县级"四层级，且涵盖"小学—初中—高中"三层级的重点学校制度。

"文化大革命"期间，普通中学教育遭到严重破坏，教育教学活

---

① 杨秀峰：《积极进行教学改革，多快好省地发展教育事业——杨秀峰部长在第二届全国人民代表大会第二次会议上的发言》，载何东昌主编《中华人民共和国重要教育文献（1949—1997）》，海南出版社1998年版，第896—898页。

② 张际春：《张际春同志在全国文教工作会议上的报告》，载何东昌主编《中华人民共和国重要教育文献（1949—1997）》，海南出版社1998年版，第1013—1018页。

③ 教育部：《教育部关于有重点地办好一批全日制中、小学校的通知》，载何东昌主编《中华人民共和国重要教育文献（1949—1997）》，海南出版社1998年版，第1133页。

④ 《中国教育年鉴》编辑部编：《中国教育年鉴（1949—1981）》，中国大百科全书出版社1984年版，第167页。

动全面停滞。

二 改革开放后新的历史发展时期

1976年10月，中国进入一个新的历史时期。1977年8月，中国共产党第十一次全国代表大会宣告"文化大革命"结束。① 我国普通中学教学秩序逐渐恢复。

（一）采取积极措施，提高教育质量

1978年4月，全国教育工作会议提出，新时期教育战线的"中心环节是提高教育质量"，强调"要认真从中小学抓起，切实打好基础"。改革开放后至20世纪90年代初，中国在提高普通高中教育质量方面做了极大努力，具体主要表现在以下几个方面：一是，贯彻全面发展的方针，制订和修订中学教学计划，编写中学各科教学大纲和教科书，修订和重新颁发《全日制中学暂行工作条例（草案）》；二是，加强教师队伍领导权的管理、教师队伍的建设；三是，从实际出发，加强基础知识的教学，提高教师教学水平和不同程度学生的基础知识水平。

1. 制订和修订普通中学教学计划

1978年1月，教育部颁发的《全日制十年制中小学教学计划试行草案》统一规定，中学五年，按初中三年、高中二年分段，统一为秋季始业制度，中学设置14门课程，并规定了各学科授课时间。教育部在颁发这个教学计划的通知中指出："对全日制十年制中小学教学计划，应从小学一年级和初中一年级试行，其余年级要采取适当步骤，逐步过渡。"② 1981年4月，在试行全日制十年制中小学教学计划的基础上，教育部颁发了《全日制六年制重点中学教学计划试行草案》《全日制五年制中学教学计划试行草案的修订意见》的通知，两个教学计划都规定设13门课程，还增设了劳动技术课。六年制重点中学教学计划还规定在高中二、三年级设选修课，高中三年级上学期开设人

---

① 中国历史研究院主编：《（新编）中国通史纲要》（下），中国社会科学出版社2024年版，第859页。
② 教育部：《教育部颁发〈全日制十年制中小学教学计划试行草案〉的通知》，载何东昌主编《中华人民共和国重要教育文献（1949—1997）》，海南出版社1998年版，第1592—1594页。

口教育讲座。新的教学计划要求,全面贯彻党的教育方针,努力实现双重任务。[①] 1990年3月,国家教委印发《现行普通高中教学计划的调整意见》,旨在解决普通高中存在文理偏科、学生知识结构比例不尽合理、学生课业负担过重,不利于全面提高学生素质的问题。[②]

2. 重视各学科教学大纲和教材的调整与完善

从1977年9月到1979年年底,遵照邓小平的指示,教育部组织了各学科专家、学者和有丰富教学经验的教师共计200多人,编写全国通用的中小学各科教学大纲和教科书。根据邓小平教材要补充现代科学技术知识的指示精神,故引进一部分外国中小学教材,供中国编写教学大纲和教材进行参考。1978年秋季,全国全日制十年制中小学开始使用这套大纲和教材。新的教学计划的执行和新的教学大纲以及教科书的使用,对于提高教育教学质量起到了积极作用。[③] 1980年5月,教育部分别颁发了《中学语文教学大纲》《中学数学教学大纲》《中学物理教学大纲》《中学生物教学大纲》《中学生理卫生教学大纲》《中学地理教学大纲》《中学历史教学大纲》。

1983年3月,为了贯彻党的十二大精神,开创教育工作的新局面,进一步加强和改革普通中学教育,提高教育质量,教育部颁布了《教育部关于进一步提高普通中学教育质量的几点意见》,对高中的数学、物理、化学、生物等学科,提出适当调整内容、降低要求的意见,要求学校从实际出发,根据学生基础和学校条件选用教材。[④] 11月,为了贯彻落实全国普通教育工作会议和《教育部关于进一步提高普通中学教育质量的几点意见》的精神,教育部制定了高中数学、物理、化学三科两种要求(基本要求和较高要求)的教学纲要。1985年1

[①] 教育部:《教育部颁发〈全日制六年制重点中学教学计划试行草案〉〈全日制五年制中学教学计划试行草案的修订意见〉的通知》,载何东昌主编《中华人民共和国重要教育文献(1949—1997)》,海南出版社1998年版,第1926—1929页。

[②] 国家教委:《国家教委印发〈现行普通高中教学计划的调整意见〉的通知》,载何东昌主编《中华人民共和国重要教育文献(1949—1997)》,海南出版社1998年版,第2949页。

[③] 《中国教育年鉴》编辑部编:《中国教育年鉴(1949—1981)》,中国大百科全书出版社1984年版,第152页。

[④] 教育部:《教育部关于进一步提高普通中学教育质量的几点意见》,载何东昌主编《中华人民共和国重要教育文献(1949—1997)》,海南出版社1998年版,第2113—2115页。

月，教育部在调查研究的基础上，制定并颁发了高中生物两种要求（基本要求和较高要求）的教学纲要，并要求认真做好干部、师生、家长和社会各方面的思想教育和宣传工作，使大家正确认识高中生物实行两种要求的教学纲要的必要性。1985年6月，国家教育委员会颁布了《关于印发调整初中数学、物理、化学、外语四科教学要求意见的通知》，从整体上看，此次调整旨在控制教学内容和习题内容的深度和广度，减轻学生负担，增强学生学习的信心与主动性。从表面上看，调整后的教学要求降低了，但实际上学生可以学得更加扎实，为此后的学习和就业打好基础。1990年，教育部对1980年颁发的各科教学大纲进行调整、修改，并分别颁发了《中学语文教学大纲》《中学数学教学大纲》《中学英语教学大纲》《中学日语教学大纲》《中学物理教学大纲》《中学化学教学大纲》《中学生物教学大纲》《中学历史教学大纲》《中学地理教学大纲》。

3. 努力纠正片面追求升学率的价值取向

伴随着新时期高中教育改革的深入推进，普通高中始终存在着片面追求升学率、学生负担重的问题，甚至成了高中教育乃至整个基础教育难以根治的顽症。高中教育改革的深化过程，同时也伴随着教育界减轻学生负担，提高教育质量，努力纠正片面追求升学率，实现应试教育向素质教育转轨的目标。1979年4月全国中小学思想政治教育工作座谈会和1980年7月全国重点中学会议上都提出，要排除一切干扰，坚决贯彻全面发展的方针，要按教育规律办事，克服单纯追求升学率的错误做法。1980年1月，教育部印发的《教育部关于分期分批办好重点中学的决定》提出克服这一错误做法的五条规定，可将其简单概括为：一是，不进行高考排名，不以升学率作为评价学校办学质量的唯一标准；二是，减少考试类型与数量；三是，对全体学生负责，不能只抓少数，只抓毕业班；四是，严格按照教学计划、大纲进行教学；五是，减轻学生负担，保证学生的睡眠、体育活动和假期。[1] 1981年5月，蒋南翔在庆

---

[1] 教育部：《教育部关于分期分批办好重点中学的决定》，载何东昌主编《中华人民共和国重要教育文献（1949—1997）》，海南出版社1998年版，第1860—1894页。

祝"六一"国际儿童节报告会上的讲话中指出:"评价一所学校的标准,不能单看升学率的高低,更要看它是否能为社会输送更多优良的劳动者。"① 1983年12月31日,教育部印发《关于全日制普通中学全面贯彻党的教育方针、纠正片面追求升学率倾向的十项规定(试行草案)》,首次对片面追求升学率和考分的倾向进行明确纠正,要求"减轻学生过重的学习负担","保证学生的睡眠、休息和课外体育、文娱、科技活动时间","加强平时对学生学习情况的了解,不要频繁地进行考试",并强调:"各级教学研究机构要把主要精力用于教学研究工作,不得组织任何名目的猜题、押题、模拟考试等活动。任何单位和个人,不准编印对付升学考试的习题集、练习册、复习资料等。"②

(二) 集中力量办好一批重点中学

新时期的教育到底怎样办,确立怎样的教育思想、教育制度和教育策略,是全国上下十分关心的问题。1985年,《中共中央关于教育体制改革的决定》提出"教育必须为社会主义建设服务,社会主义建设必须依靠教育。"③ 这一时期,国家把恢复和举办重点学校作为满足经济建设和人才需求的主要举措。在国家财力有限的条件下,为了快出人才、早出人才,必须重点投入,"办重点学校是个战略措施,是省的办法,也是快的办法",这是中国当时发展重点中学的核心观点。国家主要领导人在公开场合多次阐述办重点学校的主张。1977年5月,邓小平在《尊重知识,尊重人才》中指出:"办教育要两条腿走路,既注意普及,又注意提高。要办重点小学、重点中学、重点大学。要经过严格考试,把最优秀的人集中在重点中学和大学。"④ 1978年2月,华国锋所作的题为《团结起来,为建设社会主义的现代化强国而奋斗》的政府工作报

---

① 蒋南翔:《重新发表教育部关于纠正单纯追求升学率等问题的意见》,《人民教育》1982年第1期。

② 教育部:《教育部关于全日制普通中学全面贯彻党的教育方针、纠正片面追求升学率倾向的十项规定(试行草案)》,载何东昌主编《中华人民共和国重要教育文献(1949—1997)》,海南出版社1998年版,第2148页。

③ 中共中央:《中共中央关于教育体制改革的决定》,载何东昌主编《中华人民共和国重要教育文献(1949—1997)》,海南出版社1998年版,第2285—2289页。

④ 中共中央文献编辑委员会:《邓小平文选》第二卷,人民出版社1994年版,第40页。

告中提道:"努力办好各级各类学校,首先是办好重点大学和重点小学。"① 1978年4月,邓小平在全国教育工作会议上的讲话强调:"为了加快速度造就人才和带动整个教育水平的提高,必须考虑集中力量加强重点大学和重点中小学的建设,尽快提高它们的教学水平和教学质量。"② 6月23日,邓小平又指出:"教育要抓重点。普及要搞,但限于国家财力,钱要首先花在重点上。先办好重点学校,才能早出人才。"③

1978年1月11日,教育部颁发的《关于办好一批重点中小学的试行方案》指出:"切实办好一批重点中小学,以提高中小学的教育质量。"④ 该政策的颁布直接推动了重点高中的快速发展。方案提出,全国重点中小学应形成"小金字塔"结构,并在经费投入、办学条件、师资队伍、学生来源等方面向重点学校优先倾斜,由此形成国家级、省级、地级、县级的重点学校"层层重点"的格局。具体而言:"大中城市可在市和区两级举办重点学校。市办好一批重点中学,区(县)可办好二三所重点中学,五六所重点小学,各省、自治区,可在省、地(市)、县三级举办重点学校。省和地(市)两级可各自办好一批重点中小学;县可办好二三所重点中学,五六所重点小学在布局上要城乡兼顾。工交企业办的重点中小学在教学内容上可以有所侧重。"⑤ 同时,教育部还确定了20所教育部办的重点中学和重点小学,它们分别是北京景山学校、北京新华小学、天津南开中学、天津同义大街小学、上海师大二附中、上海实验小学、山西昔阳大寨学校、山西交城县城内七年制学校、黑龙江大庆铁人学校、江西共大总校附属"七·三〇"学校、河北束鹿县辛集中学、陕西延安中学、陕西延安杨家湾小学、广东梅县东山中学、河南尉氏三中(原长葛三中)、吉林延吉

---

① 华国锋:《团结起来,为建设社会主义的现代化强国而奋斗》,载何东昌主编《中华人民共和国重要教育文献(1949—1997)》,海南出版社1998年版,第1598—1600页。
② 中共中央文献编辑委员会:《邓小平文选》第二卷,人民出版社1994年版,第104页。
③ 中共中央文献编辑委员会:《邓小平文选》第二卷,人民出版社1994年版,第104页。
④ 教育部:《教育部颁发〈关于办好一批重点中小学的试行方案〉的通知》,载何东昌主编《中华人民共和国重要教育文献(1949—1997)》,海南出版社1998年版,第1591—1592页。
⑤ 教育部:《教育部颁发〈关于办好一批重点中小学的试行方案〉的通知》,载何东昌主编《中华人民共和国重要教育文献(1949—1997)》,海南出版社1998年版,第1591—1592页。

市六中、吉林哲盟科左后旗甘旗卡育红小学、湖南第一师范学校、湖南一师附小、山东梁堤头农业中学。①

1980年8月4日，张承先在哈尔滨召开的全国重点中学工作会议上作了题为《贯彻全面发展方针提高教育质量》的主题报告。在报告中，他肯定了新的历史时期办好重点中学，尽快提高教育质量所具有的重要战略意义，并明确指出，办重点中学的目的是出人才、出经验。1980年10月14日，教育部印发《教育部关于分期分批办好重点中学的决定》。这是在哈尔滨工作会议之后，教育部以行政法规的形式，进一步规范和推动重点高中发展。该文件进一步强调了办好中学的重要性，系统地阐述了举办重点中学的意义，并一针见血地指出了重点学校办学质量亟待提升，片面追求升学率违背学生全面发展的要求等问题。文件进一步强调了办好重点中学的基本要求：一是，模范地贯彻执行全面发展的方针；二是，按照教育规律办事；三是培养质量高的学生，并要求"教育部门和学校应采取有效措施，坚决改变当前存在着的违背全面发展方针，不按教育规律办事，单纯追求升学率的错误做法"。此外，该文件为之后两三年的重点中学建设指明了重点工作："一是搞好领导班子的建设。二是建设一支合格的教师队伍。三是改进和加强学生的思想政治工作。四是认真进行教学改革。五是确定学校的规模。"②

1982年1月，教育部印发的《关于当前中学教育几个问题的通知》要求继续办好重点中学，并进一步强调，要正确处理重点学校与非重点学校的关系，努力做到保证重点，兼顾一般，重点学校与非重点学校应互相学习、互相促进、共同提高。1983年10月，教育部重申了办好重点中学的必要性，并下发了《教育部关于进一步提高普通中学教育质量的几点意见》，提出重点中学应成为模范地贯彻党的教育方针，教育质量较高，具有示范性、试验性的学校。重点中学应逐

---

① 《人民日报》记者：《教育部决定在全国办好一批重点中小学》，《人民日报》1978年1月25日，第1版。

② 教育部：《教育部关于分期分批办好重点中学的决定》，载何东昌主编《中华人民共和国重要教育文献（1949—1997）》，海南出版社1998年版，第1860—1861页。

步成为当地中学开展教育教学研究活动的中心。

第三节 重点高中阶段的普通高中建设情况

在这一阶段，中国普通高中在不同时期国家的教育方针、政策的影响下有着不同的发展速度，就整体而言，呈现出稳步发展的状态。同时，中国高度重视重点学校的建设，给予重点高中以倾斜的优惠政策，使得重点高中在办学经费、教师资源等方面相比非重点中学享有更为优越的办学条件，由此推动重点高中规模化发展。

一 普通高中建设总体情况

1949—1952年正处于中国的经济恢复时期，这一时期，由于人力、财力的限制，中小学教育坚持"以整顿、巩固和提高为主，打好基础，准备发展"的工作方针。到1952年，普通中学在校生总数由1949年的103.9万人增加到249.01万人，增长了140%，其中初中增长了168%，高中增长了26%。[1] 高中招生数由1949年的7.1万人增加到14.1万人，约是1942年的2倍。

1953—1955年，中国坚持"在整顿巩固的基础上，根据需要与可能，作有计划有重点的发展，并积极地稳步地提高中学教育的质量，特别是要办好高级中学、完全中学和工农速成中学。中学教育的发展，是着重发展高级中学，初级中学也要依据可能条件作适当的发展"[2] 的中学教育工作方针。这一时期，普通中学的发展基本是稳步的。高中在校学生1953年为36万人，1954年比1953年增加11.8万人，1955年比1954年增加10.18万人；高中招生数1953年为16.1万人，1954年比1953年增加3.4万人，1955年比1954年增加2.6万人。[3]

---

[1] 刘英杰主编：《中国教育大事典（1949—1990）》，浙江教育出版社1993年版，第334页。
[2] 政务院：《政务院关于改进和发展中学教育的指示》，载何东昌主编《中华人民共和国重要教育文献（1949—1997）》，海南出版社1998年版，第305—307页。
[3] 刘英杰主编：《中国教育大事典（1949—1990）》，浙江教育出版社1993年版，第337页。

1956年，中国将教育工作方针调整为"加速发展，提高质量，全面规划，加强领导"，要求初中争取提前一年完成第一个五年计划，高中超额完成任务。在该方针的指引下，1956年，高中在校学生数由1955年的58万人猛增至78.4万人，增加了20.4万人；招生人数为37.4万人，比1955年的22.1万人多招了15.3万人。[①]

1957年3月召开的第二次全国教育行政会议指出，1956年教育事业的发展超过了可能条件，师资、设备、基建等赶不上发展的需要，并强调1957年教育事业的发展，必须放在充分可靠的基础上，根据国家的人力、物力、财力的条件，在保证一定质量的原则下适当发展。因此，1957年高中在校学生人数为90.4万，比1956年增长12万人，增长率有所降低；招生人数32.3万人，相比1956年亦有所下降。[②] 1955—1957年高中在校生数与招生数具体情况及变化情况如表2-3-1所示。

表2-3-1　　　　　1955—1957年高中在校生数与招生数

	在校生数（万人）	招生数（万人）
1955年	58.0	22.1
1956年	78.4	37.4
1957年	90.4	32.3

资料来源：刘英杰主编：《中国教育大事典（1949—1990）》，浙江教育出版社1993年版，第337页。

1958年，《中共中央　国务院关于教育工作的指示》提出："大力发展中等教育和高等教育，争取在15年左右的时间内，基本上做到使全国青年和成年，凡是有条件的和自愿的，都可以受到高等教育。"[③] 事实上，这一时期办学速度十分惊人。统计表明，1958—1960年，各类各级教育都迅速膨胀，甚至成倍增长，具体见表2-3-2和表2-3-3。其中，高校数1960年比1957年增长了562%，高中数1960年比1957年增长了214%，初中数增长了192%，小学数增长了

[①] 刘英杰主编：《中国教育大事典（1949—1990）》，浙江教育出版社1993年版，第337页。
[②] 刘英杰主编：《中国教育大事典（1949—1990）》，浙江教育出版社1993年版，第337页。
[③] 中共中央、国务院：《中共中央　国务院关于教育工作的指示》，载何东昌主编《中华人民共和国重要教育文献（1949—1997）》，海南出版社1998年版，第858—861页。

133%。各类各级学生数亦迅速增长，其中高中人数由1957年的90.43万人增长至1960年的167.49万人。从中等学校学生数量增长来看，1958年以前的八年，增长速度是23.9%，1958—1960年三年则是30.7%。从高中招生人数来看，1958—1960年，高中招生人数分别是1958年56.2万人；1959年65.6万人；1960年67.8万人，是1957年的2倍多。①

表2-3-2　　　　1957—1960年各类各级学校增长情况

	高校	高中	初中	小学
1957年	229	2184	8912	547300
1958年	791	4144	24787	776800
1959年	841	4144	16691	737400
1960年	1289	4690	17115	726500

资料来源：据中国大百科全书出版社1984年出版的《中国教育年鉴（1949—1981）》相关数据整理而成。

表2-3-3　　　　1957—1960年各类各级学生增长情况（万人）

	高校	高中	初中	小学
1957年	44.12	90.43	537.70	6428.3
1958年	65.96	117.88	734.14	8640.3
1959年	81.20	143.57	774.30	9117.9
1960年	96.16	167.49	858.52	9379.1

资料来源：据中国大百科全书出版社1984年出版的《中国教育年鉴（1949—1981）》相关数据整理而成。

1960年12月，在中共中央召开的全国文教工作会议上，教育部部长杨秀峰指出：1958年以来，教育事业发展同经济发展产生了不适应的情况，教育事业发展过快，占用劳动力过多。② 国务院文教办公室主任张际春在会上提出，1961年文教工作应坚持调整、巩固、充实、提高的方针。并提出，1961年，全日制普通中学的发展速度，应

---

① 《中国教育年鉴》编辑部编：《中国教育年鉴（1949—1981）》，中国大百科全书出版社1984年版，第1000—1001页。
② 杨秀峰：《杨秀峰同志在全国文教工作会议上的发言》，载何东昌主编《中华人民共和国重要教育文献（1949—1997）》，海南出版社1998年版，第1021—1025页。

当放慢一点，要采取多种形式普及初中，全日制初中不可能办得过多，高中发展的比例不可能过高。①经过几年的调整，盲目扩大中小学教育规模的问题逐渐得以解决，高中教育秩序逐步稳定，高中学校稳步发展。1961—1965年，高中在校学生数整体呈下降趋势，由1960年的167.3万人下降到1965年的130.8万人，减少了36.5万人；高中招生人数亦有所下降，1961年招生人数由1960年的67.8万人下降至44.7万人，1962—1965年的招生人数分别是41.7万人、43.4万人、43.8万人和45.9万人。②

1966年"文化大革命"开始，中学先后停课搞运动。1967年3—10月，中共中央、国务院等几次发出中小学"复课闹革命"的《通知》，中学陆续复课。1971年8月13日，中共中央批转的《全国教育工作会议纪要》提出，农村"有条件的地区，普及七年教育"。1974年5月30日，国务院科教组发出的《关于1974年教育事业计划（草案）的通知》提出："1974年发展教育事业，重点是继续大力普及农村小学五年教育，加强和发展高等教育……同时积极创造条件，逐步在大中城市普及十年教育，农村有条件的地区普及七年教育。"一些地区提出"大队，队队办初中，公社，社社办高中"，出现了小学改为初中，初中改为高中的现象。到1977年，普通中学在校生数由1965年的933.8万人，猛增为6779.9万人，增加了6.3倍。其中，初中在校生数为4979.9万人，增加了5.2倍；高中在校生数为1800万人，增加了13.8倍。③

1977年，"文化大革命"结束。1978年4月，教育部召开全国教育工作会议，强调揭批"四人帮"，拨乱反正，把学校整顿好，并提出新时期教育战线的"中心环节是提高教育质量"。④邓小平在这次全

---

① 张际春：《张际春同志在全国文教工作会议上的报告》，载何东昌主编《中华人民共和国重要教育文献（1949—1997）》，海南出版社1998年版，第1013—1018页。

② 《中国教育年鉴》编辑部编：《中国教育年鉴（1949—1981）》，中国大百科全书出版社1984年版，第1001页。

③ 刘英杰主编：《中国教育大事典（1949—1990）》，浙江教育出版社1993年版，第336—338页。

④ 国务院：《国务院批转教育部〈刘西尧同志在全国教育工作会议上的报告和总结〉》，载何东昌主编《中华人民共和国重要教育文献（1949—1997）》，海南出版社1998年版，第1611—1622页。

第二章 重点高中阶段(1949—1993年)

教会的讲话中强调，要考虑集中力量加强重点大学和重点中小学的建设，尽快提高它们的教学水平和教学质量。[①] 到1980年，普通高中在校学生人数由1977年的1800万人减少至969.8万人，减少了830.2万人；1980年招生人数为383.4万人，比1977年的993.1万人减少了610.3万人。[②]

1981年5月，教育部在济南召开普通教育调整座谈会，教育部副部长张承先在会上讲话指出，普通教育调整整顿的方针为"充实加强小学，整顿提高初中，压缩普通高中，发展职业技术教育，集中力量办好重点学校"。[③] 1982年颁发的《第六个五年计划（1981—1985）》要求"调整改革高中"，"高级中学，要积极改革内部结构，在改革中稳步发展"。到1985年，普通高中招生数为257.5万人，比1980年减少125.9万人；职业中学和农业中学招生数为116万人，比1980年增加86万人。[④]

1990年，普通高中教育办学规模基本稳定。1990年，全国普通高中招生比上年增加7.62万人，在校学生比上年增加1.19万人。[⑤] 1991年，普通高中招生243.82万人，比上年减少5.94万人，在校学生达到722.85万人。[⑥] 1992年，高中阶段教育共招收学生426.91万人（未包括技术学校），比上年增加10.33万人；普通高中招生由上年的243.82万人减少到234.73万人，减少9万人；在校生为704.89万人，毕业生226.13万人。[⑦] 1993年，普通高中教育规模继续下降，全国普通高中14380所，比上年减少70所；招生数228.34万人，比上年减

[①] 中共中央文献研究室编：《邓小平论教育　第2版》，人民教育出版社1995年版，第71页。

[②] 刘英杰主编：《中国教育大事典（1949—1990）》，浙江教育出版社1993年版，第338页。

[③] 中央教育科学研究所主编：《中华人民共和国教育大事记（1949—1982）》，教育科学出版社1984年版，第618页。

[④] 刘英杰主编：《中国教育大事典（1949—1990）》，浙江教育出版社1993年版，第336—338页。

[⑤] 《中国教育年鉴》编辑部编：《中国教育年鉴1991》，人民教育出版社1992年版，第91页。

[⑥] 《中国教育年鉴》编辑部编：《中国教育年鉴1992》，人民教育出版社1993年版，第53页。

[⑦] 《中国教育年鉴》编辑部编：《中国教育年鉴1993》，人民教育出版社1994年版，第83页。

少 6.39 万人；在校生 656.91 万人，比上年减少 47.98 万人。[①]

表 2-3-4　　　　　　　　　普通高中基本情况统计

项目＼年限	在校生数（万人）	招生数（万人）	毕业生数（万人）
1949	20.7	7.1	6.1
1950	23.8	10.8	6.2
1951	18.4	9.1	5.9
1952	26.0	14.1	3.6
1953	36.0	16.1	5.6
1954	47.8	19.5	6.8
1955	58.0	22.1	9.9
1956	78.4	37.4	15.4
1957	90.4	32.3	18.7
1958	117.9	56.2	19.7
1959	143.5	65.6	29.9
1960	167.5	67.8	28.8
1961	153.3	44.7	37.9
1962	133.9	41.7	44.1
1963	123.5	43.4	43.3
1964	124.7	43.8	36.7
1965	130.8	45.9	36.0
1966	137.3	20.7	28.0
1967	126.5	13.6	26.8
1968	140.8	63.0	79.4
1969	189.1	103.6	38.0
1970	349.7	239.0	67.6
1971	558.7	321.3	100.4
1972	858.1	479.0	215.9
1973	923.3	452.0	349.4
1974	1002.7	541.1	419.9
1975	1163.7	633.1	447.0

① 《中国教育年鉴》编辑部编：《中国教育年鉴1994》，人民教育出版社1995年版，第76页。

续表

项目\年限	在校生数（万人）	招生数（万人）	毕业生数（万人）
1976	1483.6	861.1	517.2
1977	1800.0	993.1	585.8
1978	1553.1	692.9	682.7
1979	1292.0	614.1	726.5
1980	969.8	383.4	616.2
1981	715.0	327.8	486.1
1982	640.5	279.3	310.6
1983	629.0	259.8	235.1
1984	689.8	262.3	189.8
1985	741.1	257.5	196.6
1986	773.4	257.3	224.0
1987	773.7	255.2	246.8
1988	745.9	244.3	250.6
1989	716.1	242.1	243.2
1990	717.3	249.8	233.0
1991	722.85	243.82	—
1992	704.89	234.73	226.13
1993	656.91	228.34	—

资料来源：据浙江教育出版社1993年出版的《中国教育大事典（1949—1990）》以及人民教育出版社出版的《中国教育年鉴1991》《中国教育年鉴1992》《中国教育年鉴1993》《中国教育年鉴1994》相关数据整理而成。

表2-3-5　　　　普通高中与高级中等专业学校、农职业

中学、技工学校在校生的比重　　　　单位：万人

年限	合计	普通高中	占比（%）	中级中专	占比（%）	技工学校	占比（%）	农职中	占比（%）
1949	31.86	20.72	65.0	10.87	34.1	0.27	0.9	—	—
1950	37.82	23.80	62.90	13.66	36.1	0.36	1.0	—	—
1951	38.40	18.44	48.0	19.32	50.3	0.64	1.7	—	—
1952	58.15	26.02	44.7	30.63	52.7	1.5	2.6	—	—
1953	74.41	36.00	48.4	36.06	48.5	2.35	3.1	—	—
1954	93.01	47.80	51.4	40.81	43.9	4.40	4.7	—	—

续表

年限	合计	普通高中	占比（%）	中级中专	占比（%）	技工学校	占比（%）	农职中	占比（%）
1955	109.27	57.98	53.1	46.49	42.5	4.80	4.4	—	—
1956	166.68	78.41	47.0	77.18	46.3	11.09	6.7	—	—
1957	169.56	90.43	53.3	72.47	42.7	6.66	44.0	—	—
1958	234.74	117.88	50.2	99.98	42.6	16.88	7.2	—	—
1959	292.58	143.57	49.1	121.01	41.4	28.00	9.5	—	—
1960	373.47	167.49	44.8	154.30	41.3	51.68	13.9	—	—
1961	291.77	153.30	52.5	108.47	37.2	30.00	10.3	—	—
1962	192.58	133.91	69.5	52.71	27.4	5.96	3.1	—	—
1963	176.33	123.53	70.1	44.99	25.5	7.81	4.4	—	—
1964	189.89	124.68	65.7	52.86	27.8	12.35	6.5	—	—
1965	279.37	130.82	46.8	52.72	18.9	18.34	6.6	77.49	27.7
1966	184.31	137.28	74.5	47.03	25.5	—	—	—	—
1967	157.34	126.46	80.4	30.78	19.6	—	—	—	—
1968	153.60	140.79	91.7	12.81	8.3	—	—	—	—
1969	192.99	189.14	98.0	3.85	2.0	—	—	—	—
1970	356.10	349.70	98.2	6.40	1.8	—	—	—	—
1971	581.31	558.69	96.1	21.76	3.7	0.86	0.2	—	—
1972	895.97	858.03	95.8	34.25	3.8	3.69	0.4	—	—
1973	981.02	923.28	94.1	48.25	4.9	9.49	1.0	—	—
1974	1079.80	1002.74	92.9	63.43	5.9	13.63	1.2	—	—
1975	1253.65	1163.68	92.8	70.73	5.6	19.24	1.6	—	—
1976	1574.78	1483.64	94.2	68.99	4.4	22.15	1.4	—	—
1977	1893.24	1800.01	95.1	68.92	3.6	24.31	1.3	—	—
1978	1680.20	1553.08	92.4	88.92	5.3	38.20	2.3	—	—
1979	1475.84	1291.97	87.5	119.81	8.1	64.00	4.4	—	—
1980	1196.09	969.79	81.1	124.34	10.4	70.04	5.9	31.92	2.6
1981	927.46	714.98	77.1	106.90	11.5	67.93	7.3	37.65	4.1
1982	853.02	640.52	75.1	103.94	12.2	51.20	6.0	57.36	6.7
1983	887.72	628.98	70.9	114.33	12.8	52.52	5.9	91.89	10.4
1984	1018.30	689.81	67.7	132.25	13.0	62.77	6.2	133.47	13.1

续表

年限	合计	普通高中	占比(%)	中级中专	占比(%)	技工学校	占比(%)	农职中	占比(%)
1985	1156.75	741.13	64.1	157.11	13.6	74.17	6.4	184.34	15.9
1986	1252.93	773.37	61.7	175.72	14.0	89.20	7.2	214.28	17.1
1987	1289.21	773.73	60.4	187.39	14.5	103.10	8.0	224.99	17.5
1988	1301.32	745.98	57.3	205.17	15.8	116.08	8.9	234.09	18.0
1989	1296.85	716.12	55.2	217.75	16.8	126.70	9.8	236.28	18.2
1990	1322.05	717.31	54.3	224.44	17.0	133.27	10.0	247.13	18.7

资料来源：刘英杰主编：《中国教育大事典（1949—1990）》，浙江教育出版社1993年版，第340—341页。

二 重点高中的建设

随着《关于有重点地办好一些中学与师范学校的意见》（1953年）《关于有重点地办好一批全日制中小学的通知》（1962年）《关于办好一批重点中小学的试行方案》（1978年）《教育部关于分期分批办好重点中学的决定》（1980年）等一系列建设重点中学政策的出台，重点高中无论是在数量上还是办学条件上都得到了快速提高。

（一）重点学校数量稳步增加

据1963年9月统计，27个省、自治区、直辖市确定的重点中学共487所，占公办中学总数的3.1%，其中21个省、自治区、直辖市在5%以下，6个省、自治区在5%以上。这批学校的布局是：北京、吉林、江西等9省、自治区、直辖市的135所重点中学，其中城市84所，占62%；县镇43所，占32%；农村8所，占6%，有7个省、自治区没有选定农村中学。[①] 与1953年相比，虽然受教育"大跃进"的影响，重点中学占公办中学总数的百分比有所下降（1953年占4.4%，1963年占3.1%），但大多数地区重点中学的数量都有所增加。如，河北省1953年国家重点中学有8所，到1963年，增加至37所；山西省由1953年的4所增加至1963年的41所；山东省则由1953年的8

---

① 《中国教育年鉴》编辑部编：《中国教育年鉴（1949—1981）》，中国大百科全书出版社1984年版，第167—168页。

所增加到 1963 年的 36 所。①

"文化大革命"时期，重点学校政策被看作"中国的赫鲁晓夫和他的爪牙密谋策划，在教育事业的发展、教育体制上提出的'小宝塔'的谬论"②，重点学校建设暂时停滞。

改革开放后，中国恢复了重点学校制度，重点中学建设迎来了第二个发展高潮。

根据《中华人民共和国教育大事记》记载，至 1979 年年底，全国已有重点中学 5200 多所，在校学生 520 万，占中学生总数的 8.8%。③至 1981 年，全国各省、自治区、直辖市（不包括上海市）共有中学 106718 所，高中及文理中学 24447 所，重点中学 4016 所，重点中学占中学总数的 3.76%，占高中及文理中学的 16.4%。与 1963 年的 487 所相比，重点中学的绝对数量增长了 8.25 倍，比重提高了 0.7% （1963 年为 3.1%，1981 年为 3.8%）。从各省市重点中学发展来看，河南、湖北、山东、四川、山西等省份重点中学数量增长最快，具体而言，河南省 1963 年共有重点中学 19 所，占全部中学的 2.1%；1981 年共有重点中学 517 所，占全部中学的 5%。湖北省 1963 年共有重点中学 18 所，占全部中学的 2.3%；1981 年共有重点中学 449 所，占全部中学的 6.7%。山东省重点高中从 1963 年的 36 所增加到 1981 年的 386 所。四川省从 1963 年的 30 所增加到 1981 年的 307 所。山西省则从 1963 年的 36 所增加到 1981 年的 386 所。需要指出的是，各省市重点中学数量增加迅猛，除了国家政策的支持外，其中一大原因是"文化大革命"期间盲目发展中学，导致中学数量快速增加。另外，西藏、上海、福建、甘肃和湖北等地的重点中学占比最高，分别是 24.1%、7.7%、7.3%、6.8%、6.7%。④ 1953 年、1963 年及 1981 年

---

① 《中国教育年鉴》编辑部编：《中国教育年鉴（1949—1981）》，中国大百科全书出版社 1984 年版，第 168 页。
② 师延红：《打倒修正主义教育路线的总后台》，《人民日报》1967 年 7 月 18 日，第 2 版。
③ 中央教育科学研究所主编：《中华人民共和国教育大事记》，教育科学出版社 1984 年版，第 508—568 页。
④ 《中国教育年鉴》编辑部编：《中国教育年鉴（1949—1981）》，中国大百科全书出版社 1984 年版，第 168 页。

三年全国重点中学数量情况具体见表 2-3-6。

表 2-3-6　　1953 年、1963 年、1981 年全国重点中学统计　　单位：所

	1953 年		1963 年		1981 年		其中首批办好的校数
	校数	占全部中学%	校数	占全部中学%	校数	占全部中学%	
总计	196	4.4	487	3.1	4016	3.8	696
北京	20	27.7	12	2.7	63	6.5	25
天津	10	—	—	—	28	3.0	27
河北	8	3.1	37	2.8	159	1.9	17
山西	4	4.4	41	11.3	291	3.6	35
内蒙古	2	6.4	11	4.3	34	1.4	34
辽宁	15	4.9	52	6.0	113	4.4	40
吉林	4	3.3	23	5.3	83	4.0	21
黑龙江	7	5.8	11	1.6	166	5.1	34
上海	10	5.4	13	3.3	76	7.7	26
江苏	14	3.3	18	1.2	95	1.7	26
浙江	9	4.6	7	1.2	80	2.5	18
安徽	10	6.8	12	2.0	156	3.7	22
福建	10	5.7	14	4.6	87	7.3	16
江西	4	1.8	24	4.0	110	3.8	19
山东	8	4.2	36	3.9	386	3.0	19
河南	5	2.5	19	2.1	517	5.0	20
湖北	7	5.3	18	2.3	449	6.7	20
湖南	6	2.5	20	2.1	171	2.7	55
广东	7	1.6	10	0.9	126	3.5	16
广西	4	2.5	9	2.4	127	5.2	14
四川	15	3.5	30	3.5	307	5.7	42
贵州	3	3.6	10	4.6	62	4.0	25
云南	3	2.1	9	3.9	24	1.7	24
西藏	—	—	—	—	19	24.1	7
陕西	6	4.2	10	1.9	115	2.4	15
甘肃	2	3	17	7.1	101	6.8	24
青海	1	20	4	12.5	19	4.4	19

续表

	1953 年		1963 年		1981 年		其中首批办好的校数
	校数	占全部中学%	校数	占全部中学%	校数	占全部中学%	
宁夏	1	12.5	4	1.2	24	5.1	8
新疆	1	2.1	16	5.6	28	1.4	28

资料来源：《中国教育年鉴》编辑部编：《中国教育年鉴（1949—1981）》，中国大百科全书出版社1984年版。

（二）重点学校办学条件及管理改善

1962年，《教育部关于有重点地办好一批全日制中、小学校的通知》就办好中、小学校提出了具体措施，要求改善重点学校的办学条件。首先，合理安排和稳定学校规模。政策要求重点中学的规模不宜过大，每年招几班新生，每班多少学生都要具体规定，并建议高中每班以40人为宜。其次，加强领导力量和充实教师队伍。具体而言，中共中央批准的教育部党组关于高中学校的编制是：重点高中每班教职工为4人，一般高中每班3.6人；其中重点高中教师每班为3人，一般高中为2.6人。[①] 第三，充实教学所必需的物质条件。重点中学要求配套适用的校舍、图书、仪器、体育、卫生等设备，和物理、化学、生物实验室及图书阅览室。各地应当拟定具体规划，在一两年迟至三年内做到填平补齐。还要根据可能条件安排适当的生产劳动场地，或者与人民公社、工厂协作，使生产劳动能够正常进行。第四，适当扩大招生范围。重点中学可以在较大的地区范围内择优录取优秀新生。其中，高中可以再适当扩大招生范围。第五，加强对重点中学的领导。在各地党委领导下，重点中学由省、自治区、直辖市教育厅（局）负责管理，实行分级管理，双重领导的办法，实行省、市、自治区和学校所在县（市）教育行政部门双重领导，并且重点中学不论以哪一级教育行政部门或者哪个单位为主管理，各级教育行政部门都应当有计划地进行视察，召开必要的会议，交流经验，

[①] 《中国教育年鉴》编辑部编：《中国教育年鉴（1949—1981）》，中国大百科全书出版社1984年版，第167页。

及时指导学校工作。[1]

1980年,教育部印发《教育部关于分期分批办好重点中学的决定》(以下简称《决定》)从领导班子、教师队伍、学生思想政治工作、教学改革、学校规模以及办学条件等方面提出了建设重点中学的重要工作,[2] 为重点中学的建设指明了方向。

重点中学的硬件设施和仪器设备得到了优先配置。《决定》强调,要改善重点中学办学条件,充实和更新教学设备,首先是要有足够的教学用房、合格的教室和课桌椅。按原重点中学理科教学的实验要求,建设够用、合格的实验室(物理、化学至少各有2个,生物学至少有1个),努力做到2人一组进行实验。有条件的学校要建立专用教室和科技活动室。其次,努力加强教学仪器的配备,并提倡师生自制教具,积极加强教学的视听手段,电化教学要从实效出发。再次,加强图书馆和阅览室的建设,充实图书馆资料,要有运动场地,添置必要的体育器材。有条件的学校可建立风雨操场。农村、牧区中学要为学生创造住宿条件,并解决必要的口粮补助问题。此外,还要求增加中学教育经费,在统筹安排下要保证重点中学的需要。重点中学的经费由省、自治区、直辖市制定标准,各地要按标准拨给学校。学校勤工俭学的收入应拿出一定比例用于改善办学条件。各地根据中央政策精神,纷纷加强重点中学的硬件设施,完善办学条件。1984年,辽宁省人民政府为落实"电子计算机要从娃娃抓起"的指示精神,拨款24万元为重点中、小学购置电子计算机。[3] 1986年,北京市购进彩色录像机300套、计算机220套,分配给部分市重点中学。[4] 山西省1985年和1986年两年间共拨款270万

---

[1] 教育部:《教育部关于有重点地办好一批全日制中、小学校的通知》,载何东昌主编《中华人民共和国重要教育文献(1949—1997)》,海南出版社1998年版,第1133页。

[2] 教育部:《教育部关于分期分批办好重点中学的决定》,载何东昌主编《中华人民共和国重要教育文献(1949—1997)》,海南出版社1998年版,第1860—1861页。

[3] 《中国教育年鉴》编辑部编:《中国教育年鉴(1985—1986)》,中国大百科全书出版社1986年版,第166—183页。

[4] 《中国教育年鉴》编辑部编:《中国教育年鉴(1985—1986)》,中国大百科全书出版社1986年版,第131页。

元，为41所首批重点中学每校配备了25台电子计算机。① 中国人民大学附属中学用了五年时间来改造旧校舍，优化环境，新建了1.7万平方米教学用房，包括实验大楼、图书馆、体育看台、室内体育馆、游泳池、四百米跑道等。

重点中学配备了强大的领导班子。《决定》对重点中学领导班子的资质和要求做出了明确规定："学校领导班子要少而精。要把能够执行党的路线、方针、政策，有教学经验，有管理能力，年富力强的教师提拔到领导岗位上来。不适合学校工作的领导干部要进行调整。"② 例如，广东省为重点中学校长的专业发展提供专门的培训。1986年，开办重点中学校长研究班，半年一期，系统学习学校管理，第一期学员38人。北京大学附属中学作为重点中学，20世纪80年代在学校领导体制上，确立校长负责制和正职负责制，实行聘任制，加强以年级组为单位的综合管理体制，初、高中分设党支部，党小组建在年级，各年级由年级主任、党小组组长、工会组长组成领导核心，同时提出强化教研组的作用，减去其琐碎事务，集中精力搞好教学、教研、课外科技活动和教师的考核进修工作，调动各级领导的积极性。③

重点中学配备了当时最优秀的师资。择优将高等师范院校的毕业生分配到重点学校，抽调骨干教师，以确保重点学校至少有三分之一有经验的骨干教师。譬如，广东省重点中学师资基本配套，素质良好，合格学历达标50%以上。总之，重点中学在师资力量配备上远优于非重点中学。

重点中学在招生上享有在全市范围内择优录取的政策优待。《决定》提出："要适当扩大招生范围，切实改进招生办法，德、智、体全面衡量，择优录取，杜绝招生工作中走后门等不正之风，确保新生

---

① 《中国教育年鉴》编辑部编：《中国教育年鉴（1985—1986）》，中国大百科全书出版社1986年版，第159页。

② 教育部：《教育部关于分期分批办好重点中学的决定》，载何东昌主编《中华人民共和国重要教育文献（1949—1997）》，海南出版社1998年版，第1860—1861页。

③ 魏一樵主编：《中国名校 中学卷》，辽宁大学出版社1992年版，第5页。

有较高的质量。"① 一般通过统一考试，分批录取的方式确保重点高中第一批招生，以便将成绩优异的学生集中到少数几所重点高中。

第四节 关于"重点中学"的讨论

重点中学的建设，在一定时期内满足了中国快速提高教育质量，建设优质学校，"快出人才、出好人才"的要求。特别是在20世纪六七十年代受计划经济体制的影响教育呈现"平均主义、政治至上"特征的情况下，重点中学政策一直稳步推进。然而，随着社会的不断发展，经济体制逐步向市场经济方向转变，特别是在20世纪80—90年代"效率优先、兼顾公平"这一教育政策的影响下，人们对优质教育资源的需求和教育消费的能力越来越强，重点高中成为学生家长争相追捧的对象，"择校热"愈演愈烈。与此同时，由于优质教育资源的稀缺性，重点高中开始了争夺优质生源、狠抓升学率等方面的竞争，应试教育现象出现。再加上，只有一部分高中学生能够享受到优质教育，重点高中不断受到"有悖教育公平"的诟病。另外，重点中学政策也对其他普通中学造成了不利影响。受国家教育政策的影响，许多地区都将重点中学作为重点扶持的对象。特别是在那些经济不太发达的地区，当地领导部门聚集所有力量办好重点中学，重点中学不仅获得政策上的支持，也得到了财政、物质等多方面的优待。相比之下，非重点中学的办学情况则没有受到重视甚至被忽视，对非重点中学的教育教学产生了消极影响。由此，产生了对"重点中学"制度的讨论。

总体来看，关于"重点中学"制度的讨论在20世纪80年代和90年代分别引发了一段小高潮。20世纪80年代，重点中学虽然得到了快速发展，但也逐渐暴露出一些弊病，由此引发了关于"要不要办重

---

① 教育部：《教育部关于分期分批办好重点中学的决定》，载何东昌主编《中华人民共和国重要教育文献（1949—1997）》，海南出版社1998年版，第1860—1861页。

点学校"的讨论，但出于对人才培养的渴望，多数人对重点中学的政策采取了默认的态度，有怀疑和批评的意见，但尚不尖锐。20世纪90年代，随着平等意识的普遍增强，加之应试教育已演变成中国教育领域的一大痼疾，社会对重点中学政策的反对意见越来越强烈，出现了赞成与反对的不同意见尖锐对立的形势，由此再次引发了关于"重点学校存废"的激烈争论。

一 20世纪80年代关于"要不要办重点学校"的讨论

"重点中学"制度有力地促进了基础教育的发展，为四个现代化建设培养了一批优秀人才，但"重点中学"的弊端也逐渐暴露出来。1980年，张承先在全国重点中学工作会议的讲话中，在充分肯定前一段成绩、总结交流经验的同时，也提出了当时中学教育工作中出现的一些违背全面发展方针、违反教育规律、单纯追求升学率的错误做法。学术界和政府均对此做出相关回应。学术界公开发文批评重点学校制度。1980年7月10日，《人民日报》刊登了吕叔湘《教育工作要重视"大多数"》一文。吕叔湘在文中批评了当时教育领域只关注重点学校而忽视一般学校的现象，他指出，普通教育大多强调"办好重点学校"，而忽略了一般学校，导致"大多数"没有得到应有的重视。[①] 1981年11月，《人民日报》刊登了《不应当歧视非重点中学》评论稿，文中一针见血地指出，片面追求大学升学率的一个严重后果是歧视非重点中学，政府及社会等对非重点中学支持不足，影响着师生的积极性，而这正是一些中学教育质量低、学生学业成绩差的原因之一，并强调重点中学和非重点中学都应为培养"四化"建设人才做出贡献。[②] 同一时间，《中国青年》发表了题为《羊肠小道上的竞争叫人透不过气来——来自中学生的呼声》的调查摘要，呈现了中学生尤其是重点中学的学生面对升学竞争的难以言表的压力，呼吁社会各界特别是教育界重视中学生负担过重的问题。《中国青年》杂志在为调查摘

[①] 吕叔湘：《教育工作要重视"大多数"》，《新闻战线》1980年第8期。
[②] 人民日报评论员：《不应当歧视非重点中学》，转引自袁振国《论中国教育政策的转变——对我国重点中学平等与效益的个案研究》，广东教育出版社1999年版，第131—133页。

要而加的编者的话中指出:"一种片面追求升学率的倾向在滋长,在发展……它将直接影响到6000万中学生的健康成长……会导致若干年后建设人才的匮乏。"① 该报告发表不久,作为教育部顾问的叶圣陶发表《我呼吁》一文,指出:"中学生在高考的压力下已经喘不过气来了,解救他们已经是当前刻不容缓的事,恳请大家切勿等闲视之。"② 一时间舆论哗然,在全国范围内掀起了"要不要办重点学校"的讨论。

(一)对"重点学校"弊端的批评

1981年,《中国青年报》发表了四川永川县教育局李学彬写的《让所有中小学校来个大竞赛》(1981年11月21日)一文,文中作者明确提出了中小学不宜办重点学校的三大理由:一是重点学校政策导致非重点学校被忽视,一定程度上有损非重点中小学教师和学生的积极性;二是重点中小学一定程度上助长了片面追求升学率的不良风气,不利于学生的全面发展;三是调研发现,重点中小学获得教育教学经费的倾斜,但这些经费却未能得到合理的应用,甚至造成财力、物力的浪费。③

1982年,北京曙光中学郑树敏在《中国青年报》发表的《办重点校过程中的弊病》一文全面展示了重点学校引发的种种弊端,他提到,重点学校造成了不良的腐败风气,部分家长通过请客送礼等手段拉关系、走后门,千方百计地将孩子送进重点学校。同时,重点学校也导致了片面追求升学率的问题。此外,非重点学校为了留住本校培养的优秀毕业生,采取许多限制外考的措施。更为严重的是,有的学校对"尖子"生进行威胁、恐吓,甚至逼出人命。④

1984年,吕文升在《现行重点中小学制度必须改革》中指出,由于种种弊端,重点中小学制度改革势在必行。其一,非重点学校的师

---

① 《中国青年报》记者:《羊肠小道上的竞争叫人透不过气来——来自中学生的呼声》,《中国青年报》1981年第20期。
② 叶圣陶:《我呼吁》,《人民日报》1981年11月26日,第3版。
③ 李学彬:《让所有中小学校来个大竞赛》,转引自袁振国《论中国教育政策的转变——对我国重点中学平等与效益的个案研究》,广东教育出版社1999年版,第34—35页。
④ 郑树敏:《办重点校过程中的弊病》,转引自袁振国《论中国教育政策的转变——对我国重点中学平等与效益的个案研究》,广东教育出版社1999年版,第35页。

生被忽视，挫伤了大多数师生的积极性。其二，造成片面追求升学率。其三，重点中小学不仅未能起到示范性作用，还增加了与非重点中小学之间的矛盾。其四，重点学校过分追求分数与升学率，导致所培养的学生普遍出现高分低能的问题。有鉴于此，他提出，应对重点学校制度进行改革，用发展超长儿童学校、发展实验学校等来替代重点学校。此外，他提出，应通过师资、经费等方面的政策倾斜来扶持非重点学校的发展，以缩小非重点学校与重点学校间的差距。①

1986年，丁洁、周国英、宋振华、范晓慧等人在《来自中小学教师的声音——庆祝第二届教师节》的专题座谈会上，对重点学校的弊端进行了讨论，他们认为"不应该再分重点、非重点"。具体理由有以下几点：一是将中小学进行等级划分的做法对孩子的心灵造成严重的摧残，未考进重点学校的孩子，被认为或自认为低人一等，压抑着孩子自信、向上的积极心理，而在重点学校的孩子学习紧张，抑制学生健康成长；二是划分重点与非重点学校诱发教育领域腐败现象；三是重点学校与非重点学校之间在生源、教师待遇方面存在人为的不公平。②

1987年，黎鸣在《论必须尽快取消中小学"重点教育"体制》一文中亦批评了重点中学的种种弊端。首先，重点中学片面追求升学率，影响孩子的全面发展。他指出，"重点"学校实际上重在提高升学率，重在关键考试的训练。在这样的体制下，学生从小就被灌输"读书—考试—升学—文凭—得到一个稳定的铁饭碗"的观念，严重影响学生的积极主动性与创造性。其次，重点学校制度一定程度上固化了学校等级。重点学校在教育经费、师资条件和教学设施等方面均享有优先待遇，这在一定程度上导致非重点学校在教育竞争中处于劣势，严重挫伤师生的积极性与创造性。再次，重点学校本身也受到重重压力，逐渐变成自我封闭的机构。由此，黎鸣呼吁，应尽快取消目前正盛行于中国的"重点教育""重点学校"体制。③

---

① 吕文升：《现行重点中小学制度必须改革》，《教育研究与实验》1984年第3期。
② 陶大镛、丁洁、叶溥源等：《来自中小学教师的声音——庆祝第二届教师节》，《群言》1986年第9期。
③ 黎鸣：《论必须尽快取消中小学"重点教育"体制》，《社会学研究》1987年第2期。

（二）继续办好重点学校

吉林省教育厅的张叔汉就对废除重点学校的观点持否定态度。他在《不能取消重点中小学》一文中指出，不可否认目前重点中小学建设工作确实存在一些问题，但对此重点应该是总结经验并进行反思修正，而不是取消重点中小学。他认为不能取消的原因主要有三点：第一，正处于国民经济调整时期，国家财政困难，且教育系统尚未完全恢复正常，对此国家需要集中力量建设重点中小学，并发挥其示范引领作用以带动其他学校的发展；第二，普通教育出现的问题主要由学生思想上的问题导致的，而不是重点学校政策的问题；第三，当前国家对教育的重点要求是普及小学，而不是普及初中。对此，他认为重要的应该是结合学校实际，脚踏实地地提高教育质量。[1]

1982年，潘习敏发表的《试谈办重点学校的几方面问题》一文，亦表达了不赞同废除重点学校的观点。他认为不能将学校教育的种种弊病都归结于重点学校制度，并提出了"重点学校不仅要办，而且要办得更好"的观点。他指出，尽管目前重点学校存在一定的问题，但是从长远来看，办重点学校是早出人才、多出人才的必然选择，并强调办重点学校的目的即为示范和出人才。他认为，重点学校没有真正"重点起来"的原因在于重点学校在办学条件、师资队伍、生源等方面没有得到有效的保障。他认为，重点学校应充分发挥示范引领作用，就重点与非重点学校间的关系而言，"重点和一般，一要互相支持、互相学习，二要互相竞赛"[2]。

1985年，罗钰润发表了《调整巩固提高办好重点学校——试论重点学校的由来、作用及其发展方向》一文。罗钰润认为废除重点学校的观点过于激进且不切实际，提出应继续办好重点学校，具体理由有四：第一，办重点学校是适应现实需要应运而生，符合中国教育发展的实际；第二，办重点学校有利于集中力量办好学校，培养人才；第三，教育办重点有利于因材施教；第四，人才培养的结果证明了重点

---

[1] 张叔汉：《不能取消重点中小学》，《人民教育》1982年第1期。
[2] 潘习敏：《试谈办重点学校的几方面问题》，《内蒙古社会科学》1982年第3期。

学校特别是重点高中为高一级学校输送了大批优秀人才。[1]

二 20世纪90年代关于"重点学校制度存废"大辩论

20世纪90年代，重点高中的继续发展引发了各方的多种质疑。1996年，上海《教育参考》杂志发起了"重点中学存废"的争论，教育界人士纷纷撰文加入大讨论中。这场关于"重点学校制度存废"的大辩论持续了大半年，逐渐形成了三大阵营。一方是以重点高中校长为核心的"主存派"，代表人物有傅禄建、方勋臣、王厥轩、吴兆宏、孙传宏等，他们认为重点中学有存在的合理性，具有其存在价值。另一方是以华东师范大学教育研究者为核心的"主废派"，代表人物有钟启泉、张华、张炳元等，他们质疑重点中学存在的价值，认为应废除重点中学制度。还有一方则是"改良派"，代表人物有孟宪和、王兆骥等，他们认为重点高中种种弊端是客观存在的，关键是要通过一定改革促使重点高中更好地发展。

（一）*主存派：对重点中学存在价值的辩护*

傅禄建从重点中学的存在价值、在中等教育发展中的作用、办学任务以及办学效益等方面论述了应当办好重点中学的理由。第一，就存在价值而言，创办重点中学是国际发展趋势，为智力、能力较好学生的发展服务，也为所在国家培养所需要的优秀人才服务。所以说，中国在特定条件下发展重点中学既是国家发展要求，也是国际教育发展趋势，具有其存在价值。第二，就在中等教育发展中的作用而言，重点中学具有示范性作用，可带动一般中学的发展。同时，他认为在教育质量提升方面，重点中学与一般中学联系紧密。一般学校的提高是重点中学提高的基础，一般学校教育质量的提高又是重点中学质量提高的深化。第三，就发展任务而言，发展重点中学符合社会分工的要求，其所承担的升学为主的任务，维系着中国高层次人才培养的重要问题。第四，就办学效益而言，重点中学的教育实践业已证明，它

---

[1] 罗钰润：《调整巩固提高办好重点学校——试论重点学校的由来、作用及其发展方向》，《黄石教师进修学院学报》1985年第1期。

无论是在为高等教育提供优秀生源上，在学科竞赛中，还是在教学改革上都凸显出了优势，因此问题并不是重点中学办不办的问题，而是如何办好的问题。

方勋臣从一线重点中学校长的立场出发为重点中学的存在辩护。他坚定地在《重点中学可以休吗?》中指出，"重点中学不但一定要办，而且一定要办好"，理由主要有四点。第一，办好重点中学是党和政府一贯的重要决策，对中国社会和教育发展起着重要作用。社会对重点学校提出更高要求，应重视克服自身的不足之处都是对的。第二，片面追求升学率的根源不在办重点中学。高考"升学率"是衡量一所学校教育质量的重要标志。重点中学有较好的师资、生源和设备，有较高的升学率，才不辜负党和国家赋予的重任，这正是教育质量高的一个重要标志。升学率与片面追求升学率之间没有内在的必然联系，在本质上有必然的区别。不能因为一些学校有片面追求升学率的倾向就否定高考，否定"升学率"，进而否定重点中学。第三，办重点中学是给予特殊才智重点培养，不仅体现了因材施教，而且也符合"教育机会均等"。第四，重点中学比较重视贯彻全面发展的教育方针。虽然也有一些重点学校不同程度地存在着片面追求升学率的倾向，但相对而言还是比较重视贯彻全面发展的教育方针，注意按教育规律办事，按国家教育计划规定开足各门课程，积极开展教育教学改革，努力提高教学效率，减轻学生负担，很少搞加班加点，其中不乏先进的典型。综上所述，他认为重点学校不但要办，而且要加强，要办好，尤其是在国民经济尚不是很发达的情况下，更应如此。[①]

王厥轩从上海的实际出发，认为重点中学应继续办，且要办好。在《重点中学还是要办好》一文中，王厥轩首先对办重点中学的利弊进行了讨论。他认为，在特殊历史条件下产生的重点中学对提高教育质量有着重要意义，在社会经济迅速发展，拔尖人才需求强烈的历史条件下，重点高中仍然有存在的必要性。王厥轩进一步指出，中小学

[①] 方勋臣：《重点中学可以休吗?》，载钟启泉、金正扬等《解读中国教育》，教育科学出版社2000年版，第318—323页。

课业负担过重并非重点中学之罪过。他通过调查发现，学生课业负担过重的原因非常复杂，当然有为了追求进重点中学而引起的单纯追求升学率问题，但更多的是由于课程教材过难过深、教师教学水平不高和教学方法不当、校长管理不善以及家庭教育中错误的方法等多方面原因所引起。王厥轩谈到，即使是社会不再存在单纯追求升学率问题，学生课业负担重的情况依然可能存在。同时，他认为，教育的相对不平等不能怪罪于重点中学。他指出，所谓教育的平等，只是保证每一位入学儿童在起跑线上尽可能平等，他（她）一旦跑出起跑线，很快会发现难以做到真正意义上的平等。由于受学生背景、个人天赋、兴趣爱好以及所在地区的经济发展水平等内外因素的影响，教育的相对不平等是不可避免的。可以说，办重点中学与教育的平等与相对不平等，并不存在直接关系。王厥轩还对重点中学办学思想进行了再思考。他认为重点中学存在的弊端不是教育制度出了问题，而是办学思想出了问题。他认为，重点中学的问题是观念上的急功近利，教学上知识面太窄，能力训练不够，导致很难开拓和创新；在做人方面，不太重视行为规范，心理承受能力太弱，缺少远大志向。基于此，他认为，未来要办好重点中学，首先是不要太看重"三个率"。在中学阶段，应扎扎实实在治身和治学两个方面下功夫。[①]

吴兆宏认为，重点中学是历史阶段的产物，是中国社会发展过程中出现的一个教育现象，就当时社会经济发展情况而言，它将会延续。在《重点中学教育现象还将延续》一文中，吴兆宏指出，争论重点中学要不要办，首先必须有个共识：一是要跳出非此即彼的争论定势思维模式；二是务必从实际出发，特别是不能离开历史社会大背景争论问题，不能超出经济水平谈论教育现象，因为教育终究是受制于经济水平的。若由此看重点中学，它就是历史发展的产物，是社会发展到这一时期的教育现象。由于中国社会主义总体水平尚处"初级阶段"，在相当长的一段时间里，重点中学教育现象还将延续。此外，他指出，

[①] 王厥轩：《重点中学还是要办好》，载钟启泉、金正扬等《解读中国教育》，教育科学出版社2000年版，第324—329页。

所谓重点,从办学条件角度说,主要是指设备投入、师资和生源而言。当中有政府的行为,也有群众、社会的认定和需要。吴兆宏进一步解释,就投入而言,即便不办重点,经费也不容许"撒胡椒"式投入,届时还是会有倾斜,也还会因区域经济水平的差异而出现新的"投入重点"。就师资而言,重点中学引进好教师并不会造成人才的浪费。就生源而言,重点与否,受正常的利益驱使和经济使然,学生必然会向没有重点头衔的重点学校涌进。①

孙传宏在《直面于事情本身——对重点学校存废之争的审视》一文中,从事实层面阐述若干要办重点高中的理由。第一,从重点学校产生来看,学校发展的不平衡是绝对的,期求所有学校发展同步是不切实际的,而"抓重点"则尊重和顺应了学校发展的不平衡性,是事物发展的必然规律。第二,对高质量教育的追求是一种必然现象,作为高质量教育代表的重点高中有着强大的生命力。第三,办重点中学与将所有教育资源平均分配相比更有效益,平均分配看似平等但社会将无才可用。②

(二) 主废派:对重点中学合理性的质疑

1996年,钟启泉在《教育参考》杂志上连发三篇主张废除重点学校的文章,分别是《"重点校"政策可以休矣》③《再论"重点校"政策可以休矣》④《三论"重点校"政策可以休矣》⑤。在这三篇文章中,钟启泉对主存派诸如"唯尖子优育""唯竞争原理""惟选拔功能"的论断以及重点中学起示范作用等观点一一进行了批评。综合来看,钟启泉认为,废除重点学校政策的原因如下。第一,重点中学未能真正起到示范作用,而是始终停留在追求"高升学率"的目标上,这种

---

① 吴兆宏:《重点中学教育现象还将延续》,载钟启泉、金正扬等《解读中国教育》,教育科学出版社2000年版,第330—332页。
② 孙传宏:《直面于事情本身——对重点学校存废之争的审视》,《教育参考》1996年第5期。
③ 钟启泉:《"重点校"政策可以休矣》,载钟启泉、金正扬等《解读中国教育》,教育科学出版社2000年版,第332—339页。
④ 钟启泉:《再论"重点校"政策可以休矣》,载钟启泉、金正扬等《解读中国教育》,教育科学出版社2000年版,第340—346页。
⑤ 钟启泉:《三论"重点校"政策可以休矣》,载钟启泉、金正扬等《解读中国教育》,教育科学出版社2000年版,第347—353页。

以追求升学率为目标的重点学校对其他学校的示范作用不大，重点学校在人、财、物等主客观条件方面均比一般中学优越，一般中学难以仿照其发展模式。第二，重点中学扮演的角色往往是"应试教育的桥头堡"，而不是"素质教育的带头羊"。重点校与非重点校之间的落差与两极分化愈演愈烈，学校落差的存在是招致考试竞争激烈的元凶。第三，重点中学未能培养大批高素质人才。重点中学为追求升学率，往往采取应试教育模式，培养的"尖子生"往往是畸形的，非均衡的、和谐的发展，导致学生出现"高分低能"的现象。同时重点高中主要生源来源于城市学校，往往忽视了农村地区高智商人才，造成人才资源的压制与浪费。第四，重点中学违背教育公平原则。"重点校"政策的维护论者借口学生差异的绝对性，强调教育"分化"的正当性，势将导致"教育机会均等乌托邦"的结论。这无异于是对中国教育法制所规定的"教育机会均等"原则的公然反叛。因此，钟启泉呼吁，面对21世纪咄咄逼人的国家教育竞争大势，面对远远滞后于经济建设目标的基础教育的状况，要正视危机、改弦易辙，从终止重点学校政策着手，以"更新教育质量观"为突破口，寻求基础教育的全面刷新与提高。

张华认为，作为"特殊利益集团"的重点学校，影响着中国教育改革的深入与教育公平、教育民主化进程的推进，因此，在教育改革中，应该用"特色学校"取代"重点学校"。张华从三个方面论述了其持"重点学校"消亡论的理由。第一，重点学校的人才选拔机制，导致以牺牲学生的个性而全面发展来追求升学率。张华指出，基础教育所承担的"双重任务"对所有普通中学应是一视同仁的，处于基础教育阶段的儿童、青少年的个性和能力等处于未成熟状态，仍在发展过程中，重点中学仅凭一纸试卷就对他们"层级化"，这不仅不利于学生的发展，也是对潜在优秀人才的扼杀。此外，张华认为，重点学校的升学率比一般学校高一些并不意味着其为社会培养了"高层次人才"。第二，重点学校基于精英主义的教育价值观，贯彻的是"因教选材"的原则。张华认为，儿童间的差异（个性差异、学绩的暂时差异）是儿童集体健全发展的积极因素，正是通过这种差异，儿童学

第二章 重点高中阶段(1949—1993年)

会了人际适应,这种差异也可以转化为一种激励机制,形成积极向上的集体气氛。但是"重点学校"借口因材施教、借助不科学的一次纸笔测验便对学生进行甄别、淘汰,这实际上是在推行一套"精英主义"的教育价值观。第三,重点学校变成教育中的"特殊利益集团",践踏了教育公平。张华认为,重点学校借助特殊的教育政策(优先选择生源,资源配置和师资力量分配的优先性甚至允许招收议价生,等等),成了教育中的"特殊利益集团"或"特权阶层",加剧了教育在学校间、教师间以及学生间的差距,反映了重点中学不但不是教育公平的深化,反而是对教育公平的严重践踏。综上,张华认为废止重点学校政策是历史的必然,是顺应时代之举。[①]

邓志伟基于对重点学校政策的病理进行剖析,认为取消重点中学政策是大势所趋且迫在眉睫。在《重点校政策的病理剖析》一文中,邓志伟全面论述了重点学校政策的三个病理。病理一为"重点学校政策与素质教育方向背道而驰"。邓志伟指出,所谓"天才学校""重点中学"在发达国家受到了种种批判,因此,20世纪80年代以后,苏、美、法、德、日等发达国家已经取消了这种教育政策,"回归主流"成为欧美20世纪七八十年代教育发展的趋势。病理二为"重点学校政策有悖于《中华人民共和国教育法》的基本精神"。邓志伟指出,中国的重点学校政策本身就意味着在师资配备、办学条件、经费安排等方面均比一般学校优越。这种优越却是以减少对一般学校的投入为代价的,由于教育经费本身就少而又少,一般中学一向办学经费紧张,设备简陋,师资水平较低。这种政策对重点学校的倾斜就更加使一般中学举步维艰,而这本身就违背了《教育法》"平等的受教育机会"的基本精神。病理三为"重点学校政策与全民教育方向相逆"。邓志伟基于当代教育研究的成果以及各国政府对教育机会均等精神的重视认为,20世纪80年代世界发达国家教育改革呈现以下两大趋势:第一,延长义务教育年限,使每个同龄儿童均可得到完全的中学教育;

[①] 张华:《"重点学校"的消亡与"特色校"的回归》,载钟启泉、金正扬等《解读中国教育》,教育科学出版社2000年版,第363—370页。

第二，取消双轨制，让每个学生在平等的条件下接受中学教育。换言之，学校不以能力差异划等级来决定学生可以接受的教育，而是为个人和社会的目的而发展人类潜能。而以全纳性为方向的普通学校，是反对歧视态度、创造宽松气氛的社区、建立全纳性社会、达到全民教育的最有效手段。因此，他认为，坚持重点学校政策与全民教育的发展趋势相违背。基于此，他认为，取消重点中学政策是大势所趋，是中国中学教育改革的未来方向。[1]

张炳元认为，重点中学及其政策必将随着历史条件的变化而逐步退出历史舞台。主要原因有三：第一，重点中学及其政策是计划经济这一特定历史阶段的产物，在市场经济条件下它不可能永恒存在下去；第二，重点中学是引发"片面追求升学率"倾向的策源地，重智育轻德育和体育的传统观念是导致"片面追求升学率"倾向的思想根源，而错误的激励措施和行政干预则是加剧这种倾向的催化剂，因此克服"片面追求升学率"倾向首先要从学校内部的源头抓起，标本兼治；第三，重点学校由于受到来自现代教育和社会经济等多方面的挑战正在逐步丧失其固有优势，而一批富有生机和活力的特色学校正以无与伦比的优越性崛起于中国教坛。可以预料，它必将伴随着中国教育现代化的历史进程而不断显示其强盛的生命力。[2]

（三）改良派：呼吁对重点学校进行改革

改良派承认重点高中存在的弊端是不可避免的，认为解决问题的关键不是彻底废除重点高中，而是通过一定改革促使其更好地发展。

孟宪和认为，中国的重点高中是多年办学经验造就的，这些学校经过历史的积累与发展，在教育传统、师资队伍、教育教学经验等方面均凸显出一定的优势，国家确定一批这样的学校以升学预备教育为主要任务，符合中国社会经济发展基础与教育发展需求。孟宪和指出，目前中国重点高中片面追求升学率的"应试教育"不利于学生的全面

---

[1] 邓志伟：《重点校政策的病理剖析》，载钟启泉、金正扬等《解读中国教育》，教育科学出版社2000年版，第354—358页。

[2] 张炳元：《"重点学校"及其政策理应成为历史兼与方励臣同志商榷》，《教育参考》1996年第5期。

发展，影响人才培养的质量。孟宪和认为，在新时期，以升学预备教育为主要任务的重点高中必须扭转教育价值观，从"应试教育"转到素质教育的轨道上来，培养德、智、体、美、劳全面发展的学生，只有这样才算是高质量地完成其升学预备教育的主要任务。[1]

王兆骥面对重点高中应试教育的种种弊端，提出重点高中应转变教育思想，更新教育观念，积极实施素质教育。他认为，高中阶段素质教育直接关系到义务教育阶段素质教育成果能否巩固和发展，直接影响高中阶段素质教育的实施。重点高中作为输送高等教育优质生源的主阵地，其所培养学生的素质质量对于国家社会经济发展至关重要。因此，重点高中不仅要全面实施素质教育，还要为全面实施素质教育做出示范。[2]

张欣认为，重点学校在进行特殊训练，挖掘学生潜力，提高学生素质方面是有经验、有成效的，因此不应急于也不能一刀切地予以取消，而应该对重点学校进行改革，保留重点学校的经验与特色，发展成为特色学校，促进整体教育水平的提高。张欣指出，重点学校并不只在升学率上有高招，长期以来，各校在教育教学上形成了自己的特色。这些特色的形成，有其厚重的历史积淀，其中不仅包括学校领导、教职工的辛苦付出，也包括全校各方各面在条件、设备、运作方式上的持续投入。即使废除了重点政策，学校的特色仍在，与各校间的"落差"也仍在，所以学生、家长们依然千方百计要进入这所已不叫"重点"的学校，因为这所学校的名字本身就是它的教育特色的代名词。从这个角度看，废除重点学校的政策仍然不能达到制止考试竞争激烈状况的目的。张欣进一步明确指出，我们必须向学习者提供可选择的各种各样的教育，由此有特色的重点学校就不能废。学生有权选择是否上重点学校，上哪所重点学校，学校的特色有助于发挥学生的个性特长，是学生的个性选择之一。因此，重点学校应进行改革，形成自己的办学特色为学生提供个性化教育，促进学生全面

---

[1] 孟宪和：《重点高中也要全面实行素质教育》，《教育研究》1996年第11期。
[2] 辽宁省实验中学：《重点高中应为实施素质教育做出示范》，《普教研究》1997年第2期。

发展。①

三 关于重点学校的省思

(一) 建设重点学校的历史合理性与必然性

中华人民共和国成立后的第一个五年计划时期，中国首次正式在中央文件中提出建设重点学校的要求。教育"大跃进"时期，重点中学建设脚步暂时放缓。20世纪60年代，在"调整、巩固、充实、提高"教育方针的指导下，中国进一步关注重点学校建设问题，加强对重点学校的建设。"文化大革命"期间，重点学校建设工作暂时停滞。改革开放后，中国恢复重点学校的建设工作，要求集中力量办好一批重点中学。从重点学校建设历程来看，重点中学的产生与发展在一定意义上是为了适应中国经济社会发展对人才培养的需要，具有时代发展需要的历史合理性与必然性。

1. 建设重点中学是培养大批优良人才的必然要求

1953年，中国开始实施第一个五年计划，提出两大主要任务，一是集中力量进行工业化建设，二是加快推进各经济领域的社会主义改造。在"教育建设为经济服务，首先要为国家工业化服务"的战略理念下，中国教育发展要与经济发展协调，能够快速地为国家经济建设提供人才。因此，在中华人民共和国成立初期资源匮乏的大背景下，中国需要"挑出一批学校，作为重点，着重提高质量，使之成为教育事业中的骨干"②。"文化大革命"后，党的总任务是"有计划、按比例、多快好省地发展社会主义经济，建设现代化的、高度民主、高度文明的社会主义强国"③。"要进行社会主义现代化建设，需要培养大量的科学技术人才和管理人才。"④ 因此，为加快经济社会发展，必须

---

① 张欣：《问题不在重点，而在特色》，载钟启泉、金正扬等《解读中国教育》，教育科学出版社2000年版，第359—362页。

② 刘英杰主编：《中国教育大事典（1949—1990）》，浙江教育出版社1993年版，第335页。

③ 张承先：《贯彻全面发展方针，提高教育质量——在全国重点中学工作会议上的讲话（摘要）》，《人民教育》1980年第9期。

④ 张承先：《贯彻全面发展方针，提高教育质量——在全国重点中学工作会议上的讲话（摘要）》，《人民教育》1980年第9期。

加快发展教育，加速社会主义现代化建设人才的培养。在面对"文化大革命"对国家经济造成的巨大冲击下，只有集中力量办好一批重点中学，才能较快地提高教育质量，为高等学校输送高水平的合格新生，使高等学校有较高的起点，为各行各业提供优良的劳动后备力量。因此，就一定意义而言，建设重点中学是一项为"四化"建设培养优良人才的重要战略措施，是中国社会主义现代化建设的必然要求。

2. 建设重点中学是教育资源短缺背景下的必然选择

经济发展为办教育提供了一定的人力、物力和财力，是教育发展的物质基础。中华人民共和国建立初期，百废待兴，国家财政严重困难，因此投入到教育事业的经费有限。总体来看，这一时期，人口多，底子薄，各地发展不均衡，开展教育所需的师资、经费、设备又有限。基于这种国情和教育现状，所有中学齐头并进提高教育水平是不可能的，也不符合事物发展的客观规律，因此，必须集中力量建设一批重点中学，最大限度地提高资源的利用率。这些学校通常位于经济较发达的地区，拥有更好的师资力量和教学资源。通过集中优质教育资源，可有力地促进重点中学教育质量的提升，进而发挥其示范引领作用，以带动普通中学教育的整体发展。

(二) 建设重点中学的影响

重点中学的建设有其历史的合理性与必然性，同时也存在着积极影响与消极影响。

就重点中学的积极影响而言，重点中学为社会主义现代化建设培养了大批优秀人才，并推动了基础教育的整体发展。首先，建设重点中学的目的之一在于"出人才"，既要为高一级学校输送合格的毕业生，也要为社会输送优秀的劳动后备军。在重点中学政策的指引下，将有限的资源向重点中学倾斜，重点中学享有相对优秀的生源，较充足的教育经费，优秀的师资，以及相对完善的教育设施设备，为提高教育质量提供了重要的现实条件，而这亦是"出人才"的重要保障。一方面，重点中学为高等教育提供了大批优秀的生源，间接为社会主义现代化建设培养了人才。在优质教育资源的保障下，学生通过高考升入重点高校的比例较高，1981年，北京、上海有几所全国闻名的重点学校高考升学率都在 90% 以上。① 另一方面，重点中学直接为各条战线输送了大批优秀的劳动后备力量。重点中学培养了一大批具有专门技能和专业知识的劳动力，为中国社会主义经济建设提供了优良的建设人才，进而有力地推动了经济社会的发展。其次，办重点中学的目的之二在于"示范"，重点中学要充分发挥示范引领作用，以带动普通高中教育的整体发展。得益于国家政府的鼎力支持以及教育工作者的积极探索，重点中学在创新中建立了较为优良的学校管理模式，有效恢复了正常的教学秩序，并通过教育教学改革实验，提高了教育质量。同时，重点中学通过示范、辐射和引领作用，推动了非重点学校在教学和教务管理方面的进步，实现了基础教育的有序、稳定、快速发展。

重点中学作为一定历史阶段的产物，在中国教育资源相对短缺的年代曾经起过特有的积极作用，但是随着基础教育的发展，这一发展模式的积极作用日益消减，消极作用日益显露。具体而言，建设重点中学的消极影响主要集中表现在两个方面。

第一，重点中学建设过程中教育公平问题日益凸显。一方面，重点中学的建设一定程度上与全体儿童平等享有受教育机会的权利相违背。1995 年的《中华人民共和国教育法》规定，全体公民享有平等接受教育机会的权利。关于教育机会均等："教育机会均等的原则意味着任何自然的、经济的、社会的或文化方面的低下状况，都应尽可能从教育制度本身得到补偿。"② 重点中学仅仅通过一纸考试来选拔、淘汰学生进而使得大多数学生被不科学地贴上"能力智力不好"的标签，对学生进行强制性分流，使绝大多数学生不能接受与少部分学生同等的教育机会，一定意义上侵犯了这部分学生平等接受教育机会的权利。此外，从城乡结构来看，重点中学政策下，乡镇儿童未能享受与城市儿童相等的教育机会权。另一方面，重点中学的建设使学校间失去公平竞争的条件。重点中学在办学条件、师资配置、经费安排等

---

① 潘习敏：《试谈办重点学校的几方面问题》，《内蒙古社会科学》1982 年第 3 期。

② ［瑞士］查尔斯·赫梅尔：《今日的教育为了明日的世界》，王静、赵穗生译，中国对外翻译出版公司 1983 年版，第 68 页。

第二章 重点高中阶段(1949—1993年)

方面比非重点中学享有优越性,而这种优越性在一定意义上是以减少非重点中学的投入为代价的,因此非重点中学一向办学经费紧张,办学条件相对较差,教育水平相对较低。面对这样的办学条件,非重点中学的办学热情受到严重打击,学校领导推进教育教学改革动力不足,教师教学热情低,学生期待值低。如此,非重点中学教育质量难以得到有效保障,无法在考试分数和升学率上与重点学校公平竞争。[①] 最终,大多数就读于非重点中学的学生所能获得进入高等院校接受进一步学习的机会大大减少。就一定意义而言,重点和非重点的划分成了刚性的事实,使得非重点学校难以有真正的发展机会。

第二,重点中学建设过程中加重了应试教育问题。虽说应试教育的本源不在办重点中学,但重点中学在一定程度上强化了应试教育的模式,刺激了应试教育风气的发展。首先,重点中学的存在强化了应试教育模式。经过长期的政策积累及发展,中国基础教育领域正式建立起从"国家—省级—市级—县级",涵盖"小学—初中—高中"的重点学校制度。在这一制度下,小学生要能升入"好初中",尤其是各级重点初中;到了初中阶段,学生进入初中就要开始为升入重点高中做准备;到了高中,考入理想的大学特别是重点大学是每位高中生的追求。因此,为了能够顺利升学尤其是升入重点学校,学生和家长普遍采用应试学习的策略,以保证考试分数。同样的,就中学而言,为了满足政府和教育主管部门的考核要求和升学指标要求,为了升学率,尤其是升入重点大学的升学率,往往会采取片面追求考试成绩的应试教育模式。其次,重点中学建设过程中出现将升学率异化为教育活动的目的性追求的问题,导致学生片面发展。就一定意义而言,许多重点中学的名气来自其远远高于非重点中学的升学率,升学率是学校生存之本,也是自身生存之机。对此,学校领导将升学率压到教师身上,而教师又将这个压力转移至学生身上,以考取高分数为目标。加之家长为了让孩子能够进入重点学校亦十分看重孩子的考试成绩,并以分数作为评价学校和教师的教学质量的重要指标甚至是唯一指标,

---

① 游永恒:《教育中的重点制反思》,《教育评论》1997年第1期。

如此，便形成了以考高分为首要的追求目标，以抓升学有望的"尖子"作为重点，以题海战作为基本手段的应试教育模式。在这种模式下，除了与考试分数有直接关系的知识之外，学生的实践创新能力、健全的人格、健康的心理等遭到忽视，学生的全面发展被牺牲了，由此便构成一种恶性循环：社会各界更加重视"重点"学校，更加强化升学率指标，更加重视考试训练，更加挫伤孩子们的积极性和创造性。如此恶性循环的后果是，学生愈来愈变成纯粹被动的、被选择的学习机器而不是成为有自己的主动选择权利的、有创造性的人。[①] 此外，重点中学刺激了非重点中学办学的功利行为，强化了应试教育。受到政策倾斜和优待的重点高中，无论是办学条件、教师队伍还是生源均获得优越性。当有限的高中资源大量流向重点高中之时，非重点高中则面临着严峻的资源短缺、和生存和发展的压力。为了获得更多的财政支持，获得更为优良的生源，获得家长和社会的关注与信任，非重点中学不得不将提高升学率作为首要目标，以期证明学校自身的"优质教育质量"。为此，重点中学不得不加强应试教育，通过牺牲学生全面发展的机会，采取机械化的应试教学方式，以提高学生考试分数。

---

① 黎鸣：《论必须尽快取消中小学"重点教育"体制》，《社会学研究》1987年第2期。

第三章 示范性高中阶段(1993—2009年)

20世纪90年代至21世纪初,中国普通高中教育处于示范性高中阶段。这一时期,义务教育逐渐实现基本普及,高中教育需求日渐旺盛,教育观念逐渐由"应试教育"向"素质教育"发展。在此背景下,"扩大规模,提高质量"成为这一时期普通高中教育改革发展的主旋律。对此,中国全面推进普通高中教育建设与改革:一是,大力推进示范性普通高中的建设;二是,从办学模式、课程及考试制度等方面对普通高中教育进行综合改革;三是,加强薄弱学校的建设与发展。

第一节 示范性高中阶段形成背景与定位

中国从重点中学向示范性高中发展,是经济社会和教育事业发展的必然要求。在普通高中示范性高中阶段,中国普通高中的定位为"高层次""大众性"的基础教育。

一 示范性高中阶段形成的背景

20世纪90年代,重点学校制度弊端日益凸显,社会主义市场经济体制不断完善,教育理念由"应试教育"向"素质教育"转变,社会对优质高中教育资源的需求与日俱增。在这一背景下,国家提出了要建设和评估验收1000所左右示范性高中,以扩大优质资源规模,推动基础教育向素质教育方向发展。

(一) 市场经济强调对教育资源合理分配

20世纪90年代初,中国逐步建立起市场经济体制。1992年10月12日至18日,中国共产党第十四次全国代表大会在北京举行,大会确定中国经济体制改革的目标是建立社会主义市场经济体制。随着市场经济体制的逐步建立,经济运行方式由计划调控向市场调节转变,资源配置方式相应发生调整。[1] 市场注重的是公平、竞争和效率,它要求教育资源进入市场通过市场机制的作用合理分配和使用。而重点中学是一种与计划经济体制相适应的办学体制,它以政府投资办学为主,其确立和发展都带有深刻的计划经济烙印。在计划经济时代,重点中学在国家计划性政策的保护下,享有充足的办学经费,优秀的师资和生源,提高了教育质量,也赢得了较高的社会声誉。但随着社会主义市场经济体制的确立和发展,重点中学在国家政策的保护下享有的优质教育资源引发了诸多教育不公平问题及办学活力问题,人们对此的争议也愈演愈烈。在一定程度上可以说重点中学制度已不再适应市场经济的发展趋势,由重点中学向示范性普通高中转型是适应社会发展的一种新的探索和实践。[2]

(二) 教育观念由"应试教育"向"素质教育"转变

20世纪80年代末,应试教育愈演愈烈,已演变成中国教育领域的一大痼疾。不少学者认为,重点学校始终停留在追求"高升学率",导向"唯升学率",而这与"应试教育"现象愈演愈烈有着直接的关系。"在中国基础教育处于从'应试教育'转向'素质教育'的'转轨变型'的改革时代,'重点校'扮演的角色往往是'应试教育的桥头堡',而不是'素质教育的带头羊'。重点校与非重点校之间的落差与两极分化愈演愈烈,这种现状,无论对重点校抑或非重点校都不是一个福音!"[3] 中国教育的"重点"办学政策,在一定程度上成为引导

---

[1] 江泽民:《加快改革开放和现代化建设步伐,夺取有中国特色的社会主义事业的更大胜利》,载中共中央文献研究室编《十四大以来重要文献选编》(上),中央文献出版社2011年版,第1—40页。

[2] 王蔚起:《从重点中学到示范性高中的转型研究》,硕士学位论文,湖南师范大学,2010年,第24页。

[3] 钟启泉、金正扬等主编:《解读中国教育》,教育科学出版社2000年版,第10页。

应试教育的原因之一。

教育在国家综合实力的构建中扮演着基础性角色，国家实力的强大与否越来越依赖于劳动者的素质及各类人才的质量和数量。由此，中国强调要全面推进素质教育，培养适应21世纪现代化建设需要的社会主义新人。桑新民指出，整个20世纪90年代中国基础教育改革发展的主旋律为由选拔淘汰式的传统升学教育模式向全面提高新一代国民素质的社会主义现代化教育模式的转轨。[①] 在这一时期，中国连续出台了《中共中央关于教育体制改革的决定》（1985年）、《中国教育改革和发展纲要》（1993年）、《关于当前积极推进中小学实施素质教育的若干意见》（1997年）、《中共中央 国务院关于深化教育改革全面推进素质教育的决定》（1999年）等一系列教育规范性文件，明确要求中小学要由"应试教育"转向全面提高国民素质的轨道。在整个国家教育从应试教育向素质教育转轨的背景下，"重点中学"政策必须修订完善，以"更新教育质量观"为突破口，寻求基础教育的全面刷新与提高。

（三）社会与人民对优质高中教育资源的需求与日俱增

重点中学政策是在国家经济基础薄弱的现实背景下不得已而做出的一种历史选择，有着时代发展需要的历史合理性与必然性。经过几十年的发展，特别是改革开放后，经济社会和教育事业都进入了一个新阶段，对普通高中教育在规模和质量方面提出了更高的要求。就经济社会发展而言，随着社会主义市场经济的发展，生产力得到进一步解放与发展，国民经济水平获得了极大提升。一方面为国家大范围推广优质教育资源提供了经济基础，另一方面对普通高中教育提出了新的任务和要求，进一步提高劳动者素质，以便更好地为社会主义现代化建设服务。就教育事业发展而言，20世纪90年代，九年义务教育基本普及，高等教育规模不断扩大，这对普通高中规模的扩大和质量的提高提出了进一步的要求。

此外，人民追求优质教育资源的需求日益高涨。随着社会发展对

[①] 桑新民：《90年代教育发展的趋势和提出的教育哲学课题》，《高等师范教育研究》1990年第3期。

劳动力素质要求的进一步提升，人们普遍意识到通过接受优质的教育来提高自身素质的紧迫性与必要性。同时，教育公平、大众化教育等观念的流行，进一步刺激了广大人民群众对于优质教育资源的需求，如通过支付高额的择校费来获取进入重点高中学习的机会的现象即证明了人民群众对优质教育资源的迫切需求。但是，从现有的数量和规模而言，重点高中难以满足人们与日俱增的对优质教育资源的需求，因此，必须扩大高中优质教育资源的供给。就教育公平性而言，重点高中享有的优质教育资源引发的教育不公平的争议，迫使国家对"重点学校制度"进行调整改革。

二 示范性高中阶段普通高中的定位

在示范性普通高中阶段，中国普通高中的定位仍为基础教育，且进一步强调普通高中基础性质的"高层次性"和"大众性"的具体性质定位。

中国普通高中教育是"高层次性"的基础教育。1993年2月颁发的《中国教育改革和发展纲要》将"普通高中的办学体制和办学模式要多样化"作为加强基础教育的重要举措，表明其视普通高中为基础教育的重要组成部分。换言之，将普通高中教育的性质定位为基础教育。同时，《中国教育改革和发展纲要》明确了全面提高教育质量的教育改革方向，努力使教育质量在20世纪90年代上一个新台阶，可见提高教育质量是这一阶段普通高中的教育改革目标。在这一目标导向下，对中国普通高中的性质定位的认识不能再简单地定位为"基础教育"，而是要正确认识到，普通高中是与义务教育相衔接的"更高一层次的"，且可"进一步提高国民素质"的基础教育。[1] 1995年6月，国家教委印发的《关于大力办好普通高级中学的若干意见》中明确指出，"普通高中是九年义务教育后的高层次的基础教育"[2]，由此

---

[1] 中共中央、国务院：《中国教育改革和发展纲要》，载何东昌主编《中华人民共和国重要教育文献（1949—1997）》，海南出版社1998年版，第3467—3473页。

[2] 国家教委：《国家教委关于印发〈关于大力办好普通高级中学的若干意见〉的通知》，载何东昌主编《中华人民共和国重要教育文献（1949—1997）》，海南出版社1998年版，第3829—3831页。

进一步明确了普通高中的性质定位,即普通高中是基础教育且是高层次的基础教育。21世纪初,中国对普通高中的定位仍是基础教育,2000年,教育部关于印发《全日制普通高级中学课程计划(试验修订稿)》指出,"普通高中教育是与九年义务教育相衔接的高一层次基础教育"①。2003年,《普通高中课程方案(实验)》指出,"普通高中教育是在九年义务教育基础上进一步提高国民素质、面向大众的基础教育"②。这两份文件进一步说明普通高中教育是"进一步提高国民素质、面向大众"的"九年义务教育相衔接的高一层次"的基础教育。

中国普通高中是具有"大众性"的基础教育。20世纪90年代后,中国改革开放和现代化建设事业进入一个新阶段。改革开放和现代化建设步伐加快,生产力得到进一步解放和发展,对现代化建设人才提出更高的素质要求与更广泛的需求。加之义务教育阶段的基本普及和高校扩招,进一步提升了普通高中教育需求,普通高中教育供需矛盾突出。在此背景下,中国普通高中教育表现出由"精英教育"向"大众"教育发展,发展主题在于进一步扩大教育资源,完成普通高中教育的普通任务。由此,2003年,《普通高中课程方案(实验)》指出,"普通高中教育是……面向大众的基础教育"③。在这一阶段,普通高中规模不断扩大,到2009年,高中阶段毛入学率已达到79.2%。④ 可以看出,这一阶段的普通高中教育的基础性是"面向大众"。总体来看,中国关于普通高中的性质定位和任务定位表述的变化与特定阶段社会经济发展和教育发展水平相一致。

关于普通高中的培养任务,1993年的《中国教育改革和发展纲要》与1995年国家教委发布的《关于大力办好普通高级中学的若干

---

① 教育部:《教育部关于印发〈全日制普通高级中学课程计划(试验修订稿)〉的通知》,载何东昌主编《中华人民共和国重要教育文献(1998—2002)》,海南出版社2003年版,第508—510页。

② 教育部:《普通高中课程方案(实验)》,载《中国教育年鉴》编辑部《中国教育年鉴2004》,人民教育出版社2004年版,第154页。

③ 教育部:《普通高中课程方案(实验)》,载《中国教育年鉴》编辑部《中国教育年鉴2004》,人民教育出版社2004年版,第154页。

④ 《中国教育年鉴》编辑部:《中国教育年鉴2010》,人民教育出版社2010年版,第81页。

意见》都明确规定:"普通高中的任务是进一步提高学生的思想道德、文化科学、劳动技能和身体心理素质,发展学生的个性和特长,为高等学校输送合格的新生,为社会各行各业输送素质较高的劳动后备力量,有侧重地对学生实施升学预备教育或就业预备教育,为培养社会主义现代化建设需要的各类专门人才奠定基础。"① 可见,"为高等学校输送合格的新生""为社会各行各业输送素质较高的劳动后备力量"的"双重任务"仍为普通高中的基本任务,但随着中国社会主义现代化建设的发展,普通高中的培养任务有所发展。1999年,《教育部关于积极推进高中阶段教育事业发展的若干意见》将发展高中阶段教育事业与"增加居民消费""带动与教育相关产业发展"乃至"稳定社会"联系在一起,是对普通高中教育"双重任务"的极大突破。不过,这些内容只能作为发展普通高中教育的间接任务加以看待,不能视为普通高中的直接任务。② 进入21世纪,普通高中的培养任务的表述在原有的"双重任务"的基础上有了新变化。2000年,《全日制普通高级中学课程计划(试验修订稿)》对高中毕业生的素质提出了进一步的要求,强调为高等学校和社会各行各业输送的普通高中毕业生应是"素质良好的"。③ 2003年,《普通高中课程方案(实验)》提出了"普通高中教育为学生的终身发展奠定基础"这一说法,可以视为普通高中教育的"第三个任务",与"双重任务"并列,是终身学习时代对"双重任务"的一个补充和扩展,但这本质上并未改变普通高中教育的"双重任务"的教育任务定位。④ 在实际生活中,随着社会经济的发展和教育的发展,中国普通高中往往是以为升学准备为首,以就业准备为辅,

---

① 国家教委:《国家教委关于印发〈关于大力办好普通高级中学的若干意见〉的通知》,载何东昌主编《中华人民共和国重要教育文献(1949—1997)》,海南出版社1998年版,第3829—3831页。

② 石中英:《关于当前我国普通高中教育任务的再认识》,《清华大学教育研究》2015年第1期。

③ 教育部:《教育部关于印发〈全日制普通高级中学课程计划(试验修订稿)〉的通知》,载何东昌主编《中华人民共和国重要教育文献(1998—2002)》,海南出版社2003年版,第508—510页。

④ 石中英:《关于当前我国普通高中教育任务的再认识》,《清华大学教育研究》2015年第1期。

"双重任务"往往变为"升入高等学校做准备"的"单一任务"。

第二节 示范性普通高中的形成与发展

建设和评估示范性高中是一项重要的战略措施,对于加速人才培养,推动普通高中教育的发展,带动中国教育水平的提高,起到了积极的作用。在中央政策的指导下,各省市陆续依据本地区经济社会发展实际开展示范性普通高中建设,加强示范性普通高中的验收与评估。

一 示范性普通高中建设的政策指引

1993年,中共中央、国务院印发《中国教育改革和发展纲要》,将"大城市市区和沿海经济发达地区积极普及高中阶段教育"作为高中阶段教育的发展目标之一。[1] 为贯彻落实《中国教育改革和发展纲要》要求,1994年7月,《国务院关于〈中国教育改革和发展纲要〉的实施意见》针对"大城市市区和沿海经济发达地区积极普及高中阶段教育"这一发展目标,提出到2000年"全国重点建设1000所左右实验性、示范性高中"的具体目标。[2] 由此,重点高中逐渐向示范性高中发展。

1995年5月,国家教委在江苏张家港召开全国普通高中教育工作会议,研究普通高中教育改革与发展方针、政策及思路,讨论了包括《关于评估验收1000所左右示范性普通高级中学的通知》等在内的文件。7月,国家教委印发《关于评估验收1000所左右示范性普通高级中学的通知》,并发布《示范性普通高级中学评估验收标准(试行)》,明确了建设和评估验收1000所左右示范性高中的教育战略任务,提出了示范性高中"改革、实验、示范、高质量、有特色、现代化"的办

---

[1] 中共中央、国务院:《中国教育改革和发展纲要》,载何东昌主编《中华人民共和国重要教育文献(1949—1997)》,海南出版社1998年版,第3467—3473页。
[2] 国务院:《国务院关于〈中国教育改革和发展纲要〉的实施意见》,载何东昌主编《中华人民共和国重要教育文献(1949—1997)》,海南出版社1998年版,第3661—3666页。

学思想及示范性、标准性、优质性、辐射性、发展性的发展特征，标志着中国普通高中教育重点建设格局由建设重点普通高中转向建设示范性普通高中。

值得一提的是，《关于评估验收1000所左右示范性普通高级中学的通知》出台的第二年，国家教委就叫停了示范高中评估活动。其中缘由，有学者做出如下分析："国家教委出台的有关政策，虽然将过去的'重点中学'更改为'示范性高中'，并附加了'普及九年义务教育''有对薄弱高中扶持改进的积极措施'"①等条件，但它对各地高中建设的导向作用，与过去重点高中的政策并无实质区别，甚至可以看作是对重点学校制度的一脉相承。示范高中评估标准对学校硬件设施这些可见标准的过分强调，更导致评估实施后许多学校过分注重规模和硬件建设的倾向。为规避评估活动的消极影响，1996年国家教委叫停了示范高中评估活动。②也有学者认为，更深层次的原因是重点高中或示范性高中政策是在国家教育资源相当匮乏，而现代化建设又需要快出人才、多出人才、出好人才这一历史境遇下，采取集中资源办大事的特殊策略。在有着特殊国情的特殊时期采取重点高中制度这一特殊策略应该说是符合国情且高效的，是当时教育在短时间内实现较大发展不得不为的，具有历史合理性。然而，当中国即将进入义务教育基本普及，高等教育及职业教育迈入大众化阶段的历史时期，这一特殊策略已经失去了原有的特殊国情，"其现实合理性已经丧失"③。

示范性普通高中建设并没有随着国家教委的叫停而停止，全国各地依据自身经济社会发展的实际陆续出台了建设示范性普通高中的相关政策（表3-2-1），积极推进示范性普通高中的建设与评估工作。广东省在1996年出台了《广东省示范性普通高级中学评估验收实施办

---

① 转型期中国重大教育政策案例研究课题组编：《缩小差距 中国教育政策的重大命题》，人民教育出版社2005年版，第287页。
② 张巧灵、冯建军：《公平视野下重点高中政策的合理性审视》，《教育导刊》2010年第10期。
③ 杜成宪主编，王明建著：《共和国教育70年·第四卷，乘风破浪（1992—2019）》，广东教育出版社2020年版，第78页。

法》，积极推进示范性普通高中建设工作。上海市在1997年和1999年分别出台了《关于本市实施示范性学校（普通高中）建设工程的意见》和《关于本市开展实验性示范性高中规划评审的意见》。江西省在1999年相继出台了《关于进行省示范性普通高中评估验收的通知》《示范性普通高级中学评估验收标准》《江西省示范性高中评估验收指标体系》等政策来指导示范性普通高中的建设。

表3-2-1　　部分省（自治区）、市示范性高中建设政策文件

省份	时间	政策名称
北京	1995	《关于落实政府责任加强示范性普通高中建设的请示》
北京	1999	《关于示范性普通高中建设工作的若干意见》
四川	1992	《四川省普通高（完）中办学基本要求》《四川省重点中学检查验收细则》
四川	1996	《关于进一步办好普通高中的意见》
广东	1996	《广东省示范性普通高级中学评估验收实施办法》
内蒙古	1996	《内蒙古自治区普通高中教育改革和发展的意见》
甘肃	1996	《甘肃省关于加强普通高中教育工作的意见》《甘肃省示范性普通高中办学标准》
上海	1997	《关于本市实施示范性学校（普通高中）建设工程的意见》
上海	1999	《关于本市开展实验性示范性高中规划评审的意见》
江苏	1997	《江苏省国家级示范性普通高中评估验收实施方案》
安徽	1997	《安徽省示范性普通高级中学评估验收实施方案及评估细则》
海南	1997	《海南省示范性高中学校办学标准及评估工作指导纲要（试行）》
贵州	1998	《贵州省省级示范性普通高中办学标准》《贵州省省级示范性普通高中评估方案》《贵州省省级示范性普通高中评估方案实施细则》
黑龙江	1999	《黑龙江省示范性普通高级中学标准》《黑龙江省示范性普通高级中学建设验收方案》
浙江	1999	《浙江省等级重点普通中学评估方案（修订）》
江西	1999	《关于进行省示范性普通高中评估验收的通知》《江西省示范性高中评估验收指标体系》
山东	1999	《开展国家级示范性普通高中试评估的意见》
广西	1999	《广西壮族自治区示范性普通高中建设实施方案》
宁夏	2000	《宁夏回族自治区示范性普通高中认定标准》
福建	2000	《国家级示范性高中福建省评估验收实施方案》

续表

省份	时间	政策名称
辽宁	2002	《辽宁省教育厅关于建设示范性普通高中的意见》
河南	2003	《河南省示范性普通高中的基本要求和评估办法》
吉林	2003	《吉林省教育厅关于加快高中教育发展与建设的意见》
湖南	2003	《湖南省重点高中管理办法》

二 示范性普通高中建设的地方实践

在政策指引下，各省（自治区）、市积极开展了名称有所差异，但均指向提升办学水平、发挥示范性作用的普通高中建设工作。下面以广西壮族自治区、江苏省和黑龙江省为例，对示范性普通高中建设的地方实践的基本情况进行简要介绍。

(一) 广西壮族自治区

1. 建设实施

1992年下半年，广西壮族自治区教委决定，分期分批建设各类示范学校，其中有普通中学43所，在确定示范性的目标和标准以后，要求在二三年内达到规定要求使之成为全自治区第一流的、起骨干和示范作用的学校。同年，自治区教委投入950万元作为示范学校建设经费。

2000年12月13日，自治区教育厅发出《关于印发〈广西壮族自治区示范性普通高中建设实施方案〉的通知》，示范性普通高中建设正式启动。根据《广西壮族自治区示范性普通高中建设实施方案》要求，各地对示范性普通高中建设项目采取的保障措施主要有：当地党委、政府把示范性普通高中建设列入议事日程，加大统筹、协调和管理力度，为示范性普通高中的建设创造良好的政策环境。按照示范性普通高中"谁办、谁建、谁管"的原则，各有关地、市县（市）和有关教育主管部门在自治区示范性普通高中建设领导小组统一协调、指导下级具体实施示范性普通高中各项建设。广西壮族自治区从2001年起每年拨款一定资金，对经批准立项建设的示范性普通高中重点工程进行适当扶持。

2001年以后，根据《广西壮族自治区示范性普通高中建设实施方案》和《广西壮族自治区示范性普通高中立项基本条件》的规定，全自治区在各种不同类型地区共有100所普通高中先后申报示范性普通高中建设并分别组织实施。

2. 评估验收

示范性普通高中评估验收根据示范高中建设学校的申请，由自治区组织示范性普通高中建设评估验收团进行。评估验收团由教育管理干部、专家等组成。评估验收团深入验收对象学校，听取汇报，查阅审核材料，考察条件装备情况，召开各种座谈会和个别了解，并依据《广西壮族自治区示范性普通高中验收评估标准》打分。经过评估验收团综合讨论提出评估意见，然后由自治区教育厅审核报自治区人民政府审批公布。

2002年12月17日至12月30日和2003年4月8日至4月13日，自治区组织的示范性普通高中评估验收团对申报第一批验收的21所普通高中进行评估验收。根据评估验收团对学校的评估意见，确定了20所学校为自治区第一批示范性普通高中，并颁发证书，分别授予"广西壮族自治区示范性普通高中"牌匾。自治区第一批示范性普通高中有南宁市第二中学、南宁市第三中学、武鸣县武鸣高级中学、柳州市柳州高级中学、柳州市第一中学、桂林市桂林中学、桂林市第十八中学、广西师大附属中学、恭城县恭城中学、梧州市梧州高级中学、岑溪市岑溪中学、北海市北海中学、合浦县廉州中学、玉林市高级中学、贵港市高级中学、来宾市柳州地区民族高级中学、河池市第一高级中学、百色市百色高级中学、柳铁第一中学、柳铁第二中学。

2003年12月2日至12月12日，自治区组织的示范性普通高中评估验收团对申报第二批验收的22所普通高中进行评估验收。根据评估验收团的评估意见，确定22所学校为自治区第二批示范性普通高中，同时颁发证书并分别授予"广西壮族自治区示范性普通高中"牌匾。自治区第二批示范性普通高中有河池市都安高中、横县中学、柳州市第二中学、柳江县柳江中学、灵川县灵川中学、兴安县兴安中学、全州县全州高级中学、阳朔县阳朔中学、苍梧县苍梧中学、北海市第七中学、灵山县灵山中学、防城港市防城实验中学、玉林市第一中学、博白县博白中学、贵港市江南中学、桂平市浔州高级中学、来宾市来宾第一中学、都安县高级中学、大化县高级中学、宜州市第一中学、罗城县高级中学、百色市祈福高级中学、柳铁南铁一中。

2004年12月15日至12月29日，自治区组织的示范性普通高中评估验收团对申报第三批验收的20所普通高中进行评估验收。根据评估验收团的评估意见，确定20所学校为自治区第三批示范性普通高中，同时颁发证书并分别授予"广西壮族自治区示范性普通高中"牌匾。自治区第三批示范性普通高中有南宁市沛鸿民族中学、南宁市第八中学、南宁市第十四中学、邕宁县高级中学、宾阳县宾阳中学、柳城县柳城中学、平乐县平乐中学、荔浦县荔浦中学、钦州市第二中学、钦州市第一中学、容县高级中学、平南县平南中学、桂平市第一中学、贺州市高级中学、昭平县中学、河池市第二高级中学、南丹县高级中学、环江县高级中学、田阳县高级中学、平果县高级中学。另外，经验收评估，确定广西师范大学附属外国语学校和南宁市外国语学校为示范性特色学校。[①]

（二）江苏省

江苏省教委于1997年制定了《江苏省国家级示范性普通高中评估验收实施方案》，并于同年依据该实施方案对南京师范大学附中、南京金陵中学、省扬州中学、省常州中学、省丹阳中学、省锡山高级中学、省苏州中学、省梁丰高级中学、省盐城中学9所学校进行试评估验收。

1998年，根据国家级示范性普通高中创建工作规划，江西省教委于4月对南京市第九中学、南京市宁海中学、无锡市第二中学、省宜兴高级中学等17所学校进行了评估验收。7月，经省政府同意，确认1997年首批试评估验收的南京师范大学附属中学、南京市金陵中学、

[①] 广西壮族自治区地方志编纂委员会编：《广西通志·教育志（1986—2005）》，广西人民出版社2020年版，第159—162页。

省扬州中学、省丹阳中学、省常州高级中学、省锡山高级中学、省苏州中学、省梁丰高级中学、省盐城中学9所学校达到国家级示范性普通高中标准的省级重点高中。4月和9月，江苏省教委确认南京第十二中学等38所学校为合格省级重点高中。[①] 自1998年起，省级重点高中评估工作由省教育行政部门委托省教育评估院组织进行，对南京市第四中学等33所申报学校组织了评估验收。

1999年，江苏省教委贯彻《教育部关于积极推进高中阶段教育事业发展的若干意见》的要求，结合江苏省实际强调要大力加强高中阶段示范学校、重点学校建设，积极扩大国家级示范高中、重点高中以及国家和省重点职业中学的招生规模，努力满足人民群众对高质量高中阶段教育的需求。

2000年，根据江苏省创建国家级示范性普通高中工作规划，省教委于4月组织力量对26所申报学校进行了评估验收。经省政府同意，省教委行文确认南京市第一中学、南京市行知实验中学、南京师大扬子附中、镇江市第一中学等23所学校为达到国家级示范性普通高中标准的省级重点高中，拟待教育部启动国家级示范性普通高中评估工作后，再向教育部申报。4月和11月，省教委（教育厅）又先后确认南京市第六中学、南京市第二十七中学、南京市雨花台中学、江宁县秦淮中学、丹阳市第六中学等38所学校为省级重点高中。[②]

2001年，江苏省评估验收国家级示范性普通高中23所，全省通过省级评估验收符合国家标准的省示范高中已达到75所。审核批准南通西藏民族中学等43所学校为省级重点高中，全省省级重点中学达到287所。江苏省进一步挖掘高中教育资源，鼓励有条件的重点高中跨地区招生，重点面向苏北地区，加快高中事业发展，促进经济发达地区为经济欠发达地区发展高中教育提供支持和帮助。[③]

[①] 《中国教育年鉴》编辑部编：《中国教育年鉴 1999》，人民教育出版社1999年版，第509页。

[②] 《中国教育年鉴》编辑部编：《中国教育年鉴 2001》，人民教育出版社2001年版，第449页。

[③] 《中国教育年鉴》编辑部编：《中国教育年鉴 2002》，人民教育出版社2002年版，第488页。

2003年，江苏省全面推行普通高中星级评估制，高中获得的最高级为五星级。黄卫作在全省高中教育工作会议上讲话，总结回顾"九五"以来全省高中教育改革和发展的主要成绩，提出全省高中教育发展的总目标。2003年9—12月，省教育厅对214所重点高中和98所示范高中逐一进行星级转评的审定工作，即将重点高中和示范高中分别转为三星级和四星级学校，对问题较多的学校暂缓"转星"，待整改后方可"转星"。[①] 先后共有96所原国家级示范高中转为四星级高中，198所原重点中学转为三星级高中。与此同时，启动了新申报星级评估的工作，通过两次材料审核、现场评估，高中星级评估专家评审委员会审核，一批高中被确认为四星级高中和三星级高中。截至2004年底，全省共有四星级高中124所，三星级高中213所。[②]

到2007年，江苏省顺利实现普及高中阶段教育目标。2007年，全省普通高中招生50.88万人，所有县（市、区）的初中毕业生升学率均已达到或超过90%。省教育厅继续推动星级高中创建，2007年新确认三星级高中22所、四星级高中14所，全省半数以上的普通高中已创建为三星级以上优质高中，超过78%的学生在三星级以上高中就读。[③]

（三）黑龙江省

黑龙江省于1999年开始示范性普通高中的建设工作。1999年，黑龙江省制定了《黑龙江省示范性普通高级中学标准》。之后，黑龙江省连续颁发了一系列相关政策文件以指导示范性普通高中的建设工作。2000年，黑龙江教育厅颁布了《黑龙江省示范性普通高中评审细则》。2003年，省教育厅等部门发布《关于进一步加快普通高中教育发展的意见》，将加强示范性普通高中建设，"十五"期间到2010年，努力建设30所左右国家级、60所左右省级示范性普通高中，每县都要办好1所示范性普通高中作为重要目标。2007年，省教育厅发布

[①] 《中国教育年鉴》编辑部编：《中国教育年鉴 2004》，人民教育出版社2004年版，第505页。

[②] 《中国教育年鉴》编辑部编：《中国教育年鉴 2005》，人民教育出版社2005年版，第639页。

[③] 《中国教育年鉴》编辑部编：《中国教育年鉴 2008》，人民教育出版社2008年版，第626—627页。

《黑龙江省国家级示范性普通高中建设方案》，倡导各市、区、县要坚持"重建设、重过程、重发展"和"开放性"原则，积极创建国家、省、市三级示范性高中学校，并通过示范性高中建设发展优质高中，推进普通高中教育的均衡、协调和可持续发展。

2000年、2002年和2005年，黑龙江省先后进行了三次省级示范性高中的评审工作。2006年，黑龙江省在总结前三批示范性高中建设经验的基础上，对第四批申报的26所学校进行了网上论证，20所学校进入评估阶段。各市（行署）的市级示范性高中的论文研评工作也全面展开，这对于扩大优质教育资源，提高高中教育总量和质量，缓解瓶颈压力起到了良好的推动作用。

2009年，黑龙江完成了22所省级示范性高中创建学校的复检工作，全省有示范性普通高中89所，在校生22.25万人左右，优质资源进一步扩大，示范作用发挥明显，带动了全省普通高中整体办学水平的提高。[①] 同时，黑龙江省教育厅确立了省级示范性普通高中评审制度，由省教育厅成立黑龙江省示范性普通高中建设领导小组，负责全省创建示范性普通高中的指导和评审工作。学校按照省教育厅下发的黑龙江省示范性普通高中标准和细则进行自查，并形成自查报告，由主管教育行政部门审核，同意后，向市（行署）和总局教育行政部门申请初检，上报省里集中组织论证，进行过程性论证。经市、行署、总局教育行政部门初检合格后，省辖市、行署主管学校由市、行署、企业教育行政部门向省教育厅申请报告，县（市）管辖的学校由县（市）人民政府向省教育厅提出申请报告。省示范性普通高中建设验收领导小组根据各地的整改情况，组织研评，提出整改意见。工作小组赴学校实地研评，提出研评意见，并向省示范性普通高中建设领导小组汇报研评情况。之后，申报学校根据研评意见整改，申请复核。最后，省教育厅组织专家复核，经过厅长办公会讨论验收情况后，予以命名挂牌。

---

① 《中国教育年鉴》编辑部编：《中国教育年鉴 2010》，人民教育出版社2010年版，第590页。

三 示范性普通高中的建设要求、特点与进步性

《示范性普通高级中学评估验收标准（试行）》对示范性普通高中建设的办学条件、教师队伍、组织机构、课程教学等方面提出了总体性要求。示范性普通高中呈现出示范性、标准性、优质性、辐射性、发展性等特点，且相较于重点中学无论是在职能上还是在价值上均发生了相应的转型与变化，更显进步性。

（一）示范性普通高中建设要求

普通高中教育肩负着向高一级学校输送人才和培养当地经济建设需要的人才的双重任务，而不是只面向少数人的精英教育。20世纪90年代后，基础教育强调要由"应试教育"向"素质教育"转变，因此，高中教育更强调让每一个学生都得到发展。但是，受片面追求升学率的影响，普通高中教育不能真正面向所有学生，或者说不能一视同仁地对待、看待所有学生，而是把绝大部分的资源投向了部分按升学标准评价的"优秀"学生。随着对素质教育的认识逐渐深入，人们已经感觉到这样的普通高中教育与时代的发展和社会的需求越来越不相适应。对此，国家逐渐将重点中学的建设转向示范性普通高中的建设。

1995年，国家教育委员会发布的《关于评估验收1000所左右示范性普通高级中学的通知》和《示范性普通高级中学评估验收标准（试行）》中对示范性高中做了如下的概念界定："示范性高中应是全面贯彻教育方针，模范执行教育法律、法规和有关政策，办学思想端正，积极开展教育教学改革，教师素质和办学条件好，管理水平和教育质量高，办学有特色，学生德智体全面发展，社会和高等院校对其毕业生评价较好，有较长的办学历史，在省（自治区、直辖市）内、外有较高声誉的普通高级中学。"[①] 这是政府文件中唯一一次对示范性高中进行界定。

---

① 国家教育委员会：《关于评估验收1000所左右示范性普通高级中学的通知》，《学科教育》1995年第9期。

《示范性普通高级中学评估验收标准（试行）》对示范性普通高中建设的办学条件、教师队伍、组织机构、课程教学等方面提出了总体性要求。

第一，在办学硬件上，一是要求有与学校规模相适应的和进行正常教学活动所需的校园和校舍，要求有满足教育教学需要的各类教学和教学辅助用房、设施、设备、仪器、标本、模型、挂图等，并有保证学生一人一组或二人一组进行实验操作的条件，同时配备相关管理人员；二是要求有足够使用面积和设施的图书馆及丰富的藏书量和音像资料、计算机教学软件等资源，并配备相关管理人员；三是要求有与学校规模相适应的体育运动场地；四是要求学校卫生室有相应的器械与设备，并有必备的常用药物；五是要求学校布局合理，校园整洁、优美，环境体现教育性。

第二，在教职工队伍建设上，一是要求校长任职条件按国家教育委员会有关规定执行；二是要求有与学校教育教学工作需要相适应的专职、兼职相结合的师资队伍，并有切实可行的教师培养、培训计划；三是学校职工队伍精干高效，能够有效地为教育教学服务，非教学人员与教学人员的比例适当。

第三，在管理机制上，一是学校实行校长负责制，要有健全的组织机构和各项规章制度；二是要求积极进行内部管理体制改革，完善激励机制，提高办学效益；三是采用现代化的学校管理手段，同时要保证学校党组织的监督、保证作用和教职工代表大会作用的充分发挥。

第四，在学校规划与发展上，要有反映学校办学宗旨和特色的改革与发展规划及实施方案；有教育实验项目，并取得有一定影响的科研成果；教育质量在当地居领先地位。

第五，在课程与教学上，一是认真贯彻国家制定的指导性课程方案，深化教学改革，重视培养学生能力，发展学生个性和特长；二是德育机构、队伍健全，基地落实；三是认真贯彻落实学校体育、卫生工作条例；四是有艺术教学设备和专用教室，配备专职与兼职教师，学校要按课程计划要求开设音乐、美术必修课和有关选修课，开展丰富多彩的文艺活动；五是按课程计划要求开设劳动技术课。

此外，标准亦对学校行政后勤工作做了总体要求，要求学校行政后勤工作坚持为教学服务，为师生服务，坚持勤俭办学，严格规范财务制度，管理好校舍、校产开展勤工俭学，办好校办产业。

最后，标准还要求示范性普通高中要发挥辐射作用，采取选派干部和骨干教师、提供设备和场地、联合办学和办分校等多种形式帮助一般高中，尤其是薄弱高中。

（二）示范性普通高中的特点

根据《示范性普通高级中学评估验收标准（试行）》对示范性普通高中的建设要求与规定，结合示范性普通高中的建设实践，可发现示范性普通高中呈现出示范性、标准性、优质性、辐射性、发展性等特点。

1. 示范性

示范性高中的实施就隐含着这种"示范"的假设，即示范性高中好比一个标杆，大家都朝着标杆的方向努力的过程就是所有高中都发展、提高的过程，也就是示范作用实现的过程。[①]《关于评估验收1000所左右示范性普通高级中学的通知》明确指出："建设和评估验收1000所左右示范性高中是一项重要的战略措施，对于加速人才培养，推动普通高中教育的发展，带动中国教育水平的提高，将起到积极的作用。"[②]

示范性普通高中的示范性作用应在促进素质教育、软件建设、教育均衡发展等方面充分发挥。[③] 一是树立素质教育的办学理念。示范性普通高中的关键在于其教育教学模式和人才培育模式的示范作用。20世纪80年代末90年代初，"应试教育"之风愈演愈烈，为转变这一扭曲的教育理念，国家连续颁发一系列政策文件，强调将中小学的"应试教育"向"素质教育"转变，而其中一大举措即为将示范性普通高中作为素质教育探索的先行者，正如《国务院关于基础教育改革与发展的决定》中所提到的："各地要建设一批实施素质教育的示范

---

① 王海英：《示范性高中政策质疑》，《中小学管理》2005年第4期。

② 国家教育委员会：《关于评估验收1000所左右示范性普通高级中学的通知》，《学科教育》1995年第9期。

③ 向琪：《关于示范高中"示范"作用的再探讨》，《吉林省教育学院学报》2008年第1期。

性普通高中。"① 通过示范性普通高中自身的教育改革与实践探索，不断推动学校办学水平的提高，实现素质教育，从而培养出大批具备高素质、有特长的优秀人才。在此基础上，向其他学校输送素质教育理念，示范并指导素质教育实践活动的开展。

二是加强软件建设，形成示范作用。学校的基础设施等硬件是其办学的物质保障，软件的建设则是学校办学的精神内核，只有通过办学软件的改革、发展与完善，才能不断提高学校的办学水平，保障学校教育质量。对于示范性普通高中而言，其一大身份即为教育改革的示范者，这一身份要求要在先进的办学理念的指导下，不断对育人模式、文化建设、教师队伍建设、教育管理机制等进行探索，形成自己的办学理念和办学特色，充分发挥教育改革的典范作用。

三是承担社会责任，促进教育均衡发展。示范性普通高中应积极承担社会责任，在促进教育均衡发展方面发挥示范作用。示范性普通高中作为教育发展的标杆，应当秉持勇于担当的精神，积极履行社会责任，并将社会发展和学校发展的共同利益置于首位。这就要求示范性普通高中不能仅注重自身的优越表现，还应当通过各种形式对薄弱学校进行对口扶持和帮助，通过定期开放图书馆、实验室等与当地学校进行资源共享，通过课堂的开放、示范课的展示等与当地学校共享教学改革成果等，进而带动当地教育教学水平的提高。

2. 优质性

"优质性"是示范性普通高中的应有之义，只有优质性的存在，才能起到示范作用。《示范性普通高级中学评估验收标准（试行）》提出，示范性高中应达到教师素质和办学条件好，管理水平和教育质量高，办学有特色，学生德智体全面发展，社会和高等院校对其毕业生评价较好，有较长的办学历史，在省（自治区、直辖市）内、外有较高声誉等标准。"条件好、质量高、办学特色、评价好、较高荣誉"这些标准要求即凸显了示范性普通高中的"优质性"。事实上，各地

---

① 国务院：《国务院关于基础教育改革与发展的决定》，载何东昌主编《中华人民共和国重要教育文献（1998—2002）》，海南出版社2003年版，第887—891页。

区示范性普通高中绝大部分都是之前的重点高中，这些高中长期受到政策上，以及当地政府与社会各界的财政扶持，在办学条件、师资力量（凭借优越的办学条件和福利待遇吸引优秀骨干教师加盟）、生源质量（招收当地中考成绩最好的学生）等方面，较之其他高中学校都具有极大的"优越性"。因此，无论是从"硬件"还是从"软件"来说，示范性高中与重点中学一样都具有优质性的特点。下面从办学条件、教师队伍以及办学特色、课程体系、学校文化等软件建设，具体展现示范性普通高中的优质性要求。

一是优质的办学条件。普通示范性高中应具有宽松的校园面积、充足的校舍、健全的教学设施设备以及藏书丰富的图书馆、安全丰富的体育运动场、卫生室等场所，并具有安全的、干净的、优美的且具有文化的校园环境。

二是优质的教师队伍。示范性普通高中建设中要求打造优质的教师队伍，就是在总结了过去建设教师队伍不足的基础上提出了新的要求，在要求教师有系统扎实的专业知识、较强的专业能力的基础之上，更突出强调教师要有远大的教育理想，开阔的教育视野，即要求教师要站在比学科更高的高度来思考和实践培养学生问题，要与时俱进地用新理念、新观点来重新审视学生基础的内涵和外延，同时还要考虑教师人格健全的问题，因为这关系到教师的幸福和可持续发展。

三是优质的软件。首先，示范性普通高中应具有优质的办学特色。优质的办学特色体现在两个方面，一方面是学校本身的科学性、先进性；另一方面是育人的整体水平有一定质量，达到一定的档次。学校在办学的精神追求、价值追求，办学的运行体制、模式上都具有科学性和先进性。如在精神、价值追求方面，秉持素质教育理念，站在国家、民族振兴的高度思考育人问题。在管理运行上，必然是科学化、人性化的，实施的教育教学模式必然是科学化、现代化的。其次，示范性普通高中应具有优质的课程体系。学校应根据国家、省（市、自治区）和学校三级课程管理的规定，建设好校本课程体系，发挥校本课程在育人中的重要作用，创造性实施国家和地方课程，使国家和地方课程在实施中带有浓郁的校本性，以提高学生学习的效果，积极探索校本教研和校本科研的有效途径，提高实施新课程的效果。再次，示范性普通高中应具有优质的学校文化。学校文化是学校在长期教育教学实践中积淀形成的学校精神、价值观和师生员工认同的道德规范和行为方式的整合和结晶，并影响着每个人的行为方式。作为示范性学校，不管是学校的物质文化、制度文化还是精神文化，都应是健全的、优秀的、协调的。

3. 辐射性

示范性普通高中评选与建设的目的之一在于积极发挥优质普通高中的示范、辐射与引领作用，将自身的优质教育资源辐射到其他学校，鼓励并带动其他高中学校的发展。《关于评估验收1000所左右示范性普通高级中学的通知》中明确规定，申报示范性高中学校必须有对薄弱高中扶持、改进的积极措施，并取得一定成效。在这一政策的规定下，示范性高中必须肩负起扶持薄弱高中的责任和使命。国家教育委员会发布的《加强薄弱普通高级中学建设的十项措施（试行）》亦提出，要建立示范性普通高中与薄弱高中挂钩的制度，示范性普通高中的教育资源应尽可能与挂钩的薄弱高中共享，双方在教育、教学、管理工作等方面相互促进，共同提高。[①] 这进一步明确了示范性普通高中的辐射性特点。示范性普通高中在办学理念、学校管理、课程设置、教师发展、促进学生全面发展、校园文化等方面积极将自身的实践与经验辐射到其他学校，在自身发展的同时带动其他学校的发展。

下面以重庆市为例展现示范性普通高中的辐射性特点。重庆市创建示范性普通高中的44所学校，都是"软件""硬件"基础很好，并且通过创建活动进一步增强了办学实力特别是办学"软实力"的学校。这些学校，分布在全市各个区县，它们发挥的示范辐射作用，覆盖了全市各区县相当一部分中小学校。它们的辐射作用，有力地扶持了薄弱中小学，有效地促进了这些学校的发展，进而促进了重庆市基础教育的均衡发展。如，南川中学辐射示范了南川区的峰岩中心校、

---

① 国家教委：《国家教委关于印发〈加强薄弱普通高级中学建设的十项措施（试行）〉的通知》，载何东昌主编《中华人民共和国重要教育文献（1949—1997）》，海南出版社1998年版，第3840—3841页。

鸣玉中学、中桥中学等学校，使这些学校的教学质量和师资素质有了很大的提高。再如，江北中学在创建过程中为了能更好地发挥辐射示范作用，先后与重庆市巫山县巫峡中学、四川省眉山市思蒙高级中学、贵州省遵义市八中、凯里三中、云南省个旧市三中结为"对子"或联合办学单位，与比利时、英国等国的一些中学结为友好学校，搭建交流互动平台，进行交流。学校还派送优秀教师支持其他学校，在新课程改革方面，学校先后派出课程改革标兵胡华友、朱明伟，骨干教师冉彬，特级教师胡明盛等20位优秀教师到山县、北碚区柳荫、巫山县、丰都县等地进行教学示范和举办课程改革专题报告。此外，学校还加强了"本土示范"，举办教学开放日、教育文化艺术节、校园文化建设现场会、中小学食堂管理研讨会、示范学校建设研讨会等活动，邀请全市有关学校参加，受到高度评价和赞誉。①

（三）重点高中到示范性普通高中的转型分析

普通高中教育重点建设政策由"重点"向"示范"发展是解决普通高中教育供需矛盾突出的重要策略，亦是"普及"高中教育的重要举措，具有较强的时代性、阶段性特征。尽管就本质而言，示范性普通高中是重点普通高中的延续，但就政策变迁而言，重点高中向示范性普通高中转型，在职能和价值转变上仍具有一定的进步性。

1. 示范性普通高中与重点高中的区别

首先，示范性普通高中更强调素质教育。重点中学政策的出台旨在多出人才、快出人才，为社会主义建设事业培养较高层次的人才。在实际中，重点中学的办学目标往往异化为"升学"，仅着眼于为高等学校输送学生，忽视为整个社会输送优良的劳动后备力量。20世纪90年代，随着经济和社会环境的变化，普通高中作为国民素质的准定向教育已有普及的基础和趋势。在这一阶段，国家和社会普遍认识到示范性普通高中不能再一味以追求高升学率为唯一目标，而应注重学校整体质量的提高，因此强调示范性普通高中"创全面发展之优，示

---

① 彭智勇主编：《内涵·引领·愿景重庆市示范性普通高中建设的探索》，重庆出版社2008年版，第176页。

素质教育之范"的办学目标。

其次,示范性普通高中的办学模式更为多样化。在重点发展阶段,重点中学基本上都是以升学预备教育为主的学校,旨在为大学输送精英人才,单一的办学模式所培养的人才难以满足中国经济社会发展的需要。20世纪90年代,经济体制由计划经济转向市场经济发展,市场经济对人才的要求更加多元化,这就对示范性普通高中的办学模式提出了多样化要求。正如柳斌所言:"多种办学模式的普通高中只要具备了一定条件,都应在示范校中占有自己相应的数额。"[1] 因此,在这一阶段,示范性普通高中包括侧重升学预备教育,实行分流教育,侧重就业预备教育的高中和特色高中。

再次,示范性普通高中的办学功能更强调社会责任。重点中学在国家政策的扶持及地方各级政府的投入下开展得如火如荼,尽管相关政策文件有提出"重点中学应发挥示范作用,主动帮助一般中学"[2],但在具体实践中却未能真正履行这一社会责任,导致重点学校与非重点学校之间的差距日益拉大,薄弱学校问题凸显。为了解决薄弱学校问题,扩大优质高中教育资源,《示范性普通高级中学评估验收标准(试行)》明确要求示范性普通高中要发挥辐射作用,采取选派干部和骨干教师、提供设备和场地、联合办学和办分校等多种形式帮助一般高中,尤其是薄弱高中。此外,《加强薄弱高中建设的十项措施》对示范性普通高中在扶持薄弱高中建设方面做了明确规定。

2. 重点高中向示范性普通高中转型的价值转变

重点高中到示范性普通高中的转型彰显了中国教育理念与教育价值观的转变。具体而言表现为,办学观念由"应试教育"向"素质教育"转变,教育资源由集中向分散转变,学校地位由确定性向动态性转变。[3]

首先,办学观念由"应试教育"向"素质教育"转变。重点高中

---

[1] 柳斌:《在全国普通高级中学教育工作会议上的总结讲话》,《课程·教材·教法》1995年第10期。

[2] 教育部:《教育部关于分期分批办好重点中学的决定》,载何东昌主编《中华人民共和国重要教育文献(1949—1997)》,海南出版社1998年版,第1860—1861页。

[3] 王蔚起:《从重点中学到示范性高中的转型研究》,硕士学位论文,湖南师范大学,2010年,第30—33页。

往往以追求升学率为办学目标，具有严重的"应试教育"倾向。在重点高中建设阶段，普通高中教育价值观念出现严重的工具价值取向，"应试教育"之风愈演愈烈。为了转变这一取向，政府出台了一系列的政策文件，要求将中小学的"应试教育"向"素质教育"转变。正如桑新民所言："整个20世纪90年代，中国基础教育改革发展的主旋律为由选拔淘汰式的传统升学教育模式向全面提高新一代国民素质的社会主义现代化教育模式的转轨。"[①] 作为探索素质教育先行者的示范性普通高中，就必须树立教育为提高国民素质和创新能力服务的目标观，完成从"应试教育"到"素质教育"的根本转变，培养高素质、有特长的"四有新人"。

其次，教育资源由高度集中向逐渐分散转变。随着社会主义市场经济体制的不断完善以及义务教育的普及和高等教育大众化的趋势的发展，仅让少数人享受更多、更好的优质教育资源的重点中学政策已经不再适应市场和社会的发展趋势。因此，就教育资源配置而言，重点中学向示范性高中转型体现了资源的高度集中向逐渐分散转变的趋势。从学校数量来看，国家由原来的集中办数百所重点中学扩大到要办1000所示范性普通高中，而各个省、市由几所重点中学扩大到创办几十甚至几百所示范高中。这表明，示范性普通高中的建设有意将优质教育资源进行扩散。从示范校办学主体的资格来看，重点中学一般为城市地区以升学为主的学校，而示范性普通高中的办学主体除了条件优越的名校外，民办高中、职业高中、综合高中、民族高中和农村高中等类型高中只要能够在示范性高中的评估中达标，都可以进入"示范"的行列。可见，重点向示范性的转型凸显了教育资源的分配由集中向分散的趋势。

再次，学校地位由确定性向动态性转变。重点高中的办学主体主要是国家，可以一评管终身，具有很强的指令性和确定性。[②] 示范性

[①] 桑新民：《90年代教育发展的趋势和提出的教育哲学课题》，《高等师范教育研究》1990年第3期。

[②] 王蔚起：《从重点中学到示范性高中的转型研究》，硕士学位论文，湖南师范大学，2010年，第32页。

普通高中建设强调充分发挥学校的主观能动性,通过学校自身的理念创新、制度创新来贯彻落实素质教育,争创示范。示范性普通高中建设的重要手段是"以评促建",通过评估与验收等手段来促进示范性普通高中的建设。由此,示范校的地位和建设过程具有较强的指导性和动态性。示范性普通高中的评估并非"一评定终身",而是要对示范性普通高中实行定期复查,若经复查发现问题,则责成当地政府和学校加以改正,对少数办学问题较多,达不到评估验收标准要求的,则取消示范性高中的称号。

第三节 示范性普通高中阶段的重要改革

一 促进办学体制改革

在示范性普通高中阶段,中国掀起了一波办学体制改革的小高潮。进行办学体制改革有其特定的历史背景。其一,经济体制改革是普通高中办学体制改革的深层原因。随着市场经济体制的确立与发展,经济主体日益多元化,资源配置由政府主导向市场发挥基础性作用转变,社会经济得到了快速发展。可以说,随着市场经济体制的发展,原来政府包揽一切的教育体制已不适应新的经济发展形势,政府作为唯一投资人的局面被打破,社会团体、个人的市场主体办学积极性不断提高,纷纷出资或筹资办学,由此逐步确立了以国家财政拨款为主,多渠道筹措教育经费的新体制。其二,多样化的教育需求是普通高中办学体制改革的内在动力。随着社会经济的发展,人们生活水平得到了极大的提高,对教育的需求与热情持续高涨,而中国单一化的公办普通高中难以满足人们对教育多样化、特色化的教育需求。为解决这一矛盾,国家必须大力发展普通高中教育事业,引入社会力量,实现多样化办学模式。其三,传统单一办学体制的弊端是普通高中办学体制改革的现实要求。这一时期,在政府包揽一切的单一的办学体制下,政府财政压力极大,教育经费投入不足,同时普通高中办学自主性缺失,内外部竞争力与压力缺乏,普通高中办学活力不足。因此,为扩宽办学经费筹措渠道，增强办学活力，不得不改变单一的办学体制，吸纳更多的社会主体参与办学。在这样的背景下，国家陆续出台相关政策，有力地推进普通高中办学体制改革，促进普通高中办学模式的多样化。

（一）办学体制改革的政策指引

1993年2月，中共中央、国务院印发的《中国教育改革和发展纲要》就办学体制改革提出了"改变政府包揽办学的格局，逐步建立以政府办学为主体、社会各界共同办学的体制"的任务，并首次明确了"国家对社会团体和公民个人依法办学，采取积极鼓励、大力支持、正确引导、加强管理的方针"，即国家对社会力量办学的"十六字"方针。同时，欢迎港、澳、台同胞，海外侨胞和外国友好人士捐资助学及允许在国家有关法律和法规的范围内进行国际合作办学。[①] 随后，1994年国务院发布的《关于〈中国教育改革和发展纲要〉的实施意见》指出："基础教育主要由政府办学，同时鼓励企事业单位和其他社会力量按国家的法律和政策多渠道、多形式办学。有条件的地方，也可实行'民办公助''公办民助'等形式。"[②] 这一实施意见出台后，高中教育的办学模式逐渐呈现多样化发展趋势。

1995年1月，为加强对中外合作办学的管理，促进教育事业的发展和教育对外交流与合作，政府发布《中外合作办学暂行规定》，以行政规章的形式明确了中外合作办学是教育对外交流与合作的重要形式，是对教育事业的补充。[③] 3月，第八届全国人大第三次会议审议通过《中华人民共和国教育法》，该法律针对教育办学问题也从法律条文上予以明确规定："国家鼓励企事业组织、社会团体、其他社会组织及公民个人依法举办学校及其他教育机构，任何组织和个人不得以营利为目标举办学校和其他教育机构。"[④] 可以说，《中华人民共和国

[①] 中共中央、国务院：《中国教育改革和发展纲要》，载何东昌主编《中华人民共和国重要教育文献（1949—1997）》，海南出版社1998年版，第3467—3473页。

[②] 齐高岱、赵世平主编：《成人教育大辞典》，石油大学出版社2000年版，第488页。

[③] 国家教委：《国家教委关于发布〈中外合作办学暂行规定〉的通知》，载何东昌主编《中华人民共和国重要教育文献（1949—1997）》，海南出版社1998年版，第3757—3759页。

[④] 《中华人民共和国教育法》，载何东昌主编《中华人民共和国重要教育文献（1949—1997）》，海南出版社1998年版，第3790—3794页。

教育法》为普通高中办学模式多样化提供了法律基础。

1996年3月,第八届全国人民代表大会第四次会议批准的《中华人民共和国国民经济和社会发展"九五"计划和2010年远景目标纲要》明确要求,加快教育体制改革,积极探索与中国改革和发展相适应的办学机制和办学模式,并提出逐步形成政府办学为主与社会各界参与办学相结合的新体制的办学目标。4月,国家教委颁布的《全国教育事业"九五"计划和2010年发展规划》进一步指出,"九五"期间,加强社会力量办学的立法工作,以中等以下教育特别是各级职业教育为重点,积极发展各类民办学校。文件还建议,公办学校在条件具备时,也可酌情转为"公办民助"学校或"民办公助"学校。对此,该文件提出了"到2010年,基本形成以政府办学为主,社会各界共同参与的办学体制及公立学校和民办学校共同发展的格局"的教育发展目标,为中国办学模式的改革提供了目标导向与整体改革策略,指导着中国办学模式的改革与发展。根据文件的办学模式改革精神,政府出台了一系列政策法规以进一步深化办学模式改革,最终实现该文件提出的发展目标。[①]

1997年7月,国务院颁布的《社会力量办学条例》明确规定,社会力量办学事业是社会主义教育事业的组成部分,各级人民政府应当加强对社会力量办学工作的领导,将社会力量办学事业纳入国民经济和社会发展规划。《社会力量办学条例》还从整体上、宏观上明确了社会力量办学的重点和方向,明确了社会力量举办教育机构的具体内容,把办学体制改革推向了新阶段,[②] 标志着中国社会力量办学步入了一个依法办学、依法管理、健康发展的新阶段。

1999年6月,《中共中央 国务院关于深化教育改革全面推进素质教育的决定》强调:"积极鼓励和支持社会力量以多种形式办学,

[①] 国家教委:《国家教委关于印发〈全国教育事业"九五"计划和2010年发展规划〉的通知》,载何东昌主编《中华人民共和国重要教育文献(1949—1997)》,海南出版社1998年版,第3970—3974页。

[②] 国务院:《社会力量办学条例》,载何东昌主编《中华人民共和国重要教育文献(1949—1997)》,海南出版社1998年版,第4246—4249页。

满足人民群众日益增长的教育需求，形成以政府办学为主体、公办学校和民办学校共同发展的格局，鼓励社会力量以各种方式举办高中阶段和高等职业教育。"① 8月，依据《中共中央 国务院关于深化教育改革全面推进素质教育的决定》和中央有关文件精神，教育部制定并印发了《教育部关于积极推进高中阶段教育事业发展的若干意见》，意见明确提出，各地要实行鼓励民间办学的优惠政策，包括无偿提供办学用地，免收配套费用，充分利用现有设施和房屋，为民间兴办高中阶段的学校创造条件，并加强管理、指导和监督。②

2001年5月，《国务院关于基础教育改革与发展的决定》明确提出："鼓励社会力量采取多种形式发展高中阶段教育。保持普通高中与中等职业学校的合理比例，促进协调发展。"③ 6月，朱镕基在全国基础教育工作会议上作了《努力开创基础教育改革和发展的新局面》的讲话。朱镕基明确强调，要加强基础教育，还要鼓励社会力量办学。要坚持贯彻"积极鼓励、大力支持、正确引导、加强管理"十六字方针，利用社会力量多形式、多途径发展教育特别是非义务教育。④

2002年2月，教育部印发的《关于加强基础教育办学管理若干问题的通知》在肯定各地在进行公办学校办学体制改革试点、鼓励社会力量办学等方面取得的优异成绩的同时，亦指出有的地方也出现了一些不规范的办学行为，引起社会和广大人民群众的关注。对此，通知强调应该依据相关政策法规，加强基础教育办学管理，并就学制转型相关具体问题提出了相关要求。⑤ 10月，教育部部长陈至立在全国高

---

① 中共中央、国务院：《中共中央 国务院关于深化教育改革全面推进素质教育的决定》，载何东昌主编《中华人民共和国重要教育文献（1998—2002）》，海南出版社2003年版，第286—290页。

② 教育部：《教育部关于积极推进高中阶级教育事业发展的若干意见》，载何东昌主编《中华人民共和国重要教育文献（1998—2002）》，海南出版社2003年版，第338页。

③ 国务院：《国务院关于基础教育改革与发展的决定》，载何东昌主编《中华人民共和国重要教育文献（1998—2002）》，海南出版社2003年版，第887—891页。

④ 朱镕基：《努力开创基础教育改革和发展的新局面》，载何东昌主编《中华人民共和国重要教育文献（1998—2002）》，海南出版社2003年版，第926—927页。

⑤ 教育部：《教育部关于加强基础教育办学管理若干问题的通知》，载何东昌主编《中华人民共和国重要教育文献（1998—2002）》，海南出版社2003年版，第1132—1133页。

中发展与建设工作经验交流会上作了《实践"三个代表"重要思想，努力开创高中教育发展与建设的新局面》的讲话，进一步明确了"坚持政府办学不等于政府包办高中教育"，强调要推进多元化办学体制，要在进一步办好公办高中的同时，积极鼓励社会力量举办普通高中和职业高中，并加强对社会力量办学的扶持、管理和引导，努力形成公办学校和民办学校共同发展的新格局。[①]

基于《社会力量办学条例》和相关政策的规定，2002年12月28日，第九届全国人民代表大会常务委员会第三十一次会议通过了《中华人民共和国民办教育促进法》（简称《民办教育促进法》）。《民办教育促进法》的制定立足于促进民办教育的发展。该法总则第一条规定："为实现科教兴国战略，促进民办教育事业的健康发展，维护民办学校及其他民办教育机构的合法权益，根据宪法和教育法制定本法。"同时还规定："国家对民办教育实行积极鼓励、大力支持、正确引导、依法管理的方针。"从而也体现了该法要积极促进民办教育事业健康发展的宗旨。第三条规定："民办教育事业属于公益性事业，是社会主义事业的组成部分。"民办教育的任务是"贯彻国家的教育方针，保证教育质量，致力于培养社会主义建设的各类人才"。这是对民办教育、民办学校属性、宗旨地位和作用的明确界定，从法律上澄清了过去社会上一些不正确的看法，为民办教育提供了更广阔的发展空间。第五条规定："民办学校与公办学校具有同等法律地位，国家保障民办学校的办学自主权。国家保障民办学校举办者、校长、教职工和受教育者的合法权益。"也就是说，民办教育与公办教育同属于社会主义事业的组成部分，二者的地位是平等的。同时该法明确规定了民办教育机构的设立、组织与活动、教师与受教育者、学校资产与财务管理、管理与监督、扶持与奖励、变更与终止以及法律责任等方面内容。为贯彻落实《民办教育促进法》，2004年国务院颁布了《中华人民共和国民办教育促进实施条例》，对民办学校的设立、组织

---

① 陈至立：《实践"三个代表"重要思想，努力开创高中教育发展与建设的新局面》，载何东昌主编《中华人民共和国重要教育文献（1998—2002）》，海南出版社2003年版，第1367—1374页。

与活动、教师与受教育者、资产与财务管理、管理与监督、支持与奖励以及法律责任等方面内容做了详细规定，增强了《民办教育促进法》的针对性与可操作性。①

2003年，为了规范中外合作办学活动，加强教育对外交流与合作，国家制定并出台了《中华人民共和国中外合作办学条例》，明确规定："中外合作办学属于公益性事业，是中国教育事业的组成部分。国家对中外合作办学实行扩大开放、规范办学、依法管理、促进发展的方针。国家鼓励引进外国优质教育资源的中外合作办学。国家鼓励在高等教育、职业教育领域开展中外合作办学，鼓励中国高等教育机构与外国知名的高等教育机构合作办学。"条例亦规定："中外合作办学者、中外合作办学机构的合法权益，受中国法律保护。"②

以上政策文件中的规定为公办学校转制与民办教育的兴起提供了宏观政策的指引，加快了高中民办教育的进程，各级各类民办教育迎来了发展的春天，高中办学模式呈现多样化发展态势。

（二）办学体制改革实践情况

1993年，《中国教育改革和发展纲要》就办学体制改革提出了"改变政府包揽办学的格局，逐步建立以政府办学为主体、社会各界共同办学的体制"的任务，并首次明确了"国家对社会团体和公民个人依法办学，采取积极鼓励、大力支持、正确引导、加强管理的方针"，即国家对社会力量办学的"十六字"方针。③自此之后，相关政策法规相继出台，有力地推进了普通高中办学体制改革，促进了普通高中办学模式的多样化发展。

1. 民办普通高中的规模扩展

这一时期，中国民办教育事业发展迅速，民办普通高中也得到了快速发展。民办普通高中在校生人数大体呈上升趋势，从1997年的

---

① 国务院：《中华人民共和国民办教育促进法实施条例》，载中国法制出版社编《注释法典丛书中华人民共和国教育注释法典新5版》，中国法制出版社2023年版，第268—274页。
② 国务院：《中华人民共和国中外合作办学条例》，载何东昌主编《中华人民共和国重要教育文献（2003—2008）》，新世界出版社2010年版，第34—38页。
③ 中共中央、国务院：《中国教育改革和发展纲要》，载何东昌主编《中华人民共和国重要教育文献（1949—1997）》，海南出版社1998年版，第3467—3473页。

14.83万人增长至2009年的230.13万人,增长了215.3万人。民办普通高中在校生人数占全国普通高中在校生人数比例由1997年的1.74%上升至2009年的9.45%,增长了7.71%。其中,在2000年12月出台《中华人民共和国民办教育促进法》之后的一段时间里(2003—2006年),民办普通高中处于一个较快的发展期。民办普通高中的在校生人数由2003年的141.37万人增长至2006年的247.72万人,增加了75%。民办普通高中在校生人数占全国普通高中在校生人数比例从2003年的7.19%增长至2006年的9.85%。(表3-3-1)

表3-3-1　　　　民办普通高中在校生数与占比统计

年份（年）	全国普通高中在校生人数（万人）	民办普通高中在校生人数（万人）	民办占全国普通高中在校生比例
1993	656.91	—	—
1994	664.80	—	—
1995	713.16	—	—
1996	760.25	—	—
1997	850.0697	14.8264	1.74%
1998	938.0013	24.1609	2.58%
1999	1049.7078	36.324	3.46%
2000	1201.2643	51.4767	4.29%
2001	1404.9717	74.5146	5.30%
2002	1683.8105	103.4445	6.14%
2003	1964.8261	141.368	7.19%
2004	2220.3701	184.7315	8.32%
2005	2409.0901	226.7777	9.41%
2006	2514.4967	247.716	9.85%
2007	2522.4008	245.9561	9.75%
2008	2476.2842	240.2983	9.70%
2009	2434.2783	230.1299	9.45%

资料来源:据人民教育出版社出版的1994—2010年《中国教育年鉴》相关数据整理而成。

2. 普通高中办学形式多样化

这一时期,普通高中办学形式主要有三种:公办普通高中、民办普通高中和公办转型普通高中。

第一种是公办普通高中。公办普通高中是中国普通高中的主要办学形式，其办学经费为国家财政拨款，由国家承担学校办学所需的全部经费的投入和筹集。因此，普通高中的教育资产的所有权、占有权、支配权、使用权和管理权等所有产权均归政府所有。

第二种是民办普通高中。民办普通高中主要是由企业单位或个人筹集举办，它以市场机制来运营高中学校，对提高办学效益具有十分重要的作用。以办学主体和资金来源划分，这一阶段的民办学校主要类型有个人办学校、事业单位办学校、企业办学校、教育集团（公司）办学校、捐赠办学校、股份制办学校、中外合资办学校等。

第三种是公办转型普通高中。公办转型普通高中是这一时期特有的办学模式。在简政放权和建立与社会主义市场经济体制相适应的教育体制两大改革目标主导下的教育体制改革进程中，公办学校原有的社会关系以及由此产生的利益关系和利益机制开始发生深刻变化，给公办学校改制创造了充分的外部条件。[①] 全球性的公立学校重建运动，给中国公办普通高中转制提供了域外经验借鉴。这一时期，《关于〈中国教育改革和发展纲要〉的实施意见》（1993年）、《全国教育事业"九五"计划和2010年发展规划》（1996年）、《关于规范当前义务教育阶段办学行为的若干原则意见》（1997年）、《国务院办公厅转发教育部关于义务教育阶段办学体制改革试验工作若干意见的通知》（1998年）等政策都明确表示，公办学校可以按"公办民助"和"民办公助"两种改制模式进行办学体制的改革。其中，"公办民助"的改制模式是在举办者不变的情况下引入民办机制，拓宽投资渠道，让学校按民办方式运行。这一改制模式并未改变公办学校的国有性质。"民办公助"的改制模式则是通过承包的方式，把原先由政府举办的公办学校转为由社会力量承办的民办学校。在转由社会力量承办后，这类学校可获得招生、收费以及财产处置方面的特别许可，但学校资产的国有性质

---

① 劳凯声：《一段不应被遗忘的历史：公办学校改制反思》，《华东师范大学学报》（教育科学版）2021年第10期。

仍不变，学校教师的身份、编制也保留不变，因此在学校的产权和管理属性上表现出某种公、私混合的性质。公立普通高中的转制具有其特有的正面效应。一方面，改制学校的经济状况有了改善，教学条件得以改善，进而提高了办学质量。另一方面，公办普通高中改制后改善了政府过于干预的问题，学校的办学自主性和积极性得到了有效调动。公办普通高中转制尽管取得了一定的成效，但由于利益冲突尖锐，实践过程中与原先的价值取向和社会认知相悖，引发了教育收费乱象、择校问题、教育不公平现象的产生。最终，从2005年开始，在全国范围内对公办学校的办学行为进行规范和整顿，2006年停止对公办普通高中转制的审批，并对转制学校进行全面清理，已转制的学校可以转为民办体制或者回归公办体制，而大部分改制学校都选择了回归公办体制。至此，公办普通高中转制运动走到终点，成为一段历史。[①]

二 积极推进课程改革

高中课改的目的在于使学习内容、学习方式更符合素质教育的思想。在国家行政力量的支持下，在继承课程改革的传统并借鉴国外课程改革经验的基础上，经过大量的调查研究、经验研究与比较研究，并在众多专家、学者、教师的共同努力下，高中课程改革在小学、初中课程改革的基础上拉开帷幕。

1992年党的十四大召开后，中国改革开放和社会主义现代化建设事业进入一个新的发展阶段。1993年，中共中央、国务院颁布了《中国教育改革和发展纲要》，对如何把教育放在优先发展的战略位置进行了具体部署。纲要强调，要进一步转变教育思想，改革教学内容和教学方法，要按照现代科学技术文化发展的新成果和社会主义现代化建设的实际需要，更新教学内容，调整课程结构。为贯彻落实纲要要求并适应国务院颁布新工时制的要求，1994年和1995年，国家教委颁布《实行新工时制对高中教学计划进行调整的意见》和《关于实行

[①] 劳凯声：《一段不应被遗忘的历史：公办学校改制反思》，《华东师范大学学报》（教育科学版）2021年第10期。

每周40小时工作制后调整全日制中小学课程和教学计划的意见》，对高中教学计划进行调整。《实行新工时制对高中教学计划进行调整的意见》明确提出了高中教学计划调整的原则：一是确保整体结构不变，适当调整课程课时，减少周活动总量；二是为向普通高中新课程过渡做准备；三是加强艺术教育。《关于实行每周40小时工作制后调整全日制中小学课程和教学计划的意见》则要求坚持"四有利"原则，即教学计划的调整要坚持有利于教育方针的贯彻和教育教学质量的提高，有利于教学秩序的稳定，有利于进一步减轻学生过重的课业负担的原则，亦要坚持有利于向普通高中新课程计划过渡的原则。[1] 此外，"中小学调整意见"要求在继续执行"高中调整意见"的基础上对相关内容进行调整，调整内容包括：第一，实行每周5日工作制，高中各年级每周的活动总量在34课时以下；第二，高中语文必修课三个年级的周课时总数不变，对各年级的周课时分配进行适当调整，其他学科必修课的课时，仍按《实行新工时制对高中教学计划进行调整的意见》文件规定执行；第三，适当增加选修课的课时；第四，课外活动的课时从原来每周5课时减为4课时。[2] 之后，连续出台了三个普通高中课程方案，分别是1996年的《全日制普通高级中学课程计划（试验）》、2000年的《全日制普通高级中学课程计划（试验修订稿）》和2003年的《普通高中课程方案（实验）》。

（一）1996年《全日制普通高级中学课程计划（试验）》

自1996年起，国家开始进行真正意义上的高中阶段课程改革，1996年，国家教育委员会印发《全日制普通高级中学课程计划（试验）》和12个学科教学大纲。在这个课程计划中，普通高中被视为独立而特殊的学段，并提出了自设的课程计划。1996年，普通高中课程计划的诞生，标志着普通高中教育领域课程改革的正式开启，它独立

---

[1] 国家教委：《国家教委关于印发〈实行新工时制对全日制小学、初级中学课程（教学）计划进行调整的意见〉和〈实行新工时制对高中教学计划进行调整的意见〉的通知》，载何东昌主编《中华人民共和国重要教育文献（1949—1997）》，海南出版社1998年版，第3670—3671页。

[2] 国家教委：《国家教委办公厅关于印发〈关于实行每周40小时工作制后调整全日制中小学课程（教学）计划的意见〉的通知》，载何东昌主编《中华人民共和国重要教育文献（1949—1997）》，海南出版社1998年版，第3802—3803页。

于教学改革,并成为教育领域一个独立的研究范畴。[①]《全日制普通高级中学课程计划(试验)》主要对培养目标、课程设置、考试考查以及课程管理四个方面的内容进行了明确规定。此次课程改革在江西省、山西省和天津市先行先试。[②]

1. 培养目标

1996年的课程计划明确提出普通高中的培养目标,把教育方针中所规定的教育目的在普通高中教育中具体化。此次课程改革从培养学生的思想道德、文化科学、审美情趣与心理素质及劳动技能等方面明确了高中人才培养目标,以发展学生的个性和特长,有侧重地对学生实施升学预备教育或就业预备教育,为高等学校输送合格的新生,为社会各行各业输送素质较高的劳动后备力量。

2. 课程设置

1996年的课程计划建立了以学科类课程为主、活动类课程为辅的课程结构,并按照优化必修课,规范选修课,加强限定选修课的原则构建学科课程体系。该课程计划提出,普通高中课程由学科类课程和活动类课程组成。具体课程安排如表3-3-2所示。

表3-3-2　　1996年《全日制普通高级中学课程计划(试验)》课程设置

类别	学科			必修、限选周课时累计*1	必修、限选周课时累计*2	授课总时数
学科	必修和限选	思想政治		6	192	192
		语文	必修	8	280	332—384
			限选	2—4	52—104	
		数学	必修	8	280	332—384
			限选	2—4	52—104	
		外语	必修	7	245	297—349
			限选	2—4	52—104	

---

① 朱益明:《中国教育改革40年:高中教育》,科学出版社2019年版,第64页。
② 国家教委:《全日制普通高级中学课程计划(试验)》,载国家教委基础教育司、课程教材研究所合编《普通高中课程改革研究与实验》,人民教育出版社1997年版,第1—9页。

续表

类别	学科			必修、限选周课时累计*1	必修、限选周课时累计*2	授课总时数
学科	必修和限选	物理	必修	4.5	158	158—306
			限选	5	148	
		化学	必修	4	140	140—253
			限选	4	113	
		生物	必修	3	105	105—183
			限选	3	78	
		历史	必修	3	105	105—253
			限选	5	148	
		地理	必修	3	105	105—192
			限选	3	87	
		体育		6	192	192
		艺术	音乐、美术	2	70	70
		劳动技术	必修限选	分散4 集中2周*3	122 234	122—356
	任选			9.5—16.5	288—497	
活动	校会、班会 科技艺体活动 课间操、眼保健操			9 每天半小时		315
	社会实践活动			每学年二周，三学年共六周		

3. 考试考查

课程计划指出，普通高中的学期、学年和毕业考试、考查或考评，是对学生学业合格水平的考核。普通高中实行毕业会考制度。会考是国家承认的省级普通高中文化课毕业水平考试，采取考试和考查两种方式。各学科考试和考查的时间安排由各省、自治区、直辖市教委、教育厅（局）根据课程计划的有关规定，结合当地、学校具体的课程安排确定。

4. 课程管理

1996年的课程计划提出了普通高中课程由中央、地方和学校三级管理的构想。该课程计划明确规定，"普通高中课程由中央、地方、学校三级管理"。

为了检验《全日制普通高级中学课程计划（实验）》的科学性、可行性和适度性，国家教委决定在江西省、山西省和天津市，即"两省一市"先行先试，并聘请了有关教育评估专家、课程专家和一线教研人员成立科研课题组，边试验，边研究，在科研指导下开展工作。1997 年 11 月，首届全国课程学术研讨会在广州举行，会议标志着中国课程理论研究真正摆脱教学论的框架，正式进入人们的视野。[①] 1997 年秋季，江西省、陕西省和天津市首先进行高中课程改革实验。教育部基础教育司于 1999 年 10 月底在江苏召开全国普通高中课程教学研讨会（工作会议），会上"两省一市"分别就本省（市）普通高中新课程试验工作作了总结汇报，同时"普通高中新课程试验"监测专家组在会上对"两省一市"的实验情况进行了汇报，并于 1999 年 11 月 9 日发布《普通高中新课程试验监测报告摘要》。

（二）2000 年《全日制普通高级中学课程计划（试验修订稿）》

1999 年 6 月，国务院召开的第三次全教会颁布了《中共中央 国务院关于深化教育改革全面推进素质教育的决定》。该文件确立了"全面推进素质教育"的改革目标，并将"两基"作为教育工作的重中之重，同时提出要加速改革课程体系、结构、内容，建立新的基础教育课程体系，试行国家课程、地方课程和学校课程，改变课程过分强调学科体系、脱离时代和社会发展以及学生实际的状况。[②] 同年，教育部印发的《面向 21 世纪教育振兴行动计划》亦明确提出，要改革课程体系和评价制度，2000 年初步形成现代化基础教育课程框架和课程标准。[③] 根据这些文件精神，教育部结合试验中存在的问题，对 1996 年的课程方案进行了修订和完善，于 2000 年 1 月印发了《全日

[①] 袁桂林：《中国教育改革开放 40 年：高中教育卷》，北京师范大学出版社 2019 年版，第 149 页。

[②] 中共中央、国务院：《中共中央 国务院关于深化教育改革全面推进素质教育的决定》，载何东昌主编《中华人民共和国重要教育文献（1998—2002）》，海南出版社 2003 年版，第 286—290 页。

[③] 国务院：《国务院批转教育部〈面向 21 世纪教育振兴行动计划〉的通知》，载何东昌主编《中华人民共和国重要教育文献（1998—2002）》，海南出版社 2003 年版，第 217—222 页。

制普通高级中学课程计划（试验修订稿）》和 12 个学科教学大纲（试验修订版），并在原来"两省一市"的试点实施基础上，新增江苏、山东、河南、黑龙江、辽宁、安徽、青海等进行新课程方案的改革实验。

1.《全日制普通高级中学课程计划（试验修订稿）》内容

（1）培养目标

2000 年的课程计划在 1996 年版的基础上进行了修订完善，明确指出普通高中教育的总目标为："要进一步提高学生的思想道德、文化科学、劳动技能、审美情趣和身体心理素质，培养学生创新精神、实践能力、终身学习的能力和适应社会生活的能力，促进学生个性的健康发展，为高等学校和社会各行各业输送素质良好的普通高中毕业生。"同时，关于普通高中教育培养具体目标由原来的四点增加至五点，其中增加的一点为："具有与社会生活相适应的职业意识、创业精神和一定的择业能力，形成一定的劳动技能和现代生活技能，能够对自己的生活和发展做出恰当的选择。"另外，还对其他培养目标的具体内容进行了相应的修订。修订后的培养目标更具系统性与全面性。[①]

（2）课程设置

2000 年修订的课程计划将普通高中课程分为必修课与选修课，其中，必修课体系中首次超越学科课程，正式将综合实践活动课程纳入；选修课体系中，明确将地方和学校所开设的校本课程纳入。各学年的教学时间安排为全年 52 周，其中，教学时间 40 周，每周按 5 天安排教学，周活动总量 34 课时，每课时 45 分钟。课程计划还对课程的设置进行了进一步的要求：第一，每位学生必须修习必修课；第二，加强时事政策教育；第三，采取多形式进行国防教育、环境教育、人口教育等专题教育；第四，综合实践活动为必修课；第五，积极创造条件开设职业技术类课程；第六，每周开展一次校、班、团等集体活动；

---

① 教育部：《教育部关于印发〈全日制普通高级中学课程计划（试验修订稿）〉的通知》，载何东昌主编《中华人民共和国重要教育文献（1998—2002）》，海南出版社 2003 年版，第 509—510 页。

第七，开展课外、校外活动。[①] 具体课程设置如表3-3-3所示。

表3-3-3 2000年《全日制普通高级中学课程计划（试验修订稿)》课程设置

学科		周课时累计*	必修、选修授课时数	总授课时
政治	必修	6	192	192
语文	必修	12	384	384
外语	必修	12	384	384
数学	必修	8	280	332—384
	选修	2—4	52—104	
信息技术	必修	2	70	70—140
	选修	2	70	
物理	必修	4.5	158	158—306
	选修	5	148	
化学	必修	4	140	140—271
	选修	4.5	1311	
生物	必修	3	105	105—183
	选修	3	78	
历史	必修	3	106	105—236
	选修	4.5	131	
地理	必修	3	105	105—209
	选修	4	104	
体育和健康	必修	6	192	192
艺术（音乐、美术）	必修	3	96	96
综合实践活动	研究性学习	必修	9	288	288
	劳动技术教育		每学年1周（可集中安排、可分散安排）	
	社区服务		一般应利用校外实践安排	
	社会实践		每学年1周（可集中安排、可分散安排）	
地方和学校选修课		11—19	340—566	

注：周课时累计指各学科每学年周课时之和。

[①] 教育部：《教育部关于印发〈全日制普通高级中学课程计划（试验修订稿)〉的通知》，载何东昌主编《中华人民共和国重要教育文献（1998—2002）》，海南出版社2003年版，第509—510页。

（3）课程实施

2000年版的课程计划将课程实施单列为一个重要内容。课程计划指出，课程实施是课程体系的有机组成部分，是实现课程目标的重要途径，应加强对学生创新精神和实践能力的培养。基于此认识，课程计划对课程实施涉及的教材、教师、学生、教学组织等因素进行了明确规定。概言之，教材是教学内容的重要载体，是课程实施的基本依据，应体现科学性、基础性、时代性和开放性。教师是课程实施的组织者、促进者，也是课程的开发者和研究者。学生的发展是课程实施的出发点和归宿。教学组织应坚持教学民主，建立平等的师生关系。①

（4）课程评价

2000年版的课程计划将1996年版的课程计划的第三部分内容"考试考查"改为"课程评价"，并对具体内容进行了修订完善。课程方案指出："课程评价在课程实施过程中发挥着教育导向和质量监控的作用。同时课程评价也是重要的教育手段之一。它可以及时地指导和帮助师生改进教和学的活动不断提高教学质量。"并要求："课程评价应以尊重学生为基本前提以促进学生发展为根本目的。"②

（5）课程管理

2000年版的课程计划仍规定普通高中课程实行国家、地方和学校三级管理体制，并对国家、地方和学校的任务进行了明确规定。

2. 课程改革实践

《全日制普通高级中学课程计划（试验修订稿）》颁布后，在原来"两省一市"的试点实施基础上，新增江苏、山东、河南、黑龙江、辽宁、安徽、青海等进行课程方案的改革实验。下面对江苏省、河南省和黑龙江省三省的课程改革开展情况进行简单介绍。

---

① 教育部：《教育部关于印发〈全日制普通高级中学课程计划（试验修订稿）〉的通知》，载何东昌主编《中华人民共和国重要教育文献（1998—2002）》，海南出版社2003年版，第509—510页。

② 教育部：《教育部关于印发〈全日制普通高级中学课程计划（试验修订稿）〉的通知》，载何东昌主编《中华人民共和国重要教育文献（1998—2002）》，海南出版社2003年版，第509—510页。

第三章 示范性高中阶段(1993—2009年)

（1）江苏省课程改革开展情况

2000年，遵照教育部要求，江苏省启动了普通高中新课程方案，所有普通高中都从2000学年高一年级起实施。为此，省教育厅印发文件提出实施意见，要求各地和学校认真组织好新课程计划、学科大纲和教材的全员培训工作，通过培训使有关课程管理人员、教科研人员和所有高中校长与教师领会新课程计划的精神实质和时代特征，进一步认识普通高中教育的基础教育性质，牢固确立以学生为本的思想，坚持依法治教，严格执行课程计划，真正做到尊重学生的自主选择，以培养创新精神和实践能力为重点，培养学生的健康个性，全面提高学生素质。必修课方面，新计划新增了"信息技术"学科，同时以原来的"劳动技术"和"社会实践"为基础扩展为"综合实践活动"，包括研究性学习、劳动技术、社区服务和社会实践。文件要求各地尤其要加强对"研究性学习"的研究和组织实施，提高课程开设的质量。为促进各地切实提高新课程计划的实施水平，省教育厅在调查研究的基础上，陆续向全省推荐和推广普通高中开展研究性学习、校本课程建设、学分制管理等方面的典型经验。11月初在南京市金陵中学召开现场会向全省推荐开展研究性学习的经验，并向全省推荐锡山高中课程建设的经验。[①]

2002年，江苏省制定了《江苏省基础教育课程改革实施意见》。意见提出了课程改革实验和推广的重点，研究和解决基础教育综合课程的开设、综合实践活动的开展、教育信息化平台的构建、教学方式和评价体系改革等问题，力求通过课程改革转变基础教育观念和操作形态，在素质教育方面取得了突破性进展。3月，召开全省基础教育课程改革实验工作会议，部署课程改革实验推广工作。6月，省教育厅对锡山区进行国家基础教育课程改革实验工作评估；同时积极推进基础教育改革的省级实验工作，确定2002年秋季进入实验的省级实验区54个，进入实验的学生数达到全省中小学起始年级学生的30%。[②]

[①]《中国教育年鉴》编辑部编：《中国教育年鉴 2001》，人民教育出版社2001年版，第449页。

[②]《中国教育年鉴》编辑部编：《中国教育年鉴 2003》，人民教育出版社2003年版，第499—500页。

(2) 河南省课程改革开展情况

2000年3月13日，省教委制定印发《关于推行普通高中新课程方案的通知》，决定全省普通高中从2000年秋季起在高中一年级开始使用"新课程方案"。6月21日，省教育厅又印发了《河南省全日制普通高级中学课程计划安排意见（试行）》。"新课程计划"必修课设有思想政治、语文、数学、信息技术、外语（英语、俄语、日语等语种）、物理、化学、生物、历史、地理、体育和保健、艺术以及综合实践活动，选修课设有数学、信息技术、物理、化学、生物、历史、地理7门学科，以及地方和学校根据学生兴趣要求和发展需要开设的课程。①

2002年3月，省教育厅成立了由副厅长马振海为组长的省基础教育课程改革领导小组和由省师范院校教授参加的课改专家指导组。为认真贯彻《国务院关于基础教育课程改革与发展的决定》和《基础教育课程改革纲要（试行）》，省教育厅于2002年4月在登封市召开了河南省基础教育课程改革实验工作会议，同时举办了基础教育课程改革通识型培训班。通过培训，提高了广大教育工作者对课改实验工作重要性的认识，增强了对做好课改实验工作的使命感和责任感。会后，省教育厅编辑出版了《河南省基础教育课程改革通识培训资料》（光盘），以便于各实验区学习培训，加大对课改实验工作的投入。为保证课改实验工作的顺利进行，省教育厅投入300万元用于课改实验工作，各级教育部门和中小学校也都安排一定的经费投入，用于教师培训和改善办学条件，为课程改革实验工作创造必要条件。②

(3) 黑龙江省课程改革开展情况

2000年，黑龙江省教育厅先后印发了《黑龙江省普通高中实施新的课程改革方案的意见》《黑龙江省全日制普通高级中学课程计划（试验修订稿的实施意见）》《黑龙江省综合活动课程实施意见》《黑龙江省信息技术教育课程实施意见》和《研究性学习课程评价指导意见》等文件，对高中课改的重点、难点以及实施进行明确规定，同

---

① 《中国教育年鉴》编辑部编：《中国教育年鉴 2001》，人民教育出版社2001年版，第557页。
② 《中国教育年鉴》编辑部编：《中国教育年鉴 2003》，人民教育出版社2003年版，第582页。

时，为保证试验的科学性和客观性，在全省不同地区选择确定了 40 个课程改革样本校，严格按照课改要求实施各项工作。2000 年秋季，全省开始在高一学年实施新的课程方案。省教育厅分别在 3 月、5 月，组织了两次大规模的理论培训，又利用暑假对任课教师进行了全员培训。①

2002 年，黑龙江省先后召开了普通高中课程改革经验交流会、基础教育课程改革实验推进与培训工作会，总结推广经验，落实新课程改革各项工作，特别是对高中开展研究性学习做了重点部署。9 月，教育部在黑龙江省召开了国家基础教育课程改革实验区教学工作研讨会，黑龙江省在会上介绍了经验。8 月，由香港 20 多所知名中小学校长组成的课程改革考察团考察了哈尔滨市和宁安市的课程改革，对黑龙江省课改工作给予了高度评价。②

（三）2003 年《普通高中课程方案（实验）》

2001 年 7 月，为落实《中共中央 国务院关于深化教育改革全面推进素质教育的决定》和《国务院关于基础教育改革与发展的决定》，加快构建符合素质教育要求的基础教育课程体系，教育部决定从 2001 年秋季起，开始进行基础教育新课程实验推广工作。同时下发了《关于开展基础教育新课程实验推广工作的意见》，对普通高中新课程的推广安排为：2001 年全面启动普通高中新课程的研制工作，2002 年形成新的普通高中课程结构与有关管理制度的方案，完成普通高中各学科课程标准（实验稿）的起草工作，2003 年开始组织新高中课程的实验与推广工作，计划于 2005 年正式颁布普通高中课程计划、各学科课程标准以及其他相关文件。③

根据《关于开展基础教育新课程实验推广工作的意见》的安排，在 2000 年《全日制普通高级中学课程计划（试验修订稿）》的实验及

---

① 《中国教育年鉴》编辑部编：《中国教育年鉴 2001》，人民教育出版社 2001 年版，第 421 页。
② 《中国教育年鉴》编辑部编：《中国教育年鉴 2003》，人民教育出版社 2003 年版，第 476 页。
③ 教育部：《教育部关于印发〈关于开展基础教育新课程实验推广工作的意见〉的通知》，载何东昌主编《中华人民共和国重要教育文献（1998—2002）》，海南出版社 2003 年版，第 1015—1016 页。

修订完善的基础上，2003年3月31日，教育部印发了《普通高中课程方案（实验）》和15个学科课程标（实验），标志着中国高中课程改革进入一个新的时代。课程改革实验正式在各地相继启动，教育部指导各地展开实验，及时反馈信息，到2010年全面实施新课程。

1. 《普通高中课程方案（实验)》内容

《普通高中课程方案（实验）》是以教育要"三个面向"的指示和"三个代表"的重要思想为指导，坚持全面贯彻党的教育方针，认真落实《中共中央 国务院关于深化教育改革全面推进素质教育的决定》和《国务院关于基础教育改革与发展的决定》，适应时代发展的需要，立足中国实际，借鉴国际课程改革的有益经验的基础上制定的，以期大力推进教育创新，努力构建具有中国特色、充满活力的普通高中课程体系，为造就数以亿计的高素质劳动者、数以千万计的专门人才和一大批拔尖创新人才奠定基础。

《普通高中课程方案（实验)》从培养目标、课程结构、课程内容以及课程实施与评价四部分对普通高中课程进行了规定。

（1）培养目标

《普通高中课程方案（实验)》顺应了教育民主化和大众化的潮流，重新确立了普通高中阶段的培养目标，体现了以提高学生素质为根本目的，积极扩展学生的基础学力，努力促进学生个性化发展和社会化发展的导向。

根据高中课程改革指导思想和高中培养目标，《普通高中课程方案（实验)》指出，高中课程改革的具体目标有五大点。第一，精选终身学习必备的基础内容，增强与社会进步、科技发展、学生经验的联系，拓宽视野，引导创新和实践。第二，适应社会需求的多样化和学生全面而又个性的发展，构建重基础、多样化、有层次、综合性的课程结构。第三，创设有利于引导学生主动学习的课程实施环境，提高学生自主学习、合作交流以及分析和解决问题的能力。第四，建立发展性评价体系，改进校内评价，实行学生学业成绩与成长记录相结合的综合评价方式，建立教育质量监测机制。第五，赋予学校合理而充分的课程自主权，为学校创造性地实施国家课程、因地制宜地开发学校课程，为学生有效选择课程提供保障。

（2）课程结构

《普通高中课程方案（实验）》首次利用学习领域、科目、模块来建构高中课程体系和结构，从而使普通高中课程结构产生了实质性的突破，特别是模块的设置与使用，将实现有层次、多样化的课程结构及其灵活的、选择性强的课程组合模式，不仅直接改变课程的结构与面貌，影响课程的实施与管理，而且从课程内在机制上为课程内容的更新与重组，为学生个性化学习的有效落实提供切实保障。与以往高中课程方案相比，该课程方案的最大特点是给学生提供了较大的选择课程的空间，同时给学校提供了选择课程发展、建构学校特色的空间。这一切得益于学习领域、科目、模块三层次建构的高中课程。[1]

《普通高中课程方案（实验）》对课程设置及学分安排进行了明确的规定与说明。《普通高中课程方案（实验）》规定，普通高中学制为三年，课程由必修和选修两部分构成，并学分描述学生的课程修习状况。具体课程设置及安排如表3-3-4所示：

表3-3-4　　2003年《普通高中课程方案（实验）》课程设置

学习领域	科目	必修学分（共计116学分）	选修学分Ⅰ	学修学分Ⅱ
语言与文学	语文	10	根据社会对人才多样化的需求，适应学生不同潜能和发展的需要，在共同必修的基础上，各科课程标准分类别、分层次设置若干选修模块，供学生选择	学校根据当地社会、经济、科技、文化发展的需要和学生的兴趣，开设若干选修模块，供学生选择
	外语	10		
数学	数学	10		
人文与社会	思想政治	8		
	历史	6		
	地理	6		
科学	物理	6		
	化学	6		
	生物	6		
技术	技术（含信息技术和通用技术）	8		

---

[1] 陈旭远主编：《理解普通高中新课程》，东北师范大学出版社2004年版，第64页。

续表

学习领域	科目	必修学分（共计116学分）	选修学分Ⅰ	学修学分Ⅱ
艺术	艺术或音乐、美术	6	根据社会对人才多样化的需求，适应学生不同潜能和发展的需要，在共同必修的基础上，各科课程标准分类别、分层次设置若干选修模块，供学生选择	学校根据当地社会、经济、科技、文化发展的需要和学生的兴趣，开设若干选修模块，供学生选择
体育与健康	体育与健康	11		
综合实践活动	研究性学习活动	15		
	社区服务	2		
	社会实践	6		

（3）课程内容

普通高中课程改革把课程内容的调整作为重要的方面，在《普通高中课程方案（实验）》中明确提出课程内容改革的基本原则是时代性、基础性和选择性。

（4）课程实施与评价

高中新课程改变以往必修课占主导地位的局面，增加选修课的比重，突出了课程的选择性和适应性，并赋予学生选择课程的自主权。课程结构的变化和调整对原有高中课程管理产生冲击。对此，《普通高中课程方案（实验）》对课程实施提出了四点要求。第一，合理而有序地安排课程。第二，建立选课指导制度，引导学生形成有个性的课程修习计划。第三，建立以校为本的教学研究制度。第四，充分挖掘课程资源，建立课程资源共享机制。[1]

2.《普通高中课程方案（实验）》实践

自2002年秋季起，在全国范围内普通高中学校开始使用新课程方案，标志着中国普通高中课程改革进入实施阶段。2003年4月，《普通高中课程方案（实验）》和语文等15个学科课程标准（实验）公布。新课程方案公布后，从2003年7月到2004年6月，教育部先后

---

[1] 朱永新总主编，张荣伟主编，刘艳副主编：《中国教育改革大系 教育实验卷》，湖北教育出版社2015年版，第342—349页。

在海口、青岛、北京和银川组织召开四次普通高中新课程实施工作研讨会，就实验省高中课程改革的准备工作进行了专题研讨。

（1）2004年9月，山东、广东、宁夏和海南确定为首批普通高中课程改革实验区

按照基础教育课程改革的总体部署，在有关省（自治区）、市自愿申请的基础上，教育部决定于2004年秋季，将《普通高中课程方案（实验）》和各科课程标准（实验）在广东、山东、宁夏和海南四省（自治区）普通高中开始实验。这次课程改革参加实验的学生达127万人，约占全国普通高中当年招生人数的15.5%。为顺利推进新课程实验，教育部组织开发了培训教材，面向实验省（自治区）各级教育行政主管领导、骨干校长和教师开展了国家级研修和培训，组织编写并审查通过了14个学科274册教材供实验区学校选用。[1]

山东省召开了全省高中课程改革工作会议，制定了课程改革工作方案，成立了6个课程研究中心和1个评价课题组，通过了15个课题立项。[2]

广东全省小学、初中、高中起始年级从2004年9月1日起全面进入新课程改革实验，共有3000多名教育教学管理人员和2.4万名各学科教师接受了国家级和省级培训，7个科目的普通高中新课程实验教材通过教育部审查在全国发行。[3]

2004年，宁夏回族自治区启动了高中课程改革实验工作。自治区人民政府批转了《宁夏回族自治区普通高中课程改革实验工作方案》，明确了实施新课程的指导思想、目标任务、方法步骤、配套措施等。在方案的指导下，自治区教育厅召开了全区普通高中课程改革实验启动暨培训会，对主管教育的政府领导、教育局局长、教研室主任、高中校长进行了培训；并且成立教材选用专家委员会，委员会在教育部的指导下，召开教材展示会，组织高中教材的选用工作，同出版社共同组织高中课程改革新教材实验教师的培训工作。

---

[1] 《中国教育年鉴》编辑部编：《中国教育年鉴 2005》，人民教育出版社2005年版，第168页。
[2] 《中国教育年鉴》编辑部编：《中国教育年鉴 2005》，人民教育出版社2005年版，第705页。
[3] 《中国教育年鉴》编辑部编：《中国教育年鉴 2005》，人民教育出版社2005年版，第754页。

此外，宁夏加强了对高中新课程设置和选课的指导，制定了《宁夏回族自治区普通高中新课程实验学校工作实施意见》。从2004年新学年开始，取消了"尖子班"和"重点班"，为新课程实验创造良好环境。积极培育高中课程示范典型，在全自治区确定了16所学校为自治区高中新课程实验样本学校，并组织了对山东、海南、广东课程改革实验的学习考察工作。①

海南省完成了全省高中课程改革系统配套文件的制定，下发了《海南省普通高中课程改革实施方案》《海南省普通高中新课程计划》等10个系列配套指导性文件，编发了《海南省普通高中新课程实验工作指导手册》。同时，海南省十分重视课改培训工作，组织全省教育系统的管理者、骨干校长、各学科教研员、骨干教师参加教育部组织的国家级普通高中新课程研修班学习，并组织全省基础教育管理者通识培训及高中学科所有新课程任课教师的全员学科培训等。此外，海南省重视课改科研工作，切实抓好全省课程改革重点、难点的课题研究和全省"十五"规划课题的实施管理。②

（2）2005年9月，江苏开展普通高中新课程实验

为进一步加强对实验工作的指导，探索建立有效的工作机制，确保实验工作有序进行，促进改革不断深化，教育部印发《关于进一步加强普通高中新课程实验工作的指导意见》。这一年，江苏省整体进入高中新课程实验，形成并出台了8个指导高中课改的政策文件和17门学科教学的指导意见，有效地指导了高中新课程实验的顺利启动。一方面，重视课改培训工作。江苏省对全省844所高中的正副校长、教务主任以及各市、县（市、区）的教育行政领导共计2800多人进行了系统的省级培训；并对全省普通高中学校的教研组长、骨干教师计1.6万人进行了课程标准和教材的省级培训。另一方面，重视课改管理工作。省、市都成立了相应的教材选用委员会，制定了相应的教材选用标准和选用程序，适时召开了全省高中教材选用推介会。同时

---

① 《中国教育年鉴》编辑部编：《中国教育年鉴 2005》，人民教育出版社2005年版，第874页。
② 《中国教育年鉴》编辑部编：《中国教育年鉴 2005》，人民教育出版社2005年版，第780页。

在课程管理机制上，以市统筹，分类指导，均衡发展，建立了全省新课程实验样本校制度和高中课改联席会议制度，确定了61所高中为省级样本学校，每季度进行一次市际交流。①

（3）2006年，浙江、福建、辽宁、安徽、天津等省（直辖市）进入课程改革实验

根据基础教育课程改革的总体进程和工作部署，以及实验省的申请，教育部进一步扩大普通高中新课程实验范围，批准天津、辽宁、浙江、福建、安徽从2006年秋季开始全面进行普通高中新课程实验。因此，进入普通高中新课程实验省（自治区、直辖市）已达十个，基本形成"东部联片推进"态势。为深入推进高中新课程实验工作，教育部建立了高中新课程实验省联席会议制度，组织实验省研究实验工作中具有普遍性的问题和政策措施，共享资源和经验，推动实验工作的协调发展；成立了专家工作组，全程跟踪实验工作，深入学校进行专业指导，帮助总结推广经验。同时，针对高中新课程实验的重点以及学校在实施中遇到的困难和问题，教育部开展了教育管理者、学科骨干教师和样本校校长的培训工作。②

为保障高中课程改革的顺利推进，浙江省教育厅制定了《浙江省普通高中新课程实验第一阶段工作方案》《浙江省普通高中新课程设置方案》《浙江省普通高中新课程实验学科教学指导意见》等7个规范性文件，并成立18个学科专家指导组，确定了30所学校为普通高中新课程实验"样本学校"，组织1075人次参加国家级培训，举办省级培训48场，受训教师12500人。此外，浙江省教育厅还制定了高中会考、学分认定、学生成长记录和综合素质评价等多项配套改革政策。③

福建省按照教育部部署，在各设区市对当地义务教育课改进行总结的基础上，对全省推进义务教育课改的情况进行了全面总结，并组织专家对课改研究成果进行评审。在上年首批23个省级课改实验区中

---

① 《中国教育年鉴》编辑部编：《中国教育年鉴 2006》，人民教育出版社2006年版，第502—503页。

② 《中国教育年鉴》编辑部编：《中国教育年鉴 2006》，人民教育出版社2006年版，第174页。

③ 《中国教育年鉴》编辑部编：《中国教育年鉴 2006》，人民教育出版社2006年版，第525页。

考中招改革实验工作平稳实施的基础上，总结、交流各地中考中招改革取得的成功经验，针对改革中存在的热点和难点问题，研究制定了《关于做好2006年度课改实验区中考中招改革有关工作的通知》。2006年，福建省各地的中考中招改革实验工作按既定计划有序推进。2006年秋季，福建省全面启动实施高中新课程实验工作。福建省成立了全省普通高中新课程实验工作领导小组，召开全省工作会议，并制定出台了《福建省普通高中新课程实验工作方案（试行）》《福建省普通高中学生综合素质评价实施指导意见（试行）》等16个政策性文件。在此基础上，福建省各设区市也根据省里文件要求，结合当地实际，制定了相关工作方案和指导意见。福建省进一步做好教师培训工作，举办2期国家级、省级研修班，培训人数达730多人，举办7期学科骨干教师研修班，培训学科骨干教师1400人；各市、县（区）则组织开展面向全体普通高中教师的全员培训工作。同时，福建省启动了高中新课程实验相关项目课题研究工作，省定的14个重点课题研究成果均提交试行方案，并编印成册。此外，福建省建立新课程实验信息跟踪与通报制度，编印高中新课程实验工作简报16期；并开通"福建高中新课程"网站，建立共享教育资源，开展网上教研，为广大中学教师获得及时、有效、便捷的专业支持提供平台。[1]

辽宁省全面启动普通高中课程改革，秋季开学后，全省470所普通高中的起始年级全部进入新课程。一是制定《辽宁省普通高中课程改革工作方案》，召开全省普通高中课程改革启动大会，进行全面动员。二是依靠专家组和教材选用工作委员会，认真做好教材选用工作。三是制定《辽宁省普通高中课程改革项目研究工作方案》，确立首批8个项目，深入开展研究。[2]

天津市和安徽省亦启动普通高中新课程实验。一方面，制定了普通高中新课程实验的实施方案和工作方案以及相关配套文件，并召开高中新课程实验工作会议。另一方面，积极开展普通高中新课程实验

---

[1] 《中国教育年鉴》编辑部编：《中国教育年鉴 2006》，人民教育出版社2006年版，第553页。
[2] 《中国教育年鉴》编辑部编：《中国教育年鉴 2006》，人民教育出版社2006年版，第467页。

培训、指导新教材学科培训,指导普通高中新课程实验样本校工作。同时,进一步加强教材建设和管理工作,加强对各地中小学教材选用工作的指导和监督。

(4) 2007—2009 年,继续推进高中新课程改革实验

《教育部办公厅关于 2007 年推进普通高中新课程实验工作的通知》明确指出,根据基础教育课程改革的总体进程和工作部署,积极推进普通高中新课程实验工作,决定进一步扩大实验范围。2007 年秋季,北京、湖南、黑龙江、吉林和陕西全面进行普通高中新课程实验,2010 年以前高中新课程在全国全面展开。

2007 年,北京、陕西、湖南、黑龙江、吉林和陕西进入新课程实验。

北京启动普通高中课程改革,确立实施高中新课改基本策略,明确课程改革在课程设置、师资培训、学生选课指导等方面的主要任务,制定高中课程改革实验实施方案等十余项指导性文件,近万名高一年级教师参加通识培训,课改制度框架基本建立。[1]

陕西省普通高中一年级全面进入课程改革实验,陕西基础教育课程改革开始进入新的阶段。首先,出台了《陕西省普通高中新课程改革实施方案》。方案明确了普通高中新课程改革的指导思想、基本原则、目标任务、组织与领导、实施重点和保障措施。其次,扎实做好培训工作。在 2006 年省级通识培训工作的基础上,2007 年严格坚持"先培训,后上岗;不培训,不上岗"的原则,针对不同对象,分别组织实施了国家级和省、市级的培训者培训、骨干教师培训和全员培训。此外,开办"三秦课改大讲堂",邀请国内知名课改专家做报告。再次,启动高中新课程实验评估工作。在实施了全省中考改革和普通高中课程改革调研工作的基础上,制定了《陕西省普通高中新课程实验工作评估方案》,并发放有关部门和人员征求意见,开始启动试点评估工作。[2]

---

[1] 《中国教育年鉴》编辑部编:《中国教育年鉴 2008》,人民教育出版社 2008 年版,第 526 页。
[2] 《中国教育年鉴》编辑部编:《中国教育年鉴 2008》,人民教育出版社 2008 年版,第 843 页。

湖南省教育厅根据教育部指导意见，先后成立领导机构，并出台《关于实施普通高中新课程实验工作的指导意见》和《湖南省普通高中课程方案（实验）》等文件，加强对新课改的组织领导与宏观指导，积极推进新课程省、市、县三级培训工作。湖南省4月和5月组织了2250名市县两级教育行政干部、教研人员及骨干教师参加省级培训并搭建专题网站，以便及时解决学校和教师在新课程实验中遇到的实际问题，并召开全省普通高中新课程实验工作会议和教学研讨会，统一协调实施课改进度。湖南省新课程改革重视专家的专业引领作用，聘请近百位省内特级教师和中学高级教师，组建湖南省普通高中新课程实验教学指导委员会，重点加强新课程实验的指导和监测，形成发现问题、研究问题、解决问题的工作机制，确保了全省各高中秋季开学顺利启动并深入实施课程改革。[①]

黑龙江省普通高中课程改革顺利启动，成立了普通高中课改领导小组，制定了《全省普通高中课程改革工作方案》，在全省开展新课改实施状况大检查。各地、各学校实施高中新课改起步稳健，工作有序。2007年完成新课改通识培训21000人，教师培训12000人，组织近3000人次参与了新课程各项制度的研制工作，设立了新课程制度研制的课题组，有效地保障了新课改的顺利实施。[②]

吉林省教育厅召开了全省普通高中新课程实验工作启动大会，并于2007年秋季开学在全省普通高中新高一开始新课程实验。这一年，吉林省确定了46所普通高中为新课程实验工作的样本校，并对全省普通高中新课程实验实行全员培训，同时全面部署课改研究项目。[③]

2008年，教育部同意山西、江西、河南、新疆进行普通高中新课程实验。

根据基础教育课程改革的总体部署，2008年2月，教育部批准山

[①] 《中国教育年鉴》编辑部编：《中国教育年鉴 2008》，人民教育出版社2008年版，第731—732页。

[②] 《中国教育年鉴》编辑部编：《中国教育年鉴 2008》，人民教育出版社2008年版，第601页。

[③] 《中国教育年鉴》编辑部编：《中国教育年鉴 2008》，人民教育出版社2008年版，第594页。

西、河南、江西、新疆从2008年秋季起实施普通高中新课程。至此，实验省份扩大到21个，即东部北京、天津、河北、山东、江苏、上海、浙江、福建、广东9个省（市），中部的山西、吉林、黑龙江、安徽、江西、河南、湖南、海南8个省，西部的陕西、宁夏、新疆3个省（区）和新疆生产建设兵团。实验学校达到1万余所，新课程在校生约1300万人，超过总数的一半以上。[①]

在省、自治区政府的高度重视和直接领导下，各省（自治区、兵团）分别成立了由省、自治区政府主管领导担任组长的普通高中课程改革工作领导小组，成员单位包括教育、财政、发展改革、人事等部门。为确保实验平稳进入，各省、自治区结合实际，确定了实验工作方案，研制出台了一系列配套文件，加强了制度和机制建设，建立了专业的支持队伍和一批样本校，有针对性地开展了师资培训工作，为实验工作的顺利实施奠定了坚实的基础。

2008年秋季，江西省全面进入普通高中新课程实验。省政府成立了以孙刚副省长为组长，省教育厅、省委宣传部、省发改委、省财政厅、省人事厅、省编办、团省委等单位为成员的"江西省普通高中新课程实验工作领导小组"，省政府办公厅转发了省教育厅等部门制定的《全省普通高中新课程实验实施方案》。市、县政府和学校也成立了相应的组织机构。为保证实验顺利进行，省政府安排新课程实验专项经费320万元。2008年4月10日，省教育厅召开全省普通高中新课程实验工作启动会议，对全省普通高中新课程实验工作进行了全面的部署。8月26日，省政府召开全省普通高中新课程实验工作电视电话会议，对新课程实验工作进行再动员、再部署，副省长孙刚出席会议并讲话。为了加强对新课程实验的专业指导，省教育厅确定了67所样本学校，成立了由160多名专家组成的专家指导组。为抓好教师全员培训，省教育厅制定下发了《江西省普通高中新课程实验师资培训方案》，并召开了全省普通高中新课程实验网络视频培训会议，组织全

---

① 《中国教育年鉴》编辑部编：《中国教育年鉴 2009》，人民教育出版社2009年版，第204页。

省普通高中起始年级1.6万名教师参加了教育部网络远程教育培训，组织6000余名高中各学科骨干教师进行了教材使用培训，开展了全省普通高中新课程实验样本校校长培训和其他学校分管教学副校长培训，并开展教学调研工作，加强对高中新课程实验的研究、指导和服务。江西省加强宣传和督查，为新课程实验营造良好氛围。9月，省教育厅召开新闻发布会，就江西省普通高中新课程实验有关情况向社会进行了通报。此外，江西省编印了3.2万册《普通高中新课程实验总动员——新课程实验60问》，免费送至普通高中和市县教育部门；编印了27.5万册《江西省普通高中新课程实验20问》，免费送给全省高一年级所有学生；并设计印发了1800套普通高中新课程实验宣传画，广泛张贴在全省各地的学校、广场、影院等场所。同时，江西卫视、江西日报等新闻媒体刊登文章，江西教育、江西教育电视台、江西教育网均设置了专栏宣传新课程实验。10月，省普通高中新课程实验领导小组各成员单位组成六个督查组，深入全省各地进行督查，向省政府呈报了督查报告，提出了工作建议，有力地推动了新课程实验的顺利开展。①

河南省教育厅建立组织领导和专家咨询机构，成立普通高中新课程实验工作领导小组、专家指导委员会及学科专家指导组。河南省制定《河南省普通高中新课程实验工作方案（试行）》及配套方案。在方案的指导下，河南省采取随机抽取专家、集中评审的办法，优中选优，确定了符合河南省实际的普通高中新课程实验教材；并召开全省普通高中新课程实验工作动员暨通识培训大会，对河南省的普通高中新课程实验工作进行安排部署。② 普通高中新课程实践总体顺利推进。

2009年河北、内蒙古、湖北、云南全面进入普通高中新课程实验。

2009年，教育部印发的《教育部关于河北省、内蒙古自治区2009年进行普通高中新课程实验的批复》和《教育部关于湖北省、云南省

---

① 《中国教育年鉴》编辑部编：《中国教育年鉴 2009》，人民教育出版社2009年版，第638页。
② 《中国教育年鉴》编辑部编：《中国教育年鉴 2009》，人民教育出版社2009年版，第672页。

2009年进行普通高中新课程实验的批复》标志着河北、内蒙古、湖北、云南四省（自治区）全面进入普通高中新课程实验。同时，2009年教育部召开了"全国基础教育课程改革经验交流会"，对基础教育课程改革进行工作总结与经验分析。

2009年4月，河北省普通高中新课程实验工作动员电视电话会议在石家庄召开，对新课程改革进行工作安排。之后，河北省通过加强教育行政干部和校长以及一线教师队伍的培训，积极整合学校内外两个资源，抓好校内硬件和软件两个资源，加强课程和教学管理，积极推进与高中课程改革相适应的普通高等学校招生制度改革等一系列举措，推动新课程改革工作。[①]

2009年5月4日，湖北省政府常务会决定启动湖北省普通高中课程改革。5月5日，省教育厅向教育部提交2009年启动普通高中课程改革的请示和实施方案。5月24日，召开普通高中新课程教材选用工作会，新课程教材选用工作于6月10日全部完成。6月17日，省政府召开湖北省普通高中课程改革电视电话会议。6月30日，省政府印发《湖北省普通高中课程改革实施方案（试行）》，明确普通高中课程改革的指导思想、目标、任务和实施措施。省教育厅先后印发《湖北省普通高中新课程教师培训工作意见》《湖北省普通高中课程设置方案（试行）》《湖北省普通高中综合实践活动实施意见（试行）》《湖北省普通高中综合素质评价实施意见（试行）》《湖北省普通高中新课程各学科教学实施指导意见（试行）》等11个文件，内容涉及人员培训、课程设置、课程实施、课程管理、课程评价、学生评价等方面，全面部署课程改革的有关工作。7月4日—17日，完成教育管理人员、教研人员、校长、教导主任等人员的培训任务。8月，开通高中课程改革网，秋季开学后，实现全省高中学生学籍网上注册。12月，启动学生综合实践活动课程管理平台。12月7日，召开全省普通高中课程改革工作推进会，武汉市等6个单位针对课程改革工作的经验进行交流，

[①] 《中国教育年鉴》编辑部编：《中国教育年鉴 2010》，人民教育出版社2010年版，第529页。

并对武汉市育才高中实施新课程的现场进行参观。在湖北省政府批准全省高中课改方案后,迅速研究制定全省教师培训方案。另外,7月3日,省教育厅还印发了《湖北省普通高中课程改革教师培训工作实施方案》,提出实施全省高中课改教师培训的基本原则、模式和步骤及时间安排,划分省、市(州)、县(区)、校的职责和任务,明确全省高中课改教师培训的目标和要求,展开分层培训,确保培训实效。暑假全省依次完成省级骨干人员培训和市州级教师教材全员培训4728人,国家级高一年级教师远程通识培训和课程标准培训2.5万多人,各市州组织的教材培训2.5万多人。[1]

2010年,高中新课程在全国全面实施。《国家中长期教育改革和发展规划纲要(2010—2020)》强调,全面提高普通高中学生综合素质,深入推进课程改革,全面落实课程方案,保证学生全面完成国家规定的文理等各门课程的学习,创造条件开设丰富多彩的选修课,为学生提供更多选择,促进学生全面而有个性地发展。[2] 2014年,普通高中新课程改革基本实现了从改革开放之初的探索与试点,到改革方案的完善与全面实施,基本构建了知识与技能、过程与方法、情感态度与价值观三位一体的普通高中课程体系。

三 推进考试制度改革

1995年,国家教委印发的《关于大力办好普通高级中学的若干意见》强调,加快进行高考制度的改革,实行毕业会考制度。对此,在普通高中示范性发展阶段,积极开展考试制度改革。

(一)推进高考制度改革

1. 考试科目:"3+X"考试科目设置的确立与调整

1999年教育部印发的《教育部关于进一步深化普通高等学校招生考试制度改革的意见》,对考试科目设置进行了全方位的改革,确立

---

[1] 《中国教育年鉴》编辑部编:《中国教育年鉴 2010》,人民教育出版社2010年版,第727页。
[2] 中共中央、国务院:《国家中长期教育改革和发展规划纲要(2010—2020年)》,人民出版社2010年版,第24—25页。

了"3+X"考试科目设置方案。[1]为贯彻全国教育工作会议精神,落实意见改革精神,1999年7月,教育部在珠海召开了"落实全教会精神,深化高考改革座谈会",会上就"3+2""3+综合+1""3+文科综合/理科综合"科目设置方案进行讨论。在充分听取各方面意见的基础上,教育部发出《关于山西、吉林、江苏、浙江省2000年高考试行"综合科目"考试的通知》和《关于广东省2000年高考试行"综合科目"考试的通知》,对综合科目考试命题的有关事项进行规定。"综合科目"考试是指建立在中学文化科目教学基础上的综合能力测试,可分"文科综合"和"理科综合"。"综合科目"考试的命题指导思想是,以笔试为主导,考查考生在中学所学相关课程的基础知识、基本技能的掌握程度和运用这些基础知识分析、解决问题的能力。鉴于当时普通高中教学的现状,"综合科目"首先是学科内的综合,其次才是跨学科的综合。

1999年,广东在全国率先试行"3+X"高考科目设置方案。2000年,广东、山西、吉林、江苏、浙江五省试点进行了高考"3+X"科目设置、考试内容和形式改革。广东省高考考试科目为"3+综合+1",其中的"综合"为理、化、生、史、地、政6个科目的综合。山西、江苏、浙江、吉林4省考生的考试科目为"3+文科综合/理科综合",其中的"文科综合"为史、地、政3个科目的综合,"理科综合"为理、化、生3个科目的综合。2001年,试点省份扩大至13个省。2002年,全国各省、市实行"3+X"高考科目设置方案。2003年有黑龙江、辽宁等10个省市实行新课程高考。其中,辽宁、河南的考试科目为"3+文理综合+1",江苏的考试科目为"3+1+1",黑龙江、山东、安徽、青海、天津、江西、山西等省市的考试科目为"3+文综/理综"。随着高中新课程实验的推进,2007年,广东、山东、海南、宁夏4个省(自治区)在全国率先实行高考改革新方案。广东实行"3+文科基础/理科基础+X"。山东推行"3+X+1"("1"是指

---

[1] 教育部:《教育部关于进一步深化普通高等学校招生考试制度改革的意见》,载何东昌主编《中华人民共和国重要教育文献(1998—2002)》,海南出版社2003年版,第232—233页。

基本能力测试，内容涉及高中课程的技术、体育与健康、艺术、综合实践等，以及运用所学知识解决生活和社会实际问题的能力）。海南则实行"3＋3＋基础会考"，实行文理科"反向考试"。宁夏实行"3＋文综/理综"。

2008年1月，《教育部关于普通高中新课程省份深化高校招生考试改革的指导意见》的出台，为各省份制定与调整高考改革方案提供基本依据。意见提出新一轮高考改革的主要任务为："促进高校招生考试改革与高中课程改革相结合，促进国家统一考试改革与高中综合评价改革相结合，促进考试改革与高校录取模式改革相结合，逐步建立和完善在国家统一考试录取基础上的全面、综合、多元化的考试评价制度和高等学校多样化的选拔录取制度。"[①] 2008年，江苏省高考采用"3＋学业水平测试＋综合素质评价"的科目组合模式。2009年，天津、辽宁、福建、安徽的高考改革方案都保持了原有高考模式的延续性，即将统考基本科目都设置为"3＋文科综合/理科综合"。2009年，浙江省高考则实行在全科会考基础上的分类测试、分批选拔、综合评价、全面考核、择优录取的选拔模式。2010年，广东省高考又回归到"3＋文科综合/理科综合"的模式。

由此可见，"3＋X"科目设置方案在全国各地采取了多种组合形式，虽然各省市的科目设置组合各异，但都突出了能力与技能的考查，强调学生要善于运用知识解决现实问题，引导学生形成全面学习与融会贯通的能力。此外，"3＋X"改革亦反映了高考制度改革主动适应时代发展对人才素质能力结构的要求。

2. 考试内容：凸显素质教育理念

20世纪90年代后期，中国确立了将提高全民素质作为实现社会主义现代化建设全局的一项根本任务。为保障该任务的落实，党和国家不失时机地确立了科教兴国战略，这一目标的提出对人才培养与考试内容的转变产生了积极的推动作用。1993年2月，中共中央、国务院出台的《中国教育改革和发展纲要》明确要求："中小学要由'应

[①] 罗立祝：《高校招生考试政策研究》，华中师范大学出版社2016年版，第57页。

试教育'转向全面提高国民素质的轨道。"① 素质教育由此全面推进。1995年"科教兴国"战略的提出进一步强调了以教育为本，致力于提升全民族的科技文化素质。这一战略不仅与高考改革形成了有效互动，也有效印证了在现代化建设进程中，"人才是科技进步和经济社会发展最重要的资源"②。而这也说明了与高考直接相关的人力资源配置，以及正在不断发展的市场经济对考试招生政策提出的新要求与新阶段下高考政策体系的不断构建与完善。素质教育理念开始在此阶段渗透到考试内容，强调对学生发展能力与素质的全面考查。

1998年6月25—26日，教育部学生司、基础教育司、考试中心共同召开高考内容与形式改革研讨会。会议分析了当时高考改革所面临的形势，讨论了高考改革指导思想，内容和形式改革的要求及高考改革的有关配套措施。会议认为，高考改革进入了一个新的阶段，即内容和形式改革的阶段。高考内容与形式的改革是教育发展到一定水平的反映。1999年教育部出台的《教育部关于进一步深化普通高等学校招生考试制度改革的意见》强调，在知识经济和科学技术不断发展的新形势下，在科教兴国的战略规划下，教育必须进一步深化改革，以改革促发展。高校招生考试制度必须坚持改革，主动适应时代的特点及其对人才素质能力结构的要求，着力引导人才全面素质的提高和创新人才的培养，使高考的作用进一步完善，将"有助于中学实施素质教育"作为高考改革的指导思想，并要求"命题要把以知识立意转变为以能力立意，转变传统的封闭的学科观念，在考查学科能力的同时，注意考查跨学科的综合能力"。③

2004年，新课改全面推进，进一步促进了高考考试内容和科目设置、课程设置的全面接轨。高考考试内容增加了对知识的综合理解以及运用知识来分析和解决实际问题能力的考查，剔除了"偏、难、

---

① 中共中央、国务院：《中国教育改革和发展纲要》，载何东昌主编《中华人民共和国重要教育文献（1949—1997）》，海南出版社1998年版，第3467—3473页。
② 江泽民：《江泽民文选》（第2卷），人民出版社2006年版，第26页。
③ 教育部：《教育部关于进一步深化普通高等学校招生考试制度改革的意见》，载何东昌主编《中华人民共和国重要教育文献（1998—2002）》，海南出版社2003年版，第232—233页。

怪"的命题，保证了试题在一定难度的区间内，具有较好的区分度。

2007年，山东、广东、海南和宁夏四个实验省区首次进行了实施新课程标准后的高考。高考试题努力体现新课程标准理念系统考查学科基础知识，突出学科的核心内容和主干知识，注重理论联系实际、突出能力立意命题着重对学生基本素质的考查，注重分析、解决问题能力和探究能力的考查。试卷设问具有探究性，体现了新课程标准所倡导的自主探索、动手实践，进行"再创造"的"探究"理念。各学科都设计了选考试题，考生从中选做规定分值的题目，选做部分各模块的题目难度基本相当、区分度等均衡，对选修各模块的考生更公平。[1]

总体而言，这一时期，高考考试内容改革与新课程改革理念相契合，通过更新考试内容来凸显素质教育理念，强调增强考试答案的选择性。考试内容形式的灵活多样，凸显对学生创新意识和实践能力的考查，鼓励考生自主创新。

3. 命题主体：推行分省命题

伴随高等教育大众化进程的加快，高校自主权不断扩大。2002年，中国开始进行高考自主招生与自主命题改革的试点。2004年，以分省命题为标志的高考制度改革进一步深化。根据2004年2月推进普通高校招生考试改革工作会议精神，教育部开始在全国实施"统一高考，分省命题"的组织和管理方式。除北京、上海已经实行自行命题外，又增加了天津、辽宁、江苏、浙江、重庆、湖南、湖北、广东、福建9个省市，分省命题的省市达到了11个。其中，北京、上海、天津、江苏四省市所有学科自行命题；其他省市自行命制语文、数学、英语三个学科，其他学科使用教育部考试中心命制的试题。分省命题遵循《普通高等学校招生全国统一考试大纲》，按照有助于高等学校选拔人才，有助于中学实施素质教育和有助于扩大高校办学自主权的原则实施。考试后，教育部考试中心及时调集了分省命题的试卷，组织学科专家进行评估，召开了全国分省命题总结会，形成了《2004年普通高考分省命题工作总结报告》和《2004年普通高考分省命题评价

---

[1] 《中国教育年鉴》编辑部编：《中国教育年鉴 2008》，人民教育出版社2008年版，第328页。

报告》。其他20个省、自治区使用教育部考试中心命制的试题。[1]

2005年分省命题省市为14个，2006年扩展到16个。2006年，教育部颁发了《普通高等学校招生全国统一考试分省命题工作暂行管理办法》，标志着全国统一命题与分省命题相结合的制度性考试架构的建立。至此，高考"统一命题、分省考试"的格局已经基本构成，分省命题的实施意味着高校招生的权利性质与权力结构发生了重大变化。

2007年，考试中心继续加强对分省命题的指导、培训、监督和评价工作，特别是对实行高中课程改革后高考命题省的管理工作。2007年，全国高考分省命题省（市）保持16个，形成稳定格局。其中，北京、天津、上海、江苏、山东、广东、重庆、四川等8个省（市）自行命制语文、数学（文/理）、英语、文科综合、理科综合，或语文、数学（文/理）、英语、政治、历史、地理、物理、化学、生物等学科考题。辽宁、浙江、福建、安徽、江西、湖北、湖南等8个省自行命制语文、英语、数学（文/理）三个学科考题，其他学科使用考试中心命制的试题。所有小语种考试仍由国家教育考试中心命题。[2] 2008年、2009年，全国高考分省命题省市仍保持16个。同时，教育部继续加强对分省命题的指导、业务培训、监督和评价工作，重视对实行高中课程改革后高考命题省的管理工作，特别是新增的实行高中课程改革后高考命题省的命题工作。

分省命题不是一般意义上的命题方式的转变，从全局来看，它是全国教育考试系统改革的一部分，是实施素质教育的重大措施，也是高考改革在坚持统一的前提下走向多样化的关键步骤之一。首先，分省命题可使各地根据当地经济社会实际，选取贴近学生社会生活的考题素材，进而纾解全国统一考试因地区间经济文化差异带来的考试偏差。其次，分省命题在一定程度上加大了地方教育的自主权，有利

---

[1] 《中国教育年鉴》编辑部编：《中国教育年鉴 2005》，人民教育出版社2005年版，第323—234页。

[2] 《中国教育年鉴》编辑部编：《中国教育年鉴 2008》，人民教育出版社2008年版，第328—329页。

于地方政府结合地方经济社会发展战略，统筹规划地方教育发展，以更好服务地方及经济发展。再次，分省命题有利于新课程标准的实施，但与此同时，分省命题也带来了一定的挑战与风险。地方经济社会发展的不均衡导致的文化、教育水平的不均衡有可能影响各地考试命题质量的均衡性。分省命题给各省考试管理增加了一定的负担与挑战。①

（二）推进普通高中毕业会考制度改革

高中毕业会考制度是高考招生考试科目设置和内容、形式改革的重要组成部分。会考制度的改革与发展是与高考考试科目设置和内容、形式改革相辅相成、紧密联系的。高考制度恢复以来，考试科目设置过多，考生课业负担重，各地片面追求升学率的情况很严重。1983年，为有效纠正各地片面追求升学率的做法，保证考生知识结构的完整性，教育部在《教育部关于进一步提高普通中学教育质量的几点意见》中提出，要"建立、健全升留级和毕业制度……毕业考试要和升学考试分开进行，有条件的地方可按基本教材命题，试行初、高中毕业会考"。②这是最早提出的会考制度。1985年，教育部批准上海市在高中会考基础上进行高考改革。1986年，国家教委颁发的《普通高等学校招生制度"七五"期间改革规划要点》提出，高中毕业考试与高中招生考试分开的初步设想。1988年3月，国家教委召开全国高校招生会议，时任国家教委主任的何东昌在会上宣布：上海市和浙江省正式作为全国高中会考和高校招生考试制度改革的试点地区。自此，高中会考制度改革实验正式启动。1989年7月，国家教委颁发《关于试行普通高中毕业会考制度的意见》，要求力争三年内在全国试行普通高中会考制度，并于1994年开始实行新的普通高等学校招生考试及录取办法。③

---

① 魏国东：《1977年以来中国高考制度改革研究》，博士学位论文，河北大学，2008年，第37页。

② 教育部：《教育部关于进一步提高普通中学教育质量的几点意见》，载何东昌主编《中华人民共和国重要教育文献（1949—1997）》，海南出版社1998年版，第2113—2115页。

③ 国家教委：《国家教委关于印发〈关于试行普通高中毕业会考制度的意见〉等两个意见的通知》，载何东昌主编《中华人民共和国重要教育文献（1949—1997）》，海南出版社1998年版，第2875页。

1. 普通高中毕业会考制度全面推行

从1990年起，中国正式在全国范围内推行普通高中毕业会考制度。1990年8月，国家教委颁发《关于在普通高中实行毕业会考制度的意见》，意见明确提出，用两年左右时间有计划地在全国逐步实行普通高中毕业会考制度，进一步明确普通高中毕业会考的目的是全面贯彻教育方针，加强教学管理，推动教学改革，大面积提高教学质量，给中学教学以正确的导向，并明确普通高中毕业会考是国家承认的省级普通高中文化课毕业水平考试。[①]

1993年2月，中共中央、国务院颁发《中国教育改革和发展纲要》，强调要"稳步推进高中毕业会考制度的改革"。为认真贯彻党中央、国务院纲要精神，国家教委颁发了《关于稳步推进普通高中毕业会考工作的意见》。至此，经过大约十年的努力，从1983年浙江省首次举行全省重点中学高中毕业会考开始，到1993年西藏自治区实行高中会考制度为止，当时所有的省、自治区、直辖市全部实行了高中会考制度。

在高考依然强势而会考尚处襁褓之中的大背景下，一些反对高中会考的声音不绝于耳，其中比较具有代表性的意见是，高考对学生的压力已经很大，还要增加会考，加重了学生的学习负担。本来学校只要根据高考的科目组织教学即可，有了会考，学生还要学习一些非高考的学科，还要为了会考而浪费本该属于高考的复习时间。甚至个别省对实行高中会考制度产生了疑虑与动摇，对是否坚持实行会考制度出现了不同的意见。对此，国家坚定继续推行普通高中毕业会考制度。1995年4月，全国高中会考工作协作会成立，国家教委基础教育司领导在全国高中会考工作协作会成立大会上传达了国家教委领导的指示："高中会考一要继续坚持，二要抓紧完善，三要加强宣传工作。"[②] 1997年9月，国家教委基础教育司相关负责人员传达了国务院副总理

---

① 杨学为、于信凤主编：《中国考试通史卷（卷五）》，首都师范大学出版社2004年版，第21页。

② 《信丰县教育志》编纂委员会编：《信丰县教育志（1986—2018）》，江西高校出版社2021年版，第344页。

李岚清在全国中小学素质教育经验交流会上所作的关于"高中会考要认真总结经验,兴利除弊,不断完善,坚持下去"的指示和时任国家教委主任朱开轩的讲话精神,充分肯定了高中会考制度的建立和完善对高中教育事业的改革和发展,以及促进素质教育的全面实施所发挥的重要作用。[①]

2. 普通高中毕业会考制度改革决策权下放

2000年,普通高中毕业会考改革决策权下放至各省(市)。教育部颁发的《教育部关于普通高中毕业会考制度改革的意见》提出:"各省、自治区、直辖市对普通高中会考改革具有统筹决策权。是否继续组织普通高中毕业会考由省级教育行政部门提出方案,报省级人民政府批准,报教育部备案。"[②] 如此,把普通高中会考改革的统筹决策权下放到省(自治区、直辖市)。对此,湖北省、西藏自治区随即取消了高中毕业会考,而少数省市又将会考管理权下放到市、县或学校。上海、广东、内蒙古、山西、湖南、贵州等省、自治区、直辖市相继把会考管理权下放到市、县或学校。辽宁省会考采取"反向小综合"模式,以防学生偏科。福建、江西、陕西、江苏省采用"3+6"考试模式,语、数、外3科由市、县考试,其余6门文化课省里统考。其他近20个省、自治区、直辖市仍坚持全方位会考。

3. 普通高中毕业会考制度逐渐转为学业水平考试制度

2004—2007年,进入新课改的江苏、海南、浙江、黑龙江、福建等省对实施学业水平考试进行了大规模的调研,各级教育行政部门、教研部门和多数学校教师认为实施学业水平考试很有必要。2007年,山东省、海南省、宁夏回族自治区开始进行新课改,同时宣布实行高中学业水平考试。随后每年进入新课程实验的省(自治区、直辖市)全都宣布实行统一的高中学业水平考试。而全面依据国家课程标准的学业水平考试,成为各级教育行政部门进行普通高中课程管理,督促

---

① 《中国教育年鉴》编辑部编:《中国教育年鉴 1998》,人民教育出版社1998年版,第16、25页。
② 教育部:《教育部关于普通高中毕业会考制度改革的意见》,载何东昌主编《中华人民共和国重要教育文献(1998—2002)》,海南出版社2003年版,第550页。

学校认真执行课程方案和课程标准，规范教育教学行为的重要手段。2008年起，高中毕业会考进入转型时期，会考制度逐渐被学业水平考试制度所取代。2008年，《教育部关于普通高中新课程省份深化高校招生考试改革的指导意见》提出："各地要加快建设在国家指导下由各省份组织实施的普通高中学业水平考试和学生综合素质评价制度。"[1] 2009年10月，时任教育部副部长陈小娅在全国基础教育课程改革经验交流会上所做的《坚定不移地深化基础教育课程改革，努力开创素质教育工作新局面》讲话中指出，要全面建立普通高中学业水平考试制度，使之成为各级教育行政部门管理课程和教育教学质量的重要手段，把综合素质评价和学业水平考试作为高校招生录取的重要依据。[2] 2010年7月，《国家中长期教育改革和发展规划纲要（2010—2020年）》提出，要建立科学的教育质量评价体系，全面实施高中学业水平考试和综合素质评价。[3]

第四节 薄弱普通高中的改进

改革开放以来，普通高中教育取得了显著的成就。然而，由于多种因素，全国各地都不同程度地存在着一些基础相对薄弱的普通高级中学（以下简称"薄弱高中"）。这些薄弱高中的存在，是当时教育领域必须面对的客观现实，它对整个普通高中的改革和发展产生了制约作用，并影响了普通高中整体质量的提高。为了使普通高中教育更好地适应社会主义现代化建设的需要，并为提高国民素质做出更大贡献，国家在该阶段特别强调了加强薄弱高中建设的必要性，并致力于对薄弱高中进行改进。

---

[1] 教育部：《教育部关于普通高中新课程省份深化高校招生考试改革的指导意见》，载何东昌主编《中华人民共和国重要教育文献（2003—2008）》，海南出版社2010年版，第1556—1557页。

[2] 陈小娅：《坚定不移地深化基础教育课程改革，努力开创素质教育工作新局面》，《人民教育》2009年第24期。

[3] 中共中央、国务院：《国家中长期教育改革和发展规划纲要（2010—2020年）》，人民出版社2010年版，第24—25页。

一　薄弱普通高中的形成

薄弱学校是指在同一个时期和地区内，相对而言，其办学条件较差、办学水平不高，并由此导致教育质量不高，社会声誉不佳，学校生存和发展困难的一类学校，它是基础教育发展不均衡的一种表征。[1]"薄弱学校"一词最早出现在1986年3月教育委员会颁发的《国家教委关于在普及初中的地方改革初中招生办法的通知》中，通知要求各地"特别要注意采取有效措施，搞好薄弱初中建设，使这些学校的校舍、办学经费、师资水平、教学仪器设备等办学条件有较大的改善和提高"[2]。1995年，国家教委印发的《关于大力办好普通高级中学的若干意见》中，首次提到"薄弱高中"一词，意见提到"要大力加强薄弱高中的建设"。同年，国家教委印发的《加强薄弱普通高级中学建设的十项措施（试行）》对薄弱高中进行了界定，即办学条件困难、生源素质不高或领导班子和教师力量薄弱、教育质量较低或规模过小、办学水平和效益较差的基础相对薄弱的普通高级中学。[3]

不同的国家和社会，其薄弱学校的形成有着不同的机制和表现，并与特定的历史文化传统相关联，薄弱高中的形成有其特定历史背景。中华人民共和国成立后，中国确定了教育工作必须为国家建设服务，学校必须为工农开门的总方针。但是，由于财力有限，也因为当时推进教育事业的现实需要，国家实行了一手抓普及，一手抓重点学校体系建设的策略，重点学校政策由此出台，这样就呈现出不均衡的态势。但从中华人民共和国成立到"文化大革命"开始期间，薄弱学校问题还没有显现出来。[4]"文化大革命"期间，大力推进"普及教育"进程，盲目发展中小学教育规模，到1977年，普通中学在校生人数由1965年

---

[1]　李桂强：《薄弱学校成因的政策分析》，《当代教育科学》2004年第19期。

[2]　国家教委：《国家教委关于在普及初中的地方改革初中招生办法的通知》，载何东昌主编《中华人民共和国重要教育文献（1949—1997）》，海南出版社1998年版，第2389—2390页。

[3]　国家教委：《国家教委关于印发〈加强薄弱普通高级中学建设的十项措施（试行）〉的通知》，载何东昌主编《中华人民共和国重要教育文献（1949—1997）》，海南出版社2003年版，第3840—3841页。

[4]　李桂强：《再谈薄弱学校成因》，《天津师范大学学报》（基础教育版）2005年第3期。

的933.8万人猛增为6779.9万人，增加6.3倍，其中初中增加5.2倍，高中增加13.8倍。①"文化大革命"结束后，中国进入改革开放时代。从当时社会建设发展的人才需要及历史条件出发，国家在教育发展上提出"多出人才、快出人才、出好人才"的目标。为了实现这个目标，国家重新恢复了重点学校体系。在重点学校体系下，包括经费投入、办学条件、师资队伍、学生来源等方面的教育资源日益向重点学校倾斜。资源配置向重点学校倾斜，对基础教育的发展产生了深刻的影响，重点学校与非重点学校的差距日益加大。就一定意义而言，政府在打造一大批优秀学校的同时，也导致了一大批薄弱学校的形成。

当然，薄弱学校的形成不是单一因素造成的，而是多种因素综合作用的结果。重点学校政策并非造成基础教育学校强弱之分的唯一因素。国家宏观经济体制改革以及由此带来的学校办学体制改革，也在一定程度上造成学校的强弱之分。为了促进基础教育质量的提高，学校办学效率和办学业绩的提高，国家在启动多项教育改革的同时，强调要调动各方面的积极因素，并把竞争机制引入基础教育。由此，教育发展的行政导向开始逐渐被市场导向所取代。优质教育资源的分配，日益被市场力量所主导。原先取得优势地位的重点学校，不仅能通过倾斜性政策获得办学所必需的教育资源，而且还能通过市场机制获取更多的教育资源，形成办学中的"马太效应"。政府导向、学生自主选择和学校单向选择的中考制度设计，使越来越多的优秀学生走向重点学校，造成普通学校越来越薄弱。②从学校教育发展所必需的资源来看，政府向城市学校及优质学校的倾斜性投入，在竞争机制的宏观背景下，更加剧了学校之间的差距。而且许多学校本身就存在先天不足的问题，如办学条件较差、教育观念落后、办学思想滞后、管理水平低下等，这样的先天不足，亦是薄弱学校形成的重要原因之一。③

20世纪80年代中后期，薄弱学校问题愈发严重，引发了教育界和社

---

① 刘英杰主编：《中国教育大事典（1949—1990）》，浙江教育出版社1993年版，第336页。
② 周兴国：《农村学校改进制度分析与路径选择》，安徽师范大学出版社2016年版，第37—38页。
③ 李桂强：《再谈薄弱学校成因》，《天津师范大学学报》（基础教育版）2005年第3期。

会各界的广泛关注。随着基础教育的基本普及化和高等教育的大众化发展，人民对高中优质教育资源的需求日益迫切，因此，20世纪90年代，国家高度重视薄弱学校的改进，强调要提高普通高中教育质量。为了解决薄弱学校问题，国家开始逐步废除重点学校，通过颁布一系列政策文件来促进高中教育的均衡发展，优化办学条件，以提高普通高中教育质量，满足人民对新时代普通高中优质教育资源的迫切需求，进而更好地适应社会主义现代化建设的需要，并为提高国民素质提供更优质的服务。

二 薄弱普通高中改进的政策引导

1995年，为了贯彻落实《中国教育改革和发展纲要》（1993年）及其实施意见，指导20世纪90年代到21世纪初普通高中教育改革和发展，国家教委印发的《关于大力办好普通高级中学的若干意见》提出，要大力加强薄弱高中的建设，从经费投入、师资配备、领导班子充实等方面给予更多扶持，使其尽快改变面貌，缩小校际差距。[①] 6月，为了落实意见中提出的"要大力加强薄弱普通高中的建设"的任务，提高普通高中整体质量和水平，国家教委出台了《加强薄弱普通高级中学建设的十项措施（试行）》，这十项措施具体为：一是，切实转变教育思想，更新教育观念；二是，继续调整中等教育结构，积极推进中考制度改革；三是，积极进行办学体制改革试验；四是，大力推进办学模式改革；五是，合理调整学校的布局、规模；六是，努力增加投入，改善办学条件；七是，进一步加强学校领导班子和师资队伍建设；八是，深入开展教育教学改革；九是，建立科学的评估体系；十是，提高认识，统筹规划，保证加强薄弱高中建设工作顺利进行。[②]

对上述十项举措进行逻辑意义上的分类，又可以分为四种策略。一是教育资源的倾斜投入，实现薄弱学校的自我改进。其具体策略包

[①] 国家教委：《国家教委关于印发〈关于大力办好普通高级中学的若干意见〉的通知》，载何东昌主编《中华人民共和国重要教育文献（1949—1997）》，海南出版社1998年版，第3829—3831页。

[②] 国家教委：《国家教委关于印发〈加强薄弱普通高级中学建设的十项措施（试行）〉的通知》，载何东昌主编《中华人民共和国重要教育文献（1949—1997）》，海南出版社1998年版，第3840—3841页。

括：经费投入向薄弱学校倾斜；学校领导的充实和调整，优质学校的领导到薄弱学校担任领导职务，学校领导干部校际之间定期轮换任职；鼓励、安排优秀、骨干教师到薄弱学校，通过长期任课、兼课或示范教学推广教育教学经验，选送薄弱学校教师到办学水平较高的学校挂职，对薄弱学校教师进行脱产培训和在职进修，提高薄弱学校的教育教学水平；组织高校、教育科研、教研机构的专家以咨询组、顾问组等形式深入薄弱学校，帮助研究提高教育管理水平和教育教学水平。二是体制机制转换，通过对薄弱学校实行"公办民助""民办公助"等办学体制改革试验，实现薄弱学校的自我改进。三是薄弱学校的"撤""并"和"扶"，即"通过合理调整学校布局，予以撤销或与办学水平较高的学校合并"，"充分发挥重点中学和办学水平较高的中学的示范辐射作用……每所重点学校和办学水平较高的学校必须承担帮、带一所或几所薄弱学校的任务，支持和帮助这些学校逐步提高办学水平"。①《示范性普通高级中学评估验收标准（试行）》即强调，示范性普通高中要发挥其辐射作用，采取选派干部和骨干教师、提供设备和场地、联合办学和办分校等多种形式帮助一般高中，尤其是薄弱高中。四是注重做好人的工作，在原有基础上加强改造或建设，如通过培训提高师资队伍的教育教学水平，提高学校管理队伍的教育管理水平，以及通过招生制度改革改善学校的生源结构等。②

自《加强薄弱普通高级中学建设的十项措施（试行）》颁布之后，中央政府和教育部在出台的各种政策文件中也有对薄弱学校改革与建设的相关要求。1999年8月，《教育部关于积极推进高中阶段教育事业发展的若干意见》指出，通过学校布局调整、高初中分离、重点校与薄弱校联合办学等形式挖掘教育发展潜力，充分利用现有教育资源。③同时，各级地方政府也认真按照国家文件要求采取具体措施，加强对

---

① 《中国教育年鉴》编辑部编：《中国教育年鉴 1999》，人民教育出版社1999年版，第993页。

② 周兴国：《农村学校改进制度分析与路径选择》，安徽师范大学出版社2016年版，第47—48页。

③ 教育部：《教育部关于积极推进高中阶段教育事业发展的若干意见》，载何东昌主编《中华人民共和国重要教育文献（1998—2002）》，海南出版社2003年版，第338页。

各地薄弱高中学校的治理，并取得了显著进展。

三　薄弱普通高中改进的地方实践

自《加强薄弱普通高级中学建设的十项措施（试行）》颁布之后，各地根据地方实际进行薄弱高中的改进与建设。

（一）北京市薄弱高中改进实践

第一，重视薄弱高中改进工作，加强政策指导。1996年4月，北京市政府办公厅发出《关于加强基础薄弱学校建设的通知》，明确加强基础薄弱学校建设工作主要责任在区县政府，提出从加强领导、加大投入、队伍建设、学校管理、深化改革五个方面入手，力争用3—5年时间，使基础薄弱学校的办学条件得到明显改善，教育质量有较大提高，从而全面提高全市九年制义务教育整体水平。市教委发出《北京市加强基础薄弱学校建设的工作规划（试行）》和《北京市加强基础薄弱学校建设工作的管理办法（试行）》，提出三年工作总目标和年度分解目标改变基础薄弱学校面貌的6条要求，及落实目标、要求的具体措施。

第二，建立薄弱高中改进工作制度。1996年5月，北京市政府召开动员大会，由市政府和城近郊区政府、市教委和区教委（教育局）双双签订责任书，将工作纳入制度化、规范化轨道。同时，还建立了市委、市人大、市政府、市政协领导联系基础薄弱校制度。1997年，市、区县分别建立了党委人大、政府、政协主要领导联系薄弱校的制度。

第三，加强资源投入，完善办学条件。1996年，北京市财政拨款3000万元，各区县筹资9600万元，共计1.26亿元，投入66所学校的153个建设项目上，改善学校的办学条件。全市投入资金超过前三年经费投入的总和，促进了学校办学整体水平的提高。全年共新征地1.4万平方米，新建和改扩建教学用房5万平方米，修整操场面积10.5万平方米，16所学校新增150—400米环形跑道操场，47所学校教学设施、设备得到更新、充实，办学条件主要项目达到市一般标准。[①] 1997年，

[①] 《中国教育年鉴》编辑部编：《中国教育年鉴　1997》，人民教育出版社1997年版，第340—341页。

新建校舍近 10 万平方米。① 1998 年，北京市继续加强对基础薄弱学校的领导和资金投入，重点对 8 个区 70 所学校的 339 个项目进行投入共计近 1.1 亿元，其中，市财政拨补助经费 3000 万元。② 1997—1999 年，城近郊 8 个区政府共为 105 所基础薄弱学校投入 3.4 亿元，学校办学条件有较大改善。新增土地使用面积 2.7 万平方米，新建用房 7.9 万平方米，改扩建用房 4.5 万平方米，修建操场 22.6 万平方米，所有学校办学条件主要项目全面达到北京市办学条件一般标准，其中配备计算机、语音教室，配置闭路电视系统的比例分别比 1996 年提高 54、38、47 个百分点。③

第四，进一步加强学校领导班子和师资队伍建设。1996 年，北京市薄弱学校校级领导班子的调整基本完成，一批优秀中青年干部担任了学校领导管理职务。99 名校长参加为期 3 个月的校长培训。同时，为薄弱学校补充教师近 500 名，基本解决了教师缺编问题。④ 市、区教育行政、教研部门加强了学校的教学研究和教学指导工作。1997 年，调整薄弱校校级领导 52 名，中层领导 62 名，800 多名骨干教师被充实到教学第一线。对薄弱学校教师采取不同措施加强培训，薄弱校的 3800 多名各科教师中有 10% 的教师进修大专、本科及研究生课程。⑤ 1998 年，北京城近郊 8 个区的基础薄弱学校共充实调整校级和中层干部 51 人，充实到薄弱学校任课、兼课的骨干教师 140 人，其中一级教师 72 人、高级教师 48 人。⑥ 到 1999 年，校级干部的学历全部达到大专以上，其中大学本科学历的占 63%，比三年前提高 19 个百分点。

---

① 《中国教育年鉴》编辑部编：《中国教育年鉴 1998》，人民教育出版社 1998 年版，第 355—356 页。
② 《中国教育年鉴》编辑部编：《中国教育年鉴 1999》，人民教育出版社 1999 年版，第 446—447 页。
③ 《中国教育年鉴》编辑部编：《中国教育年鉴 2000》，人民教育出版社 2000 年版，第 384—385 页。
④ 《中国教育年鉴》编辑部编：《中国教育年鉴 1997》，人民教育出版社 1997 年版，第 340—341 页。
⑤ 《中国教育年鉴》编辑部编：《中国教育年鉴 1998》，人民教育出版社 1998 年版，第 355—356 页。
⑥ 《中国教育年鉴》编辑部编：《中国教育年鉴 1999》，人民教育出版社 1999 年版，第 446—447 页。

专任教师短缺问题基本解决，专任教师的学历合格率达到93%，其中达到大学本科的达48%，有44名教师被确定为市、区级骨干教师。①

第五，采取撤并、联办、转制等多种途径改造基础薄弱校。1997年，通过撤并、联办、转制等多种途径改造薄弱学校，使城近郊区105所薄弱校中的80所达到了一般学校标准，其余学校可望在1998年"摘帽"。② 1996—1998年，共撤并30所，其中停招初中生6所，撤销合并学校15所，进行办学体制改革学校9所。③

第六，实行联合办学制度。1998年，北京市教委提出要建立和完善重点和较好学校与基础薄弱学校"手拉手"合作办学制度，62所薄弱校与重点校、较好校、高等学校及部分科研单位建立了合作关系。④1999年，有66所学校分别与重点和较好学校建立了"手拉手"合作办学联系制度，106名优秀教师到薄弱学校兼课、任课。⑤

第七，加强薄弱高中改进的宣传工作。通过各种媒体宣传、报道加强基础薄弱学校建设的目标、措施和工作进展情况，引导教育内部和社会有关方面理解、支持、帮助基础薄弱学校建设。

（二）上海市薄弱高中改进实践

1994年，上海市教育工作会议上，市委书记黄菊代表市委、市政府提出了"建设一流城市，创一流教育"的目标，上海市教育工作会议结合教育改革与发展的实际情况，提出了教育的"八大工程"，其中之一就是"薄弱学校更新工程"。"薄弱学校更新工程"于1995年正式启动，历时三年，于1998年全面完成，该工程采取的主要措施具体如下。

---

① 《中国教育年鉴》编辑部编：《中国教育年鉴 2000》，人民教育出版社2000年版，第384—385页。

② 《中国教育年鉴》编辑部编：《中国教育年鉴 1998》，人民教育出版社1998年版，第355—356页。

③ 《中国教育年鉴》编辑部编：《中国教育年鉴 1999》，人民教育出版社1999年版，第446—447页。

④ 《中国教育年鉴》编辑部编：《中国教育年鉴 1999》，人民教育出版社1999年版，第446—447页。

⑤ 《中国教育年鉴》编辑部编：《中国教育年鉴 2000》，人民教育出版社2000年版，第384—385页。

第一，明确各级部门职责，实施责任制。根据基础教育分级管理的原则，实施更新工程的主要责任在区县、乡镇政府，并由教育行政部门实施。市教育行政部门的主要责任在于宏观规划、制定政策、加强统筹协调和管理、指导。市教委成立"薄弱学校更新工程"领导小组，由分管基础教育工作的副主任担任组长。"薄弱学校更新工程"实行责任制，由副市长牵头召集，市教委直接与有关区县政府分别签定责任书，落实法律责任，确保按时按质完成任务。[①]

第二，拓宽经费筹集渠道，加大对"薄弱学校更新工程"的投入，优化薄弱学校办学条件。在三年的"薄弱学校更新工程"中，市政府拨款近2亿元，区县、乡镇两级政府拨出数倍于市里的经费，共计改造230所学校新地116万平方米，增加占地面积74万平方米新建各种教学用房66万平方米，增加校舍面积43万平方米教室1593间，增加专用教室1301间。此外，上海市教委还建立"农村教育专项资金"补助机制，1997年、1998年两年投15亿元，使郊区中学理化实验仪器、小学自然常识仪器全部达到市颁标准，为郊区完成更新改造的学校及部分经济困难乡镇的中小学添置设备。[②]经各区县努力，1997年，91所薄弱学校全部完成更新改造任务。更新后，91所学校占地面积达134万平方米，增加37.4万平方米；校舍面积达57万平方米，增加19.6万平方米；教室1966间，增加181间；专用教室1028间，增加634间，大大改善了办学条件。[③]

第三，抓好队伍，为薄弱学校改变面貌，"壮骨，输血，提神"。上海市把师资队伍建设和领导班子建设放在首位，调整充实学校的领导班子，着重提高校长的领导管理能力与水平，采取培训、培养、充实、调整等办法，提高教师队伍的整体素质。许多区县还制定了鼓励重点中学教师和中心小学骨干教师向薄弱学校流动的政策，形成骨干

[①] 张民生：《向"一流教育"进军的奠基工程——上海实施新一轮"薄弱学校更新工程"》，《上海高教研究》1997年第3期。

[②] 《上海文化年鉴》编辑部编：《上海文化年鉴 1999》，《上海文化年鉴》编辑部1999年版，第102页。

[③] 《中国教育年鉴》编辑部编：《中国教育年鉴 1998》，人民教育出版社1998年版，第481页。

教师在区县范围"资源共享"的机制，加大了骨干教师校际调配的力度。如徐汇区实施"立足长桥，兼带周边，南北联动，辐射全区"的战略，派遣大批教研和管理人才，帮助该地区建立了区域性联合教研活动等制度，形成自我提高的局面。[①] 又如普陀区1998年度中小学流动干部和教师413名，其中流动到新办学校和薄弱学校的干部、教师有159名。为了让更多的骨干教师到薄弱学校去任教，普陀区教育局还规定，凡申报中学高级职务的教师，必须具备在薄弱学校工作一年的经历。[②]

第四，健全和完善检查、督导、评估制度。市教委负责制定检查评估指标并加强宏观督查，每年对区县的"薄弱学校更新工程"的实施进程和阶段工作进行检查评估，并连续跟踪，对工作中取得成绩的区县给予表彰。"薄弱学校更新工程"的实绩将列入区县实施"双高"普九评估检查的内容。各区县也有相应的检查评估措施，以加强对薄弱学校改变面貌工作的正确导向。

四　优质普通高中辐射薄弱普通高中的主要模式

薄弱学校改进与建设的本质是使这些学校拥有更多的优质教育资源，进而提高这些学校的人才培养质量。普通高中发展的示范性高中阶段，为了充分利用优质学校资源，强化示范性普通高中的辐射作用，国家通过学校结对帮扶、集团化办学、委托管理等模式，努力使薄弱学校拥有更多的优质教育资源，进而改善薄弱学校的办学条件和提高教育教学质量。

（一）校际结对帮扶

校际结对帮扶，即将示范性高中和重点高中等优质高中与其他薄弱高中或是城市优质学校与乡镇薄弱学校建立"结对"关系，通过交流互动，促进资源共享，使得优质学校牵手薄弱学校共发展，并在发展中不断充实，不断丰富优质教育资源，带动薄弱学校的逐步发展。

---

① 杜成宪总主编，金忠明著：《上海教育史　第4卷（1976—2002）》，上海教育出版社2019年版，第187页。

② 刘培鸿：《盘活资源，综合治理，加快薄弱学校更新工程》，《上海教育》1997年第1期。

2007年，广东省潮州市湘桥区教育局学校"结对帮扶"工作领导小组及办公室正式成立，并发布《开展学校结对帮扶，促进教育均衡发展活动的实施意见》。按照"统一规划、分步实施"的工作方针，计划利用五年时间，力争到2011年，基本实现区域内义务教育学校在办学条件、生源质量、教师队伍、教育管理水平和教学质量上的均衡发展。在实施意见的指导下，潮州市各学校积极开展校际结对帮扶活动。潮州市湘桥区学校选择了办学规模大、办学综合实力强、办学质量和水平高的7所学校（其中高中1所、初中3所、小学3所）与34所薄弱学校组成"结对帮扶"对象，并从筹措资金、指导学校管理工作、到校开展集体活动、指导课改工作、学生结对等五大方面确定了具体的帮扶内容。[1]

2008年，成都市开展城乡百校结对。成都市在全市范围内遴选出130所较好的学校与143所较弱的学校深度结对，中心城区的名校与郊区边缘学校全部结对，辐射优质教育。结对学校共同制订结对计划，采取"一对一"支援形式或共同体发展模式，形成合作互动的发展团队，共同教研，共同科研，共同培训，共同发展，共享前沿信息，共享教育资源，共享发展成果。[2]

2009年6月，重庆市启动普通高中捆绑发展工作。到2013年初，重庆市有104所重点中学与108所一般高中捆绑发展，选派支教教师1715人，捐赠奖金2378万元，接受顶岗学习教师3622人，区县之间初中毕业生升入普通高中的比例缩小11.3%，27所被捆绑高中成为重点中学，全市优质高中教育覆盖率由57%提高至65%。[3]

（二）教育集团

学校集团化是指一些名校或重点学校利用自身的优势资源，参与

---

[1] 刘英进：《全面实施帮扶工程，全力推进均衡发展》，《广东教育》（综合版）2008年第5期。

[2] 李化树：《公平与均衡：中小学薄弱学校改造与发展研究》，西南交通大学出版社2011年版，第119页。

[3] 周旭：《着力推动普通高中教育走向均衡化、多样化、优质化发展之路——在重庆市深入推进普通高中学校捆绑发展全面提高普通高中教育质量工作会议上的讲话》，《科学咨询（教育科研）》2013年第2期。

改进薄弱学校，并与这些薄弱学校联合起来，进行"捆绑式"的集团化发展。集团化办学可提高优质教育资源的使用效率，引发区域内教育资源的进一步整合和优质教育品牌的扩张，同时也促进学校在其办学机制、学校管理和教师发展等多方面的变革，在较短时间，以较快的速度，创造性地解决基础教育领域优质教育均衡发展的现实问题，促进和推动基础教育领域的公平和均衡发展。

中国的教育集团产生于20世纪80年代末90年代初，主要源于国内教育产业观念的传播和民办教育的兴起。随着社会经济快速增长和教育事业的大力发展，政府主导型的教育集团也逐渐诞生。当教育在同一主体下个体规模扩大、数量增多时，就应适当借鉴经济发展的经验和成果，引入企业集团组织形式，在具备一定条件的基础上，由单一向群体发展，组建教育集团，从而提高教育的组织化程度，提高教育资源的配置效率。

集团化办学最初开始于20世纪90年代初期的上海。当时上海的一些重点中学在政府的支持下，与一些教育质量相对较差的学校包括薄弱高中组建成为教育集团，将这些重点中学的教育资源和教育经验传递给这些伙伴学校，进而带动这些学校发展。1993年，上海市建平中学利用办教育集团的方式，以办学思想为无形资产，向外输出包括师资管理、教学质量管理、教学过程管理等在内的"管理思想"，在10年内发展成为拥有9所联办学校的教育集团。同样，上海市育才中学也是一所实施集团化办学的传统名校。2000年3月，育才教育联合体正式成立，育才中学、育才初级中学、五四中学、静安区第一中心小学、威海路第三小学等五所学校成为第一批成员。之后，时代中学、育英中学、西康路第三小学和延安中路小学（现为陈鹤琴小学）等也陆续加入。此外，上海市七宝中学教育集团也是一个比较突出的代表。

浙江省也是集团化办学规模最大的地区之一。随着杭州城市化的提速，经济社会快速发展，公众对优质、平价、多样化教育需求日益高涨，教育面临着如何解决"上好学"和"好上学"两大问题。2002年6月，杭州市政府出台《关于深化改革加快发展率先实现基础教育现代化的决定》，指出要"以优质学校为龙头，组建跨地区、跨类别学校的教育集团，通过资产和人员重组，改造薄弱学校，提高教育质量和办学效益"[①]。2004年9月，在杭州市委市政召开的全市基础教育工作会议上，确立了实施名校集团化战略。由此，杭州名校集团化办学开始步入政府推动、社会响应的快速发展阶段。随后，杭州市教育局制定了《关于实施中小学名校集团化战略的若干意见》，杭州二中等五个以高中为主体的教育集团成立。2004年，全市教育集团为28个，成员单位61个。从2004年秋季起，名校集团化全面铺开，围绕"让更多的人接受更好的教育"的目标，积极探索多种形式集团化办学模式。2005年3月10日，杭州市举办名校集团化办学论坛。这一年全市教育集团增至39个，成员单位156个。2006年，全市教育集团达到51个，成员单位188个。2005年，名校集团化又以"城乡学校互助共同体"的形式向农村推进，开辟了建设新农村、促进城乡教育均衡发展的新路径。之后，杭州市教育局在建德召开城乡学校结对互助工作会议，开启了构建"城乡学校互助共同体"进程。始于2002年的城乡结对帮扶由此转向互助共同体，并逐步构建了课题引领、接纳、培训网络、在线主题研讨、特色共享五大模式。互助共同体在教育教学管理、课堂教学示范、教学专题研讨、教育资源共享、干部教师培训、学生交流结对、新课程改革全面实施、农村小班化教育研究等方面构建互动机制，形成教师互帮、学生互动、科研引领三大特色，有效地提升农村学校办学水平，成为推进城乡基础教育均衡化发展的有效途径。2006年9月，杭州市委办公厅市政府办公厅印发的《关于实施中小学名校集团化战略的若干意见》为"十一五"期间名校集团化战略的深化推进奠定了基础。2007年9月，在充分调研基础上，杭州市委杭州市政府出台《关于进一步推进名校集团化战略的意见》，名校集团化办学得到进一步推进，拓宽优质教育资源集聚形式，形成核心连锁式办学、合作共同体式办学、高校（教科研单位）引领办学和企业助资式办学等四种集团化办学模式。2002—2007年，在高中教育阶段，杭州市成立了杭州市第二中学、杭州市第十五中学、杭州市采

---

① 临安市教育局：《临安市基础教育工作会议资料》，临安市教育局2002年版，第89页。

荷中学、杭州市第四中学、杭州市第十三中学等五所以高中为主体的教育集团，并充分发挥了这些优质高中教育资源的辐射作用。①

（三）委托管理

为了推进薄弱学校改进工作，委托管理也是一种实践创新，即政府以契约的形式，以第三方评估为基础购买优质学校或教育中介机构的专业化服务，委托这些学校或者机构管理薄弱学校，向这些薄弱学校传递先进的教育理念和学校文化，提升这些学校的办学水平和教学质量。

委托管理作为我国改造薄弱学校的创新性探索，最早来自上海市的实践。2005年，上海市浦东新区社会发展局与上海市成功教育管理咨询中心签订委托管理公办东沟中学的协议，标志着上海"委托管理"模式正式开始实行。2005年6月，上海市徐汇区委托上海师范大学附属中学管理龙华中学，并将"龙华中学"更名为"上海师范大学附属中学龙华中学"。与此同时，上海市浦东新区社会发展局将东沟中学委托给上海成功教育管理咨询中心管理，区政府负责每年向托管方支付管理费。该机构通过"团队契约式支教"的方式输出教育理念、管理模式、教学方法和师资队伍，使东沟中学的教育质量得以有效改善。总的来看，委托管理在尝试和探索的过程中主要产生了两种模式。一是优质学校委托管理模式，即政府将薄弱学校委托给其他优质的学校进行管理，如将上海市松隐中学委托给上海市建青实验学校进行管理。该模式的特点表现为优质学校凭借优质的教育资源和先进的办学模式，在合作共赢的原则下，提高薄弱学校的办学质量。二是教育专业机构委托管理模式，即政府将薄弱学校委托给具有一定资质的教育专业机构进行管理，如上海市成功教育咨询中心对上海市城郊薄弱学校的管理。该模式的特点在于政府部门采用市场化的运作方式，将薄弱学校委托给较为成熟、优质的教育专业机构进行管理。②

作为改造薄弱学校的重要举措，委托管理在尝试和探索的过程中

---

① 中共浙江省委党史研究室、当代浙江研究所、浙江省当代史学会编：《当代浙江研究第4辑》，中共党史出版社2009年版，第332—335页。

② 林天伦：《学校发展论著》，广州中山大学出版社2022年版，第152页。

主要产生了两种模式。一是优质学校委托管理模式,即政府将薄弱学校委托给其他优质的学校进行管理,如上海松隐中学委托给上海市建青实验学校进行管理。二是教育专业机构委托管理模式,即政府将薄弱学校委托给具有一定资质的教育专业机构进行管理,如上海市成功教育管理咨询中心对上海市城郊薄弱学校的管理。该模式的特点在于政府部门采用市场化的运作方式,将薄弱学校委托给较为成熟、优质的教育专业机构进行管理。[①]

---

① 邓亮、林天伦:《薄弱学校委托管理制度建设:困境与出路》,《教育科学》2015年第5期。

第四章 普通高中多样化特色发展阶段(2010年至今)

第一节 普通高中多样化特色发展阶段的背景与定位

2010年，中共中央、国务院颁布了《国家中长期教育改革和发展规划纲要（2010—2020年）》，鲜明地提出了"推动普通高中多样化发展""鼓励普通高中办出特色"[①]，这是国家结合社会发展形势和普通高中发展现状，对普通高中发展方式的重大战略决策和政策定向，为高中教育的多样化、特色发展提供了政策引领和保障，形成了一条"先追求精英化，再转到均衡化，最后再谋求多样化、特色化发展的特殊道路"[②]。

一 普通高中多样化特色发展阶段的背景

(一)"重点/示范"高中阶段存在的问题

改革开放以来，由于当时国家教育资源的缺乏与限制，这一阶段普通高中发展的基本价值取向是优先发展"重点/示范"高中，这是符合特定时期国情需要的。然而，随着国家经济社会不断发展，普通高中阶段教育却出现了一系列的问题。第一，学生层面。"重点/示

---

① 中共中央、国务院：《国家中长期教育改革和发展规划纲要（2010—2020年）》，人民出版社2010年版，第25页。
② 杨建超、孙玉丽：《高中教育的历史演进及启示》，《河北师范大学学报》（教育科学版）2014年第5期。

范"高中时期"唯分数论"现象严重,忽视了学生全面发展和个性发展。普通高中教育普遍以考试分数为唯一评价标准,不注重学生的创新精神和实践能力的培养,抑制了学生主动学习、自主创新的兴趣,忽视了"育人"的功能,强调标准化教育导致学生"千人一面",不仅不利于学生全面而有个性的发展,也不利于满足社会经济所需要的多样化人才需求。第二,教学层面。"重点/示范"高中时期的教学模式比较单一,主要以讲授传输式教学模式为主。标准统一的课程设置,忽视了学生的差异性。"升学率"成为衡量一所学校教育质量的重要指标,导致学校仅对"智育"重视,而忽视了"德育""体育""美育"和"劳动教育"。第三,学校层面。"重点/示范"高中政策拉大了学校间的差距,不利于教育公平的实现。由于国家对重点/示范高中投入优质资源,使其享受优先发展和重点扶持的政策优势,其规模不断扩大,而其他普通学校资源相对较少,面临生源不足的问题,甚至面临无法生存的境地。普通高中存在同质化倾向,出现了"千校一面"的现象,缺乏内涵建设。此外,普通高中人才培养模式和办学体制比较单一、课程选择性不足等一系列问题的产生,亟需国家出台政策进一步解决这些问题。[①]

(二) 普通高中进入多样化特色发展阶段的需求

1. 普通高中进入大众化阶段的新需求

从根本上说,普通高中多样化特色发展任务的提出,是由普通高中教育的发展阶段决定的。[②] 参考表4-1-1可知,毛入学率达到50%—85%即说明高中教育处于大众化的成熟阶段。2010年,全国高中阶段教育毛入学率达到了82.5%[③],意味着高中教育从精英化阶段走向大众化阶段。精英化阶段的普通高中注重升学率,强调选拔与淘汰,并强调规模的扩张;而普及化阶段则开始注重育人的职能定位,

---

[①] 刘世清、苏苗苗、胡美娜:《从重点/示范到多样化:普通高中发展的价值转型与政策选择》,《华东师范大学学报》(教育科学版) 2013年第1期。
[②] 崔玉婷:《普通高中特色发展研究》,知识产权出版社2016年版,第29页。
[③] 刘世清、苏苗苗、胡美娜:《从重点/示范到多样化:普通高中发展的价值转型与政策选择》,《华东师范大学学报》(教育科学版) 2013年第1期。

由规模扩张转向内涵式发展。因此,多样化特色发展是中国普通高中从精英化阶段跃进到大众化阶段后发展的新范式或新思路。

表4-1-1 高中教育发展阶段及典型特征①

项目	精英阶段	大众化阶段		普及阶段	
		初期阶段	成熟阶段	基本普及	高度普及
毛入学率	30%以内	30%—50%	50%—85%	85%—95%	95%以上

2. 国家社会层面对多样化创新劳动力的需求

随着国家社会经济的不断发展,人才的需求越来越多样化。进入21世纪后,中国加入国际世贸组织,国家经济社会的转型对劳动者的素质和创新能力提出了新要求,更需要多层次、多样化、多元化、多类型的高素质人才。② 同时,高校连年扩招后,全社会已从长期的"文凭短缺"时代进入"文凭相对过剩"时代,社会就业逐步进入"文凭+能力素质"的选拔时代,提升能力素质具有更加重要的现实意义,普通高中面临从重"应试"转向重"能力素质"的现实需要,③ 这就要求高中学校必须走向多样化发展。随着社会分工日益精细化,为迎合市场需求,高等教育专业设置不断优化细化,进而推动普通高中学校需培育多元化发展的人才。普通高中学校需要通过特色办学以满足各行各业对人才需求的多样性,为学生创造更为丰富的选择与发展空间。

3. 普通高中学校特色办学的需求

由于"重点/示范"高中阶段的学校未能形成显著的办学特色,导致普通高中教育呈现出"千校一面"的现象,学校"同质化"发展问题日益突出,既无法满足学生的个性化发展需求,也不能适应社会多样化人才的需求及教育改革的要求,学校竞争力难以保持,甚至部分学校面临生存困境。为此,普通高中学校若想持续生存,提升竞争

---

① 闻待:《论高中教育的多样化发展》,博士学位论文,华东师范大学,2010年,第48页。
② 陈志利:《愿景型领导视角下的普通高中多样化发展研究》,博士学位论文,南京师范大学,2015年,第52页。
③ 崔玉婷:《普通高中特色发展研究》,知识产权出版社2016年版,第42页。

第四章 普通高中多样化特色发展阶段(2010年至今)

力以及保持活力,必须探索特色办学之路。普通高中多样化发展意味着真正关注和重视每一所学校,充分发挥所有普通高中学校的主体性与积极性,鼓励学校根据自身实际情况追求自我定位发展与特色发展,学校才能形成自己的发展特色。

4. 学生多样化发展需求

普通高中阶段的学生一般是15—18岁的青少年,这个年龄段是个性发展和人格塑造的关键时期,也是决定其未来职业生涯和终身发展的重要时期。然而,由于"重点/示范"高中时期仅注重升学率,按照单一的评价标准、培养模式和课程结构,如割草机般对学生实施统一标准化教育,没有考虑到学生的个性发展、兴趣特长、创新能力等问题,使得一些学生缺乏对人生理想和信念的追求,缺乏社会责任感和人生的自我规划能力以及与他人的合作能力,这种办学模式已不能满足学生的个性化发展需求,拔尖和创新人才更是难以脱颖而出。[①]多样化发展意味着需要尊重学生的差异性和个性的发展,并为高中生提供多样化的教育以找到最适合他们的教育方式。这就要求高中教育深刻认识和把握学生的身心发展规律,重视普通高中教育的基础性、选择性和时代性,尊重学生的个体差异,尽可能地满足学生的各项潜能发展,为学生个性化发展提供助力,充分发挥育人功能。多样化的普通高中教育则应是为"每个人提供适合的基础教育",更多尊重差异和个性化发展,为其未来发展奠定坚实的基础。[②]

总之,普通高中走向多样化特色发展阶段。从历史角度来看,"重点/示范"高中阶段在面对时代变迁出现的诸多不适应问题,需要新政策的支持来解决这些问题。从高中发展来看,多样化是普通高中从精英化阶段到大众化阶段发展的一种新范式。从国家社会层面来看,为了适应社会经济的飞速发展需要高中教育培养多样化创新人才。从学校办学来看,多样化特色发展有利于改善高中学校高度同质化和

---

① 周浩波、李静:《现阶段我国普通高中教育功能定位研究》,《辽宁师范大学学报》(社会科学版) 2016年第3期。

② 刘世清、苏苗苗、胡美娜:《从重点/示范到多样化:普通高中发展的价值转型与政策选择》,《华东师范大学学报》(教育科学版) 2013年第1期。

"千校一面"的状况,走内涵提升、特色发展之路。从学生发展来看,多样化特色发展可以满足不同学生实现多样化发展,实现全面而有个性的发展。多样化特色发展意味着普通高中教育将更好地适应学生发展的各种差异,在学校类型、育人模式、课程设置、教育教学方式以及学生指导等方面为学生提供更加多元的选择机会、支持和帮助,满足学生多样化、个性化发展的需要。因此,多样化特色发展是当前中国普通高中发展的必然选择和必然趋势。

二 普通高中多样化特色发展的定位与政策演进

(一) 普通高中多样化特色发展的内涵

普通高中多样化特色发展是教育转型背景下,国家为促进普通高中教育满足不同潜质学生发展需求,以及扭转普通高中同质化发展格局,倡导每一所高中学校基于自身优势以形成特色化、优质化的发展新格局而做出的宏观政策指向。如图4-1-1所示,"多样化""特色""发展"三者的关系是:"多样化"是"果","特色"是"因","发展"是"目标"。"多样化"是普通高中发展的重要方向,可以理解为普通高中学校的"多样化"和普通高中教育的"多样化"。"多样化"格局的形成,会进一步促进学校和教师的"发展",促进学生全面而有个性的"发展"。普通高中的"多样化"又会进一步推动高中学校办学内涵"特色"的高水平"发展"。因此,"多样化""特色""发展"三者之间互相促进。

(二) 突出育人的功能定位

普通高中教育正式成为一个独立的学段始于1922年的壬戌学制,在其发展的前80年历程中,普通高中一直被视为大学预备教育,主要承担着选拔精英人才的任务。[①] 1993年,中共中央、国务院颁布《中国教育改革和发展纲要》后,高等教育急剧扩招,九年义务教育快速普及,高中教育也得到了迅猛发展。2010年,国务院颁布《国家中长

[①] 周浩波、李静:《现阶段我国普通高中教育功能定位研究》,《辽宁师范大学学报》(社会科学版) 2016年第3期。

第四章 普通高中多样化特色发展阶段(2010年至今)

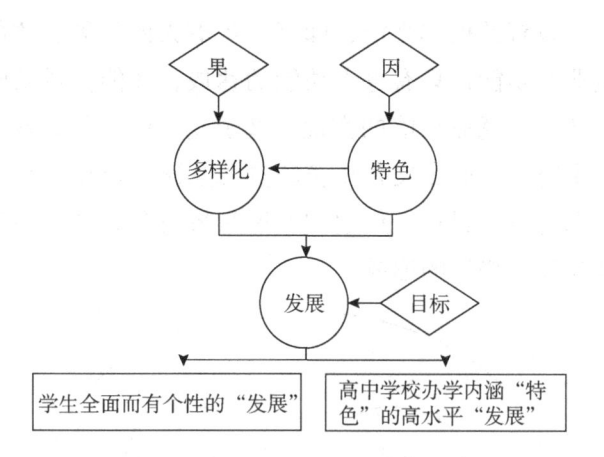

图4-1-1 "多样化、特色、发展"关系

期教育改革和发展规划纲要(2010—2020)》,实现了从"升学+就业"到"育人+升学+就业"的价值转型。2019年,《国务院办公厅关于新时代推进普通高中育人方式改革的指导意见》发布,进一步突出了"育人"的价值定位,将育人方式改革作为深化普通高中教育综合改革的重要任务。

进入大众化阶段之后,普通高中在整个教育体系中承担着升学、就业与普及等多方面职能,以及发挥促进"学生个性形成、自主发展"的基本育人价值,因此,普通高中的定位转变为"育人+升学+就业"[①]。在人才培养方向上,关注让学生获得适合其可持续发展的育人功能。这种"育人"的功能定位体现了普通高中作为一个特定教育阶段的基本属性,既是中国普通高中发展的现实需要,也是普通高中大众化发展阶段之后的一个必然趋势。[②] 如图4-1-2所示,现阶段普通高中的功能定位是"育人+升学+就业",其中,育人既是本质也是目的。育人功能所在的维度高于升学功能和就业功能,无论是升学、就业还是普及,离不开育人的本质。因此,育人功能应该作为新

[①] 陈志利:《普通高中多样化发展:三层面政策解读与启示》,《基础教育》2013年第6期。
[②] 刘世清、苏苗苗、胡美娜:《从重点/示范到多样化:普通高中发展的价值转型与政策选择》,《华东师范大学学报》(教育科学版)2013年第1期。

时期普通高中教育的根本功能，即真正考虑人的发展，才能更好地实现升学及就业的功能，只有育人功能的达成，才能促进新时期普通高中教育升学功能和就业功能的实现。基于此功能定位，各普通高中学校可根据学生特点、历史文化传统和资源状况，提出更具体且实际可行的办学理念与育人目标，创建和发展学校特色，进而促进区域内普通高中多样化发展格局的形成。

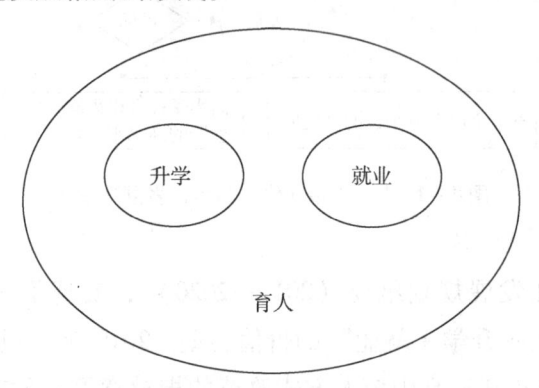

图 4-1-2　普通高中多样化特色发展阶段功能定位

（三）普通高中多样化特色发展阶段政策演进

1. 普通高中多样化特色发展政策萌芽时期（1993—2010 年）

对普通高中多样化发展的关注，自 20 世纪 90 年代就已经开始。1993 年，中共中央、国务院颁布的《中国教育改革和发展纲要》首次提出"普通高中的办学体制改革和办学模式要多样化"，将"三个面向"作为教育方针，"多出人才，出好人才"为根本目的，首次提出"多样化"政策，提出"多种形式办学"和"多种规格人才"，并在"实践中进一步丰富和发展"，以适应国家和地区发展需要。为面向全体学生和学生德（思想品德）、智（文化科学）、体（身体心理）、劳（劳动技能）全面发展，促进学生生动活泼地发展，包括高中在内的基础教育倡导素质教育转轨发展，各地创办"特色"。[①] 1995 年，国家教委在《关于大力办好普通高级中学的若干意见》中指出，"要继续

[①] 中共中央、国务院：《中国教育改革和发展纲要》，载何东昌主编《中华人民共和国重要教育文献（1991—1997）》，海南出版社 1998 年版，第 3467—3473 页。

抓紧普通高中办学模式的改革，改变目前比较单一的升学预备教育模式，逐步实现多种模式办学"，① 这一时期的"多样化"主要指向办学体制与办学模式。② 1995 年，全国普通高中教育工作会议将普通高中分为"升学预备教育、综合高中、侧重就业预备教育高中和特色高中"。2001 年，《国务院关于基础教育改革与发展的决定》提出"鼓励社会力量采取多种形式发展高中阶段教育"。③ 2004 年，国务院批转教育部的《2003—2007 年教育振兴行动计划》再次强调，"多种形式积极发展普通高中教育，扩大规模，提高质量"。④

2. 普通高中多样化特色发展政策形成时期（2010—2019 年）

2010 年，中共中央、国务院正式颁布《国家中长期教育改革和发展规划纲要（2010—2020 年)》，指出"推动普通高中多样化发展""鼓励普通高中办出特色"⑤。为贯彻实施此纲要，国务院办公厅同年发布《国务院办公厅关于开展国家教育体制改革试点的通知》，批准北京、天津、上海、江苏等省、市、自治区通过承担国家教育体制改革试点任务的形式，实施"开展普通高中多样化、特色化发展试验"项目。⑥ 2017 年，教育部等四部门联合发文《高中阶段教育普及攻坚计划（2017—2020 年)》再次强调，高中是"从未成年走向成年"的关键时期，高中的使命是"为各类人才成长奠基"和"培养高素质技术技能型人才"，强调"推动学校多样化有特色发展"。⑦

---

① 国家教委：《国家教委关于印发〈关于大力办好普通高级中学的若干意见〉的通知》，载何东昌主编《中华人民共和国重要教育文献（1991—1997)》，海南出版社 1998 年版，第 3829—3830 页。

② 刘世清、苏苗苗、胡美娜：《从重点/示范到多样化：普通高中发展的价值转型与政策选择》，《华东师范大学学报》（教育科学版）2013 年第 1 期。

③ 国务院：《国务院关于基础教育改革与发展的决定》，《中华人民共和国国务院公报》2001 年第 23 号。

④ 国务院：《国务院批转教育部 2003—2007 年教育振兴行动计划的通知》，《中华人民共和国教育部公报》2004 年第 4 号。

⑤ 中共中央、国务院：《国家中长期教育改革和发展规划纲要（2010—2020 年)》，人民出版社 2010 年版，第 25 页。

⑥ 国务院办公厅：《国务院办公厅关于开展国家教育体制改革试点的通知》，《中华人民共和国国务院公报》2011 年第 2 号。

⑦ 教育部等四部门：《高中阶段教育普及攻坚计划（2017—2020 年)》，《新教育》2017 年第 13 期。

3. 普通高中多样化特色发展政策深化阶段（2019年至今）

党的十八大以来，国家出台了一系列推动普通高中多样化特色发展的政策文件，不仅关注学校办学条件改善、教师队伍建设，而且更多聚焦育人实践、内涵发展和育人方式变革，同时，深化普通高中教育评价改革，出台普通高中学校办学质量评价指南，避免单纯以考试成绩和升学率评价办学质量的倾向。

2019年，国务院办公厅发布《国务院办公厅关于新时代推进普通高中育人方式改革的指导意见》，对普通高中教育改革进行部署，出台了一系列政策措施，深化育人关键环节和重点领域改革，为普通高中教育高质量发展提供了政策依据和具体指导。该意见是国家围绕普通高中改革发展问题，继普及高中阶段教育、推进普通高中教育和中等职业教育协调发展、推进普通高中多样化有特色发展三个方面政策后，出台的第四个基本政策。[1] 将"育人方式改革"作为重要抓手推进多样化特色深度变革，彰显了普通高中多样化发展进入了一个新阶段，构建了新时代普通高中育人新格局。

综上所述，作为与九年义务教育相衔接的高一层次基础教育，普通高中教育既要带动基础教育发展，也影响着高等教育发展的后劲。现阶段，高中阶段教育正处在由普及化阶段走向大众化的新阶段，这意味着普通高中教育已进入内涵发展和质量提升为重点的新阶段。在创新型国家建设的新形势下，要把普通高中教育摆在重要位置，加大体制机制创新力度，倡导学校在课程设置、教学手段以及人才培养模式等领域积极探索并形成独具特色的实践经验，赋予学生更为丰富多样的选择空间及充分展现个性的机会，从而为培育创新型人才奠定坚实基础。因此，建立健全立德树人根本任务的落实机制，以育人方式改革为抓手，对高中学校各方面要素进行全面、系统和整体设计，全面推进育人方式改革是事关新时代普通高中教育高质量发展的重大任务。

---

[1] 陈如平：《以育人方式改革为重点推动普通高中深度变革》，《中国教育学刊》2020年第8期。

第二节 普通高中多样化特色发展阶段的核心:育人方式改革

普通高中多样化特色发展阶段中,由于高中入学率不断上升,以竞争选拔为主的教育教学方式、应试型育人方式的不合理性愈发凸显,存在素质教育实施不全面、重知识轻能力、唯分数论、升学率至上等突出问题,此时的普通高中育人方式已经不能完全适应人的全面发展要求和经济社会发展需要,育人方式亟需转型。2019年6月,国务院办公厅发布《国务院办公厅关于新时代推进普通高中育人方式改革的指导意见》,这是国家普通高中发展中的一次重要转型,也是新时代背景下的必然选择。全面推进育人方式改革是事关新时代普通高中教育高质量发展的重大任务。普通高中育人方式改革是落实立德树人根本任务,适应人才成长规律,推动教育高质量普及化发展的需要。

一 普通高中育人方式改革的政策分析

《国务院办公厅关于新时代推进普通高中育人方式改革的指导意见》对推进普通高中教学改革、全面提高普通高中教育质量进行了系统设计和全面部署,是国务院出台的关于推进普通高中教育改革的重要纲领性文件,意义重大,影响深远。该文件提出了一个总体目标、两个关键、两个层次、三个坚持、六个具体目标和六项重点任务。

一个总体目标:到2022年,德智体美劳全面培养体系进一步完善,立德树人落实机制进一步健全。

两个关键:深化课程教学改革和推进高考综合改革。

两个层次:学生全面而有个性发展和学校多样而有特色发展。

三个坚持:坚持正确方向,坚持改革创新,坚持统筹协调。

六个具体目标:普通高中新课程新教材全面实施,适应学生全面而有个性发展的教育教学改革深入推进,选课走班教学管理机制基本完善,科学的教育评价和考试招生制度基本建立,师资和办学条件得到有效保障,普通高中多样化有特色发展的格局基本形成。

六项重点任务：构建全面培养体系，优化课程实施，创新教学组织管理，加强学生发展指导，完善考试和招生制度，强化师资和条件保障。[1]

依据图4-2-1所示，具体目标中的第六条"普通高中多样化有特色发展格局基本形成"是核心目标，其余五条具体目标需要围绕核心目标展开。六项重点任务还可以从两个层次（学生全面而有个性发展、学校多样而有特色发展）理解，两个层次中的学校多样而有特色发展的最终目的也是为了学生全面而有个性发展。

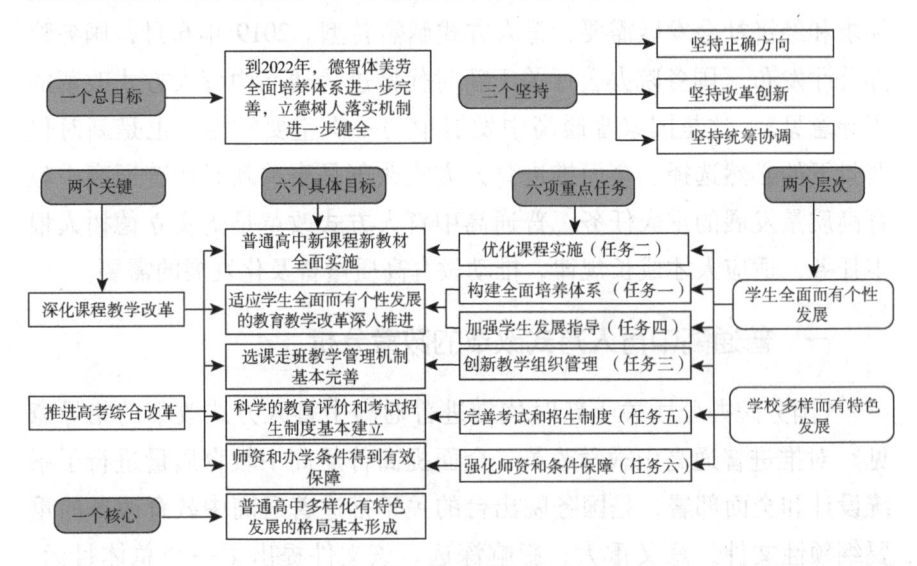

图4-2-1 普通高中育人方式改革分析

二 育人方式改革抓手：新课程、新教材和新高考改革

普通高中新课程、新教材改革和高考综合改革是推进普通高中育人方式改革的三个重要抓手。近年来，随着新高考改革的不断深入，高中新课程改革也正在进入一个新的阶段。[2]

---

[1] 中华人民共和国教育部政府门户网站：《深化普通高中育人方式改革　为培养时代新人奠基》，2019年6月20日，http://www.moe.gov.cn/fbh/live/2019/50754/sfcl/201906/t20190620_386629.html，2023年12月20日。

[2] 尹后庆：《深入推进普通高中新课程体系建设》，《中国教育学刊》2020年第8期。

(一) 新课程、新教材和新高考改革的相关政策梳理

2010年5月,中共中央、国务院颁布的《国家中长期教育改革和发展规划纲要(2010—2020年)》指出:"深入推进课程改革,全面落实课程方案,保证学生全面完成国家规定的文理等各门课程的学习。创造条件开设丰富多彩的选修课,为学生提供更多选择,促进学生全面而有个性的发展。"[1] 因此,探索和实践课程模式的多样化,深入推进普通高中课程改革,是推动普通高中多样化发展的重要举措和路径。

2014年9月,国务院颁布《国务院关于深化考试招生制度改革的实施意见》,对高考高招的招生计划分配方式、考试形式和内容、招生录取机制、监督管理机制以及启动高考改革试点做出了具体部署。[2] 2014年12月,《教育部关于加强和改进普通高中学生综合素质评价的意见》《教育部关于普通高中学业水平考试的实施意见》《关于进一步完善和规范高校自主招生试点工作的意见》等一系列政策发布,对有关高考高招的一些具体问题提出了具体的实施要求。2018年8月,教育部印发《教育部关于做好普通高中新课程新教材实施工作的指导意见》,按照与全国高考改革协同推进的总思路,提出新一轮普通高中课程实施要遵循实事求是、积极稳妥、分步实施、自主申请的原则。[3] 2020年5月,教育部发布《普通高中课程方案和语文等学科课程标准(2017年版2020年修订)》。2020年7月,教育部办公厅印发《教育部办公厅关于做好普通高中新课程新教材实施国家级示范区和示范校建设工作的通知》,全国普通高中进入新课程全面实施,新教材全面使用,新高考全面推进的阶段。

深入推进高考制度改革,探索分类考试、综合评价、多元录取的考试招生机制,一方面要进一步推进高等院校自主招生改革,在公开、公平与公正的原则下,建立普通高中多样化办学与高等院校人才选拔

---

[1] 中共中央、国务院:《国家中长期教育改革和发展规划纲要(2010—2020年)》,人民出版社2010年版,第25页。
[2] 国务院:《国务院关于深化考试招生制度改革的实施意见》,人民出版社2014年版,第1—11页。
[3] 教育部:《教育部关于做好普通高中新课程新教材实施工作的指导意见》,《中华人民共和国教育部公报》2018年第7、8号。

的衔接机制;另一方面则可以探索实施分类考试和提供多次考试机会等方式。在学生评价方面,要将过程评价与终结评价结合起来,真正将高中生的综合素质评价与学业水平考试作为结合起高校招生录取的重要依据。在录取形式上,可以采取自主、推荐、定向、破格与考试选拔等多种方式相结合,以增强人才选择的灵活性与多样性,适应普通高中的多样化办学诉求。

(二)新课程、新教材和新高考改革的关系

新课程、新教材和新高考改革三者互为表里、内在统一,共同指向"促进学生全面而个性发展"的目标。如图4-2-2所示,新高考改革是一项系统复杂的工程,对新课程改革具有强导向作用。新课程改革旨在推动新高考改革进程,是新高考的蓝本和依据,也是实施新高考的重要载体。新高考和新课程要建立双向互动衔接机制。新高考指导新课程的开设,新课程的设置是为新高考做好准备。新教材的编写和运用是以新课程改革为前提,也是新课程改革的一项重要措施。

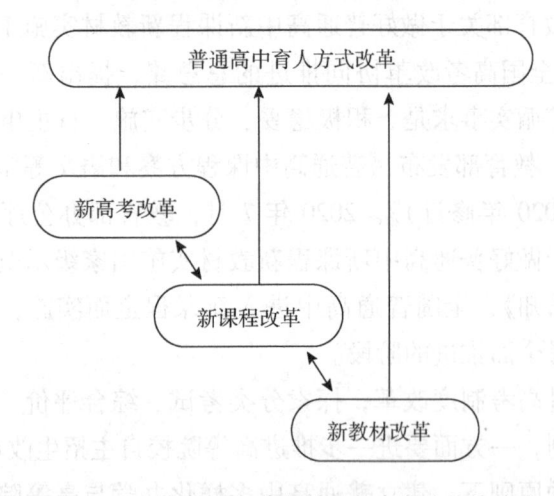

图4-2-2 新课程、新教材和新高考改革的关系

普通高中育人方式的改革也为新课程、新教材和新高考改革提供了思路和路径。育人方式变革推进教与学的转变,教与学的转变又是全面落实新课程新教材的理念和要求。育人方式变革推进评价方式变革,评价方式变革又是新高考改革的重要手段。如图4-2-3

所示，育人方式变革与新课程、新教材和新高考改革之间相互作用、相互促进。①

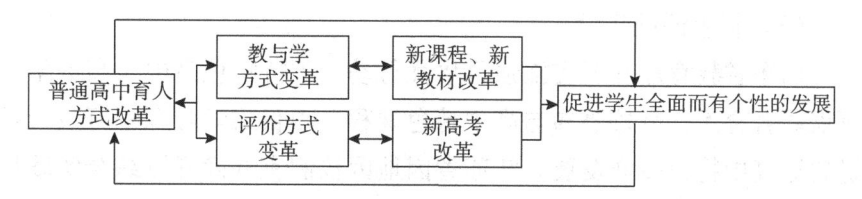

图 4-2-3 新课程、新教材和新高考与育人方式变革的关系

三 普通高中育人方式改革各省市推进要点

1. 普通高中新课程新教材方面

（1）学科（课程）基地建设

江苏省自 2011 年起推进普通高中课程基地建设，重点建设课程基地，为普通高中学科发展搭建平台。河南省自 2019 年起实施普通高中"1256 工程"，推进学科基地建设，并加强学科基地与高校、教科研机构的合作，组建学科基地联盟，开展基于学科的教学教研活动，开展地方课程和校本课程开发，创新课堂教学新思路新方法和科学的学科课程评价体系。海南省自 2014 年启动普通高中学科课程基地建设，遴选出普通高中学科课程基地学校和普通高中学科课程培育基地学校。通过引导学生高效学习，促进教师专业成长，推动学校特色发展。

（2）新课程新教材示范区示范校建设

陕西省建立新课程新教材示范区示范校，探索不同地区和学校有效推进课程改革的实践模式。② 江西省遴选一批新课程新教材实施示范区示范校，发挥引领带动作用，组织开展全省新课程教育成果展示活动，努力营造新课程改革良好氛围。③ 湖南省落实普通高中新课程

---

① 孙德芳：《新高考下普通高中育人方式的重塑》，《教育研究》2022 年第 7 期。
② 陕西省人民政府办公厅：《陕西省人民政府办公厅关于新时代推进普通高中育人方式改革的实施意见》，《陕西省人民政府公报》2021 年第 4 期。
③ 江西省人民政府办公厅：《江西省人民政府办公厅关于新时代推进普通高中育人方式改革的实施意见》，《江西省人民政府公报》2020 年第 5 期。

方案和课程标准，全面稳妥实施新课程，使用新教材，开展普通高中新课程新教材改革省级试点工作，扩大优质高中教育资源供给。①

（3）特色课程建设

山东省教育厅开展实施强科培优行动，支持特色高中与高等学校开展联合育人，高校要参与高中特色课程、项目式学习课程开发，推进普通高中特色多样发展。江苏省因地因校制宜开发开设综合实践活动课程、校本课程、学校特色课程、普职融通课程等。贵州省加强高中学校的分类指导，鼓励各地、各校根据自身实际，积极探索实施具有地方特色、校本特色的新课程的路径与方法。②

2. 学生发展方面

（1）五育并举

江西省要求开好红色文化课程，广泛开展中华优秀传统文化和彰显江西元素的优秀传统文化教育，发挥各学科德育功能。③陕西省提出深度挖掘各学科所蕴含的思想政治教育资源，强化美育熏陶，要创造条件开设体现陕西地域特色的教学模块，加强政府统筹，拓宽劳动教育途径。④海南省完善设施设备，科学规划、设置实践课程，打造学生综合实践精品基地。

（2）学生生涯指导

海南省加强普通高中学生生涯规划教育，开设普通高中学生生涯规划教育课程，为每位学生配备成长导师，帮助学生制订学习规划，为学生在校学习生活提供支持，通过组织学生到企事业单位、有关机构开展与行业认知和职业体验相关活动，帮助学生积累行业认知和职业体验。安徽省通过全面开设生涯指导课程、学科渗透、职业体验、

---

① 湖南省人民政府办公厅：《湖南省人民政府办公厅关于印发〈湖南省"十四五"教育事业发展规划〉的通知》，《湖南省人民政府公报》2021年第16期。

② 贵州省教育厅：《省教育厅关于印发贵州省普通高中新课程实施方案（试行）的通知》，《贵州省人民政府公报》2022年第1期。

③ 江西省人民政府办公厅：《江西省人民政府办公厅关于新时代推进普通高中育人方式改革的实施意见》，《江西省人民政府公报》2020年第5期。

④ 陕西省人民政府办公厅：《陕西省人民政府办公厅关于新时代推进普通高中育人方式改革的实施意见》，《陕西省人民政府公报》2021年第4期。

专家讲座等形式，建设面向全体学生、注重学生差异、促进学生全面发展和终身发展的指导体系。①

（3）普通高中创新拔尖人才培养方面

黑龙江省重点建设"英才计划"培养基地，为"强基计划"输送后备力量，开展拔尖创新后备人才培养，目的一是为优秀学生提供适合的教育，二是为"基础学科拔尖学生培养计划""强基计划"输送后备力量。哈尔滨探索构建橄榄型高中教育发展新样态：一端培养创新拔尖人才，为有学科特长和创新潜质的优秀学生提供适合的教育；一端加强高普衔接，对接具有艺术、体育等特色的高等院校；中端立足高质量发展，深化高考改革内容。简单的理解就是，一端是围绕学科培养人才，一端是围绕艺体类特长培养人才，中端是围绕高考改革培养人才。②

（4）协同培养

高中与高校协同培养。南京市与南京大学在教育合作方面坚持创新机制，探索示范，构建"1+6+N"的合作机制。南京市各试点学校在学生生涯指导规划和创新后备人才培养方面积极探索，为个性鲜明、特长突出、具备潜质的学生提供更多的发展机会，并与高校协同育人。例如，南京市金陵中学与南京大学合作成立了"准博士培养站"模式。南京市第一中学的"崇文班"由高校知名教授担任名誉班主任。

家校社协同育人。河南省构建学校、家庭、社会协同指导机制，高校要以多种方式向普通高中介绍专业设置、选拔要求、培养目标及就业方向等，为学生提供咨询和帮助。③ 海南省推进家校协同，健全政府主导、部门协作、家长参与、学校组织、社会支持的家庭教育工作格局，及时进行家校沟通，指导家长树立家庭教育理念。

3. 教学组织管理方面

江苏省在引导学生理性选科方面，建立完善省市县三级联动、学

---

① 安徽省教育厅：《安徽省新时代推进普通高中育人方式改革实施方案政策解读》，2020年4月30日，http://jyt.ah.gov.cn/xwzx/tzgg/39921942.html，2023年12月20日。

② 哈尔滨市人民政府办公厅：《哈尔滨市人民政府办公厅关于印发哈尔滨市新时代推进普通高中育人方式改革实施方案的通知》，《哈尔滨市人民政府公报》2021年第15期。

③ 河南省人民政府办公厅：《河南省人民政府办公厅关于新时代推进普通高中育人方式改革的实施意见》，《河南省人民政府公报》2020年第2号。

校为主、协同推进的选科评估与指导机制，充分利用学科教室、实验室、功能教室等开展走班教学，探索长课与短课、大班教学与小班教学、传统课堂与空中课堂相结合的教学组织样态，充分利用信息技术手段，逐步实现选课、排课、管理、评价等智能化。江西省制定选课走班指南，指导学生形成个性化的课程修习方案，因地制宜，有序实施选课走班，满足学生不同发展需要，实施"全省普通高中教育信息化攻坚项目"，为选课走班服务。[①] 多个省、市已构建规范有序、科学高效的选课走班运行机制，并利用信息化平台为选课走班提供支持。

4. 教学评价方面

（1）综合素质评价

黑龙江省推出普通高中学生综合素质评价电子平台，例如，大庆实验中学制定了《综合素质评价方案》和《评价内容分解表》，通过信息化手段进行落实、覆盖，学校师生人手一台平板电脑，安装了综合素质评价软件，实时、实地采集评价信息，同时将评价数据导入智慧校园平台，通过大数据综合分析，再将评价结果及时反馈给学生、教师和家长，形成评价闭环，切实发挥综合素质评价的育人功能。

（2）考试招生制度改革

陕西省加强省级命题能力建设，优化命题人员结构，加强命题培训，加快题库建设，建立命题评估制度，提高命题质量。[②] 湖北省研究开发教育考试省级大数据云平台，加强全国统一高考、普通高中学业水平考试和学校日常考试数据分析，逐步建立区域、学校和学生学业质量诊断评价报告制度，深入推进招生录取改革，充分考虑学生选考情况、城乡差异和不同群体学生特点，科学制定并提前公布招生专业选考科目要求和高中学生综合素质评价使用办法。[③]

[①] 江西省人民政府办公厅：《江西省人民政府办公厅关于新时代推进普通高中育人方式改革的实施意见》，《江西省人民政府公报》2020年第5期。

[②] 陕西省人民政府办公厅：《陕西省人民政府办公厅关于新时代推进普通高中育人方式改革的实施意见》，《陕西省人民政府公报》2021年第4期。

[③] 湖北省人民政府办公厅：《湖北省人民政府办公厅关于新时代推进普通高中育人方式改革的实施意见》，《湖北省人民政府公报》2020年第16期。

5. 师资和办学条件方面

（1）教师队伍建设

陕西省进一步扩大普通高中用人自主权，畅通高层次人才招聘渠道，完善教师专业技术水平评价标准，加强专职思政课教师配备，推动建立思政课教师与其他学科教师交流机制。海南省落实"百万人才进海南行动计划"，鼓励市县加大骨干教师引进力度。

（2）教师教研工作

宁夏回族自治区聚焦学科核心素养和学业质量标准，研究学科课程的育人路径，探索教学方式的实施策略，提升教研水平，促进教师发展，建立高校、教科研机构与普通高中协同研究机制。[1] 海南省通过"卓越教师工作室"等专业平台，加大中青年骨干教师培养力度，健全四级教研工作体系。河南省打造共建共享的教科研服务工作平台，建立高校、教科研机构与普通高中协同研究机制。[2]

（3）教育数字化建设

海南省实施"互联网+教育"工程，提高教育信息化水平，充分发挥信息技术在推进人才培养模式和教育教学方式改革中的技术支撑作用，推动实现学生网络学习"一人一空间"，构建线上线下混合式学习、课内课外互相融通的学习新生态。上海市积极探索信息化学习环境和学习活动的设计，创造泛在的信息技术学习和应用环境，依托上海大规模智慧学习平台，探索线上线下混合教学有效机制，建立线上线下优势互补、融合发展的课程教学新常态，加强个性化学习空间建设。[3] 宁夏回族自治区加快建设在线互动课堂、智慧教室、创新实验室、虚拟现实（VR）教室等新型学习空间来推进教育教学模式变革。

---

[1] 宁夏回族自治区人民政府办公厅：《自治区人民政府办公厅印发关于新时代推进普通高中育人方式改革实施方案的通知》，《宁夏回族自治区人民政府公报》2020年第23期。

[2] 河南省人民政府办公厅：《河南省人民政府办公厅关于新时代推进普通高中育人方式改革的实施意见》，《河南省人民政府公报》2022年第2期。

[3] 上海市教育委员会：《上海市人民政府办公厅印发〈关于本市新时代推进普通高中育人方式改革的实施意见〉的通知》，2021年2月4日，http://edu.sh.gov.cn/zcjd_xsdgzyrfs/20210204/9cf785a205c9495781203f0d8e5164fa.html，2023年12月20日。

（4）资源建设

江苏省优化普通高中布局结构，科学调配农村或城郊接合部闲置教育资源，推动高中资源重组和优化，多措并举办好综合高中、综合班，打通职高、普高"双向通道"。海南省强化优质学校带动作用，提高优质资源供给水平。上海市支持学校创建学科教室和创新实验室，配备与学科教学、研究性学习和自主探究活动相匹配的设施设备。

6. 普通高中特色发展方面

浙江省开启"分类办学、特色发展"局面，提出以学科为轴心，分层分类构建学校课程体系的思路。[①] 上海市创新特色教育路径和载体，优化学校治理体系，推动特色高中存量提质、增量保质，促进特色高中进一步提升品质，市示范性高中更好地培育特色，实现错位发展，形成城乡分布合理、分层与分类相结合的普通高中高品质、有特色发展格局。

综上所述，普通高中育人方式改革是一个系统工程，涉及新课程新教材、学生发展、教学组织管理、教学评价、师资和办学条件、特色发展等各个方面。普通高中学校应将"外延发展"转向"内涵发展"，探索学校多样化特色育人方式改革方案，真正将育人方式改革落到实处。

第三节　普通高中多样化特色发展的若干重要问题

在普通高中多样化特色发展的过程中，存在几个较为重要的问题：县域普通高中如何振兴？普通高中如何培养拔尖创新人才？普通高中学科基地建设如何有效推进？普通高中学校如何特色发展？

[①] 浙江省教育厅：《浙江省教育厅关于印发〈浙江省普通高中学校实施分类办学促进特色发展的改革试点工作方案〉的通知》，2020年11月6日，http://jyt.zj.gov.cn/art/2020/11/6/art_1532973_58916346.html，2023年12月22日。

如何开展新时代普通高中办学质量评价？本节将分专题对这些问题进行探讨。

一 县域普通高中振兴问题

县域普通高中（县、县级市举办的普通高中，以下简称"县中"）对县域教育的发展具有支撑、先导和引领作用，在乡村振兴战略中承担着重要使命，关系着中国高质量教育体系建设，也寄托着广大农村学生对教育改变命运的期望。2020年教育数据统计，全国普通高中共有1.42万所，县域普通高中有0.72万所，其学生容纳量超过全国50%，占据了半壁江山。[①] 以县域发展支撑国家整体发展既是中国的文化传统，也是制度优势。[②] 普通高中是县域内教育的"最高学府"，起到托举高中生走出县城、进入大学的重要作用，起到全面提高县域新增劳动力受教育水平的重要作用。[③]

为了加强县域普通高中建设，国家出台了一系列相关政策。2017年4月，教育部等四部门联合印发《高中阶段教育普及攻坚计划（2017—2020年）》，提到有关县域普通高中发展的措施。2019年6月，国务院办公厅印发《国务院办公厅关于新时代推进普通高中育人方式改革的指导意见》，明确要"继续实施教育基础薄弱县普通高中建设项目"。[④] 2020年3月，教育部发布了《教育部关于加强"三个课堂"应用的指导意见》，为基础教育阶段促进教育公平、提升教育质量的实现指明了方向。2021年12月，国务院批复《"十四五"公共服务规划》，要求"研究制定县域普通高中发展提升计划，全面加强县中建设"。[⑤] 同月，教育部等九部门印发《"十四五"县域普通高中发展提升行动计

[①] 中华人民共和国教育部政府门户网站：《全面提升0.72万所县中办学水平》，2021年3月31日，https://t.m.youth.cn/transfer/toutiao/url/news.youth.cn/gn/202103/t202103）31_12818958.htm，2023年12月20日。

[②] 李振文：《县域普通高中振兴的问题与对策》，《中国民族教育》2023年第3期。

[③] 杨海燕：《县域普通高中高质量发展的战略逻辑与治理策略》，《中国教育学刊》2022年第4期。

[④] 国务院办公厅：《国务院办公厅关于新时代推进普通高中育人方式改革的指导意见》，《中华人民共和国教育部公报》2019年第6号。

[⑤] 民政部政策法规司编：《民政工作文件选编2021》，中国社会出版社2022年版，第250页。

划》，重新聚焦"县中振兴"问题，从"深化招生管理改革、加强教师队伍建设、改善办学薄弱环节、提高教育教学质量"等关键问题入手，为着力解决县中发展桎梏、全面改善办学条件和提升教育教学质量制定了发展方案。① 该政策颁布后，全国大部分省（自治区）如广东、浙江、湖南、河南、广西、贵州、四川、内蒙古等陆续出台了当地的"县中振兴"计划实施方案来积极响应上级政策。"县中振兴"计划是国家提升县域普通高中整体办学质量的破冰之策。

县中承担着县域内普通高中教育供给与服务的职责，是县域持续办好"更加公平、更高质量基础教育事业"的重要载体。② 加强县域普通高中建设，振兴县中教育，不仅关乎义务教育、教育公平、教育现代化强国建设，更关乎乡村振兴、经济社会发展大局。县中对县域教育发展具有重要的基础、支撑和引领作用，是城乡教育的纽带，寄托了老百姓对教育改变命运的期望。能否办好县中教育，直接关系到国家"后脱贫攻坚时代"如何发挥基础教育巩固脱贫攻坚成果、助力乡村振兴的战略选择。③ 然而，县中发展中出现了"县中塌陷"（也有学者称之为"县中困境"）的问题，还存在生源和教师流失比较严重、基础条件相对薄弱、教育质量有待提高等突出问题。本专题主要探讨的是县域普通高中如何走上振兴发展之路。

（一）"县中塌陷"原因分析

近年来，省市级重点中学和"超级中学"对县域内的优质教师和优秀学生进行了跨区域层层"掐尖"，这给县中乃至整个教育生态系统造成了严重的冲击。"掐尖"招生、跨区就读、优质师资流失等现象，导致原有的县域教育发展格局被打破，一些原本具有较强竞争力的县中逐渐失去了竞争优势，整体的人才培养质量下滑。此外，也导致了县域经济社会发展所需的人才不愿进入或留不住，地区经

---

① 教育部等九部门：《教育部等九部门关于印发〈"十四五"学前教育发展提升行动计划〉和〈"十四五"县域普通高中发展提升行动计划〉的通知》，《中华人民共和国教育部公报》2022年第1、2号。
② 汪栋、王子威、殷宗贤：《县中塌陷的区域异质性、成因与政策治理路径擘画》，《教育发展研究》2023年第2期。
③ 张志勇：《国家教育治理视野下的县中教育振兴路径》，《教育学报》2022年第18期。

济发展所需的人才无法得到保障，县域教育与县域经济等子系统之间的关系受到破坏，从而出现了"县中塌陷"这一现象。"县中塌陷"，是县中出现优质生源和教师持续流失，教育质量、口碑与影响力逐渐衰退，使得县中内部形成了"塌方"或"空巢"现象。"县中塌陷"已成为县域教育普遍面临的发展难题。"县中塌陷"问题的出现，破坏了整个教育生态系统，同时也加剧了区域间、校际的高中教育不公平发展。[1]"县中塌陷"不仅是一个教育问题，更是一个社会问题。[2]"县中塌陷"的根本原因既有城市化进程的快速推进、普通高中校际发展不均衡、招生竞争激烈等客观因素，又有对教育期待过高、评价目标偏差等主观因素。[3] 有研究者以江苏省为例，通过调研数据分析得出，县域普通高中办学存在不同层面的压力，排在前三位的依次是：师资结构不合理，生源学力较弱，办学经费紧张。[4] 省市优质高中凭借良好的基础设施、优质的教育资源和浓厚的学习氛围，形成巨大的虹吸效应，使大量县中优秀师资、生源流向城市，县中教育教学质量衰退。"县中塌陷"从客观上来看，是人才"入口"与"出口"的问题。一方面是学生"入口端"的生源流失，另一方面是教师"出口端"的塌陷。从本质上看，"县中塌陷"是教育改革发展动力不足的困局。县中无法满足育人方式改革的需求，与城市学校的差距越来越大，造成"县中塌陷"的现象。[5] 综上所述，"县中塌陷"主要表现在优秀教师流失、优质生源不足和办学管理缺陷三个方面。

1. 优秀教师流失

县中教师队伍在总量上存在配置不足、结构不合理的问题。大多

---

[1] 汪栋、王子威、殷宗贤：《县中塌陷的区域异质性、成因与政策治理路径擘画》，《教育发展研究》2023年第2期。

[2] 王坤：《从知识贫困中突围：论县域普通高中的塌陷与振兴》，《中国教育学刊》2022年第2期。

[3] 魏红梅、钟志伟：《"县中振兴"计划的执行困境及破解路径》，《当代教育科学》2023年第12期。

[4] 喻小琴：《县（区）普通高中发展困境与治理》，《教育研究与实验》2022年第1期。

[5] 韩薇、刘孙渊：《基于SWOT分析的县域高中振兴政策支持研究》，《教学与管理》2023年第28期。

数县域高中专任教师的配比普遍低于标准要求，县中教师的年龄结构和学历结构不合理。县中优秀师资流失呈现了两种趋势，一种是"单向度地向城市流动"，另外一种是离开教师队伍。究其原因，主要有以下几点。第一，薪资待遇不高。相对于城市中的学校，县中的薪资待遇普遍较低，这可能导致一些优秀的教师选择离开。第二，工作压力较大。县中的教学任务相对较重，而教师数量相对较少，教育资源相对匮乏，教师需要承担更多的工作量和教学压力，导致他们对学校工作氛围的幸福感不强，职业倦怠感激增，职业精神滑坡。第三，缺少发展机会。在县中工作，教师的职业发展空间相对较小，评职称相对困难，且很难有晋升的机会，这也会让一些有志于追求更高职业发展的教师感到失望和无助。第四，生活环境不便利。在县域生活可能会面临交通不便、医疗资源不足等诸多不便。尤其对于外地教师来说，陌生的生活环境，会让他们难以适应。县中难以满足教师的职业发展和生活提质，为了追求高质量的生活以及考虑后代子女教育问题，教师向城化流动现象明显。

2. 优质生源不足

一所学校对家长和学生的吸引力主要源自其自身办学水平和教育教学质量。有许多县中学生家长对县中教育理念、办学条件不认可，会选择到市区甚至到省城更好的高中去就读。他们认为，相较于城市的教育资源，县中的优秀教师和软硬件设施配备较为缺乏。县中的教育过于强调分数，牺牲了学生的个性化发展需求，过于严格的管理模式限制了学生身心的全面发展。① 此外，有的"超级中学"为吸引优质生源，采取主动招揽和"掐尖"招生的策略，导致部分优秀学生流失，还有地市学校到县（区）违规"掐尖"招生、跨县（区）违规招生及县（区）内违规招生等情况。

3. 办学管理缺陷

县中在学校管理方面的问题主要表现为经费难以保障、管理模式

---

① 李勇斌：《"县中模式"就是这样铸就的——一个农村教师的教育回眸与反思》，《上海教育科研》2010年第8期。

单一、缺乏科学评价体系等。其一，县中教育经费难以保障，主要表现在县中教育投入不足和不均衡。县中经费短缺也制约了县中的可持续发展。在县级财政投入有限的情况下，往往集中全县资源重点建设一两所高中，逐渐拉大了学校之间的差距，加剧了县中资源配置的不均衡，导致教育资源和教育机会分配不均衡。[1] 其二，大多数县中仍然采用"县中模式"，这是一种以追求高考升学率为主要目标，以封闭式军事化管理为主要特征，以牺牲师生身心全面和谐发展为代价的学校管理体制。这种教育模式较为单一，缺乏教学特色，教学方式过于注重应试教育，以牺牲大量时间、强调反复记忆练习来换取高考分数，这样的"县中模式"已无法适应现代高中教育的需要，无法满足学生多样化需求，难以提升学生的综合素质，学生缺乏主动性和创造力。其三，县中教育评价中"唯分数论"现象依然明显。"县中振兴"计划突出县域高中要多样化、特色化办学，重视学生个性化全面发展，但是县中校长、家长、学生已经形成了思维定式，将学生考入知名高校等同于成功与成才，忽略了高中教育的育人功能。

（二）部分省市推进县域普通高中振兴政策要点

"县中振兴"计划是国家提升县域普通高中整体办学质量的破冰之策。通过对部分省市关于县域普通高中振兴政策要点的系统梳理发现，这些政策要点主要集中在"提高办学条件""教师专业发展""托管帮扶工程""探索地方特色"四个方面上。

1. 提高办学条件

陕西省在改进县中办学条件方面，制定"一校一策"县中办学条件改善方案，重点支持国家、省级乡村振兴重点帮扶县等县区改善办学条件，加快提升县中教育信息化建设和应用水平，推进区域优质教育教学资源共建共享。[2] 河南省继续实施改善普通高中学校办学条件

---

[1] 魏红梅、钟志伟：《"县中振兴"计划的执行困境及破解路径》，《当代教育科学》2023年第12期。

[2] 陕西省教育厅：《陕西省教育厅等九部门关于印发〈陕西省"十四五"县域普通高中发展提升行动计划〉的通知》，2022年10月31日，http：//jyt.shaanxi.gov.cn/news/jiaoyutingwenjian/202210/31/21258.html，2023年12月22日。

项目，重点支持改善县中基本办学条件，加快县中数字化校园建设，加快提升县中教育信息化水平，更好促进优质教育资源共享。① 山东省支持依托县中开展"智慧教育示范区"建设，跨区域推进"三个课堂"应用，建设城乡教育共同体，变革课堂教学模式。②

2. 教师专业发展

河南省在提高县中教师能力素质方面，推进校长职级制改革，开展县中校长职级评定工作，提高其教育管理能力和办学治校水平，遴选一批具备一定教学经验、管理能力和培养潜质的县中青年教师参加河南省"万名中小学校长培训计划"，全面提升其教育理论素养和实践创新能力。③ 浙江省部分师范院校加大力度实施山区26县和海岛县优秀师范生定向培养计划和农村学校教育硕士师资培养计划力度，并面向县中教师安排教育硕士专项计划，支持县中教师提升学历。④ 福建省加强师范生培养，积极推进复合型高中教师培养试点，着力培养跨学科教学人才。⑤

3. 托管帮扶工程

河南省通过统筹考虑前期对口帮扶工作基础和就近就便等因素，确定28所河南省普通高中多样化发展示范校、省级学科基地学校帮扶32所薄弱县中。⑥ 陕西省开展"组团式"帮扶，要求各地教育行政部门要组织城区省级示范高中与薄弱县中开展联合办学、委托管理、对

---

① 河南省教育厅：《28+32！我省县中帮扶共建工作启动》，2023年9月27日，https://jyt.henan.gov.cn/2023/09-27/2822653.html，2023年12月20日。
② 山东省教育厅：《关于印发"十四五"县域普通高中发展提升行动计划重点任务及分工方案的通知》，2022年9月13日，http://edu.shandong.gov.cn/art/2022/9/13/art_11990_10304487.html，2023年12月22日。
③ 河南省教育厅：《河南省教育厅等十部门关于印发〈河南省"十四五"学前教育发展提升行动计划实施方案〉和〈河南省"十四五"县域普通高中发展提升行动计划实施方案〉的通知》，2022年12月15日，https://jyt.henan.gov.cn/2022/12-15/2657464.html，2023年12月22日。
④ 浙江省教育厅：《浙江省教育厅等五部门关于印发〈浙江省山区26县和海岛县"县中崛起"行动计划〉的通知》，2022年10月28日，http://jyt.zj.gov.cn/art/2022/10/28/art_1229266643_5018022.html，2023年12月22日。
⑤ 福建省教育厅：《福建省"十四五"县域普通高中发展提升行动方案》，2022年10月18日，http://jyt.fujian.gov.cn/xxgk/zywj/202210/t20221018_6018522.htm，2023年12月22日。
⑥ 河南省教育厅：《28+32！我省县中帮扶共建工作启动》，2023年9月27日，https://jyt.henan.gov.cn/2023/09-27/2822653.html，2023年12月20日。

口支援，将帮扶工作成效作为省级示范高中复评和省级特色示范高中评估的重要评估指标。海南省委省政府高度重视县中发展，将办好县中作为乡村振兴和促进县域基础教育高质量发展的重要抓手，发挥省直管县（市）的体制优势，强化省级统筹，创新县中发展提升保障机制，引育并举全面提升县中质量，实现每个县（市）均建有优质县中，呈现县中生源回流新趋势；引进优质资源举办托管县中，采取整体托管、名校办分校等方式建制引进优质资源。[1] 广西壮族自治区开展普通高中提质行动，落实结对帮扶机制，推动15所市属普通高中与19所县域普通高中结对，13所公办示范性普通高中与14所民办学校结对，帮助提升县域普通高中管理水平和教学质量[2]。

4. 探索地方文化

河南省提出要拓宽校外实践场所，充分利用当地历史文化和农业农村资源，建设劳动教育基地和综合实践基地。[3] 浙江省充分利用县域地方资源，加强劳动教育和综合实践活动，形成县域特色鲜明的新时代普通高中育人模式，鼓励支持有条件的地方探索开展普职融通改革试点。[4]

综上所述，各地的"县中振兴"计划政策十分重视"提高办学条件""教师专业发展""托管帮扶工程""探索地方文化"这四个方面。其中，"教师专业发展"强调学习共同体的建立，"托管帮扶工程"蕴含着城乡共同体的思想，"提高办学条件"可以视为"硬实力"，"探索地方文化"视为"软实力"。目前，对于"硬实力"，

---

[1] 中华人民共和国教育部政府门户网站：《海南省教育厅：引育并举　强化保障　振兴发展县域普通高中》，2022年8月12日，http://www.moe.gov.cn/jyb_ xwfb/moe_ 2082/2022/2022_ zl07/202202/t20220218_ 600461.html，2023年12月22日。

[2] 中华人民共和国教育部政府门户网站：《广西壮族自治区南宁市持续深化改革，推进普通高中教育高质量发展》，2022年9月26日，http://www.moe.gov.cn/jyb_ xwfb/s6192/s222/moe_ 1752/202209/t20220926_ 664758.html，2023年12月22日。

[3] 河南省教育厅：《河南省教育厅等十部门关于印发〈河南省"十四五"学前教育发展提升行动计划实施方案〉和〈河南省"十四五"县域普通高中发展提升行动计划实施方案〉的通知》，2022年12月15日，https://jyt.henan.gov.cn/2022/12－15/2657464.html，2023年12月22日。

[4] 浙江省教育厅：《浙江省教育厅等五部门关于印发〈浙江省山区26县和海岛县"县中崛起"行动计划〉的通知》，2022年10月28日，http://jyt.zj.gov.cn/art/2022/10/28/art_ 1229266643_ 5018022.html，2023年12月22日。

基础设施建设、经费投入等不均衡导致的问题，可以通过国家政策和各部门的支持得到解决。然而，县中在"软实力"建设方面仍然有所欠缺，主要原因是对地方文化的忽视与认同上的缺失。基于此，本专题主要从"共同体建设"和"地方文化认同"两个角度来探讨县中振兴的路径。

（三）推进共同体建设，突破县中发展困境

"共同体"作为一个社会学概念，由美国著名教育家约翰·杜威（John Dewey）引入教育领域，他认为，学校即社会，而社会则是由个人之间的互动而产生的思想与感情的共同体。[1]通过"共同体理论"，可以将"共同体"理解为实现共同目标或愿景而聚集在一起的群体、组织或团体。"共同体"有三个特点：第一，共同体成员通过资源共享、经验交流等，实现共同的目标与愿景；第二，共同体成员在交互活动中获得身份认同；第三，共同体是多样化与一致性的统一。在共同体中，成员围绕共同的学习任务展开讨论和实践，通过协商、讨论和冲突解决来构建共同体文化。在这个过程中，不断解决问题能够促进个体的知识建构，经验共享，并推动共同体本身的逐渐发展。[2]

引入共同体思想，为突破县中独立发展的局限和困境提供思路，对基础教育均衡发展具有现实意义。也就是说，县中振兴不仅仅是学校的事情，而是整个区域基础教育的共同任务。共同体可以为个体构建出一种共享、合作的社会文化，使他们在参与中实现知识的主动建构。[3]共同体的建立，有助于县中教育信息化的推进，有助于县中教师的专业成长，有助于县中学生的发展，还有助于县中问题的精准解决，为实现县中振兴提供路径。具体来说，第一，教育资源共同体的建立可以推进"三个课堂"实施，通过互联网为县中输送更优质的数字化教

---

[1] 于海：《西方社会思想史》（第4版），复旦大学出版社2022年版，第205—206页。
[2] 王继新、吴秀圆、翟亚娟：《共同体视域下的区域基础教育均衡发展模式研究》，《电化教育研究》2018年第3期。
[3] 王继新、吴秀圆、翟亚娟：《共同体视域下的区域基础教育均衡发展模式研究》，《电化教育研究》2018年第3期。

育资源,推进县中信息化建设,提升教师和学生的信息素养,有利于基础教育资源的均衡发展。第二,教师共同体的建立,可以促进县中教师与优秀教师的交流和学习,形成现代化的教育思想和理念,提高教师的教学能力、管理能力和学术能力。第三,县中学生通过共同体的建立,可以开阔视野,增进情感交流,拓展发展的空间。第四,共同体的建立有利于县中问题的精准解决。县中的教育问题具有情境性和独特性,因此,解决县中问题需要有"精准"的态度,可以参考经济学领域的"精准扶贫"理念,共同体的创建有助于"点对点"解决县中问题,对推进县中振兴起到重要作用。

1. 基于资源的共同体建设

基于资源的共同体建设,可以通过整合和共享各种教育资源,以实现城乡教育均衡发展和提高县中教学质量的目标。基于资源的共同体建设有以下几种方式:

(1) 县域教育资源共同体建设

县域内的学校可以联合起来建立教育资源共同体,实现区域内的资源共享和优化配置,有效地促进区域内的教育均衡发展,提高整体教学质量。通过共同体的建设,学校之间可以相互学习,交流经验,共同提高教育教学水平。同时,还可以避免资源的重复投入和浪费,提高资源的使用效率。首先,在县域教育资源共同体建设中,各学校应明确各自的优势和特色,通过相互合作,实现优势互补,提高区域内县中整体教育水平。其次,县域教育资源共同体应建立健全组织架构和运行机制,以确保共同体内部的协同高效,可以设立理事会、工作委员会等机构,负责共同体的决策、协调和执行工作。同时,建立定期交流、研讨和培训机制,促进成员学校之间的互动与合作。再次,共同体应注重教学资源的整合与开发。通过梳理现有资源,挖掘潜力资源,形成县域内教育教学资源库,包括教案、课件、视频教程等各类教学素材,供共同体内部成员共享使用。组建特色课程共同体,通过开发、共建、共享特色课程资源,以提高学生核心素养为目的,进一步提高课程教学质量,有效地弥补传统课程的不足,满足学生多样化发展的需求。特色课程资源共同体的建设也可以是跨区域、跨学科的合作。

此外，县域教育资源共同体应关注教育教学改革与创新。在课程设置、教学方法、评价体系等方面进行探索和实践，为提高教育教学质量提供有力支持。

（2）数字化教育资源共同体建设

在信息技术的支持下，可以实现城乡数字化教育资源的共建共享。通过建立数字化教育资源平台，不同学校可以共同开发和分享优质教育资源，打破校际资源的壁垒，提高教育质量。在数字化教育资源共享平台上，学校可以上传和分享各种教育资源，包括课件、教案、试题、视频等，其他学校可以参考借鉴这些优质资源，提高教学质量。对于县中教师来说，既可以与其他教师分享教学经验和教学方法，共同探讨如何提高教育质量，还可以与其他教师合作开发新的教育资源，提高自己的教学水平和专业素养。对于县中学生来说，数字化教育资源共享平台可以为他们提供更丰富的学习资源和更便捷的学习方式，学生可以通过平台获取优质教育资源，扩大自己的知识面，开阔视野，还可以通过平台与其他学生进行交流和合作，共同学习和进步。此外，数字化教育资源数据库可以借助人工智能、大数据、区块链等技术建设，提高教育资源库的建设效率和资源质量，使"资源"犹如"活水"一般流动起来，资源库会更加全面、完备、优质。

2. 基于教师的共同体建设

（1）城乡教师共同体

城乡教师通过共同体建立合作、共享、帮扶的关系，既可以推进县中教育质量的提升，还可以促进县中教师的专业化发展。城乡教师之间可以开展线上或线下的教研活动，如教学培训、集体备课、听评课、研讨等活动，促使教师之间交流、合作，进而促进县中教师的专业化成长。

（2）县域校际教师共同体

通过建立县域校际教师共同体，可以加强县域范围内县中教师之间的联系和交流，共同探讨县中发展的方向和路径，从而实现优势互补，提高整体教育教学水平，促进县中教育的均衡发展。在县域校际共同体中，学校之间可以建立合作教师交流机制，共同开展教研活动，共享教育教学资源和经验。县域校际共同体可以采取多种形式开展教研活动。例如，学校之间可以开展联合备课、听课评课、教学研讨等活动，共同提高教学质量，也可以通过共享优质教师资源，实施教师流动，促进学校之间的交流和合作。此外，学校之间还可以共同开展县中振兴相关课题研究，探索符合当地县中实际的发展之路。

（3）县域学科共同体

鼓励在县域建设学科基地，以学科为单位，建立区域内的学科共同体。同一学科的教师可以共同教研，充分考虑当地学生的基本情况，深入挖掘基于当地的学科育人价值，探索出适合当地县中的学科育人之路。通过县域学科基地的辐射和带动，从学科角度点对点帮扶薄弱学校，更好地解决薄弱学校遇到的困难和问题，促进县域薄弱高中的振兴。

（4）高校—县中共同体

县中可以和高等教育学校构建学习共同体，共同推进教师发展合作项目，为县中教师提供有针对性的培训和指导。高校的专家可到学校指导教师教研、教学，还可以依据学校实际给出合理化建议。县中教师可以到高校去学习，通过理论学习和实践探索，为自身的教学工作注入新的活力和思考。

3. 基于学生的共同体建设

对于县中的学生，不仅要关注他们学习质量的提升，更要关注其身体和心理的全面健康发展。有一部分县中学生的家长，由于缺乏对孩子的关爱、理解，以及家庭教育的不足，导致孩子可能出现情感方面的缺失，甚至引发心理问题。通过建立城乡学生共同体，可以搭建一座城乡学生之间相互学习、交流、鼓励和互助的桥梁，为学生共同成长提供平台。学生之间可以在现实中面对面交流，还可以通过互联网平台交流。对于县中学生来说，通过共同体间的交流，既可以填补一部分情感的缺失，还可以开阔视野，增长见识。对于城市学生来说，可以帮助他们了解乡土文化，学习县中学生的勤俭节约、自立自强等品质，促进城乡学生的共同成长。

（四）关注县域地方文化，提升县中办学软实力

1. 县域地方文化认同的意义

县域高中是全县重要的教育和文化中心，是县域教育体系的核心支撑，在我国现代化教育体系中发挥着承上启下的关键作用。[①] 传统的县中文化底蕴深厚，积淀了深厚的学校精神。县中扎根于传统与现代文化的更迭中，孕育出属于自己特色的县中文化，不同地区积淀了各具特色的县中地域文化。县中文化是学校物质文化和办学精神文化的融合体，影响着学校的人才培养观念、教育教学理念、办学思想，具有很强的教育性。学校文化建设的实质是学校文化精神和使命的确立。

文化认同与传承是学校教育的功能之一。县中作为传递地方文化的重要机构，要在全球文化和地方文化这两种文化契合中实现理想价值的传承，需要将地方文化嵌入、融入县中的教育中。县中应该多依托于县域的历史、文化和地理环境等来拓宽人才培养渠道，着重发展素质化、特色化的教育。地方文化不仅是个体对家乡产生情感的土壤，还会使他们对家乡产生依恋感和认同感。地方文化对个体具有熏陶的影响，个体所形成的个性和思想往往与他们所处的地域环境息息相关，在学生的成长过程中发生着潜移默化的作用。除了对个体的影响外，地方文化还对社会的发展和进步产生了深远的影响。不同的地区拥有不同的文化特色和优势，这些文化特色和优势可以为社会带来新的思想和创新的动力。

县中可以在地方文化中寻找办学特色。县中可以从地方文化中寻找办学特色的定位，还可以通过开发、开展县域地方文化教育，增强学生和教师对地方文化的认同，进一步减少优秀教师和学生的流失，坚定教师建设县中的决心和信心，也为县中学生将来毕业后回来建设

[①] 杨海燕：《县域普通高中高质量发展的战略逻辑与治理策略》，《中国教育学刊》2022年第4期。

家乡奠定基础。例如,鹿寨中学是一所历史悠久的县域普通高中,办学历史可追溯到清嘉庆十年(1805)的寨沙三堡义学,办学过程中,形成了勤奋拼搏、开拓创新、求真务实的优良传统和志存高远、自强不息本质底蕴与文化基因。2020年以来,鹿寨中学逐步完成了学校文化符号的判定、顶层设计、文化内涵论证及构建等相关工作,探寻出鹿寨中学"六宝"——百年历史、百年香樟、洛清水塔、教学楼灯光、乐于奉献的教师队伍、重感情爱母校的校友群,构建了以"洛清文化"为符号的新时代校园文化体系,和谐的校园文化让教师和学生有了归属感。这几年,鹿寨中学教师流失率明显减少,学生也出现回流现象。[1]

2. 提高学生对地方文化的认同

开发县域地方文化课程是推进地方文化教育的重要举措。县域地方文化课程不仅有助于传承和弘扬县域地方文化,还可以帮助县中学生更好地了解和认同自己的文化背景。同时,县域地方文化课程也可以为县中学生提供更多元化的学习体验,拓宽他们的视野和知识面。

在课程开发主体方面,县域地方文化课程的开发主体不局限于教师,也可以是学生。学生参与县域地方文化课程开发,能够更好地发挥他们的主体作用,更加深入地了解地方文化的内涵、特点与价值,领悟地方文化的精髓,提高文化自信心和认同感。在课程开发的形式方面,既可以是县域内各县中共同开发的地方文化课程,也可以是县中结合本校文化开发的校本文化课程。在课程主题开发方面,应深入挖掘县域地方文化的特色,将地方文化元素与教育教学相结合,根据学生的年龄段和认知能力,设计出适合的课程内容和学习方式,将地方文化教育与学科课程相融合。深入挖掘地方文化教育与学科课程中的相关联内容,并在常规的学科教学中,渗透地方文化教育。例如,江苏省睢宁官山中学是一所典型的农村学校,这所高中依托当地现代

---

[1] 中国教育新闻网:《县中要有文化自信》,2022年3月9日,https://baijiahao.baidu.com/s?id=1726785891582093810&wfr=spider&for=pc,2024年1月20日。

生态循环农业特色资源，构建乡土文化的校本课程。① 在课程内容开发方面，不局限于方言、风俗习惯、历史典故等文化内容，还可以从地方的经济、社会、生活等角度考察地方文化。在课程实践场域方面拓宽地方文化实践场域，不局限于教室，当地的乡村、社区、名胜古迹、自然风景、人文景观等都可以成为学生实践的场所。在课程实施方式方面，可以通过与当地的文化机构、传承人等进行合作，开展校外实践活动和文化交流活动。建议开展多样化实施方式，例如开展项目式学习、实地调研、调查研讨、社会服务等。要注重实践性和探究性学习，通过组织学生参加文化实践活动、探究性学习等方式，充分发挥他们的自主性、创造性，增强学生对地方文化的了解、反思和创新意识。

开展县域地方文化教育还可以邀请优秀毕业生回母校宣讲。事实上，县中培养的大批人才在各行各业发挥了巨大作用，其中不乏各方面都非常优秀的杰出人才，县中可以邀请曾经的优秀毕业生回到母校宣讲，进一步增强师生的文化自信。例如，2023年6月2日，黄龙县杰出人才、中国科学院院士武向平应邀回母校向黄龙县中学的师生做题为《科学教育：从理念到行动》的专题报告会，激起了黄中学子强烈的家国情怀，坚定了黄中学子的理想信念。② 2024年1月6日，中国科学技术大学数学科学学院教授欧阳毅回到母校衡阳县一中，开展"校友回湘，根叶情深"主题讲座，激发了学生奋发图强、地方文化自信等。③

3. 提高教师对地方文化的认同

县中精神是"吃苦耐劳、甘于奉献、服从智慧、勇于负责"，县

---

① 新华报业网：《"十三五"教育回眸｜睢宁官山中学：立足"乡愁"，为农村孩子创新思维培植"沃土"》，2021年2月9日，http://www.xhby.net/zt/xjyxjs/hm/202102/t20210209_6977239.shtml，2023年12月20日。

② 黄龙县人民政府：《中国科学院院士武向平回母校黄龙县中学开展科普讲座》，2023年6月5日，http://www.hlx.gov.cn/xwzx/bmdt/1665515485384454146.html?eqid=c374d76e0002792800000003647d3aab，2024年1月20日。

③ 湖南日报：《心系家乡　根叶情深——衡阳县一中校友欧阳毅回校讲座》，2024年1月8日，https://baijiahao.baidu.com/s?id=1787506161177933396&wfr=spider&for=pc，2024年1月20日。

中教师除了吃苦耐劳、乐于奉献的特点外，他们勤于钻研，集体协同作战，并且具有深厚的教育情怀。

县中教师的流失，其中一个原因是教师对地方文化缺乏了解和认同。因此，为提高教师对地方文化的认同，可采取以下措施：第一，在教师培训中融入县域地方优秀文化，以促进教师对县域地方文化的了解与认同；第二，鼓励教师开发县域地方文化课程，或是在学科课程中融入县域地方文化，促进教师对地方文化的深入挖掘；第三，鼓励教师开展县域地方文化相关的课题研究，使教师在课题研究和实地调研中进一步了解地方文化；第四，组织以地方文化为主题的教研活动，通过开展地方文化主题的教研活动，促进教师在交流中了解地方文化。

建设教育强国，振兴县中教育，必须将县中教育放在国家经济社会发展和教育现代化的大格局中，从国家治理、大中小城市协调发展，以及县域教育全局和教育公平的多元综合视角、多维关系中进行顶层设计和战略定位，才能为破解"县中塌陷"、振兴县中教育找到有效路径。必须将县中教育放在教育和整个经济社会发展的系统关系中，综合审视县中问题，统筹考虑县中教育对中国城镇化、现代化发展的多维影响。既要统观都市圈城市体系视角下的高中布局问题，又要深刻认识县域内高中教育与县域发展的支持与反哺循环，从而将县中发展问题放在推进国家治理和县域治理体系的经济、社会、文化、教育发展的大格局中进行战略定位。[①] 本专题通过分析"县中塌陷"的背景，列举了部分省市普通高中振兴政策的要点，提出从"共同体建设"和"地方文化认同"角度出发，探索县中振兴的路径，进一步突破县中发展困境，提升县中文化软实力。

二 普通高中培养拔尖创新人才问题

（一）普通高中培养拔尖创新人才的重要性

2005年，科学家钱学森提出了自己的困惑："现在中国没有完全发展起来，一个重要原因是没有一所大学能够按照科学技术发明创造

[①] 张志勇：《国家教育治理视野下的县中教育振兴路径》，《教育学报》2022年第18期。

人才的模式去办学，没有自己独特创新的东西，老是'冒'不出杰出人才，这是很大的问题。"这个问题后来被人们称为"钱学森之问"。[①]拔尖创新人才是中国教育领域的重要战略选择。培养拔尖创新人才，需要从基础教育抓起，特别是高中阶段，在整个拔尖创新人才教育体系中扮演着重要角色，需要承担起国家拔尖创新人才培养的责任。目前在高中阶段开展的拔尖创新计划有北京的"翱翔计划"、上海的"创新实验班"、南京的"综合高中"、陕西的"春笋计划"等。然而，目前高中阶段的拔尖创新人才培养仍存在许多问题，包括理论、政策和实践层面的不足，这些问题制约了高中拔尖创新人才培养的进一步发展。那么什么是"拔尖创新"人才呢？郝克明指出"拔尖创新人才，是指在各个领域尤其是科学、技术和管理领域，具有创新精神和能力，要为国家发展做出重大贡献的杰出人才"[②]。高晓明强调，判断"一个人是否拔尖创新人才的标准在于是否对社会做出重大贡献"[③]。他们均把是否对国家做出巨大贡献作为拔尖创新人才的判定标准。高中阶段培养的拔尖创新人才，其实是拔尖创新人才的早期培养阶段，也可以说是成长阶段，关于这一阶段潜在的拔尖创新人才的称谓，目前尚未形成共识，有的称之为"尖子生""拔尖生"，但这里只突出了"拔尖"，忽略了"创新"的重要性；有的称之为"天才生""超常生""英才生"，但这里过于强调先天的智力或禀赋，忽视了后天环境的作用及才能的培养。本书用"资优生"这一称谓，因为"资优生"是从"the gifted and talented (children/students)"翻译而来，是那些"在智力、学术能力以及创造力、领导力和艺术领域中的一个或多个领域具有卓越表现或发展潜力的学生"[④]，意为潜在的拔尖创新人才。本专题所研究的是普通高中阶段的拔尖创新人才早期阶段培养，即普通高中时期"资优生"的培养。

[①] 方克立：《钱学森之问与创新型人才培养》，《天津师范大学学报》（社会科学版）2010年第4期。
[②] 郝克明：《造就拔尖创新人才与高等教育改革》，《北京大学教育评论》2004年第4期。
[③] 高晓明：《拔尖创新人才概念考》，《中国高教研究》2011年第10期。
[④] 付艳萍：《美国高中资优教育发展研究》，博士学位论文，华东师范大学，2016年，第7页。

第四章　普通高中多样化特色发展阶段(2010年至今)

1. 关于拔尖创新人才培养的政策梳理

科技的进步需要依靠人才的力量。党的二十大报告要求加快建设教育强国、科技强国、人才强国，指出要"加快建设高质量教育体系""着力造就拔尖创新人才"。[①] 当前教育体系确实需要面向中国式现代化和全面建设社会主义现代化强国的战略需求，必须加快建设适应教育强国、科技强国、人才强国"三位一体"布局所需的高质量教育体系，培养拔尖创新人才。国际竞争归根结底是人才的竞争，人才培养是由国家教育决定的。拔尖创新人才是最宝贵、最稀缺的资源，虽然占比极少，但代表着一个国家核心竞争力的高度。

经过梳理政策可知，"拔尖创新人才"正式出现在党和政府的文件中是在党的十六大上，党的十六大会议提出"造就数以亿计的高素质劳动者、数以千万计的专门人才和一大批拔尖创新人才"。[②] 2003年，在党中央、国务院召开的中华人民共和国成立以来第一次全国人才工作会议上，拔尖创新人才的培养成为实施人才强国战略的重要目标。2010年5月，《国家中长期教育改革和发展规划纲要（2010—2020年)》指出，"深化教育体制改革，关键是更新教育观念，核心是改革人才培养体制，目的是提高人才培养水平。"[③] 2010年12月，《国务院办公厅关于开展国家教育体制改革试点的通知》要求改革人才培养模式。人才培养体制改革是一项系统工程，包括更新人才培养观念，创新人才培养模式，改革教育质量评价和人才评价制度等各项措施。[④] 2019年2月，中共中央、国务院《中国教育现代化2035》明确要求"加强创新人才特别是拔尖创新人才培养"[⑤]。

自2009年开始，全国启动了一系列拔尖创新计划。2009年，教

[①] 党建读物出版社编：《党的二十大文件汇编》，党建读物出版社2022年版，第26页。
[②] 江泽民：《全面建设小康社会，开创中国特色社会主义事业新局面：在中国共产党第十六次全国代表大会上的报告》，人民教育出版社2022年版，第40页。
[③] 国务院办公厅：《国务院办公厅关于开展国家教育体制改革试点的通知》，《中华人民共和国国务院公报》2011年第2号。
[④] 中共中央、国务院：《国家中长期教育改革和发展规划纲要（2010—2020年)》，人民出版社2010年版，第36—37页。
[⑤] 中共中央、国务院：《中国教育现代化2035》，载王战军主编《新时代研究生教育研究资料汇编（2010—2020)》，中国科学技术出版社2021年版，第675页。

育部启动"基础学科拔尖学生培养试验计划",又称"珠峰计划",旨在为国家培养基础学科拔尖创新人才,20所高校参与了该计划,主要在数学、物理、化学、生物和计算机科学与技术五个学科进行了探索和试点。2018年9月,教育部等六部门下发了《关于实施基础学科拔尖学生培养计划2.0的意见》,又称"珠峰计划2.0",培养基础学科拔尖人才被明确为建设高等教育强国的一项重大战略任务[①]。2018年10月,为加快建设高水平本科教育,全面提高人才培养能力,教育部印发《教育部关于加快建设高水平本科教育全面提高人才培养能力的意见》等文件,明确了"六卓越一拔尖"计划2.0的总体思路、目标要求、改革任务和重点举措。[②] 2019年4月,教育部"六卓越一拔尖"计划2.0启动大会在天津大学召开,会上教育部依托天津大学成立的"全国新工科教育创新中心"正式揭牌,该计划即卓越工程师教育培养计划2.0、卓越医生教育培养计划2.0、卓越农林人才教育培养计划2.0、卓越教师培养计划2.0、卓越法治人才教育培养计划2.0、卓越新闻传播人才教育培养计划2.0、基础学科拔尖学生培养计划2.0。2020年1月,《教育部关于在部分高校开展基础学科招生改革试点工作的意见》印发,决定自2020年起,在部分高校开展基础学科招生改革试点(也称"强基计划"),作为新高考改革的重要举措,与过去的自主招生考试有明显的不同,不再以高考分数和材料作为选拔人才的依据,而是以高考成绩、高校综合考核以及综合素质评价等多维度的考核结果来择优录取。[③]

2. 拔尖创新人才的特点与成长规律

高中时期作为拔尖创新人才成长的基础积累阶段,是创新思维发展和创造能力训练的黄金时期,承担着人才早期培养的责任。高中是学生个性与创新意识形成的重要时期,高中教育能够激发和引导学生

[①] 钟秉林、王新凤:《高考改革——理想与现实》,商务印书馆2023年版,第65—66页。
[②] 教育部:《教育部关于加快建设高水平本科教育全面提高人才培养能力的意见》,《中华人民共和国教育部公报》2018年第9号。
[③] 陈时见、杜彬恒:《本科拔尖创新人才培养改革的实践反思与改进策略》,《教学研究》2024年第1期。

第四章　普通高中多样化特色发展阶段（2010年至今）

的创造性人格和能力发展。林崇德指出，拔尖创新人才实际指的是创造性人才。创造性人才往往是"创造性人格、创造性思维和社会情绪能力"的综合体。创造性人才，是客观存在的，是可以培养的。创造性人才具有成长周期长、投入高见效慢、成长规律特殊等特点。林崇德提出，拔尖创新人才的成长由自我探索期、集中训练期，才华展露与领域定向期、创造期和创造后期五个阶段构成，并指出没有基础教育创新素质的奠基，任何创造性人才成长都是一句空话。[①] 因此，教育工作者在培养拔尖创新人才时，要依据其成长规律和特点来培养。

（二）普通高中拔尖创新人才早期培育要处理好的三对关系

1. "公平"的教育与"平等"的教育的关系

谈到高中拔尖创新人才的早期培育，人们很容易产生担忧：在高中阶段推进拔尖创新型人才培养是否会导致教育不公平？是否会成为学校推行"重点班""重点校"的借口？这种误解是基于对教育公平的肤浅理解。公平并不是同质的，而是有差异的，公平的本质是合理性。教育公平的基本原则，包括平等原则、差异原则等。平等原则，一般指的是宏观层面的，强调的是权利和机会的平等，如受教育权平等和教育机会平等。差异原则，一般指的是微观层面的，强调的是要尊重个体的差异，就是要承认每个人的不同差异性，要尊重这些差异，对不同个体的教育要区别对待。正是由于差异化原则，需要对学生进行"因材施教"，依据个体的不同差异开展更加适合的教学方式。

对于拔尖创新人才早期培育，平等原则意味着每个学生均有参与拔尖创新人才选拔的机会，差异原则意味着针对普通生和资优生所采取的教学模式、教学内容、评价标准等都是有差异的。因为资优生有着较高的需求，普适教育对他们来说是"吃不饱"的，学校要为他们提供适合的培养模式。如果学校无视资优生和普通生的差异性，提供相同的教育内容、培养方式，这样不仅会阻碍拔尖创新人才的发展，更是无法为国家培养出拔尖创新人才，这才是对拔尖创新人才最大的

---

① 林崇德、胡卫平：《创造性人才的成长规律和培养模式》，《北京师范大学学报》（社会科学版）2012年第1期。

不公平。对于教育公平，郭永福曾打比方，如果平均给每个人两个馒头，就会有人吃不完，有人不够吃，因为每个人的饭量不同，看似平等，实质上却不公平。① 普通高中阶段的拔尖创新人才早期培育，要遵循差异性公平原则，尊重学生个体差异，主张人人接受适切的教育，才有利于拔尖创新人才早期阶段释放更多的创造力。

2. "基础性"和"专业性"的关系

关于高中教育的"基础性"和"专业性"，和一些学者提出的培养"通才"和"专才"②、"普适性"和"拔尖性"③ 也有相似之处。从本质上来看，这是共性与个性之间的关系，共性和个性是一切事物固有的本性，每一件事物既有共性又有个性，共性决定事物的基本性质，个性揭示事物之间的差异性。其实，"基础性"和"专业性"之间并不绝对矛盾，而是存在着一定的联系。第一，"基础性"教育强调的是"实"和"广"，注重资优生基础知识的扎实程度和知识的广度，更注重全面育人，注重学生全面素质的提升。科学家钱学森曾说过："我现在的科学成就和小时候学的美术、音乐、文学是分不开的。"④ 第二，"专业性"教育强调的是"深"和"钻"，注重资优生在专业领域的深入学习和钻研精神。这两种教育有一定的顺序结构，先"基础性"后"专业性"。然而，高中育人偏重"基础性"的教育，对拔尖人才"专业性"培养则关注不足、思考不多、投入不够。这就需要当下在调整课程结构的时候，考虑拔尖人才的"专业性"课程如何设置。

3. "拔尖"和"创新"的关系

对于拔尖创新人才来说，"拔尖"和"创新"这两个条件缺一不可。如何处理好"拔尖"和"创新"的关系很重要。"拔尖"以结果评价为导向，有出类拔萃之意，意味着成功，其策略是"不能失败"。

---

① 郭永福：《重视拔尖创新人才的早期培养》，《创新人才教育》2013年第1期。
② 邵东生：《高中与大学衔接培养拔尖创新人才国内研究综述》，《福建基础教育研究》2018年第8期。
③ 郑若玲、庞颖：《"强基计划"呼唤优质高中育人方式深度变革》，《中国教育学刊》2021年第1期。
④ 郭永福：《重视拔尖创新人才的早期培养》，《创新人才教育》2013年第1期。

"创新"则体现在知识与真理的探究上,探究充满着不确定,"创新"的前提是"不怕失败"。① 如果评价拔尖创新人才时,以"拔尖"标准来定位"创新"人才,可能会拔苗助长,使学生滋生出"不能失败"与"害怕失败"的心态。以"创新"标准来定位"拔尖"人才,才能培养学生对创新的追求和"不怕失败"的心态。也就是说,"拔尖"的人,不一定具有创造力,但"创新"的人,将来有可能成为"拔尖"的人。培养拔尖创新人才,应注重培养他们的创新力、创造力,为日后他们成为"拔尖"人才奠定基础。现在有些学校没有弄清楚拔尖创新人才的真正内涵,只注重"拔尖"人才的选拔,注重考试分数的高低,依据成绩到各地区、各学校"掐尖",他们走进了结果导向的误区,以为国家需要培养的是成绩"拔尖"之人,其实国家真正需要的是"创新"之人,学校真正要选拔的是具有创新思维、创新品格、创造力的学生。

(三) 普通高中拔尖创新人才早期培育的建议

创造性人才需要具备创造性的三要素:创造性人格、创造性思维和创造性社会环境。这三个要素分别指非智力因素、智力因素和环境。② 基于此提出"创新性人才培养框架图",如图4-3-1所示。

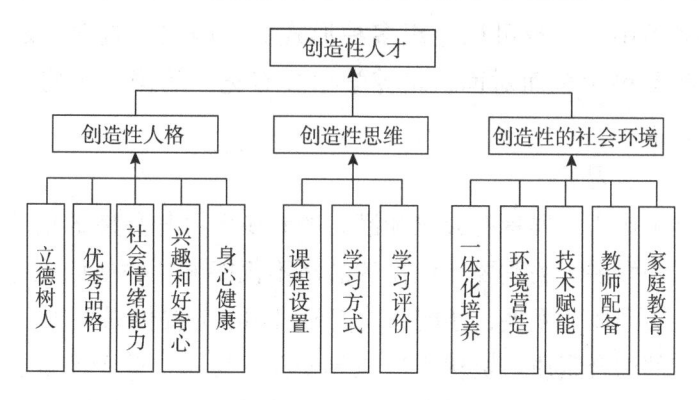

图4-3-1 创造性人才培养框架

---

① 刘云杉:《拔尖与创新:精英成长的张力》,《清华大学教育研究》2018年第6期。
② 林崇德、胡卫平:《创造性人才的成长规律和培养模式》,《北京师范大学学报》(社会科学版)2012年第1期。

1. 创造性人格——非智力因素

要成才先成人,创造性人格是创新人才发展的基石。许多研究表明,高智商的人未必都能展露出创造才华,这里还有一个重要的因素就是创新性人格。拔尖创新人才的早期培育不能只有智力训练和思维方法的指导,更为重要的是人格的教育。数学家丘成桐说过:"其实,无论做什么学问都非常辛苦,倘若只是为名,或只是为利,都不能走到最后。"他表示,有兴趣、能坚持、甘于忍受寂寞的人,才能成就一番大事业,而这些品格上的积淀,都应该始于中学阶段。[①] 养成完整的人格是拔尖创新人才早期培育的重要工作。

(1) 立德树人

立德树人是教育的根本任务。高中阶段是青年学子世界观、人生观、价值观成型的关键时期,在拔尖人才早期培育过程中,高中更要关注资优生德育的培养,使他们成为德才兼备的人才。学校要用社会主义核心价值观来培养资优生,培养有理想、有抱负、有创新精神、脚踏实地的人,培养具有与祖国共同奋进、与时代共同发展、与人民共同奋斗思想觉悟的人。高中学校要致力于在青少年心中种下为国家、为人民奉献的种子。在课程开发过程中,要注重将立德树人融入课程学习中。学校可以组织多种形式的爱国主义教育,还可以安排资优生与科学家面对面,培养学生具有宽广的国际视野、真挚的家国情怀。

(2) 优秀品格

资优生作为一群具有天赋和潜力的青少年,其品格的培养对于他们的成长和发展至关重要。优良的品格不仅能够帮助他们更好地适应未来的社会和职业发展,还能在他们面对挑战时提供强大的心理支持,提高他们的综合素质。资优生应该具备独立思考、敢于质疑、自主学习、与人合作、坚毅果断等品格,学校可以通过开设品格教育课程、组织社会实践活动、鼓励自主探究学习、加强师生互动等方式来培养资优生的优良品格。同时,家长也应该积极参与孩子的品格培养,与

[①] 郭永福:《重视拔尖创新人才的早期培养》,《创新人才教育》2013年第1期。

学校共同合作，为孩子的成长提供全方位的支持和引导。

（3）社会情绪能力

2009年，中国工程院院士韦钰在儿童早期发展研究前沿国际会议上指出："未来教育最重要的不是关注提高智商，而是需要强调培养社会情绪能力。"[1] 社会情绪能力主要包括自我意识、自我管理、社会意识、关系技能和负责任的决策。[2] 良好的情绪会促使创新能力的发展。国际上的重大科学突破，往往都是一个团队合作的结果，资优生的培养要有良好的社会情绪能力，这样才能更好地与他人合作。

（4）兴趣和好奇心

"知之者不如好之者，好之者不如乐之者。"兴趣是一个人学习的最大动力，而好奇心是兴趣的源泉。老师给予学生最宝贵的礼物，就是保护学生的好奇心。对于普通高中资优生，学校应鼓励其充分发挥丰富的想象力和探索精神。教师要给予学生充分提问、质疑的机会。高中学校应该注重培养资优生的兴趣和好奇心，让他们在学习中感受到快乐和满足，激发求知欲和探索精神，并在学习的过程中不断成长和进步。

（5）身心健康

身心健康是一个人成长成才的基础。高中要加强学生的体育锻炼，提高学生的身体素质和健康水平。学校还应重视资优生的心理健康情况，高中生容易出现压力过大的问题，正处于青春期的他们，还容易出现一些情感困惑等心理问题。因此，学校需要设置心理健康课程，配备心理健康教师和专门的心理咨询室。学校还可以采用"导师制"对资优生给予更多的关注，和正确的引导。

2. 创造性思维——智力因素

（1）课程设置

在高中拔尖创新人才培养的过程中，要根据人才成长规律来设置课程。课程要具有多样性、挑战性、综合性，还需要开设有大学先修

---

[1] 郭永福：《重视拔尖创新人才的早期培养》，《创新人才教育》2013年第1期。
[2] 时勘、李晓琼、黄杰等：《应对校园欺凌：社会情绪能力的干预研究》，《心理学探新》2022年第5期。

课程。

第一,开设多样性课程。课程的多样性,既可以为具有不同兴趣爱好、发展潜能的学生提供丰富的选择空间,也可以通过扩展内容开阔学生的视野。资优生的学习需求比较多元,学校需要开设足够丰富多样的课程来满足学生的需求,给予资优生自由的课程选择权,使其能够更准确地定位自身潜力优势,更好地把握未来的发展方向。例如,江苏省天一中学构建立体多维的课程结构:基础课程渗透创新能力培养内容,拓展课程帮助学生发现多元智能,研究课程发掘培养拔尖学生的优势潜能。[①] 深圳中学培养创新人才,开设"本校的课程",由学术课程和文凭课程两部分组成。南京师范大学附属中学秦淮科技高中,通过整合国家课程与校本课程,打破了学科界限,构建了包括基础普适型课程、兴趣潜能型课程和志趣特长型课程在内的拔尖创新人才早期培养课程图谱(图4-3-2),三类课程形成了"金字塔"式的拔尖创新人才早期培养机制。

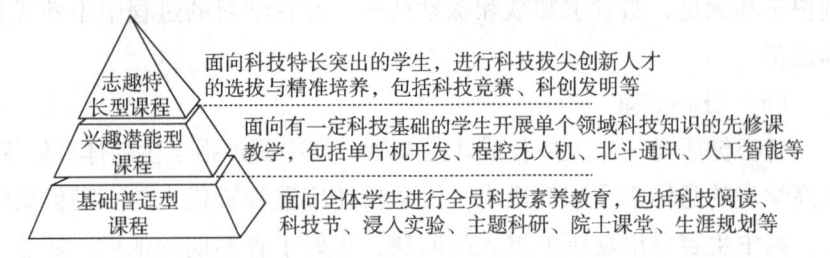

图4-3-2 南京师范大学附属中学秦淮科技高中"金字塔"式的培养机制[②]

第二,开设挑战性课程。资优生的学习速度快,吸收能力强,因此普通难度的学习内容往往很难满足其学习需求。斯腾伯格(Sternberg, R. J.)编著的《创造力手册》一书中曾特别指出,高创造力个体具有五种人格特征:对模糊的容忍、坚持的毅力、超越自我的意愿、

---

① 许芹:《突破中考限制整体构建中学阶段英才教育课程体系——基于江苏省天一中学英才教育课程设计与实施的若干思考》,《中小学管理》2013年第2期。
② 徐国民:《科技高中:科技拔尖创新人才早期培养的模式探索——以南京师范大学附属中学秦淮科技高中为例》,《江苏教育研究》2023年第7期。

敢于冒险的勇气、自我认同的信心。① 对于具有创新优势潜能的学生来说，高中阶段需要为拔尖学生提供精深的课程资源，创造对某个领域有精深钻研的学习机会。

第三，开设综合性课程。综合性课程，也可称之为跨学科课程。如今学生的知识体系由于分科课程而出现分裂，问题的解决常常需要跨越学科的界线。拔尖创新人才的创造力表现最终是为了解决现实问题，从而引领社会的发展和进步，因此拔尖创新人才在基础性学科学习的基础上，还要有跨学科视野，具有统摄不同领域知识的能力。学校为学生提供具有学科领域关联性的综合性、跨学科课程，还需要有相应的创新学习方式，比如项目式学习、研究性学习、综合实践活动等。

第四，开设大学先修课程。中国大学先修课程，又称"CAP"（Chinese Advanced Placement）。国内外一些顶尖的高中都会开设专业领域的探究课程和大学先修课程。这类做法有利于为学有余力的资优生提供深度钻研、提前学习高阶内容的机会，满足他们对高难度、有挑战性的学习任务的需求，并在一定程度上激发他们的好奇心和创造力，加深拔尖人才的认知水平，突破高中学科基础知识的天花板。因此，学校要为资优生提供高挑战性的课程资源，在难度上满足资优生的学习需求。

（2）学习方式

普通高中需要不断拓展以实践、综合、探究、合作为特征的创新学习方式。现在国内外基础教育越来越重视将参与"实践"作为培养青少年科学创造力的途径，而旨在产生新颖且有价值成果的创新实践活动能统整创新人格与创新思维的培养，促进创新素养的整体提升。积极倡导自主学习，自主学习是学生创新素养的重要体现。创新学习方式的同时，也要创新教学模式。林崇德提出的"思维型课堂教学理论"强调动机激发、认知冲突、社会建构、自我监控和应用

---

① 李硕豪：《"拔尖计划"学生创造力发展影响因素实证研究》，《中国高教研究》2020年第4期。

迁移。① 例如，人大附中采用弹性化教学与研究性学习，成立"少年科学院"，举办"科学名家讲座"，为学生提供参与国家重点实验室的科学实验项目的学习机会。② 北京四中对必修课采用分层教学，建构了"引导＋探究＋自主"式的教学方式，实行了跨学科、项目式、开放性的教学模式。③

（3）评价工作

建构多元化的升学评价与选拔机制，采取多样、科学、合理的人才选拔标准，对资优生的发展来说非常重要，可以从以下几个方面开展评价工作。

第一，开发多元评价工具。评价工具要根据创新人才培养理论进行开发，如霍华德·加德纳（Howard Gardner）的多元智能理论、阿尔伯特茨格勒（Albert Ziegler）的天赋行动模型理论、罗伯特·斯滕伯格（Robert J. Sternberg）的成功智能三层次理论和创造力投资理论等。这些创造力理论可以为资优生的评价做理论支撑。在选拔标准上，要参考创造性心理学领域的重要研究，增设发散性思维、问题解决等维度，从而建立一套更具针对性的，适配于拔尖创新人才特征的评价选拔机制。

第二，提高选拔过程的灵活性。尊重不同个体的气质和风格，并重视资优生的社交情感能力等。同时，应该开辟多元化的人才选拔渠道，充分考虑拔尖创新人才的独特性和差异性，以发现那些具有潜力的"怪才"或"偏才"，从而扩大人才识别的范围，这样能够发现更多具有创造潜质的人才。此外，拓宽上升通道也能为高中拔尖创新人才培养方案提供有效的出口。

第三，注重过程评价。拔尖创新人才的创新思维、创新能力和创新成果的养成和出现建立在长时间积累的基础之上。而在高中阶段，

---

① 林崇德、胡卫平：《创造性人才的成长规律和培养模式》，《北京师范大学学报》（社会科学版）2012 年第 1 期。

② 肖远骑：《为拔尖创新人才成长"拉开大幕"——来自中国人民大学附属中学的探索》，《中小学管理》2010 年第 5 期。

③ 任飚、陈安、张晨阳：《基础教育阶段创新型人才培养路径探析——以北京四中为例》，《中国教育学刊》2018 年第 4 期。

学校要做好的是基础和铺垫工作，不能强制要求学生在成果方面取得突破，应该更加注重学生的创新思维和能力的过程性评价，为他们未来的成长和发展打下坚实的基础。

3. 创造性社会环境——环境因素

（1）一体化培养

拔尖创新人才的早期培养是个系统工程，既需要横向的协同与联合，还需要纵向的一体化培养模式。横向培养注重政府、社会、高校、科研机构、学校、家长等不同主体为培养拔尖创新人才而进行的协同培养模式，也可称之为"联合培养"。一体化纵向培养是指培养拔尖人才要从幼儿园、小学、初中、高中、大学这几个阶段系统培养，这是目前研究拔尖人才培养的趋势。大、中、小各阶段教育是一个完整的教育体系，具有一定的贯通性。由辩证唯物法的质量互变规律可知，量的积累是漫长的，只有量的不断积累，才能有质的飞跃。拔尖学生的选拔与培养并不是大学阶段一蹴而就的，而是一个漫长的过程。拔尖创新人才培养试点学校可以尝试打造贯通大、中、小一体化教育模式，将基础教育与高等教育或科研院所建立联合培养机制。从教育的"连续性"来看，拔尖创新人才教育应该成为不同学段之间贯通的系统化工程。对于拔尖创新人才培养工作来说，要将重心下移，关注中小学阶段人才的早期培养工作。

幼儿园阶段，为孩子们提供一个自由、富有创造力的玩耍和探索的环境，并注重培养他们的运动能力、动手实践能力。在这个阶段，不需要强调整齐划一，因为这可能会抹杀孩子的创造力。幼儿园是个体兴趣培养的启蒙阶段，教师要注重对学生兴趣的培养，引导他们多提问，保护他们的好奇心。

小学阶段，教师要引导学生提问和质疑，培养他们的批判性思维，并在学科教学中注重创新思维的培养。此外，还可以通过开展综合实践活动、研学、项目式学习等方式，为学生提供更多的实践机会，这些直观经验的积累可能会成为未来创新的源泉。同时，还应注重培养学生的兴趣和保护他们的好奇心，为其提供宽松自由的学习环境。

在这里要说明的是，幼儿园和小学阶段，学校的主要工作是给学生创建自由的成长空间，培养他们的兴趣和保护他们的好奇心，为培养他们的创造力奠定基础，但并非要在这两个阶段筛选出资优生，并单列出来培养。因为这两个阶段的资优生选拔机制还不是很科学，往往会将"智商"测试或者考"奥数题"等作为评判标准。这可能会引发家长加重孩子的课业负担，"揠苗助长"式让孩子超前学习，或付高昂的学费请教师辅导"做题技巧"，这对资优生未来的成长是非常不利的。

初中阶段，教师要注重学生解决问题的能力和高阶思维的培养，不能过度强调题海战术。初中阶段推进拔尖创新人才早期培育要注重夯实他们的素养根基，培育他们对某一领域或某些领域的兴趣和好奇心，让他们对自身发展的潜质有早期认识。

高中阶段是基础教育的最后阶段，它连接着义务教育和高等教育，承担着为高等教育选拔、培养和输送人才的重要使命，高中拔尖创新人才教育在资优生的成长与发展过程中起着至关重要的作用。高中教育应该注重发掘学生的创造力，将学生在幼儿园、小学、初中阶段对某领域的"兴趣"变成"志趣"。高中阶段有助于提升资优生在未来的学习阶段和整个人生发展中的竞争力，为他们未来的发展领域提供选择。

一体化培养工作要完善相关的保障机制，打造"一条龙式"贯通式成长平台，加强中小学拔尖创新人才早期培养师资队伍的建设，实行双导师制度，为学生的长远发展提供师资力量的支持。学校应该转变育人理念，将发现、保护和培养学生的创新能力作为重要任务之一，建立有利于拔尖创新人才培养的机制。中小学校应该开展丰富多彩的社团活动和社会实践活动，激发和保护学生的批判思维和创新思维，为学生个性化发展和潜力的发掘提供机会，为才能突出的学生提供成长路径，搭建促进其成长的贯通式平台。

（2）环境营造

第一，创设自由的学习环境。美国心理学家罗杰斯建构的创造力条件理论指出，要允许创造个体在自由的环境中表达和行动。[①] 物理

---

① 傅林、高瑜：《静悄悄的革命——卡尔·罗杰斯自由学习观研究》，《湖南师范大学教育科学学报》2014年第2期。

学家爱因斯坦曾多次提到，他在瑞士阿劳州立中学度过的学习经历对他整个人产生了巨大的影响。这所高中学校相信"概念思考是建立在'直观'之上的"，崇尚自由、创造和民主的学术氛围，允许学生们自由提问，自由在实验室里研究自己感兴趣的课题，这让爱因斯坦变得更加开朗、自信和乐观，他的个人兴趣和潜力也得到了发展。爱因斯坦把阿劳州立中学视为人生道路的转折点，为之后孕育狭义相对论提供了土壤。[1] 许多科学家都是在自由、闲暇的时光中涌现了灵感与想象力，例如牛顿就是在苹果树下休息，看到苹果落地，萌生了"苹果为什么会落地？"的问题，为之后提出万有引力定律埋下种子。许多学者认为，创造者的自由思考非常重要，在"自由思考"阶段，资优生可能会涌现各种灵感和想法，形成天马行空般的创意，学校应该为资优生提供一个自由放松的环境，提供自主学习、自主思考、自主发展兴趣的时间和空间，为其创造力的发展提供外部条件。

第二，营造创新的文化氛围。创新的文化氛围，一方面是指学校要营造一种倡导创新的学校文化，这种文化能够让学生的创新在学校时时处处受到尊重，并且能够培养学生自信，使其保持兴趣，富有想象，乐于挑战。另一方面，创新的文化氛围还是对中华传统文化中的创新文化和创新精神的传承，从孔子的"述而不作"到"问孔""刺孔""难孔"可以看到中华文化的怀疑精神，"和而不同"的思维方式为创新奠定基础，"崇尚理性"的文化提倡客观、公正地看待事物[2]。传统文化为资优生的自主创新提供了指引。

第三，创设实践性的学习环境。从创造性心理学的角度来看，实践对于人才教育极为重要。实践过程产生的直接经验有利于学生自主建构知识和独立思考，尤其对于拔尖创新学生而言，实践和行动所带来的直接经验是创造力生发的关键。学校应该为资优生创设注重自由、安全、责任的文化氛围。

---

[1] 赵峥：《爱因斯坦与狭义相对论的诞生》，《大学物理》2015年第8期。
[2] 林崇德、胡卫平：《创造性人才的成长规律和培养模式》，《北京师范大学学报》（社会科学版）2012年第1期。

(3) 技术赋能

智能技术可以为资优生个性化精准学习提供便利。智能技术，包括人工智能技术、大数据技术、虚拟现实技术、增强现实技术、混合现实技术、区块链、5G 等技术。智能技术能够实现对人类部分智能的模仿与刻画。学校可以借助智能技术有效地获取高中资优生学习过程的数据，精准诊断学习情况，提供适合学生的个性化学习资源。智能技术可以依据学科学习活动开展的需要，提供相应的具有学科特色的资源或工具。借助增强现实技术可以为物理、生物、化学等课程的实验探究活动提供支持。借助智能助教或学伴可以为语文、外语课程中的口语学习、练习提供支持。[①]

(4) 教师配备

第一，加强拔尖创新人才早期培养的师资队伍建设。"功以才成，业由才广"，事业成功，关键在人。如果教师不敢创新、不善创新，是培养不出敢于创新、善于创新的学生。只有培养一大批具备创新能力的高素质复合型师资队伍，才能满足教育现代化对于创新性人才的需要，造就更多拔尖创新人才。因此，要加快制定拔尖创新人才早期培养的师资标准，从职前、入职、职后不同阶段，围绕不同重点，构建适应新时代要求的教师专业发展模式，人才培养所需师资和经验需进一步积累。目前，广大中小学缺乏对创新人才早期培养的理念和经验，更缺少这方面的专业师资，各地各学校在日常教师培训和继续教育过程中也缺少对拔尖创新人才早期培养方法、人才发展规律的关注，导致在实际教育教学过程中发现创新"潜质人才"时，未能给予很好的保护、指导和帮助，因此，培养的教师不仅要能教得了资优生，还需要有识别资优生的能力。

第二，良好的师生关系会对资优生产生影响。这种影响是潜移默化的，渗透于日常的师生关系之中。"权威型"教师不利于学生创造力的挖掘，建立民主、互动的师生关系非常重要。教师要考虑如何与资优生相处，在师生关系方面创设出适合高中拔尖创新人才成长的民

---

① 郝建江、郭炯：《智能技术赋能精准教学的实现逻辑》，《电化教育研究》2022 年第 6 期。

主氛围。宽松包容的社会文化环境是培养拔尖创新人才的必要条件。鼓励自主探究的校园文化氛围是培养拔尖创新人才的基本要求。尽管创新思维有先天遗传因素，但更多的是后天学校教育培养的结果。不言而喻，创设有利于基础学科人才成长的学校文化环境是解决问题的关键所在。[1]

第三，因材施教。由于资优生的认识结构、认识速度及个性特征等都与普通学生存在较大差异，因此应该依照因材施教的原则，尊重资优生的差异性，提供适合其特点的教学措施，使资优生不因缺乏适当的培养而丧失或浪费其天赋。资优教育的核心在培养资优生的创新意识和创新能力，使其成为创新人才。创新人才的培养要聚焦兴趣，从每个学生的个性特点入手，尊重差异，开发潜能。[2] 因此，教师要根据资优生的不同特点，提供相匹配的个性化教学进度。高中学校可以建立"导师制"，为资优生提供更为细致的帮助和及时的引导。

（5）家庭教育

家庭教育对拔尖创新人才培养也有重要作用。宽松、有爱的家庭氛围，良好的家风，以及家长的鼓励和支持，都可以为拔尖创新人才的早期培育埋下种子。为使家庭更好地关注资优生的教育和成长，学校可以开展家校共育工作，学校与家长建立良好的沟通机制，让家长了解学校的教育理念和方法，增进家校之间的了解和信任。学校也可以安排家庭指导教师对家长进行指导，为家长提供家庭教育培训等。

本专题主要探讨了如何在普通高中阶段培养拔尖创新人才，从高中时期培养拔尖创新人才的重要性谈起，针对目前实践中所遇到的问题，论述了在普通高中阶段培养拔尖创新人才要处理好的三对关系，依据创造性的三要素理论，从创造性人格、创造性思维和创造性社会环境三个角度，分别从非智力因素、智力因素和环境三个方面，对高中阶段拔尖创新人才早期培育提供思路。

---

[1] 施晓光：《文化视域下的基础学科拔尖创新人才培养》，《北京教育》（高教）2022 年第 12 期。

[2] 阎光才：《从成长规律看拔尖创新型学术人才培养》，《中国高等教育》2011 年第 1 期。

三 普通高中学科基地建设有效推进问题

自 1987 年中国第一批国家重点学科点颁布以后，学科建设引起了国内各大高校的高度重视。从 20 世纪 90 年代中期开始，国家相继启动了以学科建设为核心的"211 工程"和"985 工程"建设。学科基地作为学科建设的关键因素，是学科组织活动、科学研究和人才培养的载体。[①] 普通高中学校在教育改革中逐渐重视学科建设工作，部分省市教育主管部门借鉴高等院校重点学科建设的做法，提出了组建普通高中区域学科基地的方案。经过多年的探索，普通高中学科基地建设取得了一定的成绩，但也存在一些问题，如有些学科基地将目标定位于学科教学质量或是高考成绩的提高，对学生发展不够重视，以及很难在区域教育发展中起到应有的辐射作用等，这说明普通高中学科基地建设在价值追求、功能定位上还存在一些偏颇。另外，就目前研究来看，相较于高校的学科建设，普通高中学科建设相关研究比较少，而且基础教育与高等教育之间存在很大差异，普通高中学科基地建设需要探索功能定位和路径等。本专题将通过政策文件梳理普通高中学科基地建设发展，结合学科基地实践案例，探讨普通高中学科基地建设的价值追求、功能定位和实践路径问题。

（一）普通高中学科基地建设发展历程

学科基地，也被称为"学科教研基地""学科示范基地""课程基地"等，是由省、市级教育行政部门确定，省、市级教学研究机构与教师及教育机构联手，中学学科教研员、高校相关专家担任指导，由一批具有较强教学能力的教师群体和明显教学特色的学校为依托，整合一定区域学科名师资源，对学科建设进行全方位诊断、研究的组织。[②] 江苏省、海南省等称之为"课程基地"，深圳市等称之为"学科示范基地"，山东省不仅有普通高中学科基地，还有"高中'强科培优'教

---

① 胡永红、刘伟庆、欧阳平凯：《推进学科基地建设 支撑学科创新发展》，《高等教育研究》2009 年第 4 期。
② 赵平、马宏杰：《高中地理学科基地功能转型实践研究——以浙江省高中地理学科基地为例》，《地理教学》2017 年第 12 期。

第四章　普通高中多样化特色发展阶段（2010年至今）

研基地"。经过对政策文件的梳理，本书将普通高中学科基地建设分为三个时期，分别是萌芽期（2006—2012年）、政策形成期（2013—2017年）、政策深化期（2018年至今）。

1. 普通高中学科基地建设的萌芽期（2006—2012年）

2003年，教育部颁布的《普通高中课程方案（实验）》启动21世纪高中课程改革开放之门。最早开展普通高中学科基地建设是浙江省，嘉兴市于2006年率先启动了学科基地建设工程。2011年，江苏省教育厅、省财政厅印发《关于启动普通高中课程基地建设的通知》，宣布正式启动江苏省的课程基地建设。[1] 2012年，浙江省教育厅发布《浙江省深化普通高中课程改革方案》，提出要"梳理与整合学科知识体系、构建开放型选修课程体系"，浙江省普通高中进入学科建设的快车道。[2] 普通高中的特色化发展也加快了学科建设的研究，学科成为学校育人目标和学生素养发展的重要桥梁，学科建设则成为普通高中学校建设的核心。

2. 普通高中学科基地建设的政策形成期（2013—2017年）

2013年，浙江省在省域范围内开始了普通高中学科基地建设，开启了"培育—确立"学科基地建设模式。2014年，教育部《教育部关于全面深化课程改革落实立德树人根本任务的意见》指出，建立中小学学科教育教学研究基地。[3] 2016年，经过三年培育和审核正式成为学科基地建设学校，并开启下一轮的学科基地培育工作。这一时期是普通高中学科基地建设的政策形成期。

3. 普通高中学科基地建设的政策深化期（2018年至今）

2018年，为推动教研工作转型发展，充分发挥教研工作对基础教育课程教学改革的专业支撑作用，教育部课程教材中心和课程教材研究所启动了中小学学科教研基地建设工作，建立和培育一批学科教研

---

[1] 中华人民共和国教育部政府门户网站：《推动育人模式转型的"江苏样本"》，2018年7月6日，http://www.moe.gov.cn/jyb_xwfb/moe_2082/zl_2018n/2018_zl06/201807/t20180706_342167.html，2023年12月20日。

[2] 褚树荣：《人生课堂　语文选修课程的思考与实践》，宁波出版社2013年版，第205页。

[3] 《中国校外教育工作年鉴》编辑委员会编：《中国校外教育工作年鉴2014—2015》，武汉大学出版社2015年版，第66页。

基地，并提出，学科教研基地要坚持"立足本地、服务战线、示范引领、聚慧共享"的原则，树立大局意识、服务意识，基于自身学科教学研究的优势，团结教研机构、教育研究机构、高等学校和中小学校各方专业力量，对学科教学中的重大问题、前沿问题、难点问题以及教研工作的制度、机制和方式等问题进行创新探索，并将研究成果和教研经验面向其他区域和全国辐射，发挥好示范、引领和辐射作用。[①] 这个阶段，全国各省市也在开展普通高中学科基地建设。

（二）普通高中学科基地建设的实践探索

浙江省先由嘉兴市于2006年启动普通高中学科基地建设，2013年在全省域范围内建设普通高中学科基地，以三年为一个时间段，采取"培育—确立"的建设模式，在培育期间，从学科课程体系建设、学科选修课程建设、课堂教学方式变革、课程资源建设、教师队伍建设、辐射引领六个方面进行考核，通过考核的学校可以正式成为省级普通高中学科基地建设学校。2013年—2019年，浙江省分批培育99所普通高中学科基地学校，围绕改革关键问题组建专题攻坚组，积极探索推进高中育人方式变革，为落实国家深化普通高中课程改革和高考综合改革提供丰富案例与资源。2019年，为推进普通高中新课标新教材高质量实施，遴选31所样本学校，以学校整体推进为主，以学科特色发展为辅，努力打造全国新课程新教材实施的重要窗口。[②] 浙江省嘉兴市、台州市等也开展了市域范围内的普通高中学科基地建设。

江苏省于2011年启动普通高中课程基地，通过课程基地建设的方式推动课程改革，把课程改革落实到每一所学校，促进育人模式转型，这是来自基层自下而上式的创新。课程基地是教育主管部门为了推进课程改革，深化课程目标的实现而搭建的一个综合性教学平台。课程基地的特征是提供新型的学习环境，重点是改进课程内容实施方式，

---

① 中国教师研修网：《凝聚共识　谋局布篇——教育部课程教材中心学科教研基地工作研讨会在京举行》，2019年1月14日，https://www.163.com/dy/article/E5GLOQIE0518IE5V.html，2023年12月20日。

② 中华人民共和国教育部政府门户网站：《浙江省以精准教研涵养教育"绿水青山"》，2021年3月22日，http://www.moe.gov.cn/jyb_sjzl/s3165/202103/t20210322_521634.html，2023年12月20日。

主线是增强实践认知和学习能力。

2016年，河南省教育厅发布《关于公布首批河南省中小学学科教育教学研究基地名单的通知》。河南省中小学学科教育教学研究基地旨在深化基础教育课程改革，在河南省高校搭建高水平的中小学学科教育教学研究平台。2019年，河南省人民政府办公厅印发了《关于新时代推进普通高中育人方式改革的实施意见》，以"1256工程"为抓手全面推进普通高中育人方式改革。实施普通高中"1256工程"，重点培育100所普通高中多样化发展省级示范校、200所普通高中省级示范性教学创新基地学校、500个普通高中省级示范性学科，设立600项普通高中育人方式改革研究课题。①"1256工程"中的"5"就是建设500个普通高中省级学科基地，并希望以学科基地建设为主要切入口，突出办学特色，推进普通高中学校的多样化发展。2022年3月，河南省教育厅办公室发布《河南省教育厅办公室关于开展普通高中省级学科基地建设工作的通知》，于2022年7月公布首批普通高中省级学科基地建设学校名单，有24个学科为省一级学科基地，有52个学科为省二级学科基地。

（三）普通高中学科基地建设的价值追求

学科是作为知识体系的学科，作为组织结构的学科，作为活动领域的学科，作为安身立命的学科，作为利益调整的学科。建立学科基地是适应全面深化基础教育课程改革，落实立德树人根本任务需要，推动教研工作转型发展的重要举措，学科基地建设对于促进区域教研工作的均衡发展，提升区域教育整体质量具有重要意义。

1. 学科的系统性

学科的系统性，是指学科的各个内容之间相互联系、相互作用，是一个有机的整体。学科，英文是"discipline"，这个单词有"学科"和"规训"的意思。法国思想家米歇尔·福柯（Michel Foucault）在其知识社会学研究中发掘并最先使用"规训"这一概念。从学科规训

---

① 河南省人民政府办公厅：《河南省人民政府办公厅关于新时代推进普通高中育人方式改革的实施意见》，《河南省人民政府公报》2020年第2号。

理论的角度来看，学科是由专门的知识、保护专门知识发展和独立的制度规范及组织机构共同组成的一个完整体系。要全面认识一个学科，需从知识层面和制度机构等方面进行考察。在知识层面，一个学科必须具有明确的研究对象和任务，还需要具备完整的科学体系和专门的研究方法。在制度机构方面，学科需要有自己的组织机构，可以称之为"学科学术团体"。也可以说，学科就像一个细胞，知识就是细胞核，学科制度和机构是被包在细胞核外面的细胞质和细胞膜，这几部分构成了一个完整的细胞，缺一不可。①

2. 教学的学术

学术性是学科建设的基本特征。学术性是学科建设的根基、主线。学科建设的成效通常是以学术水平的提升来衡量的。② 美国教育思想家博耶（Ernest L·Boyer）在《学术反思》的报告中对"什么是学术"做了一个很清晰的界定和分类，并且提出大学学术除了"探究的学术"，还有"教学的学术"。③

高等教育的学科建设与基础教育的学科建设相比，尽管它们的价值追求都是学术发展、学术价值，但还是有不同之处。对于大学而言，学科建设的主要任务是提升学科组织在学科知识生产上的能力，学科领域的学术研究水平决定了学科建设的水平，其学科建设的核心价值追求，在于学科知识的创新。按照博耶的观点，就是"探究的学术"。而对于基础教育而言，学科建设的主要任务是通过"教学的学术"进一步凝练优势学科特色，构建相对稳定的学科特色育人体系，形成学校的学科特色文化品牌，进而辐射带动其他学科的发展。这是根植学校历史文化与现实的需要，坚持自主发展，坚持教学学术创新的实践。

---

① 李爱民：《从学科规训的视角看我国高等教育管理学科的建设与发展》，《现代教育科学》2005年第1期。
② 廖湘阳、王战军：《大学学科建设：学术性、建构作用与公共绩效》，《学位与研究生教育》2006年第3期。
③ 周光礼、马海泉：《教学学术能力：大学教师发展与评价的新框架》，《教育研究》2013年第8期。

3. 从学科教学到学科教育

学科领域的育人质量与特色决定了学科建设的水平，学科建设的核心价值追求在育人价值。"双新"背景下，普通高中的学科理念应该从学科教学走向学科教育。学科教育观强调，以学科教学为载体，强调深入挖掘学科本身具有的育人价值，分析学科对学生发展而言的特色价值，并指向学生核心素养的养成。其实，学科教学是方法、是手段，学科教育是目的，学科教育需要通过学科教学来实现育人的目的，实现学生核心素养的养成。学科教学关注的是知识层面的传授，以及教学层面的教学方法、学习方法和教学能力等，而学科教育就是突破学科知识传授、教学能力等的狭隘认识，注重对教育终极价值的理解和体认，关注学科知识的过程性属性，挖掘学科本质魅力，引导学生从学科视角去认识世界、理解世界，逐渐形成学科观念和学科思维方式，引导学生像学科专家那样去思考问题。普通高中的学科基地建设要重视学科育人的价值，从之前关注学科教学，转向对学科教育的重视，要重视育人导向的学科教学方式、教学设计和教学评价的改革，让学科教学更加彰显出学科的特性、规律、价值观、品格等育人价值。

（四）普通高中学科基地建设的功能定位

普通高中学科基地建设的功能定位，如图 4-3-3 所示，包括课程开发中心、教学研究中心、师资培养中心、教育评价中心、示范推广中心、学科发展指导中心、学科特色活动自由超市、学科资源的集散地、高中和大学的联络站。

1. 课程开发中心

普通高中学科基地应是课程开发中心，负责学科课程建设、课程实施、课程改革、课程评价，是课程改革中心，组建课程改革重大、前沿、难点问题研究的共同体，建设课程教学改革成果和经验的集散地。围绕深化高中课程改革，研究落实修订的课程方案和课程标准的区域实践途径。

2. 教学研究中心

普通高中学科基地应是教学研究中心，基于核心素养开展教研理

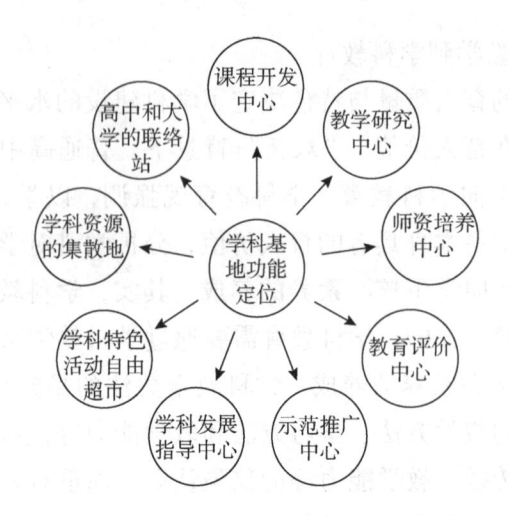

图4-3-3 普通高中学科基地建设的功能定位

论和实践研究，进行教研制度、机制、方式的创新实验，为推动教研工作转型发展提供理论支持和实践经验。学科基地重视开展课题研究工作，研究"双新"背景下，教学模式和学生学习方式的转变。例如，郑州市第二中学数学学科基地，不仅开展课堂教学与育人方式改革展示交流活动，编写《郑州二高数学课程开课方案》，而且还开展"作业改革"，探索基础类作业和拓展类作业设计思路，开发结构化作业、反思性作业、阅读性作业和跨学科作业，挖掘数学课程的育人价值，促进学生数学核心素养的提升。

3. 师资培养中心

学科基地是师资培养中心，形成教师专业成长的发展中心。要将学科基地建成教师专业成长的载体，以名师支撑基地，以基地培养教师，以教师发展学生。[①] 学科基地要建设一支由学科带头人、骨干教师构成的学科队伍，形成合理的梯队和结构。学科基地可以通过建立各种制度，保证学科带头人的学习进修，具备前沿的理论和开阔的视野，组织学科团队教师参与学习进修、交流、研讨，注重培养选拔青

---

① 马斌：《创新培养高素养人才的机制——关于建设高中教育课程基地的思考》，《中学课程辅导（江苏教师）》2011年第9期。

年骨干教师,带领学科教师开展备课、说课、磨课、评课等活动,提高教师的教学能力。

4. 教育评价中心

普通高中学科基地应是教育评价中心,关注评价方法的科学性、评价路径的系统性,落实学生综合素质评价,强化评价的学生本位取向,注重过程性评价中资料的收集,开展循证教学评价、增值评价等,提升高中学科评价指标的科学性和适时性,保证教育评价的有效实施。学科基地还应关注学科评价方式的改革。例如,泉州市第九中学作为市级高中历史学科基地,聚焦多元课堂学习评价,探索教学评一体路径。

5. 示范推广中心

普通高中学科基地应是示范推广中心。遴选为学科基地的学校可以说是区域内该学科师资条件、研究实力相对较强的学校,这些学科基地的教研团队应该协同共进,不断挖掘和提炼本学科教学优势,以达到"人无我有,人有我有,人有我特,人特我专"的境界。[①] 学科基地应该建立交流机制和扩展交流平台,以促进区域内学科教研工作者之间的学习和交流。这样可以及时提炼和总结经验,进行实践检验,推广成果,并成为区域学科发展的样本,发挥示范、引领和辐射作用。通过观摩学科论坛,可以带动本区域的学科多元化发展,促进该学科教师团队的成长。

6. 学科发展指导中心

学科基地应是学科发展指导中心,应当把学生的发展放在首位。学科基地应注重学生的德育指导、学科素养和核心素养提升指导、跨学科能力的培养、职业生涯规划指导、心理健康指导等,可推广学生发展的"导师制"。为了促进学生全面而有个性的发展,建议成立由专兼职指导教师组成的队伍,通过学科教学的渗透、开设指导课程、举办专题讲座以及开展职业体验等方式对学生进行指导。同时,应充

[①] 陆福根:《普通高中市域学科基地的功能定位与建设路径》,《天津市教科院学报》2014年第1期。

分利用高校、科研机构和企业等社会资源，构建学校、家庭和社会协同指导机制。例如，海安中学建设的光影艺术课程基地、三门球课程基地、生物与环境课程基地、物理创新实践课程基地、机器人课程基地、劳动实践课程基地、话剧课程基地等，都是基于学生发展需要，学生在这些课程基地里，各种能力得到了培养和锻炼，得到很好的成长。作为普通高中心理健康学科基地的济南中学自主开发心理课程，由专职心理教师开设"心晴"活动课和生涯规划课，由兼职心理教师和教师团队开设心理校本课程"看电影学心理"，通过专业的心理学知识和体验式的课堂活动，提高学生心理素养。

7. 学科特色活动自由超市

普通高中要实现多样化特色发展，就应重视学生个性化的发展，也需要考虑改革开展特色活动以适应学生的个性化需求。"学科特色活动自由超市"，是为满足学生的多样化学习需求和个性化发展，由学校统一设置，也可以由教师或学生创设的特色活动、特色课程。学生可以根据自己的兴趣特长，自主选择参与特色活动或选修相应的课程。这种模式为学生提供了更多自主选择的机会和更广阔的发展空间。"学科特色活动自由超市"是教学改革背景下的一种尝试，具有现实性和可操作性。例如，西安高新一中实验中学开设100多门校本课程，学生可以根据自己的爱好与特长进行选择，如设计并驾驶无人机探索校园，向后厨师傅学习包饺子，制作木制卡琳巴琴，举办楚辞朗诵艺术节，学习中英文自救互救，高空降落绳索打结……丰富的课程内容给学生提供了"逛超市"般的课程选择机制。[①] 又如，松江一中开设"走向希望的田野"综合实践课程，尝试打通校内外课程壁垒，为学生提供更多的课程选择，将课堂延伸到广阔田野之中，"超市"设置了"选购区""定制区"和"咨询区"三大功能分区，依据乡村振兴政策下设"产业兴旺、生态宜居、乡风文明、治理有效、生活富裕"五大供货区，提供了近百种短课程供"顾客"自由选择，华东政法大学教

---

① 光明网：《西安这所中学设置"百门"校本课 学生"逛超市"选择》，2022年6月12日，https://m.gmw.cn/baijia/2022-06/12/1302993302.html，2023年10月23日。

师团队、泖港镇黄桥村和新浜镇文华村村委会干部、教师志愿者等近百名人员也投身其中。类似这样开设特色活动、课程自由超市的学校还有很多,邯郸市丛台区精英未来中学、四川天府新区第五中学、周口市文昌中学等都开设了这样的课程。

8. 学科资源的集散地

学科基地要重视开发和利用学科资源,实行省、市域范围学科资源共建机制,成为学科资源的集散地,形成系列化、精品化的指向学科核心素养发展的学科教研资源体系。研发和积累课程教学资源和教研资源,打造共建共享的教研资源平台,为教研系统服务,为深化课程教学改革服务。学科基地可以利用"互联网+"教育平台,将丰富、优质的学科资源放在网络平台上,这里的学科资源既包括学科知识相关学习资源,还包括学科优秀教案、课堂实录、教学经验总结等,建立开发、利用、共享、共建的学科资源平台,开设学科基地论坛,为学科教师提供丰富的学科资源和交流平台。

9. 高中和大学的联络站

普通高中学科基地应是高中和大学的联络站。在教学研究上,普通高中学科基地可以与高校合作,建立"U-S"("University-School"的简称,指大学与中小学合作)合作模式,学科基地教师与高校相关的专家、学者共同开展教学改革有效合作,推进教学改革研究,促进教师教学研究能力的进一步提升。2012年,浙江省教育厅发布了《浙江省教育厅关于高等学校面向普通高中学生开发开设大学先修课程的指导意见》,明确表示充分利用高校自身教育教学优势,主动与普通高中建设对接,开发开设具有层次性和梯度化的先修课程。[1] 在课程设置上,高中可以与高校合作建立大学先修课程,使学生可以在高中阶段提前接触并学习一些大学课程的基础知识,为将来进入大学做好准备,做好学生进入高等教育前的衔接工作。

---

[1] 浙江省教育厅:《浙江省教育厅关于高等学校面向普通高中学生开发开设大学先修课程的指导意见》,2012年10月22日,http://jyt.zj.gov.cn/art/2012/10/22/art_1228998760_27488447.html,2023年12月22日。

（五）普通高中学科基地建设的路径

1. 形成以学习为核心的多维规划

第一，四维度论。杨四耕提出，对基础教育而言，学科是由学科课程、学科团队、学科教学以及学科学习构成的一体四面的三棱锥，可以把它叫作"学科三棱锥"模型，如图4-3-4所示。通过学科三棱锥，可以把学科建设分为四个维度：教师（学科团队）、学生（学科学习）、课程（学科课程）、教学（学科教学）。

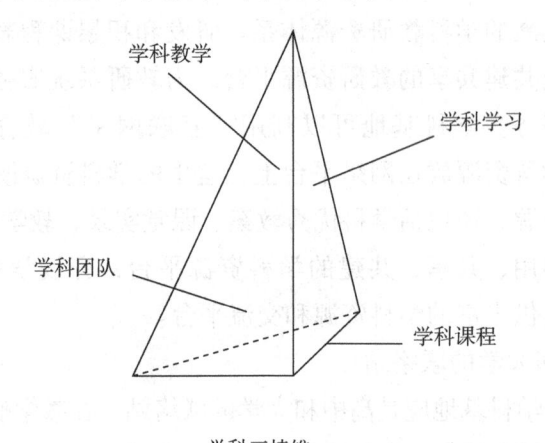

图4-3-4 学科三棱锥[①]

第二，六维度论。2012年，包括西北师大附中在内的6所高中成立了六校联盟。六校联盟是尝试探索现代学校制度为出发点的联盟，是国内首个跨省域的高中联盟。这个联盟把学科建设作为现代高中发展的一个核心问题，而且在学科规划里面，把学科建设分为六个维度，即从信念作风、队伍建设、课程教学、校本教研、知识管理、特色建设六个维度进行规划，规划丰富了教研组文化、拓展了教研组职能、明确了教师专业成长的途径。信念作风要求教研组要有符合学科特点的文化建设，其目标指向教育的终极价值；队伍建设体现了教研组是教学研究的共同体的理念，团队在共同规划、共同行动中形成并保持

---

① 杨四耕：《普通高中特色学科建设的维度和方法》，《江苏教育》2021年第54期。

自己的个性特色，共同成长；课程教学提出教研组在课程实施中应有的作为；校本教研给教研组教研活动的落实提出具体的要求，要求教研组要朝着教研制度化、有序化、有效化而努力；知识管理通过科组档案、业务档案、宣传推介等方式，促进教研组规范化建设和教师的专业成长，促进合作和交流；特色建设要求学科组有依据学科发展要求所形成的具有前瞻性和特色性的重点建设项目，推动学科组走有自己特色的发展道路。

2. 形成共同的教育价值追求

普通高中学科基地建设应在关注教育哲学层面上，形成共同教育的价值追求。世界上有很多著名的中学，它们都有一个共同的特点，就是对教育价值的不懈追求，及对本真教育的尊重、遵循和坚守。校长是学校共同教育价值的引领者、阐释者和践行者，校长对于教育终极价值的追求影响了学科基地建设的方向。每一位学科老师也需要形成对共同的教育价值的认同，并在此基础上进一步追问学科教育的终极价值，最终达成体现学科价值共识的学科自觉，即"学科宣言"。例如，海南中学地理学科的宣言"明人地关系之要旨，握地域分析之道法，彰地藏经纬之大义，立知行合一之理念"，这是海南中学在进行学科建设的时候，为达成统一共识形成的"学科宣言"，其中蕴含对地理学科教育的终极价值追求。另外，还有江苏锡山高中地理学科宣言"善于观察自然，学会关注世界，用地理改变生活"等。

3. 成立"学科中心"，组建"学科中心组"

普通高中学科基地建设中，建议成立新的行政职能部门——学科中心。学科中心是与教务处、学生处等相并列的一个行政组织。学科中心组和传统意义上的学科组不完全一样，最重要的特点是赋予一定的权力，调度各学科建设，优化学科资源配置。学科中心组是学校各学科发展的核心组织，由学校学科教学中的骨干教师组成，旨在围绕学科建设的目标发挥学科骨干的群体效应。学校赋予学科中心组组长一定的优先发展资源决策权、选择权和学科发展重要事项的参与权，具备"四者"职能：学科宏观发展的决策者，团队文化建设的领导者，教师队伍成长的促进者，学科持续发展的指导者。[①] 赋予学科中心组组长权力，例如调配资源的权力、发展方向的权力等。学科组长的职责，包括创建学校文化为基础的学科精神等一些相关的职能。有些学校采取的措施是用名师来支撑基地，用基地来培养教师，用教师发展学生的线路，明确学科组长职责，创建学校文化为基础的学科精神，完善教学常规规范制度，构建多层次教师培养路径，深化课堂教学改革研究，创新学科特色活动体系，开发多元课程资源，建立主动运行的评价管理机制。

4. 构建多元特色学科课程体系

以构建多元特色学科课程体系为核心抓手推进普通高中学科基地建设。浙江省学科基地建设，先通过发布省级的标准，根据标准以评促建。上海市学科基地建设是先建设学科基地，再开展评价。虽然思路不同，但浙江和上海的大多数基地都是将课程作为核心的抓手，或称之为"核心突破口"。课程是学校育人的重要载体，是学校特色发展的核心要素，课程建设也出现了一些新的趋势和特点，特色课程建设出现了多元化、融合化、系统化的趋势。课程实施方面，从传统的单科突进式演变为由特色领域主导下的课程整体架构，实际上就是优势特色课程，引领整个学校特色课程体系的建设，进而形成整个特色育人体系的建设这样的一个思路。从某种意义上讲，课程特色彰显学校特色。大多数学科基地学校将构建多元特色学科课程体系作为学科基地建设的核心突破口。因学校的传统、现状、理念等的不同，构建多元特色学科课程体系的思路与范式不尽相同。特色课程建设已经出现了多元化、融合化和系统化趋势，课程实施方面也从传统的单科突进式逐渐演变为由特色领域主导下的课程整体架构。

（1）学科特色课程建设常见模式——"目标+学科"

"目标+学科"型特色课程建设模式有两个目标，一是"培优"

[①] 周靖雅：《普通高中推进学科发展的组织模式建构实践探索——以"学科中心组"组建为例》，《现代教育》2021年第12期。

第四章　普通高中多样化特色发展阶段(2010年至今)

目标,为学生提供更多培养优势能力发展的通道,二是"普适"目标,为学生提供更多学科素养发展的机会。二者可以有交叉,并不是完全独立的。例如有些高中开设基于兴趣的学科课程,这是具有一种面向广大学生的普适性课程,按学生兴趣来培养的相关课程体系。也有些高中面向少数拔尖学生提高性课程,如"AP"(是"Advanced Placement"的简称,指大学先修课程)和竞赛类课程,如图4-3-5所示。

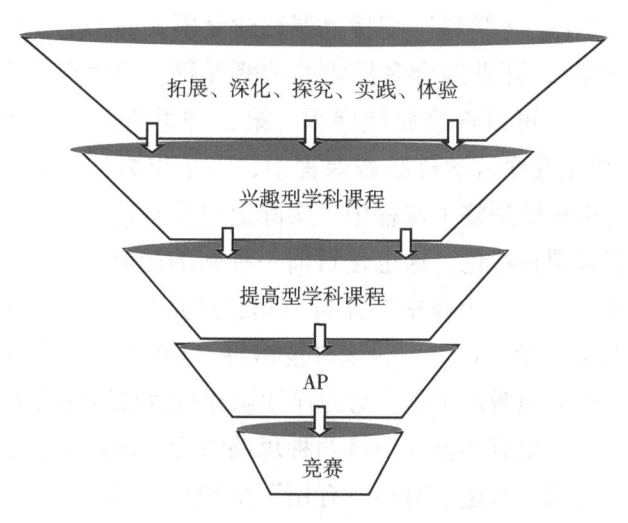

图4-3-5　"目标+学科"型特色课程建设模式

(2) 学科特色课程建设常见模式——"主题+学科"

"主题+学科"型特色课程建设模式,强调的是以某种主题为核心的主线,与优势特色学科相结合,形成一种特色,其主题是根植于省级学科平台基础之上的,这是部分省份学科特色课程建设的趋势。例如,江苏省5个生物学一级学科课程基地,参考表4-3-1,开发"主题+学科"特色学科课程,江苏省常州高中是"生命探究",江苏省前黄高中是"环境生命",江苏省奔牛高中是"生命健康",常州市田家炳高中是"STEM生命",江苏省武进高中是"生命科学创新实践"等,这种模式已经开始成为一种新的方向。

表4-3-1　　　　　　　江苏省生物学科基地开发的课程

学科课程基地	学校	特色学科课程
生物	江苏省常州高级中学	生命探究
	江苏省前黄高级中学	环境生命
	江苏省奔牛高级中学	生命健康
	常州市田家炳高中	STEM生命
	江苏省武进高级中学	生命科学创新实践

目前,"主题+学科"型特色课程建设模式的第一种思路是"主题+选修课程",开发综合多样化的选修课程,学生在完成选择性必修课基础之上,可以选修此类课程。第二种思路是"主题+必修课程",将特色主题融入学科必修课程中,不是作为选修课让学生去选修,而是直接根植到整个课程中,实际上也是对现行课程的改造、升级,从而彰显课程特色,这也是目前一种新的趋势。例如,江苏省常熟中学创建了全国首个高中海洋科技馆,这是学校"CPS+创造力发展"课程基地建设项目之一,该科技馆将"CPS"模型与地理学科知识相结合,极大地激发了学生对海洋知识和自然与地理的无限追求。

当然,现在也有部分高中将两种思路融合。南通中学创建了物理课程基地,并以"有趣、有料、有用"的建设方向为指导,在课程实施变革上,该校研发了"金字塔"架构的校本课程体系,这种模式也成为大多数高中课程基地的校本课程实施模式之一。[1] 郑州市第二中学的信息技术学科基地,除必修模块外,开齐了选修模块的内容,并开发校本化课程,创设了技术融合的《人人能创造》轻量化创客课程群,开发出借助技术进行"发现、探究和创造"的特色课程,比如影视创作、音乐创作、3D创意设计、创意AR场景设计及应用、编程及人工智能等课程。

5. 探索有特色的学科教学模式

探索具有特色的教学模式在普通高中教育领域一直备受关注。近

---

[1] 江苏省教育厅：《推动育人模式转型的"江苏样本"——江苏省普通高中课程基地建设纪实》,2018年7月13日,http：//jyt.jiangsu.gov.cn/art/2018/7/13/art_57810_7742145.html,2023年12月22日。

年来，针对特定学科的特色教学模式的探索呈现出不断增长的趋势。传统学科教学模式具有普适性的特点，学科针对性不强，而如今针对学科的教学模式探索相比之前有所增加。一些优质高中创建了学科特色教学模式，如泰州中学语文课程基地创立"一化六教"生活化语文教学范式，数学课程基地"动车组"教学范式等。学科教学模式除普通教学模式必要特点外，"学科性"是其主要特征，应围绕"双新"理念及"学科素养"养成的目标，注重"情境化""体验式""探究式"和"信息技术支持"等要素。

6. 建设新型学科教室

学科教室是集传统教室、专用教室、实验室、图书馆、网络室等功能为一体的新型学科教学场所，是以服务师生学科教与学为宗旨，以学科观念、思想和方法为指导，以营造沉浸式学习氛围为主要方式，建立学科知识与生活的联系，丰富学生的学习体验，促进学生在内生动力驱使下主动学习的学科环境和学科资源的有效配置。[①] 2021年，《教育部等六部门关于推进教育新型基础设施建设构建高质量教育支撑体系的指导意见》提出，"建设物理空间和网络空间相融合的新校园，拓展教育新空间。"[②] 学科教室作为新型的学科教学环境，以培养学生学科核心素养、教师专业发展为逻辑起点，着力为新课程提供适合有效的实施场所，促进课堂教学方式和学生学习方式的转变，创设学科的专业情境，有效拓展育人空间，体现学科特点，为学生与教师提供丰富的学科资源与平台，具有丰富的学科实践性和体验性、互动性和开放性，这些是传统教室所不能实现的。例如，普通高中在新高考制度下开展选课走班的过程中，如果学生选地理学科就去充满"学科味"的地理教室上课或开展学科实践。学科教室的"学科味"，体现学科的专业情境，提供丰富的学科资源，搭建平台便于师生交流，丰富学科的实践性和体验性。学科教室以培养学生学科素养为出发点，

[①] 程莉莉、施建国、潘新华：《推动学习方式转变的学科教室设计和应用——基于浙江的实践探索和研究》，《人民教育》2021年第18期。

[②] 教育部等六部门：《教育部等六部门关于推进教育新型基础设施建设构建高质量教育支撑体系的指导意见》，《中华人民共和国教育部公报》2021年第9号。

要有利于常态化的互动和开放的环境，以此来促进学生创新。学科教室设计要注重指向学科素养，体现学科文化，创设学科情境，融合技术应用等。例如，郑州第二中学通过搭建学科空间，为学生开辟了苹果树下创客空间、智慧广场，为师生活动提供了专业场地。此外，学校还在学科空间配备了数字化移动教学设备，让师生借助这些先进的设备开展个性化教与学，进行信息技术与教育教学相融合的创新实践。

7. 探索"互联网+"常态化学科教研制度

2019年9月，《中共中央 国务院关于深化教育教学改革全面提高义务教育质量的意见》提出，完善区域教研、校本教研、网络教研、综合教研制度，发挥教研支撑作用。[①] 学科基地可以依托教研网，发挥学科基地的专业优势，聚焦教学改革重难点问题，开展案例观摩和点评指导活动。2020年8月以来，基础教育课程教材发展中心联合教研网持续开展公益性的常态化在线主题教研活动"教研在线"，建设形成"1+3+N"的"互联网+"学科教育基地新模式，主体聚焦基础教育课程教学改革中的重难点问题，设置通识教研主题与学科教研主题两大类。活动采用"微讲座+交流研讨""课例研讨+主题讲座""同课异构+专家点评"等多种形式，逐步向中小学全学段、全学科覆盖，采取"互联网+"名师工作室联盟教研等多种举措推进基地工作有序开展。高中英语上海学科基地，开展了"一月一研"教学研究活动，主要围绕教学改革中的重难点问题逐一攻克，并通过教研网向外展示。

近年来，普通高中学科基地建设已经成为当前普通高中育人方式改革发展中的一种趋势。本专题通过梳理普通高中学科基地的发展历程和实践探索经验，提出学科基地的价值追求和功能定位，在理论和实践的基础上提出了普通高中学科基地建设的路径。在实践调研中发现，普通高中学科基地也展示出了区域化特点，不同区域的学科基地可以依据该区域的实际情况，经过理论研究和具体实践，探索出适合

---

① 中共中央、国务院：《中共中央 国务院关于深化教育教学改革全面提高义务教育质量的意见》，《中华人民共和国教育部公报》2019年第7、8号。

第四章　普通高中多样化特色发展阶段（2010年至今）

当地的学科基地发展路径，为该区域的学科发展起到引领、带动的辐射作用。

四　普通高中学校特色发展问题

2010年5月，中共中央、国务院《国家中长期教育改革和发展规划纲要（2010—2020年）》提出"推动普通高中多样化发展"和"鼓励普通高中办出特色"。[1] 2012年2月，教育部工作要点中提到"探索区域高中多样化发展和学校特色发展的模式和办法"。[2] 2017年3月，教育部等四部门关于印发《高中阶段教育普及攻坚计划（2017—2020年）》的通知指出"推动学校多样化有特色发展"。[3] 2019年2月，《中共中央办公厅、国务院办公厅印发〈加快推进教育现代化实施方案（2018—2022）〉》，进一步提出"普通高中优质特色发展"，说明该政策在未来一段时间内依然是一个重要的发展指导。[4]《中国教育现代化2035》的出台，再次强调了鼓励普通高中多样化有特色发展。2019年6月，《国务院办公厅关于新时代推进普通高中育人方式改革的指导意见》谋划了"到2022年普通高中多样化有特色发展的格局基本形成"的整体布局。[5] 2021年12月，教育部等九部门印发《"十四五"县域普通高中发展提升行动计划》提出了"促进县中多样化有特色发展"的具体目标。[6] 2023年8月，《教育部　国家发展改革委　财政部关于实施新时代基础教育扩优提质行动计划的意见》提到，"普通高中优质特色""培育一批优质特色高中，普通高中多

---

[1] 中共中央、国务院：《国家中长期教育改革和发展规划纲要（2010—2020年）》，人民出版社2010年版，第25页。

[2] 教育部：《教育部2012年工作要点》，《人民教育》2012年第21期。

[3] 教育部等四部门：《高中阶段教育普及攻坚计划（2017—2020年）》，《新教育》2017年第13期。

[4] 中共中央办公厅、国务院办公厅：《中共中央办公厅、国务院办公厅印发〈加快推进教育现代化实施方案（2018—2022年）〉》，《中华人民共和国教育部公报》2019年第1、2号。

[5] 国务院办公厅：《国务院办公厅关于新时代推进普通高中育人方式改革的指导意见》，《中华人民共和国教育部公报》2019年第6号。

[6] 教育部等九部门：《教育部等九部门关于印发〈"十四五"学前教育发展提升行动计划〉和〈"十四五"县域普通高中发展提升行动计划〉的通知》，《中华人民共和国教育部公报》2022年第1、2号。

样化发展扎实推进""建设一批具有科技、人文、外语、体育、艺术等方面特色的普通高中，积极发展综合高中"。[①]

部分省市也出台了相应的政策，如《浙江省普通高中特色示范学校建设标准（试行）》（2011年）、《天津市特色高中建设实施方案》（2011年）、《上海市推进特色普通高中建设实施方案（试行）》（2014年）、《浙江省普通高中特色示范学校评估操作标准》（2016年）、《重庆市教育委员会关于开展特色普通高中建设工作的意见》（2017年）、《浙江省普通高中学校实施分类办学促进特色发展的改革试点工作方案》（2020年）、《宁夏回族自治区普通高中多样化有特色发展试点工作方案》（2021年）、《福建省教育厅关于遴选培育福建省普通高中特色示范项目促进高中多样化发展的通知》（2022年）、《河南省教育厅办公室关于进一步推进普通高中多样化发展相关工作的通知》（2023年）等。各个省市在推进普通高中学校特色发展上提出方案，进一步以学校特色发展推进普通高中多样化格局的形成。

2010年以来，多个省市开展了普通高中多样化、特色发展试点，各地立足当地实际和发展需要，积极探索高中多样化、特色化发展的实施路径。尽管一些学校在探索普通高中特色发展的道路上进行了探索和尝试，但也出现了特色办学"功利化"现象，盲目追求特色而忽视了基础学科，学校特色定位短浅化、拼盘化、口头化，学校特色发展路径不明确等一系列问题。这些问题实质上是关于普通高中如何定位和特色发展的问题，因此，本专题主要探讨的是普通高中特色发展的内涵、目的、如何特色定位、定位后如何发展的问题。

（一）普通高中特色发展的内涵

1. 内涵

特色是个性的体现，要有特色，必先培育和发展普通高中学校的个性，在教育体制、办学水平、教学方式、校园环境、教育成果和教师、学生等方面都必须具有不同于其他学校的地方。

[①] 教育部、国家发展改革委、财政部：《教育部 国家发展改革委 财政部关于实施新时代基础教育扩优提质行动计划的意见》，《中华人民共和国教育部公报》2023年第7、8号。

第四章　普通高中多样化特色发展阶段（2010年至今）

学校特色发展，是学校改进的一种基本策略，是学校根据内部实际情况和外部环境的变化，对区域、学校资源进行挖掘或重组利用，使学校形成特定领域独特风格或优势的过程。它以提升学校质量为根本目的，以特色课程体系为核心支撑，以学校文化为价值前提和沉淀形式，以组织管理为基本保障。

普通高中特色发展，即普通高中学校主动适应环境的变化，根据学生、社会的需求以及学校实际情况，采取适宜的发展策略，办出独特、优质、稳定且具有整体性的学校特色的过程，其实质为旨在提升普通高中教育质量与办学效益的内涵式发展。[①]

2. 相关概念的辨析

（1）多样化与办学特色

关于多样化与办学特色的关系，依据《国家中长期教育改革和发展规划纲要（2010—2020年）》表述，"鼓励普通高中办出特色"，[②]这就是说"办学特色"作为一种非硬性条件被置于普通高中"多样化发展"的条目之下。"办学特色"主要表现为一所学校在建设与发展过程中区别于其他学校的整体的或者某一领域的个性特征，它既是学校之间相互区别的标志，也是学校实现内涵式发展、高质量发展的重要方式。[③]可以从"纵横"两个角度来理解"多样化""办学特色"。横向层面，学校与学校之间的多样化、区域之间的多样化，这里的"多样化"，也可称之为"错位发展"。纵向层面，这一所学校的特色办学要作为一种专业精神，办学特色要做得专业、深入。另外，还可以将"办学特色"视为"因"，将"多样化"视为"果"，正是因为有了学校与学校之间不同的"办学特色"，才能有普通高中"多样化"发展的格局。

（2）学校特色与特色学校

学校特色，是指学校基于自身的历史传统和实际情况，在一定的

---

① 崔玉婷：《普通高中特色发展研究》，知识产权出版社2016年版，第1页。
② 中共中央、国务院：《国家中长期教育改革和发展规划纲要（2010—2020年）》，人民出版社2010年版，第25页。
③ 顾霁昀：《普通高中特色发展路径研究》，博士学位论文，华东师范大学，2022年，第20页。

价值观或办学思想指导下，在长期的办学实践中所形成的相对独特、稳定、优质且具有整体性的个性风格。从本质上来讲，学校的特色是一所学校的个性与风格，当然，一所学校里的特色也可能不止一个。

特色学校，指在先进的教育思想指导下，从实际出发，经过长期的办学实践，形成独特的、稳定的、优质的办学风格和优秀的办学成果的学校。从本质上来讲，特色学校是一所具有特色风格的学校。

"学校特色"与"特色学校"是部分与整体的关系。换句话说就是，"特色学校"说明这所学校有特色，具备"学校特色"，但具备"学校特色"的学校未必都能成为"特色学校"。"学校特色"是"特色学校"的基础，"特色学校"则是"学校特色"的发展和升华。

3. 普通高中学校特色发展的特点

学校特色发展，包括义务教育阶段学校的发展、普通高中的发展、中高等职业院校还有普通高等专业院校等特色发展，那么普通高中学校特色发展有什么特点呢？

普通高中学校特色发展具有特殊性。普通高中教育具有选择性和准专业性，具有"育人+升学+就业"的功能定位，承担着为学生全面而个性发展，为学生升学和就业做准备的三重任务。另外，普通高中教育的课程由必修、选择性必修、选修三类课程构成，其中的必修、选择性必修为国家课程，普通高中教育也有让学生接受国家课程的任务。因此，普通高中学校特色发展具有特殊性，需要在基本任务的基础上发展特色。也就是说，普通高中学校不能为特色而特色，从而忽视了高中原本要完成的任务。

普通高中学校特色注重分类发展方式，将"普职融通"作为一种发展趋势。2023年8月，《教育部 国家发展改革委 财政部关于实施新时代基础教育扩优提质行动计划的意见》提出要"推进普职融通""建设一批具有科技、人文、外语、体育、艺术等方面特色的普通高中，积极发展综合高中"。[①] 由于每个省市的不同情况，不同省市

---

① 教育部、国家发展改革委、财政部：《教育部 国家发展改革委 财政部关于实施新时代基础教育扩优提质行动计划的意见》，《中华人民共和国教育部公报》2023年第7、8号。

对普通高中分类办学的划分也有不同。宁夏回族自治区将普通高中划分为科技创新高中、人文特色高中、体艺特色高中、普职融通高中四种类型。南京市划分为综合改革高中、学科创新高中、普职融通高中和国际高中四种类型。河南省划分为科技高中、人文高中、体育高中、艺术高中、综合高中五种类型。福建省、浙江省划分为人文高中、科技高中、体艺高中、综合高中等特色类型。

(二) 普通高中特色发展的目的

高中特色发展应秉持怎样的理念？要回归到教育本质"培养什么人、为谁培养人"问题上。教育是以人的发展为目的的，普通高中特色学校是为培养全面而有个性的高中生，促进学校人才多样化培养，以满足学生发展的需要，以及社会经济发展对人才的需求。

普通高中学校特色发展的道路进程中，有些学校因为没有领会国家文件中关于"特色办学"的真正目的，为了"追时尚"，在没有认真考察分析自己学校情况的基础上，直接轰轰烈烈地开始"办特色"，从而出现了一系列的问题。有些学校过于注重学校自身的特色，而忽视了学生个性化的发展，要求全校师生都要追随学校的这个特色，导致学生的个性化无法张扬。还有一些学校为了追求生源或者为了迎接检查，出现贴标签式"标签特色"、盲目拔高的"伪特色"、不切实际的"特色泡沫"以及大同小异的"模仿特色"现象。有些学校为了特色办学，与艺术学校、体育学校混为一谈，忽视了基础学科的学习。更有甚者，一些学校竟然出现了违背教育规律的"反特色"，违背教育规律、损害学生发展的学校特色是不可取的。

发展是指新事物代替旧事物的过程。特色发展，是学校打造办学特色的过程性追求，体现了学校在整体改革发展中的哲学思考和路径选择。由此，从学校特色发展的目的来看，普通高中特色发展的最终目的并不是特色办学，而是促进学生发展，满足社会对不同人才的需求，最终为中国特色社会主义现代化建设育人育才，这意味着高中特色发展的最终目标是学生全面而有个性的发展。学校特色办学要回望历史，立足现实，面向未来，根据学生的发展需要，以激发学生个性、潜能发展为目的，以此来统领与指导学校的整体发展思路与创新实践。

(三) 普通高中学校特色定位

1. 定位理论

学校的特色定位要回望学校历史，立足于学校现实，着眼于学校的未来发展前景和规划。理解普通高中学校的定位内涵有利于让学校与众不同，形成发展动力，有利于学校高品质办学，从而能够鲜明地建立学校品牌，增加社会公众对学校的认知度。

学校的特色定位可以借助广告学领域的"定位理论"寻找方法。"定位理论"最早是由著名的美国营销专家艾·里斯（Al Ries）与杰克·特劳特（Jack Trout）于20世纪70年代早期提出来的，定位理论是一种最富有价值的营销战略理论之一，广泛适用于企业战略、产品品牌推销等领域，其创新贡献表现在提出了"心理占位""争当第一""极其简化信息"来击中消费者的心。里斯与特劳特提出的品牌定位法主要有强化已有定位、比附定位、单一位置策略、寻找空隙策略、类别品牌定位和再定位等。[①]"定位理论"的主要观点：一是认为定位就是让企业和产品与众不同，争当第一，形成核心竞争力，突出某方面焦点；二是认为消费者对品牌的印象不会轻易改变，必须保持定位的稳定性，切忌频繁变更；三是认为定位就是追求简单、简洁，借助持续、简单的信息在消费者心中占据一个位置。

2. 基于"定位理论"的普通高中学校定位特点

（1）定位要新

定位理论提出，定位要与众不同。普通高中学校定位要有创新性和独特性，力求"人无我有，人有我优"。每个学校的定位要创新，不能成为其他名校的"复制品"或"翻版"，每个学校的文化、历史、地理等都是不同的，要寻找属于自己学校的创新定位，要体现独特性和优质性。特色和特殊不一样，找特色不能找特殊。学校如果具有创新精神，也可以激发学校的教师主动参与到学校创新发展愿景的行动中，还可以激发学生的创新精神和实践能力。由马克思主义哲学的唯

---

① 刘一彬：《里斯与特劳特定位理论对我国高校定位的启示》，《现代大学教育》2009年第5期。

物辩证法可知，每个事物均有共性和个性，共性是绝对的，个性是相对的、有条件的；共性决定事物的基本性质，个性可以揭示事物之间的差异；共性和个性在一定条件下会相互转化。可以说，普通高中的本质属性就是共性，特色就是个性，普通高中学校特色的定位要建立在普通高中的本质属性上，在共性中寻找"个性"。例如，普通高中学校可以寻找个别的优势项目，选择重点开始培育，并逐渐形成这一方面的独特优势，成为学校的特色定位。

（2）定位要专

定位理论提出，要形成核心竞争力，突出某方面焦点，这里的焦点可以理解为专一性。"定位要专"，体现在特色定位要有专一性。有些学校缺乏对特色的整体统筹与规划，对学校的多种特色难以割舍，并将学校的特色都罗列出来，成为"拼盘化"的特色，这样就失去了焦点，呈现出"什么都想抓，但什么也没抓着"的情况。普通高中学校定位时，要找准焦点，深入钻研，力求专一且深入。定位理论提出，定位要追求简单、简洁，因此，"定位要专"还体现在特色定位要简洁化。定位的形式简洁优美但内容要丰富有内涵，因为简洁化可以更好地增加社会公众的认知度，增加自身的标识度、辨识度。那些过于纷繁复杂的定位，不易在如今海量信息流中留下独特的印记。

（3）定位要稳

定位理论认为，品牌的印象不会轻易改变，必须保持定位的稳定性，切忌频繁变更。学校特色定位要有稳定性，学校的特色建设不能说变就变，要避免出现类似于"换一任校长就更换一个特色定位"的情况。学校特色不能"朝三暮四"，也不可能一蹴而就，而是应该通过长期的发展和积淀，使学校形成稳定的独特风格，形成相对稳定的状态。能够稳定就意味着这个定位具有发展性，要坚持可持续发展性和与时俱进，随着时代的发展变化和外部办学环境的改变，学校的办学特色也会随之不断丰富和发展。

（4）定位要准

定位理论的定位方法，均指向的是定位要在全面考察的基础上定位。在普通高中学校特色定位上,"定位要准"需要学校系统考量学校的历史、文化、地理等因素,还要考虑学校特色学科发展、生源情况、教师专业化发展等问题,全面衡量找准定位。这个抉择不是校长一个人的抉择,而是要经过一系列、全方位、对教师意见的考察等得出的结论。学校定位要根据学生的全面而有个性的发展需求而定。

但要注意的是,普通高中学校特色办学也是有限度的。特色高中发展要遵循当前普通高中的基本要求,要符合普通高中课程标准、学校办学质量评价、学生发展评价等规定和要求。特色高中不能与专业学校等同。如艺体特色高中,是普通高中以艺术、体育为特色发展,还开设有普通高中必须开设的其他课程,但不能等同于艺术学校、体育学校。艺术学校是指专门开设艺术及含有艺术性质各专业的学校,是以培养艺术人才为主要目标的学校,这个学校可能是中职、高职高专、普通高等院校等类型的学校。

3. 定位的几个抓手

特色定位可以选择学校内部的一些重要因素寻找抓手。如何选择抓手呢?可以采用"SWOT"分析法,"S"(strengths)是优势,"W"(weaknesses)是劣势,"O"(opportunities)是机会,"T"(threats)是威胁,即将学校的内部优势、劣势、机会和威胁等分析列举,依照矩阵形式排列,然后用系统分析的思想,把各种因素相互匹配起来加以分析,从中为学校特色发展选择定位。在实践过程中,也有以下9个常见的抓手:历史文化、办学理念、优势项目、发展需求、地方文化、育人模式、生源特点、突出问题、高校资源,如图4-3-6所示。

(1)历史文化

学校可以根据长期积累的历史和文化积淀来选取定位,尤其是建校时间较长的普通高中,文化积淀相对深厚,可以从学校发展的历史中提取"遗传基因",依托历史积淀进行文化传承,寻找定位。例如,南京市金陵中学,创办于1888年,在悠久的教育传统与深厚的人文积淀基础上提出"少年精神"。"少年精神"是金陵中学百年教育文化理念的底蕴与精髓,学校建构了以创新为基点凸显"少年精神"的办学特色。南京师范大学附属中学秦淮科技高中,是以"科技"冠名的特

高中学校特色定位的抓手
- 历史文化
- 办学理念
- 优势项目
- 发展需求
- 地方文化
- 育人模式
- 生源特点
- 突出问题
- 高校资源

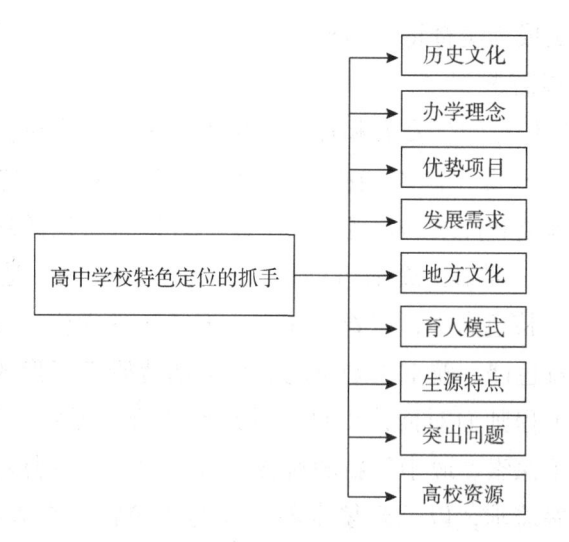

图4-3-6 高中学校特色定位的抓手

色高中，严济慈、袁隆平、刘永坦等院士校友为国家科技发展做出了巨大贡献，该校挖掘校史内涵，创建科技高中。

（2）办学理念

学校可以根据本校的办学理念选取定位。例如，长沙市雅礼书院中学在实践中注重培养师生的创新精神和创新能力，形成了以创新教育为特色的学校。浙江大学附属中学提出"为每一位学生的学习发展而设计"的办学理念，坚持"文化立校、课程育人"的办学思路，将"人格与学术并重，本土与国际兼容"作为办学特色。上海市七宝中学，将"全面发展，人文见长"作为办学追求和学校特色建设的定位。

（3）优势项目

学校可依据自身优势项目来选取定位。优势项目可以是优势的学科、课程，也可以是社团活动、兴趣活动等。例如，北京四中创建"人文基础，科技特色，促进学生多元发展"的优质高中校本课程体系。大庆石油高中发扬"大庆精神"和"铁人精神"，坚持"全面发展，艺术见长，文理高质量"的鲜明办学特色。上海音乐学院附属安师实验中学，是一所以音乐美育为突破口和增长点，满足区域学生多元发展需求的音乐美育特色普通高中。上海市香山中学，将美术教学优势项目发展成为美育特色学校。

（4）发展需求

学校可以依据学生发展和社会发展需求来选取定位。学校的特色定位可以吸引一批"志趣相投"的学生，他们在这个特色的文化氛围、专业的师资和优质的资源中，可以更好地将自己的兴趣爱好、好奇心充分释放。例如，成都市石室成飞中学新校区，是以"航空特色"为方向的特色高中，有着"航空航天梦"的学生，可以在这所学校通过航空特色课、航空主题讲座、航空基地研学等形式，与航空航天设计师、工程师面对面，将自己感兴趣的研究课题进行深入研究，逐渐成为勇于探索、敢于创新的科技后备人才。上海曹杨中学结合时代和学生发展需求，以"环境素养"作为学校特色育人的重要载体，秉持"大环境"育人的价值取向，让环境素养教育成为学校特色创建的显著标识。这种基于学校历史，整合校内元素，推动课程教学和人才培养的持续创新，最终形成学校发展特色的思路。

（5）地方文化

学校可以将地方文化作为学校特色定位的突破口。地方文化是中华传统文化的重要组成部分，不仅涵盖了区域的民风民俗、文物古迹、自然风光、沿革变迁等有形的文化，还包括人们的生产生活方式、价值观念、思维方式、行为模式等无形的文化。[1] 福建省长乐第一中学走特色化办学之路，以乡土文化建设为主体，把乡土文化引入校园，将优秀传统文化与现代教育元素相融合，构建独特的校本特色文化，以地方特色文化涵养校园文化，取得了显著成效。荆门市沙洋县李市中学挖掘地方人文特质，打造"西荆河文化"特色学校，立足地理位置，从人、江、河、校四种元素中了解汉江流域人文景观，解读西荆河风土人情，进而培养师生的西荆河精神，培育独特的校园文化。华东师范大学附属东昌中学依托陆家嘴金融聚集区核心地带，定位于金融素养特色学校，以"育金融素养，筑生涯之基"为教学特色。

---

[1] 纪德奎、赵晓丹：《文化认同视域下乡土文化教育的失落与重建》，《教育发展研究》2018年第2期。

(6) 育人模式

学校可以根据本校育人模式选择定位,既能彰显学校特色发展的独特价值,又能有效推动育人目标的全面落实。例如北京市第一零一中学的"自我教育"模式,北京大学附中的"多元自主发展"模式,北京市第一一九中学、北京市第一六五中学和北京市崇文门中学等学校的普职融通育人模式,深圳市新安中学采用"双自"育人模式,实现全面育人。

(7) 生源特点

学校可以依据生源的特点来选取定位,选择适合学生成长需要的特色路径,使学校特色建设更具针对性。例如广东省英德市第二中学,构建"博艺"文化的初衷基于学校办学实际的思考,该校学生大多数来自农村,文化基础较差,如果一刀切地让学生学习普通文化知识,学生可能因为听不懂、不感兴趣等,对高考失去信心,进而会缺乏学习动力。因此,该校基于生源特点,开发学生的艺术潜能,走艺术特色办学之路,从而符合学校办学实际。

(8) 突出问题

学校可以将发展中遇到的问题作为定位的抓手,找出问题产生的根本原因,聚焦影响因素,找出解决问题的方案,通过一系列的行动干预,伴随着问题的解决,将劣势转化为优势,逐步形成特色,这样既解决了问题,还形成了特色。北京市育园中学针对学生心理健康情况欠佳,以及学生家长缺乏心理健康知识等问题,将"心理健康教育"这个问题作为特色发展的突破口,经过实践探索,形成了"三维一体心理健康教育"的办学特色。

(9) 高校资源

学校依托高校资源选取定位。上海理工大学附属中学秉承科技教育方面的传统优势,结合上海理工大学的学科优势,依托上理杨浦基础教育集团,以"尚理"为办学理念,以学生的工程素养培育为办学特色。上海海事大学附属北蔡高级中学,依托上海海事大学的航海教育资源,以"航海文化教育"作为办学特色。上海市甘泉外国语中学,以上海大学外国语学院为依托,以"跨文化素养培育"为办学特色。华东政法大学附属中学，学校以"尚法"为特色，培养学生的规则意识、思辨能力、表达能力、合作探究能力和解决问题的能力，奠定了学生"德法相济、知行合一"的人文根基和科学精神、法治精神。

4. 学校特色定位的程序

从空间的视角观察学校特色的定位程序，从时间序列上，呈现"孕育、初成、强化、成型"四个阶段，如图4-3-7所示。

```
┌─────────────────────────────────┐
│  孕育：选择项目，专家引领        │
└─────────────────────────────────┘
              │
┌─────────────────────────────────┐
│  初成：项目培育，重点突破        │
└─────────────────────────────────┘
              │
┌─────────────────────────────────┐
│  强化：由点到面，整体强化        │
└─────────────────────────────────┘
              │
┌─────────────────────────────────┐
│  成型：提炼特色，形成定位        │
└─────────────────────────────────┘
```

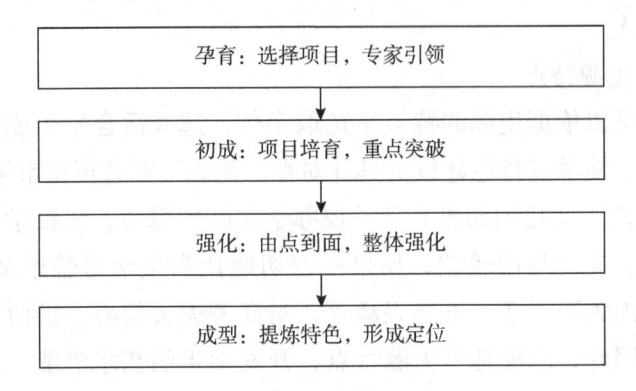

图4-3-7　普通高中特色定位程序图

（1）孕育——选择项目，专家引领

学校特色定位是一项专业性很强的工作，需要具备丰富的教育知识和实践经验。在进行特色定位时，学校需要从自身实际情况出发，深入挖掘自身的优势和特点，同时需要邀请专业的教育顾问或专家进行引领和指导。这些专家能够凭借丰富的经验和深厚的理论素养，对学校进行系统分析，从多个角度全面评估学校的优势和不足，从而给出科学合理的建议。此外，学校还需要对特色定位进行充分的市场调研和分析，了解市场需求和竞争情况，结合实际情况制定出符合市场需求和学校实际的特色定位策略。在特色定位过程中，还需要注重特色培育和传承，建立完善的特色管理体系，确保特色定位的可持续性和稳定性。

（2）初成——项目培育，重点突破

学校将选择具有发展潜力的项目进行精心培育，以寻找突破口。在确定关键因素后，可以大胆尝试新的方法，进行实验并不断反思。根据实际情况持续改进和优化培育项目，反思并调整对项目培育的反

第四章 普通高中多样化特色发展阶段(2010年至今)

馈，深化并完善特色提炼，以实现精益求精的目标。为了实现持续改进和优化的目标，可以建立一套完善的反馈机制，及时收集和分析来自各方面的反馈意见和建议。

(3) 强化——由点到面，整体强化

学校特色的发展是一个逐步推进的过程，从局部的特色项目开始，逐渐推广到整个学校的工作，这是一个"由点到面，逐步推广"的过程，通过优势项目的带动，学校整体工作得到了优化和提升。这些局部特色也逐渐融入学校的整体发展中，成为学校个性风貌的一部分。由优势项目带动学校整体工作优化，使局部特色成为学校整体发展的个性风貌。

(4) 成型——提炼特色，形成定位

学校将强化项目提炼成特色，并将此特色发展为独特且鲜明的风格，进一步形成学校特色的定位。学校形成了独特的特色定位之后，可以对其进行推广，让更多的人了解和认识，不仅可以提升学校的知名度，还可以通过分享经验和影响他人，推动其他学校特色发展。

(四) 学校特色发展的模式、要素和路径

1. 发展模式

发展就是通过成长和在变化多样的环境中建立更多的联系不断改进和完善。学校的特色发展，既需要内部元素的整合优化和创新，也需要外部资源的充分借鉴和运用，这种内部外部的良好互动是特色学校建设的有效路径。高中特色发展的重心在于发展，从哲学的角度来看，发展本质上是新事物代替旧事物的过程，因此，在讨论发展问题时，必须要有发展性的眼光，关注并预测未来教育发展的趋势，为教育改革做好未来的规划和设计。大卫·霍普金斯（David Hopkins）揭示了一个规律，很多成功的学校改革显示，要对学校有高要求或高期待，比如让学校成为杰出的学校，并使这些要求和期待变成现实，便需将"自上而下"与"自下而上"的改革"谨慎地摆到平衡、相互补充和相互依存的位置上"。[①] 要注意的是，这里所说的不是单向度的

---

① [美] 大卫·霍普金斯：《让每一所学校成为杰出的学校：实现系统领导的潜力》，鲍道宏译，华东师范大学出版社2010年版，第15页。

"自上而下"或"自下而上",或者"由内而外""由外向内",不是简单的自然过渡或任务式的对接,而是建立在学校自主与外部责任承担相平衡的关系下的协作与互动。①

普通高中学校特色发展有三种模式。

第一种是外引式发展,强调利用外部资源,促进学校发展。这种发展模式通常包括普通高中学校与国内外知名高校、研究机构、企业等进行合作,引进优秀的师资力量、教学资源、科研成果等,以提高学校的整体水平。

第二种是内生发展式。内生发展式是依据校情提炼和建构内生性学校特色理论及实践体系。内生发展式没有可参照的模板,需要通过调研去发现和提炼理论来推动学校的改革与发展。内生发展式开创了一种全新的理论与实践相结合方式,这种方式是通过理论工作者与实践工作者共同的研究活动来共同探讨理论。有学校自主进行改革的学校自发式,其中包括校长领导全校的改革、教师自主研究学生开展的改革。

第三种是"内生式+外引式"发展。以华东师范大学附属东昌中学为例,一方面,学校借助华东师大的教育优势,引入高校的人力资源、信息资源,特别是借助华东师大在教育学、课程论、教学论等领域的先进研究成果,引领学校的可持续发展,支撑学校教师队伍专业化成长。另一方面,学校充分发挥位于陆家嘴金融聚集区核心地带的优势,合理分析学校的生源情况、师资情况和学生成长需要,在综合研判的基础上提出了"育金融素养,筑生涯之基"的教学特色,为金融素养特色的培育提供课程支持。目前,借助华东师范大学的力量和学校内部教师的自觉主动参与,金融创新实验室独具个性化,学校开发以培养学生金融素养特色"一体·两翼·三圈"课程体系,日常的课程教学行为中有效地融入学生金融素养的培育,整体培育培养,形成了自身鲜明的办学特色。

---

① 武秀霞:《多样、特色与高品质教育——关于普通高中特色发展若干问题的反思》,《教育科学研究》2019年第12期。

第四章 普通高中多样化特色发展阶段(2010年至今)

一个人若要找寻自己的优势特长,必然要从自身审视自己,当然外界可以辅助个体做全面的客观审视,但不能代替个体自身的寻找。同样,关于学校的特色定位,也需要学校自身来寻找,有些学校从"创建"或者"打造"等全新视角着手,这针对新建高中还是可行的,但对于一个有着悠久历史文化积淀的学校来说不可取。普通高中学校的特色定位应该着眼于自身的"内生发展",要对学校内生力及内部运行机理进行深度研究。"内生发展"的模式是一种由内向外的发展态势,强调的是全面考察学校自身的情况,深度挖掘自身的发展潜力,形成发展动力,再逐步向外,与其他学校、区域等产生联系。

2. 发展要素

学校内生力指学校内部生成的力量,产生于学校发展的需要。需要的内在性,使学校发展的动力首先来自内部。由内在需要转化而来的内动力是学校内生力的真实存在,但要成为促进学校发展的力量,不仅要有价值引领,同时还需要校内有策略地实践。

新内生发展理论,是在外生式发展和内生式发展两种理论的基础上,强调内外互动的混合动力模式,是目前欧洲主流的乡村发展理念。"新内生发展"是一种可持续发展理念,是对外生发展和内生发展理论的融合与折中,强调内外互动的混合动力模式。新内生发展理论强调主体对发展的认同,通过挖掘内部潜力、合理有效利用外部资源,将外部干预转化为内部发展和建设的动力。"新内生发展"理论强调,组织或系统内部成员是推动发展的实践主体,全员的广泛参与和认同是促进发展的保障,资源是实现发展的关键要素。新内生发展理论为探讨普通高中特色学校发展提供了一个新的视角。

新内生发展理论主要关注参与、认同和资源三个要素。资源、参与和认同三要素架构的新内生发展理论对于解释社会经济发展具有理论上的严谨性和代表性。资源,是指内生发展的地方与超地方关联。参与,是内生发展的关联纽带。认同,是内生发展的精神动力。在此基础上,资源、参与和认同是学校特色内生发展的三个基本要素,是推动学校实现内生特色发展的关键变量。此三要素是内生发展的核心内容，三者之间存在着错综复杂的关系。①

依据新内生发展理论，普通高中学校的特色定位应遵循的思路是：充分发挥学校校长、师生员工的主体参与意识，以学生全面而有个性的发展为目标，以学校主体对文化和教育理念的认同为前提条件，统整办学资源，充分挖掘校内资源优势，利用校外资源优势，并将校外干预转化为校内特色发展和建设的动力。

3. 发展路径

依据新内生发展理论，普通高中学校特色发展应依据参与、认同与资源三个要素，提出学校特色发展的路径。

（1）增强主体参与的意识

校长在创建办学特色中起主导作用。教育家陶行知有言："校长是一个学校的灵魂，要评论一个学校先评论它的校长。"② 学校特色发展是涉及学校整个系统的全方位的变革活动，是以特色理念为核心的学校文化的外显，是教师文化、学生文化、制度文化、环境文化等相互作用的结果。校长是学校特色发展的引领者，是学校发展的灵魂人物，是带领学校实现变革式发展、进行战略选择的关键。校长的领导力影响组织的凝聚力与战斗力，是关乎学校发展的关键。校长应在广泛征求学校师生的共同愿景的基础上，努力找准全校师生共同追求的办学特色发展定位，并将发展定位变成共同的价值追求。

教师在创建办学特色中起关键作用，教师是学校工作的中坚力量，是学校特色文化的传承者和塑造者，学校的特色发展需要通过全体教师的齐心协力才能产生实际效果，因此，在创建办学特色的过程中，教师们需要积极参与，发挥自己的专业优势和创造力，为学校特色发展贡献自己的力量。教师需要深入理解学校特色发展的理念和目标，认真思考如何在自己的教学实践中贯彻这些理念和目标，如何将这些理念和目标融入课程设计和教学方法中。只有教师真正理解了学校特色发展的内涵和意义，才能在教学工作中发挥出更大的作用。

---

① 张文明、章志敏：《资源·参与·认同：乡村振兴的内生发展逻辑与路径选择》，《社会科学》2018年第11期。

② 陶行知：《陶行知文集》，江苏人民出版社1981年版，第106页。

第四章 普通高中多样化特色发展阶段(2010年至今)

（2）提高主体的认同

普通高中学校特色发展是一个全员参与的过程，它强调关注教师、学生、家长对学校办学特色形成共识，对学校特色的认同。针对还未选取特色定位的学校，为加强学校各主体对学校特色的认同，学校在开展特色定位工作的时候，可以在广泛听取教职员工、学生、家长的意见基础上选择定位，这个定位是主体的共同愿景。针对已经定位好特色的学校，为增加主体对学校特色发展的认同感，可以从以下几个方面入手。首先，充分的理论准备。学校应该对特色定位、未来发展的内在逻辑和理论基础进行充分地论证，做好充分的理论准备，为之后的宣传工作打好坚实的基础。其次，加大宣传，提高共识。学校可以加大对特色建设的宣传，使全校师生及家长对学校的特色发展有所了解。有时候不认同可能是源于不理解，学校加大力度宣传，以促进师生、家长对学校特色发展的理解，从而形成共识，凝聚力量。再次，教师参与学校特色建设。学校要营造和谐、民主的氛围，为教师参与学校特色建设提供机会。学校可以开展与特色发展相关的课题研究，激发教师参与到学校特色发展的工作中来，并凝聚合力解决发展中的问题。最后，学校不仅需要为教师的专业发展提供帮助，还要对教师为学校特色发展所做的工作及时给予肯定与鼓励，使教师在特色发展过程中体验到价值和成功感，这可以有效地提升教师对学校特色发展的归属感与认同感。

（3）充分利用校内外资源

充分利用校内外的资源来促进学校的特色发展。第一，重视优秀教师资源。学校应积极引进或培养具有特长的优秀师资，并充分发掘每位教师的特长和潜能，鼓励他们在教学和科研方面发挥个人特色。这种以教师个人特色为引领的方式，不仅能提升教学质量，也可以为学校的教育改革和发展注入新的动力。第二，建设特色课程资源。特色课程是学校特色实施的载体，能够充分展现学校的办学理念和特色，满足学生的个性化发展需求。学校应注重特色课程的开发，组织丰富多彩的特色社团活动，为学生提供更多选择和发展机会。第三，营造学校文化氛围。学校环境不仅包括学校的自然环境和人文环境，还包括学校教育舆论的主导倾向、学校人际交往的心理氛围等。校园文化是一种无形的力量，能够潜移默化地影响每一位学生，为他们成才奠定基础。第四，依托优质校外资源。学校特色建设既可以依托高校、科研机构、博物馆、企业及其他学校资源来发展特色，还可以依托当地资源等。学校特色建设要充分利用各种资源，不断探索和创新，逐渐形成具有独特性和可持续性的特色。

特色办学是普通高中的重要发展方向，要深入理解特色发展的内涵，把握特色发展的本质和定位，重视学校内生发展动力，依据特色发展的路径，走好特色发展之路。学校应根据自身实际情况，从历史积淀中发掘适合自身发展的特色优势，准确定位特色建设，精心打造自身品牌。同时，要充分尊重和激发高中学校内涵发展的主动性和积极性，鼓励学校根据自身环境追求特色发展，形成办学特色，找到合适的发展方向，实现多样化的学校发展和办学类型。在保持和发扬学校特色的基础上，还要不断创新和发展，挑战传统的教育模式，引领未来的教育趋势。这样，学校才能在激烈的教育竞争中保持领先地位，提升学校的知名度和影响力，为学生提供更优质的教育资源和服务。学校还应积极参与教育改革和创新实践，探索适应时代发展的新路径和新模式。

站在新的起点之上，普通高中的根本特色必须是中国特色。只有真正贯彻遵循中国特色社会主义道路，高中特色发展才能立足中国大地，服务中国发展，彰显中国特质，塑造中国品牌。普通高中学校特色发展是体现时代要求的高中学校整体性综合改革，更注重中国特色、国际视野、品质卓越以及影响力和引领力。

五　普通高中办学质量评价问题

2020年，中共中央、国务院印发的《深化新时代教育评价改革总体方案》明确指出，"充分发挥教育评价的指挥棒作用，引导确立科学的育人目标"。[1] 具体到普通高中教育评价，教育部于2022年印发的《普通高中学校办学质量评价指南》明确指出："普通高中学校办

---

[1] 中共中央、国务院：《中共中央　国务院印发〈深化新时代教育评价改革总体方案〉》，《中华人民共和国国务院公报》2020年第30号。

第四章 普通高中多样化特色发展阶段(2010年至今)

学质量评价应遵循教育和人才成长规律,加快建立以发展素质教育为导向的普通高中学校办学质量评价体系。"[1] 如图4-3-8所示,评价内容包括办学方向、课程教学、教师发展、学校管理、学生发展5个方面,共18项关键指标和48个考察要点。上述两份文件,为普通高中构建了科学系统的评价体系,为提高普通高中学校办学质量、提升治校能力指明了方向。高中教育质量评价在价值导向上旨在从"唯升

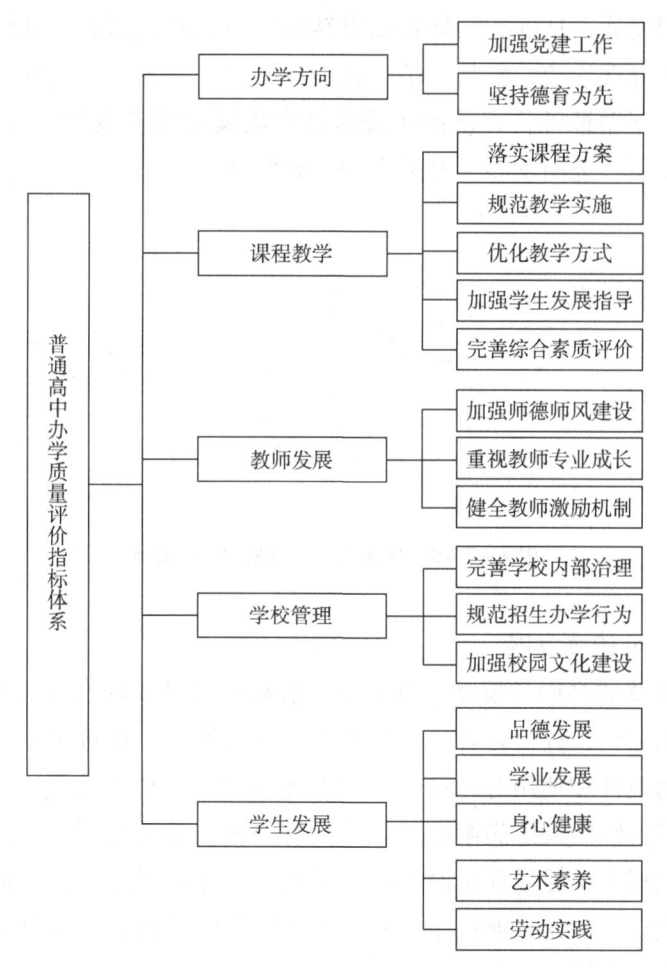

```
普通高中办学质量评价指标体系
├── 办学方向
│   ├── 加强党建工作
│   └── 坚持德育为先
├── 课程教学
│   ├── 落实课程方案
│   ├── 规范教学实施
│   ├── 优化教学方式
│   ├── 加强学生发展指导
│   └── 完善综合素质评价
├── 教师发展
│   ├── 加强师德师风建设
│   ├── 重视教师专业成长
│   └── 健全教师激励机制
├── 学校管理
│   ├── 完善学校内部治理
│   ├── 规范招生办学行为
│   └── 加强校园文化建设
└── 学生发展
    ├── 品德发展
    ├── 学业发展
    ├── 身心健康
    ├── 艺术素养
    └── 劳动实践
```

图4-3-8 普通高中学校办学质量评价指标体系

---

[1] 中国高考报告学术委员会编:《中国高考报告(2023)》,新华出版社2023年版,第106—107页。

学""唯分数"转向关注学生全面发展的过程与结果,充分强调发展性评价的重要作用。高中教育质量评价改革是普通高中全面落实立德树人根本任务、促进学生综合发展的重要保障。

(一)新时代普通高中办学质量评价特点及建议

1. 新时代普通高中办学质量评价特点及建议

以发展性评价为核心的高中教育质量评价需关注学校、教师和学生的全面发展,从静态的教育结果转向动态的教育过程,从统一标准筛选转向尊重学校、教师、学生的个性差异,从主观描述性评价转向客观的数据循证评价,从而实现对教育质量可持续发展、共同发展、多样化发展、全面发展,如图4-3-9所示。

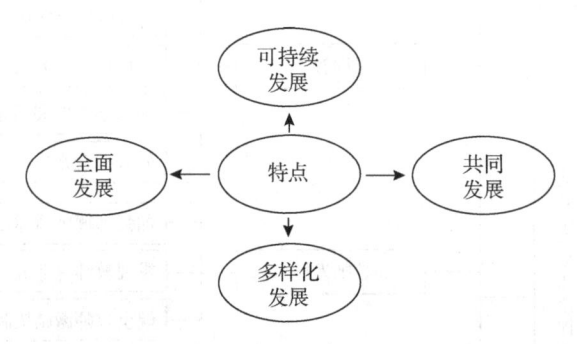

图4-3-9 普通高中办学质量评价特点

(1)可持续发展

从《普通高中学校办学质量评价指南》的具体内容看,其指导思想、基本原则、评价内容、评价方式、评价实施、评价结果运用与评价指标的设计和使用等,都不同程度地体现了可持续发展思想。学校需要以可持续发展思想解读其核心内容、内在精神与评价指标的制定意图,把握办学质量评价改革的价值追求,才能通过改进普通高中学校办学质量,优化普通高中的育人方式、办学特色,以促进学生和学校的可持续发展。

(2)共同发展

评价指南的共同发展思想主要体现在学生的共同发展、学校的共同发展,以及学生、学校和社会的共同发展三个方面。共同发展思想,

第四章　普通高中多样化特色发展阶段（2010年至今）

是对普通高中学校的学生、学校以及学生、学校、社会共同发展质量的认识及其评价的基本主张。该评价指南不但体现了共同发展的思想，而且通过评价指标设计和评价实施过程的改变，有意识地促进评价实践落实共同发展的思想。如学生质量的评价指标中，强调了对学生"铸牢中华民族共同体意识"等的评价，这就把学生、学校、国家和民族联结了起来。在办学方针的确立、课程教学内容的厘定、评价的组织与保障等方面，都力求通过评价指标的设计，引导学校提高促进多方面共同进步的办学质量。对学校，"统筹利用校内外资源""建立专兼职结合的指导教师队伍，利用高校、科研机构、企业等社会资源，积极构建协同指导机制"等的评价实践，有利于落实学生、学校和社会共同发展的思想。

（3）多样化发展

评价指南多样化发展思想，兼顾了学生的个性发展和学校的特色发展，体现了多样化发展的思想，并通过指标设计和提出的实施要求，有意识地促进各地方在评价实践中落实这一思想。学生的个性发展是学生根据自身潜能，立足社会发展中某一方面的需要，形成自己的发展特长和专业潜能，并在学习过程中得以发展、完善和显现。将学生的个性化发展作为评价的重点之一，通过制定相应的评价指标和要求，鼓励和支持学校和教师关注学生的个性特点和需求，提供个性化的教育服务和支持。此外，评价指南还强调学校的特色发展，即学校根据自身的特点和优势，开展符合自身定位和特色的教育活动和项目。这种特色发展不仅可以提高学校的知名度和影响力，也可以促进学生的个性发展和全面成长。因此，评价指南要求学校在评价中注重对学校特色的评估和总结，鼓励学校积极探索和发展自身的特色发展。

（4）全面发展

评价指南要求各地方开展评价时，要"全面贯彻党的教育方针""坚持以学生全面培养全面发展为核心""着力克服'唯分数''唯升学'倾向""努力培养德智体美劳全面发展的社会主义建设者和接班人"。在培养学生全面发展方面，高中学校应该将学生的个性发展和社会责任感作为重要的教育目标之一，鼓励学生在学习和生活中发挥自己的特长和潜能。为学生提供多样化的学习机会，包括课堂教学、实践活动、社会实践、志愿服务等。通过这些机会，学生可以拓展自己的知识和技能，增强自信心和自我认知能力，提高综合素质。学校应该与家长保持密切的联系和沟通，共同关注学生的学习和发展情况。通过家校合作，可以更好地了解学生的家庭背景和成长环境，为学生提供更加全面、个性化的教育服务和支持。学校应该建立科学、客观、全面的评价机制，对学生的学习成绩、综合素质、个性特点等方面进行全面评估。同时，学校应该注重对评价结果的分析和反馈，及时调整教育教学策略，促进学生的全面发展。

2. 新时代普通高中办学质量评价的建议

（1）开发德育课程

落实德育为先的办学思想，主动开发德育课程是学校发展的指向标。各高中学校应结合实际情况，制定明确的校本德育目标，并实施相应的德育工作方案。同时，学校还应开发德育相关课程，开展德育实践活动，将德育内容渗透到各个教学科目中。此外，学校应该充分融入"德育为先"的理念，将其贯穿于办学和管理工作的全过程，覆盖教书育人的全过程。通过这些努力，学校可以引导学生构建正确的道德观和价值观。学校应该根据国家教育部门的相关要求，制定适合学生特点的德育课程标准和教学大纲，明确德育课程的目标、内容和教学方法等，设计多样化的德育课程形式，如课堂讲授、小组讨论、角色扮演、案例分析等，让学生在多种形式中感受到德育的魅力。学校可以组织学生参加社会实践活动，如志愿服务、社区调研等，让学生在实践中体验道德规范和社会责任。教师应该注重与学生的沟通和交流，了解学生的思想动态和行为表现，及时给予指导和帮助，促进学生的道德成长。学校应该建立科学的德育课程评价体系，对学生的道德素养进行评估和反馈，及时发现问题并加以解决。同时，也应该对教师的教学效果进行评估和监督，确保德育课程的质量和效果。

（2）开发特色校本课程

高中特色课程的开发需要考虑到学校的实际情况和地方特色，以及学生的需求和兴趣。一些学者认为，可以从学校实际出发，或者说从学校所在区域的地方性知识出发是特色课程建设的逻辑起点。有的学校会以校本课程为基础，结合地方文化、历史、地理等资源，开发具有地域特色的课程。另外，也有一些学校会以培养学生核心素养为目标，围绕核心素养来构建学校的课程体系。课程开发要体现学校的特色，结合学校的实际情况和地方特色，以及学生的需求和兴趣。课程开发要灵活多样，不断探索新的课程模式和方法，以满足学生的不同需求。课程开发要注重实效性，即注重课程的实际应用价值和社会效应。课程开发要建立有效的保障机制，包括师资队伍建设、教材建设、教学设备建设等。

（3）利用智能技术开展评价

数据循证发展是指以全时、全量的数据为依托，以评价结果生成、解释与应用为目标，通过证据获取、证据转化、证据使用等环节实现证据驱动的评价过程。[1]《深化新时代教育评价改革总体方案》明确指出，要"充分利用信息技术，提高教育评价的科学性、专业性、客观性"。[2] 基于大数据分析的学校评价，即通过收集和分析学生的学习、行为、社交等数据，深入了解学生的发展情况和问题，从而制定更加精准的教育方案和改进措施。利用人工智能技术进行学生评估，通过自然语言处理、机器学习等技术，可以对学生的作业、考试、表现等进行自动化评估，提高评估的效率和准确性。利用智能化的课堂监测系统进行教学评估，通过教室摄像头、录音设备等设备，可以对教师的教学过程进行实时监测和评估，帮助教师及时发现问题并进行改进。利用智能化的学生管理系统进行管理评估，通过对学生的信息、成绩、考勤等数据进行自动化管理和分析，可以帮助学校更好地了解和管理学生的情况，提高管理水平和效果。需要注意的是，在使用智能技术进行学校评价时，应该充分考虑数据隐私和安全问题，确保数据的合

---

[1] 李萍、张勇健、陈略韬等：《数据循证支持的高中教育质量发展性评价：基本内涵、模型构建与实践探索》，《现代教育技术》2022年第8期。

[2] 中共中央、国务院：《中共中央　国务院印发〈深化新时代教育评价改革总体方案〉》，《中华人民共和国国务院公报》2020年第30号。

法性和保密性。同时，还应该注重对评估结果的分析和解读，为学校的改进和发展提供有针对性的建议和支持。

(4) 加强学校的自评工作

学校自评工作是提升学校管理水平和教育教学质量的重要手段。为确保自评工作的规范性和可操作性，需建立健全自评制度，明确自评标准和流程，制定自评的时间、内容、方式。学校需组建专门的自评领导小组或委员会，明确成员的职责分工，统筹协调自评工作，同时，加强对自评工作的监督和指导，保障自评工作的质量和效果。学校应提升信息公开透明度，及时公布自评结果和改进措施，主动接受社会监督和评价，以提升学校的公信力。此外，学校还需强化数据收集和分析能力，系统整理数据资料并建立完整的数据档案。利用数据分析工具和方法，深入挖掘数据背后的信息和规律，为自评工作提供科学依据和支持。学校应注重反馈和改进，将自评结果作为改进的重要依据，及时制定并执行改进计划和措施，持续跟踪执行情况，确保改进工作落到实处。规范、科学、高效地开展学校自评工作，能有力推动学校管理水平和教育教学质量的持续提升。

(二) 普通高中开展综合素质评价的建议

综合素质评价是对学生全面发展状况的观察、记录、分析，是发现和培育学生良好个性的重要手段，也是深入推进素质教育的一项重要制度。全面实施综合素质评价，有利于促进学生认识自我、规划人生，积极主动地发展；有利于促进学校把握学生成长规律，切实转变人才培养模式；有利于促进评价方式改革，转变以考试成绩为唯一标准评价学生的做法，为高校招生录取提供重要参考。普通高中开展综合素质评价的建议如下。

1. 发挥综合素质评价的导向作用

综合素质评价的核心是以育人为导向，致力于推动学生的全面发展和个性化成长。在实施综合素质评价的过程中，教师应密切关注学生的全面发展状况，通过细致的观察、翔实的记录和全面的分析，深入挖掘学生的个性品质、专业特长和优势潜能，并做出专业的判断。这样的评价方式旨在激励学生积极进取、主动发展，并不断取得进步。

通过综合素质评价改革，引导教师和学生更加注重培养学生的综合素质，以适应未来社会的发展需求。

2. 建立科学的评价标准

学校应当建立一套基于自身实际情况的、科学的综合实践评价标准体系，这一体系应以学生全面而有个性的发展为目标，全面考查学生在思想道德、学业水平、身心健康、艺术素养以及社会实践等多个维度的综合素质，评价体系要关注学生的创新精神与实践能力、信息获取能力、问题解决能力以及团队合作能力等多方面能力的发展。评价目标应多元化，包括知识技能、思维能力以及情感态度等各个方面。此外，评价体系应根据不同领域和层次进行细化，以便更准确地反映学生的综合素质。除了设定标准化的评价标准，学校还应根据学生的个性特点和发展阶段，制定个性化的评价标准，避免一刀切的评价方式。

3. 建立教师培训机制

建立教师培训机制，旨在提升教师对学生综合素质评价的能力，为学生全面发展提供有力支持。综合素质评价工作对教师来说，是一项富有挑战性的任务，目前，还有许多教师不具备或不完全具备进行学生综合素质评价的能力。普通高中需建立相应的教师培训机制，组织教师参加相关专题培训，开展专题研讨，到优秀学校观摩学习，以指导教师做好综合素质评价工作，深入推进学校综合素质评价改革。此外，学校可以邀请具有丰富综合素质评价经验的专家、学者、教育工作者等进行专题讲座或现场指导，为教师提供更为专业的指导和服务。通过这样的培训机制，高中学校可以逐步提高教师的综合素质评价水平，更好地推进综合素质评价改革。

4. 探索丰富的展示平台

学校在开展学生综合素质评价时，应该注重开拓更多的途径和平台，让每个学生能够在教师、同学面前充分地展示自己各方面的素质，这样有助于对学生做出客观的评价。学校可以搭建多种展示平台，如学术竞赛、文艺比赛、社会实践等，让学生有机会展示自己的才华和技能。此外，学校还可以利用现代信息技术手段，如网络平台、社交媒体等，让学生能够更加便捷地展示自己的成果和经验，并获得更多的评价和支持。通过这些措施，学校可以为学生提供更多的机会和资源，让他们在各个方面得到充分的发展和提升。同时，学校也可以通过客观的评价体系和多元化的展示平台，对学生的综合素质进行更全面、更准确的评价，为学生的成长和发展提供更有力的支持。

5. 采取多元评价方式

综合素质评价可以开展多主体、多维度、多方面的多元评价方式。综合素质评价对学生的评价是多维度、多方面的，学校可以采用多样化的评价方式，如实践操作、小组讨论、个人陈述等，以满足不同学生的需求和特长。学校要营造一个相对开放、公正的评估环境，还可以采用多主体评价方式，如教师评价、自我评价、同伴评价和家长评价等。第一，教师评价。除了考试或测验这些手段外，教师还要在实践中根据实际情况，开发和使用观察、访谈、自我报告、成长记录、表现性评价等多种科学有效的方法。第二，自我评价。自我评价是学生在常规性学习和活动后的自我体验与总结。学生基于客观事实进行自我认知，通过与自己内心的对话，定期总结反思个人的成长历程和学习情况。自我评价时学生可以根据评分标准对自己的表现进行打分，在自评过程中，要引导学生客观公正地对待自己的表现，既要认识到自己的优势，也要正视自己的不足之处。引导学生对自评结果进行总结反思，将自评结果进行总结和反思，找出需要改进的地方，并制订相应的计划，采取有效的措施进行改进。同时，也要认识到自己在各个方面的进步和成就，鼓励自己继续努力。第三，同伴评价。同伴评价一般是以小组为单位，学生将自己的综合素质材料进行展示和汇报，同伴以互写评语的方式开展的阶段性评价活动。同伴互评时，教师引导学生积极参与，启发被评价学生从不同侧面深刻认识自我，指引评价学生学习他人优点。第四，家长评价。综合素质评价也要注重学生在家里的表现，可以开展家长评价，让家长参照一定的标准，对孩子进行客观公正的评价，以促进家长对孩子的进一步了解，推进家校共育工作的开展。

6. 技术赋能综合素质评价

信息技术以其数据采集、精准分析、多元个性化等优势在综合素质评价中发挥了重要作用。利用大数据分析和人工智能技术，可以对学生的学习行为、社交行为、兴趣爱好等进行深入分析，为综合素质评价提供更全面、更准确的数据支持。通过在线评价系统，学生可以随时随地提交自己的作品、参加活动等，教师可以实时查看和评价学生的综合素质表现，提高评价的效率和及时性。语音识别、自然语言处理等智能辅助工具，可以帮助教师快速、准确地记录学生的口头表达和书面作业，减少评价的工作量和错误率。通过移动设备应用，学生可以随时随地记录自己的学习、社交、实践等经历，教师可以及时了解学生的情况并给予评价。通过可视化分析工具，可以将学生的综合素质表现以图表等形式展示出来，帮助教师更直观地了解学生的表现和其他情况。总之，信息技术在综合素质评价中的运用，不仅提高了评价的准确性和效率，还为学生的全面发展提供了有力支持。

普通高中质量评价和综合素质评价是新高考改革下两个重要的评价工作。通过分析相关政策，依据普通高中质量评价和综合素质评价导向，为普通高中学校提出具体的建议，从而更好地推动学校走特色发展之路，促进学生综合素质全面发展。

第五章 普通高中教育百年发展内在逻辑动力与未来审思

从1922年壬戌学制高中作为独立学段至今，普通高中教育先后经历了作为独立学段的初生发展阶段、重点高中阶段、示范性高中阶段与多样化特色发展阶段。百年间普通高中教育发展的内在逻辑是什么？其动力是什么？厘清这些问题，对于当下与未来高中教育改革探索具有重要意义。

一 前人关于普通高中定位的研究与讨论

关于普通高中定位，有学者认为普通高中在"普及（巩固、提高）九年义务教育，大力发展职业教育，提高高等教育质量"的教育发展战略重点主线中始终处于边缘位置，"普通高中教育受到一定程度的忽视和轻视，表现在政策层面上，其发展在一定程度上存在'顺其自然'的倾向"[①]。我们暂且不管这种说法是否妥当，2010年《国家中长期教育改革和发展规划纲要（2010—2020年）》发布前后关于普通高中定位的集中大讨论是不争的事实。这次大讨论既是对普通高中八九十年来发展的总结梳理，又是对新时期普通高中定位转型的论证，可以说是回顾与展望的碰撞。这次大讨论取得以下成果。

第一，分析出普通高中发展从精英式预备教育转向大众式普及教

---

① 杨润勇、杨依菲：《我国普通高中发展二十年政策回顾与分析》，《教育理论与实践》2010年第7期。

育的线索。有的学者从高中教育全球发展出发,认为高中教育自1802年法国诞生后在相当长的时期内都是精英教育,直到20世纪70年代,各国相继进入高中普及和扩大阶段。① 有的学者提出,中国高中学段独立以来的80年间一直以选拔淘汰功能为主,为大学预备教育,新世纪才逐渐走向普及,从精英教育转向大众教育,应重新审视普通高中教育定位问题,在兼顾基础性的同时,要做好分流准备,兼顾升学、就业和育人三大功能。② 有的学者认为,中国高中教育经历两次转变,第一次是高中学段独立,"由基础教育转为大学预备教育",第二次是由大学预科教育向基础教育转变。③

第二,总结出普通高中的定位发展。有的学者提出"四说法",即"双重任务说""育人说""复合性质说"与"大学预科说"。④ 有学者提出"四论法",即预科论、基础论、多维论以及全人论。⑤ 可以看出,以上两种说法基本大同小异,为新世纪普通高中教育定位的把握奠定了理论基础。

第三,提出普通高中教育应坚持"育人"定位。基于对实践层面过度关注升学的忧虑,学者们纷纷提出自己的看法,有的学者认为可酌情采取综合式、升学式和特色式三种不同的办学模式。⑥ 有的学者从"教育—人—社会"的视角出发,提出应该回归、坚守教育本性的"育人"教育,并提出"六维四级"人才标准。⑦ 有的学者认为,预科论、基础论、多维论体现了高中教育定位的阶段性,全人论凸显高中

---

① 卢立涛:《全球视野下高中教育的性质、定位和功能》,《外国教育研究》2007年第4期。
② 廖军和、李志勇:《从精英到大众:我国普通高中教育定位之思考》,《教育科学研究》2011年第2期。
③ 杨建超、孙玉丽:《我国高中教育定位问题研究述评与再认识》,《教育理论与实践》2015年第5期。
④ 李润州:《普通高中教育的定位:"教育—人—社会"的视角》,《教育发展研究》2013年第22期。
⑤ 杨建超、孙玉丽:《我国高中教育定位问题研究述评与再认识》,《教育理论与实践》2015年第5期。
⑥ 廖哲勋:《关于深化普通高中教育改革的整体构思》,《课程·教材·教法》2009年第6期。
⑦ 李润州:《普通高中教育的定位:"教育—人—社会"的视角》,《教育发展研究》2013年第22期。

教育的永恒性，高中教育的定位具有永恒的属性，即育人。[①] 有的学者认为："只谈高中是'基础教育'，显然不足以概括其特质，而用'基础教育+分流准备教育'来概括高中教育的性质可能比较全面一些。"[②]

值得注意的是，有学者从教育的内在价值与工具价值入手进行分析认为，"大学预科"观具有陷入工具主义泥淖的危险；"基础+选择"观重视了内在价值，但对工具价值关注不够，应"以工具价值和内在价值的统一对普通高中教育重新定位"。[③] 他进一步认为2017版普通高中课程方案的提法体现了内在价值与工具价值的有机统一。"普通高中教育的任务是促进学生全面而有个性的发展，为学生适应社会生活、高等教育和职业发展做准备，为学生的终身发展奠定基础。"[④] 内在价值体现在实现每个高中生全面而有个性的发展，为每个高中生的终身发展奠定基础。工具价值有三类，即大学准备、职业准备和社会公民生活准备。[⑤]

从诸多研究可以看出，普通高中在承上启下的过程中有升学、就业、育人三种定位，或是其中几种的组合与衍生，其根本是育人。学者们分析了普通高中多样化特色发展的必然性，揭示出从精英到大众、从育人的功能转向育人的本质、从工具价值转向内在价值与工具价值相结合等线索。育人的定位清晰并得以重视后，育人方式改革提上日程。2019年《国务院办公厅关于新时代推进普通高中育人方式改革的指导意见》明确，普通高中教育是国民教育体系的重要组成部分，在人才培养中起着承上启下的关键作用。[⑥] 办好普通高中教育，对于巩固义务教育普及成果，增强高等教育发展后劲，进一步提高国民整体

[①] 杨建超、孙玉丽：《我国高中教育定位问题研究述评与再认识》，《教育理论与实践》2015年第5期。

[②] 廖军和、李志勇：《从精英到大众：我国普通高中教育定位之思考》，《教育科学研究》2011年第2期。

[③] 张华：《论我国普通高中教育的性质与价值定位》，《教育研究》2013年第9期。

[④] 中华人民共和国教育部：《普通高中课程方案（2017年版2020年修订）》，人民教育出版社2020年版，第1—5页。

[⑤] 张华：《深刻理解普通高中教育的性质、定位与发展方向》，《人民教育》2018年第3—4期。

[⑥] 国务院办公厅：《国务院办公厅关于新时代推进普通高中育人方式改革的指导意见》，《中华人民共和国教育部公报》2019年第6号。

素质具有重要意义。应深化育人关键环节和重点领域改革，坚决扭转片面应试教育倾向，切实提高育人水平，为学生适应社会生活、接受高等教育和未来职业发展打好基础，努力培养德智体美劳全面发展的社会主义建设者和接班人。

二 动态视角下普通高中教育发展逻辑审视

（一）普通高中教育是动态发展中的教育价值与主体间性的"协商"

以往关于高中定位演变的研究揭示出普通高中教育发展的线索，对本书具有重要启示，但是学者们的研究结论似同又非，我们在赞同一位学者观点的同时，又觉得另一位学者的观点也比较合理，这促使我们思考另外一种路径去探索普通高中发展的底层逻辑。普通高中定位演变的复杂性提示我们，静态描述普通高中教育发展内在逻辑难免一叶障目，对其进行动态审视方能探触其本质。

我们认为必须考虑教育的价值。教育的价值直接影响教育理念与实践，厘清教育的价值有助于抽丝剥茧。檀传宝曾经对教育的价值做过深入分析，认为"绝无离开价值的教育"，教育的价值是"教育系统对社会或个人等价值主体的存在或发展而言呈现出什么样的意义，具有什么样的价值"，它可以分为社会性价值、个人性价值与教育性价值。[①] 教育不仅对社会的存在及发展具有重要意义，而且对每个个体的存在和发展也具有重要意义，同时先进的教育思想与实践探索对"运动着的教育"也发挥着重要的作用。因此，本书选择基于教育的价值去考察普通高中教育发展逻辑。

价值具有强主体性。动荡与变革的百年发展过程中，不同的价值主体在特定历史阶段承载了历史选择和践行的重任，考察普通高中发展逻辑不能忽视主体要素及主体性的发展。研究主体性必然要转向主体间性，因为现代哲学已从孤立的个体性主体转向交互性主体。主体间性意指社会主体的人与人之间的关系，强调人际关系与价值观念的

---

① 檀传宝：《教育是人类价值生命的中介——论价值与教育中的价值问题》，《教育研究》2000年第3期。

统一，强调人与世界的同一。① 主体间性不是对主体性的否认，而是在认识论上对主体性进行发展。

基于此，我们对普通高中教育百年发展进行了重新审视发现，普通高中教育百年发展的逻辑不是静态的，而是动态发展中的教育价值与主体间性的"协商"。从教育的价值来看，教育的社会性价值、个人性价值与教育性价值在不同的历史阶段分别有不同程度的选择与呈现，准确地说是被选择，被不同的主体选择，而主体的价值取向与价值选择往往受各方面因素影响，在与教育价值的一致与对立中摇摆。因此，普通高中教育的逻辑表面上看是教育的三大价值（社会性、个人性与教育性）斗争的结果，其实质是教育的价值与主体间性"协商"的动态表达。下面分阶段进行深入分析。

（二）高中独立学段何以发生：主动选择与调适

探寻普通高中学段的发生，应从其发生背景与过程中寻找历史基因。19世纪后期以来，社会性质的改变使得"西学东渐""求变"成为时代主题。在扑朔迷离的西学东渐过程中有三种西学观，即西学中源、中体西用、西体中用。当时，"求变"的各种思潮争议不断，长期处于矛盾状态中。教育方面，西方一些著名教育家如夸美纽斯、洛克、赫尔巴特及裴斯泰洛奇等人的教育思想，陆续传入中国，影响着中国教育变革进程。内忧外患的局势、思想上的争议混乱导致时人"从傲外而变为惧外，由保守而变为盲从。各种的西洋制度就在这样的不自然状态下，急促地囫囵地吞下去，没有经过选择与咀嚼的功夫。新教育制度亦如此产生"②。

简单回顾下1922年新学制之前的学制发展，以便进一步明晰历史状态。"新学制"之前有"壬寅学制"、"癸卯学制"、"壬子·癸丑学制"等。特别是"壬子·癸丑学制"，实施了10年左右。1902年"壬寅学制"为初等10年，中等4年，高等6年，共20学年，中学始自15—15.9岁。之后1903年拟定，1904年1月颁布的"癸卯学制"将

---

① 江国华：《习近平法治思想中的主体间性》，《社会科学辑刊》2023年第2期。
② 张文昌：《中等教育》，中华书局1938年版，第19页。

第五章 普通高中教育百年发展内在逻辑动力与未来审思

总学年改为21年,其中初等9年(初等小学堂5年,高等小学堂4年),中等5年,高等7年(包括3年预科),中学同样始自15—15.9岁。民国成立后,1912—1913年"壬子·癸丑学制"将"癸卯学制"的21年缩短至18年,为"七四七"模式,其中小学7年(初小4年,高小3年),中学4年,大学7年(包括预科3年),中学起始年龄从15—15.9岁降至13—13.9岁。1922年新学制("六三三学制")依据"儿童身心发达"[①]又将受教育年限从18年缩短至16年,其中小学缩短一年,从7年到6年(包括高小两年),中学始自12岁,初中3年,高中3年。与之前几个学制相比,"新学制"对中等教育改革最大,不仅增加了年限,还将高中学段独立出来。

20年内学制改革多次,似乎显得有些频繁,但恰恰说明中国教育领域在那个动荡的历史阶段对西学东渐不断探索。西体中用的思潮在"新学制"的制定过程中发挥了重要作用,乃至在讨论"新学制"方案时,也"有美国孟禄博士参加意见,讨论结果"[②]。新学制改革以及高中作为独立学段得以发生,其实质是清末民初留洋归国精英们主动学习西方,并结合国情所调适出的教育"理想"药方,具有"十足的美国式自由主义教育的表现"[③]。这个药方面临社会条件支持度不够、与个人意愿不一致、教育性难以有效体现等现实问题,并没有达到理想中的疗效。"中学教育在任何国家中均不易办,在我国尤然。盖其目标既不如小学之单纯,又不若大学专门之确定,因此内容亦复杂殊甚。"[④] 而且与小学、大学相比,中等教育在我国教育史上"缺乏先天的根基",这使得中等教育"无论是教育与非教育界,本国人与外国人都一致承认它的失败"[⑤],甚至有取消中等教育的声音。无论当时如何"失败",高中学段自1922年新学制得以独立并持续发展是不争的事实,它开启了中国高中教育的新篇章,这一点具有划时代的意义。

---

① 张文昌:《中等教育》,中华书局1938年版,第27页。
② 张文昌:《中等教育》,中华书局1938年版,第26页。
③ 张文昌:《中等教育》,中华书局1938年版,第9页。
④ 张文昌:《中等教育》,中华书局1938年版,序。
⑤ 张文昌:《中等教育》,中华书局1938年版,第19页。

当然，也要从高中学段独立的过程中看到历史基因的缺陷，这些缺陷在某种程度上引发或加剧了后续问题。其一，从结果来看，主动学习与阶段性调适的非理想状态，使得高中学段自独立发生之日起就带有"尝试性探索"的历史基因，这在一定程度上导致普通高中定位问题争议"协商"了近百年。其二，"新学制"虽然增加了高中学段，但是取消了大学预科教育，这为后续高中追逐升学倾向埋下了伏笔。

综上，高中学段独立，是动荡历史阶段下社会性价值强引导下的主体间性主动选择与调适的结果。教育的个人性价值与教育性价值虽然也有所观照，但在社会动荡、教育求变浪潮中明显式微。前文提及的民国时期关于中等教育的"失败论"，准确来说是时人对阶段性调适结果的不满意的表达，也彰显了进一步调适探索的心志与动力。

（三）重点高中阶段：资源不足情况下对教育社会性价值的重视

重点高中阶段始自1949年，经历了较长时间的资源不足情况。1949年12月，教育部召开的第一次全国教育工作会议指出，建设新教育是一个长期的奋斗过程，"要以老解放区新教育经验为基础，吸收旧教育某些有用的经验"[①]。延安时期经费紧张情况下办"模范小学"和"中心小学"的教育经验为中华人民共和国成立后的教育发展奠定了基础，对后续重点高中与示范性高中的提出与建设均有重要影响。可以说，延安时期教育实践孕育了新中国教育发展的历史基因。

"教育必须为社会主义建设服务，社会主义建设必须依靠教育"，教育的根本目的在于为中国的经济和社会发展培养各级各类能坚持社会主义方向的人才。[②] 中华人民共和国成立后，面对资源不足、急需人才的情况，重点学校建设思路持续发展。1953年5月，毛泽东在中共中央政治局教育工作讨论会上首次提出要办重点中学。1977年，邓小平提出"办教育要两条腿走路，既要注意普及，又要注意提高。要办重点小学、重点中学、重点大学。要经过严格的考试，把最优秀的

---

① 刘巧利：《70年：新中国基础教育发展大事记（1949—2019年）》，《中小学管理》2019年第9期。

② 袁振国：《论中国教育政策的转变——对我国重点中学平等与效益的个案研究》，广东教育出版社1999年版，第32页。

人集中在重点中学和大学"。[①] 1983年10月，教育部重申了办好重点中学的必要性，下发了《教育部关于进一步提高普通中学教育质量的几点意见》，提出重点中学应成为模范地贯彻党的教育方针，教育质量较高，具有示范性、试验性的学校。重点中学应逐步成为当地中学开展教育教学研究活动的中心。[②] 在这样的发展取向下，重点高中作为承上启下的教育阶段，拥有更多更好的资源，如在招生过程中，重点高中第一批招生，可获取优秀的生源。集中力量办重点学校是教育的社会性价值与主体间性协商的结果，社会性价值的持续突显在特定历史阶段发挥了积极的作用，这点不可否认。而且"重点"建设思路对后世产生了极大的影响，直至今日，"重点中学"特别是"重点高中"依然是民众心目中优质学校的代名词。

重点高中阶段，教育的社会性价值在资源不足的情况下得以放大，在充分彰显社会性价值的同时，重点高中为教育的个人性价值与教育性价值提供了一定保障，但同时损害了非重点高中的群体利益。主体间性在这个过程中发挥了重要的协调作用，使得教育的社会性价值持续突显的同时，教育的教育性价值与个人性价值并未被完全忽视。1983年10月，《教育部关于进一步提高普通中学教育质量的几点意见》指出："在人财、物的使用上，应全面安排，逐步加强和充实一般中学，要分期分批地改善一般中学的校舍教学设备、体育器材、图书资料等条件……重点中学已基本装备齐全的地区，应把投资重点转移到改善一般中学的办学条件上来。"[③] 同时，学界出现了"要不要办重点中学"的大讨论。政策的引导、思想的争鸣，促使一般中学在重点学校建设浪潮中逐步拥有越来越多的发展机会。

（四）示范性高中阶段：教育性价值与个人性价值的提升

如前文所述，延安时期办学实践承载了中华人民共和国教育发展的

[①] 中共中央文献编辑委员会：《邓小平文选》第二卷，人民出版社1994年版，第40页。
[②] 教育部：《教育部关于进一步提高普通中学教育质量的几点意见》，载何东昌主编《中华人民共和国重要教育文献（1949—1997）》，海南出版社1998年版，第2113—2115页。
[③] 教育部：《教育部关于进一步提高普通中学教育质量的几点意见》，载何东昌主编《中华人民共和国重要教育文献（1949—1997）》，海南出版社1998年版，第2113—2115页。

历史基因,"示范推动"的思路早在延安时期已有端倪。1938年《陕甘宁边区建立模范小学暂行条例》指出:"所谓的模范小学就是办学质量优良并且能推动其他小学发展和树立国防教育模范的学校。"① 1953年5月,教育部在要求办重点中学的同时,特别强调"要求各省、市、自治区于此类学校中再选择一两所领导干部、教师质量及设备条件更好的中学作为重点,以取得经验,推动一般"②。1983年,《教育部关于进一步提高普通中学教育质量的几点意见》也指出,重点中学应成为模范地贯彻党的教育方针,教育质量较高,具有示范性、试验性的学校。③ 这些都为示范性中学的提出与建设奠定了基础。可以说"示范"与"重点"一直相生相伴,重点且示范,以示范促推动,二者相承,目标一致。但是,我们依然以"示范性高中"作为关键词定义一个新阶段,原因在于20世纪90年代出现了两个明显的重要转向,表现在:

第一,办学体制改革使得主体间性得以释放。20世纪90年代初,社会主义市场经济体制的确立对教育产生了深远影响。1993年,《中国教育改革与发展纲要》提出:"改革办学体制。改变政府包揽办学的格局,逐步建立以政府办学为主体、社会各界共同办学的体制。"④ 办学体制改革促使主体间性在与教育的价值协商过程中,发挥着越来越大的作用。

第二,经过重点高中阶段数十年的实践发展与思想争鸣,由"应试教育"转向"素质教育"形成共识,并在1993年《中国教育改革与发展纲要》中得以明确。其中明确指出:"中小学要由'应试教育'转向全面提高国民素质的轨道。"同时还特别指出:"面向全体学生,全面提高学生的思想道德、文化科学、劳动技能和身体心理素质,促

---

① 陕西师范大学教育研究所编辑:《陕甘宁边区教育资料(小学教育部分)》,教育科学出版社1981年版,第14—16页。
② 教育部:《关于有重点地办好一些中学与师范学校的意见》,载《中国教育年鉴》编辑部《中国教育年鉴(1949—1981)》,中国大百科全书出版社1984年版,第167页。
③ 教育部:《教育部关于进一步提高普通中学教育质量的几点意见》,载何东昌主编《中华人民共和国重要教育文献(1949—1997)》,海南出版社1998年版,第2113—2115页。
④ 中共中央、国务院:《中国教育改革与发展纲要》,载何东昌主编《中华人民共和国重要教育文献(1949—1997)》,海南出版社1998年版,第3467—3473页。

进学生生动活泼地发展，办出各自的特色。"[1] 这既是对素质教育的注解，也预示了新世纪普通高中多样化特色发展之路。前期被强社会性价值掩盖下的教育性价值与个人性价值日益得到重视与发展。

1993年，《中国教育改革与发展纲要》还提到："各地要积极发展多样化的高中后教育，对未升入高等学校的普通高中毕业生进行职业技术培训。普通中学也要分别不同情况，适当开设职业技术课程。"[2] 这强化了普通高中的"就业"选择，有利于改变对"升学"的一味追求。但事实上，"重点中学、实验性或示范性中学的定位就是升学预备教育，但由此造成了中国高中教育的定位一直是以兼顾就业之名，行升学教育之实"，"高中学校同质化严重"，"普通高中教育的升学预备教育定位没有改变，导致素质教育改革没有取得应有的成效"[3]。当然，素质教育改革非一日之功，破解同质化倾向的多样化特色发展成为新世纪普通高中教育发展的必由之路。

综上，示范性高中阶段既是对延安时期模范学校、中华人民共和国成立后重点高中制度的历史延续，又是后续多样化特色发展阶段的起笔。这个承上启下的过渡阶段，主体间性不断释放，推动着教育的教育性价值与个人性价值从配角向共同主角迈进，开启了多主角协同发展的新篇章。

(五) 多样化特色发展阶段：教育的价值与主体间性协同发展

普通高中多样化特色发展思路早在1993年的《中国教育改革与发展纲要》中就有所体现，要求"中小学要……面向全体学生……办出各自的特色"。[4] 2010年，《国家中长期教育改革和发展规划纲要（2010—2020年）》予以明确："推动普通高中多样化发展。促进办学体制多样

---

[1] 中共中央、国务院：《中国教育改革与发展纲要》，载何东昌主编《中华人民共和国重要教育文献（1949—1997）》，海南出版社1998年版，第3467—3473页。

[2] 中共中央、国务院：《中国教育改革与发展纲要》，载何东昌主编《中华人民共和国重要教育文献（1949—1997）》，海南出版社1998年版，第3467—3473页。

[3] 杨建超、孙玉丽：《我国高中教育定位问题研究述评与再认识》，《教育理论与实践》2015年第5期。

[4] 中共中央、国务院：《中国教育改革与发展纲要》，载何东昌主编《中华人民共和国重要教育文献（1949—1997）》，海南出版社1998年版，第3467—3473页。

化，扩大优质资源。推进培养模式多样化，满足不同潜质学生的发展需要……鼓励普通高中办出特色。"[1] 围绕普通高中多样化特色发展，教育部陆续出台多个文件加大实施力度。2012 年，《国家教育事业发展第十二个五年规划》提出"鼓励普通高中开设丰富多彩的选修课程"，"探索普通高中分层教学、走班制、学分制等教学管理制度改革"。[2] 2019 年 2 月，《中国教育现代化 2035》明确指出"鼓励普通高中多样化有特色发展"。[3] 2019 年 6 月，《国务院办公厅关于新时代推进普通高中育人方式改革的指导意见》则给出了时间表，明确提出，"到 2022 年……普通高中多样化有特色发展的格局基本形成"[4]，形成对 1922 年高中学段独立的百年回应。

不难看出，在普通高中多样化特色发展阶段，"立德树人""全面而有个性的发展"彰显教育性价值与个人性价值，教育的三大价值正形成共同主角协同发展。这是中国经济社会高速发展对教育的要求体现，也是普通高中教育的价值与主体间性在新时代、新情境下协商协同的结果，具体分析如下。

第一，系统黏合力下教育的教育性价值、个人性价值与社会性价值趋向协同共生，而非情势不得已或定位不明晰下对某个要素予以侧重。教育的价值是一个系统，侧重于某一方面的价值在特定历史阶段会发挥重要作用，但从长远发展来看，教育的系统性终将显现其黏合力和内聚力，带动所有要素协同发展。随着我国经济社会与文化发展，曾经的阻力逐渐弱化，教育价值的内聚力与黏合力在新阶段得以充分体现。长期争议不断的普通高中教育性质和定位也得以明晰："普通高中教育是国民教育体系的重要组成部分，在人才培养中起着承上启

---

[1] 中共中央、国务院：《国家中长期教育改革和发展规划纲要（2010—2020 年）》，人民出版社 2010 年版，第 24—25 页。

[2] 中华人民共和国教育部编：《国家教育事业发展第十二个五年规划》，教育科学出版社 2012 年版，第 36—60 页。

[3] 中共中央、国务院：《中国教育现代化 2035》，载王战军主编《新时代研究生教育研究资料汇编 2010—2020》，中国科学技术出版社 2021 年版，第 673—677 页。

[4] 国务院办公厅：《国务院办公厅关于新时代推进普通高中育人方式改革的指导意见》，《中华人民共和国教育部公报》2019 年第 6 号。

下的关键作用。办好普通高中教育，对于巩固义务教育普及成果、增强高等教育发展后劲、进一步提高国民整体素质具有重要意义。"①《普通高中课程方案（2017年版2020年修订）》进一步明确了普通高中教育的定位："我国普通高中教育是在义务教育基础上进一步提高国民素质、面向大众的基础教育，任务是促进学生全面而有个性的发展，为学生适应社会生活、高等教育和职业发展做准备，为学生的终身发展奠定基础。"②

第二，教育的价值与主体间性趋向动态协同并进。"一部教育史，表面上看是历史事件的累积。但教育史实际上是人类教育实践的历史进程，所以它实质上又是一部教育价值选择、价值追求的历史。"③ 主体在价值选择过程中起至关重要的作用。主体性向主体间性的发展说明主体本身也是多元且动态发展的整体，其内在的关系调整受经济社会文化等多重因素影响，同时又外在地、动态地与教育的价值产生互动。主体间性引发的需求多元、视角多元、路径多元，在很大程度上推进了教育的价值体系各要素协同发展。

需要说明的是，教育的价值与主体间性的协商在新阶段总体呈协同发展之势，且会维持较长时间，因为长期遗留的难点问题以及新发问题均需长时间全力攻坚，比如评价的问题。"评价"这个指挥棒是普通高中多样化特色发展的重要驱动要素。对此，教育部出台了大量文件。2014年，教育部《关于普通高中学业水平考试的实施意见》指出："坚持全面考核，促进学生完成国家规定的各门课程的学习。坚持自主选择，为每个学生提供更多的选择机会，促进学生发展学科兴趣与个性特长。"④ 同年，《教育部关于加强和改进普通高中学生综合素质评价的意见》强调："全面实施综合素质评价，……有利于促进

---

① 国务院办公厅：《国务院办公厅关于新时代推进普通高中育人方式改革的指导意见》，《中华人民共和国教育部公报》2019年第6号。

② 中华人民共和国教育部：《普通高中课程方案（2017年版2020年修订）》，人民教育出版社2020年版，第1—5页。

③ 檀传宝：《教育是人类价值生命的中介——论价值与教育中的价值问题》，《教育研究》2000年第3期。

④ 刘玉祥：《上海秋考招生录取研究》，上海交通大学出版社2015年版，第501—504页。

评价方式改革，转变以考试成绩为唯一标准评价学生的做法，为高校招生录取提供重要参考。"① 2021 年，教育部《普通高中学校办学质量评价指南》要求："在关注学校全面育人整体成效和学生德智体美劳全面发展情况的同时，注重差异性和多样性，关注学校特色发展和学生个性发展情况，切实防止用'一把尺子'衡量不同学校的做法，促进普通高中多样化有特色发展。"② 系列文件指导下评价有了新发展，但仍有诸多问题需要较长时间予以解决。

再如普及攻坚的问题。《教育部 2016 年工作要点》提出："做好普及高中阶段教育顶层设计，研究制订普及高中阶段教育攻坚计划。……推动普通高中多样化有特色发展。继续实施普通高中改造计划。"《教育部 2017 年工作要点》再次强调："启动实施高中阶段教育普及攻坚计划。会同有关部门组织实施教育基础薄弱县普通高中建设项目和普通高中改造计划，推动普通高中多样化有特色发展。"③ 同时，教育部等四部门出台《高中阶段教育普及攻坚计划（2017—2020 年）》要求："推动学校多样化有特色发展。深化普通高中课程改革，加强选修课程建设，充分利用校外教育资源拓展校内课程的广度和深度，增强课程的选择性和适宜性。"④ 2021 年，教育部等九部门还专门就县中问题发布《"十四五"县域普通高中发展提升行动计划》，要求"强化招生管理省级统筹责任、地市主体责任、县级落实责任，全面落实公民办普通高中同步招生和属地招生政策，完善优质普通高中指标到校招生办法，规范特殊类型招生，促进县中多样化有特色发展。"⑤

综上，多样化特色发展阶段，教育的教育性价值与个人性价值得

---

① 刘玉祥：《上海秋考招生录取研究》，上海交通大学出版社 2015 年版，第 497—500 页。

② 教育部：《普通高中学校办学质量评价指南》，载教育部基础教育司编《基础教育重大政策文件汇编（2016—2022）》，人民教育出版社 2022 年版，第 313—314 页。

③ 中华人民共和国教育部政府门户网站：《教育部年度工作要点》，http：//www.moe.gov.cn/jyb_xxgk/xxgk/neirong/fenlei/sxml_zwgk/zwgk_gzyd/，2024 年 1 月 3 日。

④ 教育部等四部门：《高中阶段教育普及攻坚计划（2017—2020 年）》，《新教育》2017 年第 13 期。

⑤ 教育部等九部门：《教育部等九部门关于印发〈"十四五"学前教育发展提升行动计划〉和〈"十四五"县域普通高中发展提升行动计划〉的通知》，《中华人民共和国教育部公报》2022 年第 1、2 号。

以突显,且与社会性价值趋向协调共济,教育的三种价值趋向协同共生。同时,教育的价值与主体间性也趋向协同并进,此阶段的"协商协同"将需要较长时间。

三 普通高中教育百年发展之动力

普通高中教育发展受多种因素影响,如学生的发展需求、社会经济的发展水平、高等教育的发展规模和教育思想的演进等。[①] 其实质是教育的社会性价值、教育性价值与个人性价值相互协商、相互作用的复杂动态过程,这使得普通高中教育百年发展的动力也呈现出复杂性和系统性,可从内生根本性动力与外在表现性动力两方面对动力系统进行分析。

内生根本性动力与其他学段发展的动力具有一致性,因为普通高中教育作为教育体系的一个层次,教育的根本问题与矛盾发展无疑是普通高中教育发展的内生根本动力。党的二十大报告对此有明确说明:"教育是国之大计、党之大计。培养什么人、怎样培养人、为谁培养人是教育的根本问题。育人的根本在于立德。全面贯彻党的教育方针,落实立德树人根本任务,培养德智体美劳全面发展的社会主义建设者和接班人。"[②] 国家教育咨询委员会秘书长、教育部原教育发展研究中心主任张力对此进行过剖析,认为秉纲而目自张,执本而末自从。"培养什么人、怎样培养人、为谁培养人"集中反映党对中国特色社会主义建设规律、教育发展规律、人才培养规律、学生身心发展规律的认识。[③] "培养什么人"是总体目标,回答"干什么"的问题;"怎样培养人"是实践路径,回答"怎么干"的问题;"为谁培养人"是根本宗旨,回答"为什么干"的问题。"在新民主主义革命时期、社会主义革命和建设时期、改革开放和社会主义现代化建设新时期、中

---

① 周坤亮:《对普通高中教育定位的思考》,《教育发展研究》2013年第22期。
② 习近平:《高举中国特色社会主义伟大旗帜 为全面建设社会主义现代化国家而团结奋斗:在中国共产党第二十次全国代表大会上的报告》,人民出版社2022年版,第33—36页。
③ 张力:《培养什么人、怎样培养人、为谁培养人是教育的根本问题》,《中国教育报》2022年12月22日,第6版(理论周刊·教育科学)。

国特色社会主义新时代，我们始终聚焦培养什么人、怎样培养人、为谁培养人这一教育的根本问题，在领导人民打江山、守江山的历史进程中，坚持人民至上、一切为人民造福的理念，坚持为人民办教育、办好人民满意的教育的主旨，根据不同历史时期的工作重心，确定教育事业的大政方针，顺应民意、深得民心、薪火相传。从积贫积弱、艰苦卓绝的境况起步，历经一个世纪筚路蓝缕、风雨兼程，党和人民教育事业向民族复兴大业源源不断地输送数以亿计的各类人才和劳动者大军，教育普及水平不断迈上新的台阶，并在新时代实现历史性跨越。"①

的确，抓住根本问题和主要矛盾，才能秉纲而目自张，执本而末自从。普通高中教育特别是中华人民共和国成立后的发展，正是在不断协商并动态回答这个根本问题的过程中探索前行的。从高中学段独立来看，留学归国人士主动学习美国学制，充分发挥了主体动力，但是积贫积弱的条件无法有效支撑主体意愿，高中教育发展难免出现水土不服之状。延安时期，根据革命需要与当时环境条件，创造性地办了模范小学与中心小学，取得了较好效果。中华人民共和国成立后百废待兴，资源严重不足，因而延续了延安时期办学思路，集中力量办重点中学，为社会主义建设培养人才。随着改革开放中国经济水平提升，企业逐渐成为普通高中教育的新生力量，家庭和青少年也逐渐成为普通高中教育不可或缺的主体要素，培养具有创新精神与创新能力的社会主义建设者与接班人成为重点追求。以创造之教育培养创造之人才，以创造之人才造就创新之国家。②

外在表现性动力来自环境、人以及动态协商过程中产生的矛盾推动力，具体来说，一是来自政治、经济与文化的规约与鼎新。基于历史制度主义视角看，制度的变迁离不开政治经济文化等宏观背景的规约，同时制度顶端与底端有相互制约作用和交互式影响。③ 教育与政

---

① 张力：《培养什么人、怎样培养人、为谁培养人是教育的根本问题》，《中国教育报》2022年12月22日，第6版（理论周刊·教育科学）。
② 崔波：《以创造之人才造就创新之中国》，《人民政协报》2023年3月7日第10版。
③ 郑淼、司晓宏：《法国教育督导制度变迁的内在逻辑与动力机制——基于历史制度主义分析范式》，《比较教育学报》2023年第1期。

治、经济具有辩证关系，教育脱离不了政治、经济，特别是政治作为经济的集中表现，对不同时期的教育发展具有明显规约与鼎新作用。[①]高中学段独立始自内忧外患的时代，始自艰难政治、经济背景下留学归国精英们主动学习西方学制的探索。改革开放后中国经济发展促使普通高中素质教育登上历史舞台，并在新世纪综合国力上升的背景下绽放出多样化特色发展的耀眼光芒。二是来自民众日益增长的高质量高中教育需求与资源不平衡不充分的发展之间的矛盾推动力。民众对普通高中教育的需求呈现出从能上高中到上好高中，从知识技能学习到人的全面发展的轨迹，在此过程中，如何解决资源不平衡不充分的问题，成为普通高中教育发展的重要动力。三是来自主体间性的发展与协同推动。政府、学校、企业、家庭、学生等不同主体，在彼此间相互作用以及与外界的交互协商过程中形成不可忽视的推动力。在某个历史阶段，某一主体似乎把握主导话语权，但其实质体现着或摩擦或顺应的合理张力，并最终通过协商走向协同发展之路。当下，学生本身在主体间性发展中逐渐发挥日益重要的作用，这是普通高中教育发展的内在逻辑所决定的。四是来自传统文化对普通高中发展的潜在性影响。传统文化基因决定着我们的思考方式和选择取向，如"因材施教"始终牵引着个性化教育价值。

四 关于未来的些许思考

普通高中教育已进入新的百年，当下正聚焦"新课程新教材新高考"，推进普通高中多样化特色发展和育人方式改革。这是政府、学界、社会与民众在新的历史条件下协商的恰适选择。从百年发展看，这样的选择突显出一个特点，即随着社会环境与资源条件的丰富，教育的个人性价值在协商过程中发挥着越来越重要的作用。与此相应，学生与家长在主体间性中成为不可忽视的重要力量，特别是学生，在课程学习与人生规划上均表现出较大自主权。这样的变化在未来相当

---

① 潘雯、孙来斌：《马克思主义关于教育与政治辩证关系思想探析》，《毛泽东邓小平理论研究》2022年第3期。

长的时期内会有所持续，同时也提醒我们，"相互协商、协同发展"方是正道，超越合理张力的释放无疑会破坏协商进程，影响普通高中有效发展。

教育的价值与主体间性的协同发展需要较长时间去稳定推进。多样化特色发展阶段后会走向何方？现在预测显然为时过早，但有几个因子正在彰显其创造性破坏[①]的潜质，需要引起注意，如日新月异的智能技术、复杂严峻的全球局势等，特别是智能技术正引发社会加速度变革。普通高中在发展过程中经历了工业时代和信息时代，在智能时代，教育的三大价值是否会展现出不同的要求与形态？主体间性加了"技术"这个不可回避的要素后，"人机协同"是否会改变主体间性的协商能力？应答离不开两个坚守：一是坚守教育的根本问题，紧扣培养什么人、怎样培养人、为谁培养人；二是坚守中国文化场域。百年发展浪潮下文化默默影响着主体间性与教育价值的协商，越是复杂多变，越能体现文化的本源性作用。坚守本土文化场域才会在"地球村"里不被同质化，探索出适合自己的发展之路。

---

① 朱敬、蔡建东：《从"互联网+教育"到"教育+互联网"——互联网文化基因视域下的审思》，《中国教育学刊》2022年第6期。

附录一 重点/示范阶段重要政策文件

时间	发布机构	重要文件名称
1949	中国人民政治协商会议	中国人民政治协商会议共同纲领
1949	中共中央	中共中央关于中央人民政府成立后党的文化教育工作问题的指示
1950	教育部	教育部关于第一次全国教育工作会议的报告
1951	政务院	政务院关于改革学制的决定
1952	教育部	中学暂行规程（草案）
1952	教育部	教育部关于中学暂行教学计划（草案）部分科目调整办法及高中地理科分别讲授中外经济地理的通知
1953	教育部	1953年8月至1954年7月试行中学教学计划（修订草案）的调整办法
1955	国务院	国务院关于工矿、企业自办中、小学和幼儿园的规定
1956	教育部	教育部关于当前提高中学教育质量中几个问题的指示
1962	教育部	教育部关于有重点地办好一批全日制中、小学校的通知
1963	教育部	教育部关于选定有重点地办好一批中小学校的有关问题的复函
1963	教育部	教育部关于当前中学教学工作的几点意见
1963	教育部	全日制中学暂行工作条例（草案）
1963	教育部	教育部关于坚持进行中小学校教学改革试验工作的通知
1963	教育部	教育部关于实行全日制中小学新教学计划（草案）的通知
1977	教育部	教育部关于坚决清除"四人帮"在中小学教材中的流毒和影响的通知
1977	教育部	教育部关于加强中小学在职教师培训工作的意见

续表

时间	发布机构	重要文件名称
1978	教育部	关于办好一批重点中小学的试行方案
1979	教育部	教育部关于办20所重点中小学领导管理体制问题的通知
1980	教育部	教育部关于分期分批办好重点中学的决定
1983	教育部	教育部关于进一步提高普通中学教育质量的几点意见
1983	中共中央、国务院	中共中央 国务院关于加强和改革农村学校教育若干问题的通知
1985	中共中央	中共中央关于教育体制改革的决定
1986	全国人大	中华人民共和国义务教育法
1989	国家教委	关于试行普通高中毕业会考制度的意见
1989	国家教委	国家教委关于加强全国中小学校长培训工作的意见
1990	国家教委	现行普通高中教学计划的调整意见
1990	国家教委	国家教委关于进一步加强中小学德育工作的几点意见
1990	国家教委	国家教委关于开展中小学校长岗位培训的若干意见
1991	国家教委	国家教委关于高考改革有关问题的通知
1991	中共中央	中华人民共和国国民经济和社会发展十年规划和第八个五年计划纲要
1991	国家教委	关于坚决制止中小学乱收费的规定
1991	国家教委	普通中小学校督导评估工作指导纲要
1991	国家教委	全国中小学校任职条件和岗位要求（试行）
1991	国家教委	关于实施《现行普通高中教学计划的调整意见》和普通高中毕业会考制度的意见
1991	国家教委、全国教育工会	中小学教师职业道德规范
1991	国家教委	中小学加强中国近代、现代史及国情教育的总体纲要（初稿）
1991	国家教委、广播电影电视部等9单位	国家教委 广播电影电视部等9单位关于创造良好社会教育环境保护中小学生健康成长的若干意见
1991	中共中央宣传部、国家教委	中共中央宣传部 国家教委关于加强和改进中学干部、教师思想政治工作若干问题的通知
1992	国家教委	国家教委关于印发中学思想政治、语文、历史、地理学科教育纲要的实施意见的通知

续表

时间	发布机构	重要文件名称
1992	国家教委	国家教委关于加强成人高中教育的意见
1992	国家教委办公厅	国家教委办公厅关于加快中学教师学历培训步伐的意见
1992	中央组织部、国家教委	中央组织部 国家教委关于加强全国中小学校长队伍建设的意见（试行）
1993	中央宣传部、国家教委等4单位	中央宣传部 国家教委等4单位关于运用优秀影视片在全国中小学开展爱国主义教育的通知
1993	国务院办公厅	国务院办公厅关于加强中小学收费管理工作的通知
1993	国家教委办公厅	国家教委办公厅关于进一步加强中学时事教育的几点意见
1993	国家教委	国家教委关于取消中小学乱收费项目的通知
1993	国务院	国务院关于贯彻实施《中华人民共和国教师法》若干问题的通知
1993	中共中央、国务院	中国教育改革和发展纲要
1994	国务院	国务院关于《国家教育改革和发展纲要》的实施意见
1994	国家教委	国家教委关于在普通高中开设"艺术欣赏"课的通知
1994	国家教委	全国中小学校长岗位培训评估工作指导意见
1994	中共中央	中共中央关于进一步加强和改进学校德育工作的若干意见
1995	全国人大	中华人民共和国教育法
1995	国家教委办公厅	关于实行每周40小时工作制后调整全日制中小学课程（教学）计划的意见
1995	国家教委	关于治理中小学乱收费工作的实施意见
1995	国家教委	关于大力办好普通高级中学的若干意见
1995	国家教委	关于评估验收1000所左右示范性普通高级中学的通知
1995	国家教委	加强薄弱普通高级中学建设的十项措施（试行）
1995	中共中央、国务院	中华人民共和国国民经济和社会发展"九五"计划和2010年远景目标纲要
1995	国家教委	国家教委关于实施《中华人民共和国教育法》若干问题的意见
1995	国家教委	国家教委关于《中华人民共和国教师法》若干问题的实施意见
1995	国家教委	国家教委关于进一步加强和改进中学思想政治课教学工作的意见

续表

时间	发布机构	重要文件名称
1996	国家教委	国家教委关于加强社会力量办学管理工作的通知
1996	国家教委	全日制普通高级中学思想政治课课程标准（试行）
1997	国家教委、全国教育工会	中小学教师职业道德规范
1997	国家教委	国家教委关于当前积极推进中小学实施素质教育的若干意见
1997	国家教委	实行全国中小学校长持证上岗制度的规定
1998	国家教委	国家教委关于推进素质教育调整中小学教育教学内容、加强教学过程管理的意见
1998	教育部办公厅	教育部办公厅关于进一步加强治理中小学乱收费工作的紧急通知
1998	教育部	教育部关于调整现行普通高中数学、物理学科教学内容和教学要求的意见
1999	教育部	教育部关于积极推进高中阶段教育事业发展的若干意见
1999	教育部	中小学校长培训规定
2000	教育部	全日制普通高级中学课程计划（试验修订稿）
2000	教育部	全日制普通高级中学语文教学大纲（试验修订版）
2000	教育部	教育部关于扩大普通高中新课程方案试验的通知
2000	教育部	关于普通高中毕业会考制度改革的意见
2000	教育部	全日制普通高级中学语文等学科教学大纲（试验修订版）
2000	教育部办公厅	关于全国中小学收费专项治理工作实施意见
2000	教育部	全日制普通高级中学英语、日语、俄语教学大纲（试验修订版）
2000	教育部	全日制普通高级中学体育与健康教学大纲（试验修订版）
2001	教育部	教育部关于全国使用《全日制普通高级中学课程计划（试验修订稿）》和各学科教学大纲（试验修订版）的通知
2001	教育部办公厅	教育部办公厅关于积极配合和推动基础教育课程改革，进一步加强和改进教师培养培训工作的几点意见
2001	国务院	国务院关于基础教育改革与发展的决定
2001	教育部	全国教育系统法制宣传教育第四个五年规划
2001	教育部	教育部关于开展基础教育新课程师资培训工作的意见

续表

时间	发布机构	重要文件名称
2002	教育部	全日制普通高级中学课程计划
2002	教育部	调整高中思想政治课有关教学内容的方案
2002	教育部	教育部关于印发全日制普通高级中学语文等七科教学大纲的通知
2003	教育部	教育部关于开展普通高中新课程实验工作的通知
2004	教育部	普通高中思想政治课程标准（实验）
2004	教育部	教育部关于做好为农村高中培养教育硕士师资工作的通知
2005	教育部	教育部关于基础教育课程改革实验区初中毕业考试与普通高中招生制度改革的指导意见
2005	教育部	教育部关于进一步加强普通高中新课程实验工作的指导意见
2005	教育部	教育部关于统筹管理高中阶段教育学校招生工作的通知
2005	教育部办公厅	教育部办公厅关于做好普通高中新课程实验教材选用工作的通知
2006	教育部	教育部关于大力加强中小学校园文化建设的通知
2006	教育部	教育部关于进一步规范普通高中建设兴办节约型学校的通知
2006	教育部	教育部关于在全国中小学开展创建和谐校园的意见
2007	教育部	教育部中小学公共安全教育指导纲要
2008	教育部	教育部关于普通高中新课程省份深化高校招生考试改革的指导意见

附录二　多样化发展阶段重要政策文件

表1　　　　　　　　　普通高中多样化发展阶段部分重要文件

年份	发布机构	文件名称
1993	中共中央、国务院	中国教育改革和发展纲要
2001	国务院	国务院关于基础教育改革与发展的决定
2004	教育部	2003—2007年教育振兴行动计划
2010	中共中央、国务院	国家中长期教育改革和发展规划纲要（2010—2020年）
2010	国务院办公厅	国务院办公厅关于开展国家教育体制改革试点的通知
2011	中共中央	国民经济和社会发展第十二个五年规划纲要
2012	教育部	教育部关于推动普通高中多样化发展的若干意见
2014	国务院	国务院关于深化考试招生制度改革的实施意见
2014	教育部	教育部关于普通高中学业水平考试的实施意见
2014	教育部	教育部关于加强和改进普通高中学生综合素质评价的意见
2017	教育部等四部门	高中阶段教育普及攻坚计划（2017—2020年）
2019	国务院办公厅	国务院办公厅关于新时代推进普通高中育人方式改革的指导意见

表2　　　　　　　　　普通高中育人方式改革相关文件

年份	发布机构	重要文件名称
1980	教育部	教育部关于分期分批办好重点中学的决定
1985	中共中央	中共中央关于教育体制改革的决定
1993	中共中央、国务院	中国教育改革和发展纲要
1997	国家教委	关于当前积极推进中小学实施素质教育的若干意见
1998	教育部	面向21世纪教育振兴行动计划

续表

年份	发布机构	重要文件名称
1999	中共中央、国务院	中共中央 国务院关于深化教育改革，全面推进素质教育的决定
1999	教育部	关于积极推进高中阶段教育事业发展的若干意见
2001	国务院	国务院关于基础教育改革与发展的决定
2002	教育部	全日制普通高级中学课程计划
2003	教育部	普通高中课程方案（实验）
2012	教育部	国家教育事业发展第十二个五年规划
2014	国务院	国务院关于深化考试招生制度改革的实施意见
2014	教育部	教育部关于加强和改进普通高中学生综合素质评价的意见
2017	教育部等四部门	高中阶段教育普及攻坚计划（2017—2020年）
2019	中共中央、国务院	中国教育现代化2035
2019	国务院办公厅	国务院办公厅关于新时代推进普通高中育人方式改革的指导意见
2021	教育部等九部门	"十四五"县域普通高中发展提升行动计划
2022	教育部	普通高中学校办学质量评价指南

表3　　　　普通高中课程改革相关文件

年份	发文机构	重要文件名称
1998	教育部	面向21世纪教育振兴行动计划
2001	国务院	国务院关于基础教育改革与发展的决定
2001	教育部	基础教育课程改革纲要（试行）
2003	教育部	普通高中课程方案（实验）
2018	教育部	普通高中课程方案和语文等学科课程标准（2017年版）
2020	教育部办公厅	教育部办公厅关于遴选建立普通高中新课程新教材实施国家级示范区和示范校的通知
2020	教育部	普通高中课程方案和语文等学科课程标准（2017年版2020年修订）

表 4　　　　　　　　　县域普通高中振兴的相关文件

年份	发文机构	文件名称
2017	教育部等四部门	高中阶段教育普及攻坚计划（2017—2020 年）
2019	国务院办公厅	国务院办公厅关于新时代推进普通高中育人方式改革的指导意见
2021	发改委等多部门	"十四五"公共服务规划
2021	教育部等九部门	"十四五"县域普通高中发展提升行动计划
2022	中共中央办公厅、国务院办公厅	关于推进以县城为重要载体的城镇化建设的意见
2022	教育部办公厅	教育部办公厅关于组织实施部属高校县中托管帮扶项目的通知

表 5　　　　　　　　　普通高中学科基地相关文件

年份	发文机构	文件名称
2010	教育部高等教育司	关于批准设立教育部有关学科教育教学改革发展研究基地（中心）的通知
2014	教育部	教育部全面深化课程改革落实立德树人根本任务的意见
2019	教育部	教育部关于加强和改进新时代基础教育教研工作的意见

表 6　　　　　　　　　普通高中评价相关政策

年份	发文机构	文件名称
2012	国务院	教育督导条例
2014	国务院	国务院关于深化考试招生制度改革的实施意见
2014	教育部	教育部关于普通高中学业水平考试的实施意见
2014	教育部	教育部关于加强和改进普通高中学生综合素质评价的意见
2020	中共中央、国务院	深化新时代教育评价改革总体方案
2022	教育部	普通高中学校办学质量评价指南

参考文献

一 著作类

(一) 中文著作

蔡芹香：《中国学制史》，世界书局1933年版。

陈诚：《抗战建国与青年的责任》，国民政府军事委员会政治部1938年版。

陈宁宁编：《河南大学忆往》，河南大学出版社2002年版。

陈守林、郑志昌、王志学等主编：《新中国教育大事纪略》，吉林大学出版社1990年版。

陈旭麓：《近代中国社会的新陈代谢》，上海人民出版社1992年版。

陈旭远主编：《理解普通高中新课程》，东北师范大学出版社2004年版。

程谪凡：《中国现代女子教育史》，安徽师范大学出版社2019年版。

褚树荣：《人生课堂 语文选修课程的思考与实践》，宁波出版社2013年版。

崔玉婷：《普通高中特色发展研究》，知识产权出版社2016年版。

党建读物出版社编：《党的二十大文件汇编》，党建读物出版社2022年版。

丁伟：《中国近现代函授教育史专题研究》，黑龙江科学技术出版社2023年版。

杜成宪主编，王明建著：《共和国教育70年·第四卷，乘风破浪（1992—2019）》，广东教育出版社2020年版。

杜成宪总主编，金忠明著：《上海教育史第4卷（1976—2002）》，上海教育出版社2019年版。

广西壮族自治区地方志编纂委员会编：《广西通志·教育志（1986—2005）》，广西人民出版社2020年版。

国家教委基础教育司、课程教材研究所合编：《普通高中课程改革研究与实验》，人民教育出版社1997年版。

国务院：《国务院关于深化考试招生制度改革的实施意见》，人民出版社2014年版。

何东昌主编：《中华人民共和国重要教育文献（1949—1997）》，海南出版社1998年版。

何东昌主编：《中华人民共和国重要教育文献（1998—2002）》，海南出版社2003年版。

何东昌主编：《中华人民共和国重要教育文献（2003—2008）》，新世界出版社2010年版。

何云坤主编：《马克思主义理论课经典著作选读》，湖南人民出版社2002年版。

和平、袁梦令、张骞主编：《共和国辉煌3》，党史研究出版社2009年版。

河南省开封市政协文史资料委员会编：《开封文史资料》第12辑教育专辑，河南省开封市政协文史资料委员会1992年版。

胡悌云、张文彬主编：《河南通典》，东方出版中心1998年版。

湖北省教育科学研究院编著：《湖北省教育政策研究报告2021》，华中科技大学出版社2023年版。

湖北省教育厅编：《教育部督学视察湖北教育总报告》，湖北省教育厅1934年版。

华东师范大学教育系教育学教研室编：《教育学参考资料》（上册），人民教育出版社1980年版。

江泽民：《江泽民文选》（第2卷），人民出版社2006年版。

教育部基础教育司编：《基础教育重大政策文件汇编（2016—2022）》，人民教育出版社2022年版。

劳动和社会保障部编：《中国积极的就业政策总汇》，中国劳动社会保障出版社2004年版。

雷佑新：《城乡劳动力市场一体化制度创新研究》，中国经济出版社2012年版。

李化树：《公平与均衡：中小学薄弱学校改造与发展研究》，西南交通大学出版社2011年版。

李建求：《世界走向中国——西方科技与教育在近代中国的传播与发展》，广东科技出版社2003年版。

李景文、马小泉主编：《民国教育史料丛刊·中国教育事业》，大象出版社2015年版。

廖世承：《中学教育》，商务印书馆1924年版。

林天伦：《学校发展论著》，广州中山大学出版社2022年版。

临安市教育局：《临安市基础教育工作会议资料》，临安市教育局2002年版。

刘厚成、张泽厚：《中国教育结构研究》，山西经济出版社1989年版。

刘宪曾、刘端棻：《陕甘宁边区教育史》，陕西人民出版社1994年版。

刘英杰主编：《中国教育大事典（1949—1990）》，浙江教育出版社1993年版。

刘玉祥：《上海秋考招生录取研究》（下），上海交通大学出版社2015年版。

刘志军：《普通高中学业水平考试研究》，浙江教育出版社2022年版。

卢希悦主编：《当代中国经济学概论》，山东人民出版社1994年版。

罗立祝：《高校招生考试政策研究》，华中师范大学出版社2016年版。

南京市地方志编纂委员会编：《南京市志》第9册，方志出版社2013年版。

倪浩然：《江学珠与松江女中》，上海辞书出版社2019年版。

彭智勇主编：《内涵·引领·愿景重庆市示范性普通高中建设的探索》，重庆出版社2008年版。

齐高岱、赵世平主编：《成人教育大辞典》，石油大学出版社2000年版。

璩鑫圭、唐良炎编：《中国近代教育史资料汇编——学制演变》，上海教育出版社1991年版。

陕西省地方编纂委员会：《陕西省志·教育志》（下），三秦出版社2009

年版。

陕西师范大学教育研究所：《陕甘宁边区教育资料（小学教育部分）》，教育科学出版社1981年版。

《上海文化年鉴》编辑部编：《上海文化年鉴1999》，《上海文化年鉴》编辑部1999年版。

宋恩荣主编：《近代中国教育改革》，教育科学出版社1994年版。

陶行知：《陶行知文集》，江苏人民出版社1981年版。

涂文涛主编：《四川教育史》（上），四川教育出版社2007年版。

王道俊、王汉澜：《教育学》，人民教育出版社1989年版。

王伦信：《清末民国时期中学教育研究》，华东师范大学出版社2002年版。

王战军主编：《新时代研究生教育研究资料汇编（2010—2020）》，中国科学技术出版社2021年版。

魏一樵主编：《中国名校 中学卷》，辽宁大学出版社1992年版。

习近平：《高举中国特色社会主义伟大旗帜 为全面建设社会主义现代化国家而团结奋斗：在中国共产党第二十次全国代表大会上的报告》，人民出版社2022年版。

谢长法：《中国中学教育史》，山西教育出版社2009年版。

《信丰县教育志》编纂委员会编：《信丰县教育志（1986—2018）》，江西高校出版社2021年版。

徐传德：《南京教育史》，商务印书馆2012年版。

徐玉坤主编：《河南教育名人传》，河南教育出版社1989年版。

杨学为、于信凤主编：《中国考试通史 卷五》，首都师范大学出版社2004年版。

于海：《西方社会思想史》（第4版），复旦大学出版社2022年版。

余子侠：《民族危机下的教育应对》，华中师范大学出版社2001年版。

余子侠、冉春：《抗日战争时期中国教育研究》，团结出版社2015年版。

余子侠主编：《中国研究生教育史》，福建人民出版社2021年版。

袁伯樵：《中等教育》（上），商务印书馆1949年版。

袁桂林：《中国教育改革开放40年：高中教育卷》，北京师范大学出版社 2019 年版。

袁振国：《论中国教育政策的转变——对我国重点中学平等与效益的个案研究》，广东教育出版社 1999 年版。

张兰普、梁吉生：《铅字流芳大先生　近代报刊中的张伯苓》（上），天津社会科学院出版社 2021 年版。

张文昌：《中等教育》，中华书局 1938 年版。

赵麟斌：《福州民俗文化述略》，同济大学出版社 2010 年版。

政协西南地区文史资料委员会编：《抗战时期西南的教育事业》，贵州省文史书店 1994 年版。

中共浙江省委党史研究室、当代浙江研究所、浙江省当代史学会编：《当代浙江研究（第 4 辑）》，中共党史出版社 2009 年版。

中共中央、国务院：《国家中长期教育改革和发展规划纲要（2010—2020）》，人民出版社 2010 年版。

中共中央文献编辑委员会：《邓小平文选》第二卷，人民出版社 1994 年版。

中共中央文献研究室编：《邓小平论教育　第 2 版》，人民教育出版社 1995 年版。

中共中央文献研究室编：《十四大以来重要文献选编》（上），中央文献出版社 2011 年版。

中国法制出版社编：《注释法典丛书中华人民共和国教育注释法典新 5 版》，中国法制出版社 2023 年版。

中国高考报告学术委员会编：《高考蓝皮书　中国高考报告 2023》，新华出版社 2023 年版。

《中国教育年鉴》编辑部编：《中国教育年鉴（1949—1981）》，中国大百科全书出版社 1984 年版。

《中国教育年鉴》编辑部编：《中国教育年鉴（1985—1986）》，中国大百科全书出版社 1986 年版。

《中国教育年鉴》编辑部编：《中国教育年鉴　1991》，人民教育出版社 1992 年版。

《中国教育年鉴》编辑部编：《中国教育年鉴　1992》，人民教育出版社 1993 年版。

《中国教育年鉴》编辑部编:《中国教育年鉴 1993》,人民教育出版社 1994 年版。

《中国教育年鉴》编辑部编:《中国教育年鉴 1994》,人民教育出版社 1995 年版。

《中国教育年鉴》编辑部编:《中国教育年鉴 1997》,人民教育出版社 1997 年版。

《中国教育年鉴》编辑部编:《中国教育年鉴 1998》,人民教育出版社 1998 年版。

《中国教育年鉴》编辑部编:《中国教育年鉴 1999》,人民教育出版社 1999 年版。

《中国教育年鉴》编辑部编:《中国教育年鉴 2000》,人民教育出版社 2000 年版。

《中国教育年鉴》编辑部编:《中国教育年鉴 2001》,人民教育出版社 2001 年版。

《中国教育年鉴》编辑部编:《中国教育年鉴 2002》,人民教育出版社 2002 年版。

《中国教育年鉴》编辑部编:《中国教育年鉴 2003》,人民教育出版社 2003 年版。

《中国教育年鉴》编辑部编:《中国教育年鉴 2004》,人民教育出版社 2004 年版。

《中国教育年鉴》编辑部编:《中国教育年鉴 2005》,人民教育出版社 2005 年版。

《中国教育年鉴》编辑部编:《中国教育年鉴 2006》,人民教育出版社 2006 年版。

《中国教育年鉴》编辑部编:《中国教育年鉴 2008》,人民教育出版社 2008 年版。

《中国教育年鉴》编辑部编:《中国教育年鉴 2009》,人民教育出版社 2009 年版。

《中国教育年鉴》编辑部编:《中国教育年鉴 2010》,人民教育出版社 2010 年版。

《中国教育事典》编委会编：《中国教育事典中等教育卷》，河北教育出版社 1994 年版。

中国历史研究院主编：《（新编）中国通史纲要》（下），中国社会科学出版社 2024 年版。

中国人民政治协商会议福建省福州市委员会文史资料工作委员会编：《福州文史资料选辑》第 12 辑，中国人民政治协商会议福建省福州市委员会文史资料工作委员会 1993 年版。

中国人民政治协商会议福建省委员会文史资料研究委员会编：《福建文史资料》第 13 辑，中国人民政治协商会议福建省委员会文史资料研究委员会 1986 年版。

中国人民政治协商会议甘肃省委员会文史资料研究委员会编：《甘肃文史资料选辑》第 23 辑，甘肃人民出版社 1985 年版。

中国人民政治协商会议贵州省委员会文史资料研究委员会编：《贵州文史资料选辑》第 26 辑，中国人民政治协商会议贵州省委员会文史资料研究委员会 1988 年版。

《中国校外教育工作年鉴》编辑委员会编：《中国校外教育工作年鉴 2014—2015》，武汉大学出版社 2015 年版。

中华人民共和国教育部：《普通高中课程方案（2017 年版 2020 年修订）》，人民教育出版社 2020 年版。

中华人民共和国教育部编：《国家教育事业发展第十二个五年规划》，教育科学出版社 2012 年版。

中央教育科学研究所主编：《中华人民共和国教育大事记（1949—1982）》，教育科学出版社 1984 年版。

钟秉林、王新凤：《高考改革——理想与现实》，商务印书馆 2023 年版。

钟启泉、金正扬等：《解读中国教育》，教育科学出版社 2000 年版。

周洪宇、李宇阳：《建设教育强国》，中国青年出版社 2022 年版。

周兴国：《农村学校改进制度分析与路径选择》，安徽师范大学出版社 2016 年版。

朱益明：《中国教育改革 40 年：高中教育》，科学出版社 2019 年版。

朱永新总主编，张荣伟主编，刘艳副主编：《中国教育改革大系·教育实验卷》，湖北教育出版社2015年版。

朱有瓛：《中国近代学制史料：第三辑》（上），华东师范大学出版社1990年版。

朱正编选：《胡适文集》第4卷，花城出版社2013年版。

转型期中国重大教育政策案例研究课题组编：《缩小差距中国教育政策的重大命题》，人民教育出版社2005年版。

庄泽宣：《如何使新教育中国化》，民智书局1929年版。

（二）中译著作

[意]贝奈戴托·克罗齐：《历史学的理论和实际》，[英]道格拉斯·安斯利英译，傅任敢译，商务印书馆1982年版。

[瑞士]查尔斯·赫梅尔：《今日的教育为了明日的世界》，王静、赵穗生译，中国对外翻译出版公司1983年版。

[美]大卫·霍普金斯：《让每一所学校成为杰出的学校：实现系统领导的潜力》，鲍道宏译，华东师范大学出版社2010年版。

[美]费正清、罗德里·麦克法夸尔主编：《剑桥中华人民共和国史（1949—1965）》，王建朗等译，上海人民出版社1990年版。

二　期刊类

《本市高级中学之调查》，《统计汇刊》第2卷第1—6期，1931年6月。

《本校奉教育部训令改为国立第八中学》，《安徽学生》第10期，1939年4月。

《陈部长谈今后教育方针》，《教育通讯》（汉口）第1卷第1期，1938年3月。

陈礼江：《论战时教育》，《教育通讯》第7期，1938年5月。

陈如平：《以育人方式改革为重点推动普通高中深度变革》，《中国教育学刊》2020年第8期。

陈时见、杜彬恒：《本科拔尖创新人才培养改革的实践反思与改进策略》，《教学研究》2024年第1期。

陈小娅：《坚定不移地深化基础教育课程改革，努力开创素质教育工作新局面》,《人民教育》2009年第24期。

陈志利:《普通高中多样化发展:三层面政策解读与启示》,《基础教育》2013年第6期。

程莉莉、施建国、潘新华:《推动学习方式转变的学科教室设计和应用——基于浙江的实践探索和研究》,《人民教育》2021年第18期。

《处理由战区退出之各级学校学生办法大纲》,《中央战时法规汇编》(下),江西省政府秘书处法制室1939年编印。

《处置各国立中等学校令》,《法令周刊》第9卷第19期,1946年5月。

《促进男女同学以推广女子教育案》,《教育杂志》第12卷第12号,1920年12月。

《大事记:七月十二日,教育部训令速设女子中等学校》,《教育杂志》第13卷第8期,1921年8月。

邓亮、林天伦:《薄弱学校委托管理制度建设:困境与出路》,《教育科学》2015年第5期。

《法令:中学校令》,《中华教育界》第1期,1913年1月。

方克立:《钱学森之问与创新型人才培养》,《天津师范大学学报》(社会科学版)2010年第4期。

傅林、高瑜:《静悄悄的革命——卡尔·罗杰斯自由学习观研究》,《湖南师范大学教育科学学报》2014年第2期。

高晓明:《拔尖创新人才概念考》,《中国高教研究》2011年第10期。

《各省市高级中学之统计》,《社会杂志》第2卷第3期,1931年。

《各学院及附设高级中学概况:附设高级中学》,《厦大周刊》1931年厦门大学十周年纪念刊。

贵州省教育厅:《省教育厅关于印发贵州省普通高中新课程实施方案(试行)的通知》,《贵州省人民政府公报》2022年第1期。

郭永福:《重视拔尖创新人才的早期培养》,《创新人才教育》2013年第1期。

国家教育委员会:《关于评估验收1000所左右示范性普通高级中学的通知》,《学科教育》1995年第9期。

国家教育委员会：《示范性普通高级中学评估验收标准（试行）》，《学科教育》1995年第9期。

《国立四川中学改称国立第二中学》，《教育通讯》第2卷第13期，1939年4月。

《国民政府令》，《教育部公报》第1卷第1期，1929年1月。

国务院：《国务院关于基础教育改革与发展的决定》，《中华人民共和国国务院公报》2001年第23号。

国务院办公厅：《国务院办公厅关于新时代推进普通高中育人方式改革的指导意见》，《中华人民共和国教育部公报》2019年第6号。

国务院办公厅：《国务院办公厅关于开展国家教育体制改革试点的通知》，《中华人民共和国国务院公报》2011年第2号。

哈尔滨市人民政府办公厅：《哈尔滨市人民政府办公厅关于印发哈尔滨市新时代推进普通高中育人方式改革实施方案的通知》，《哈尔滨市人民政府公报》2021年第15期。

韩薇、刘孙渊：《基于SWOT分析的县域高中振兴政策支持研究》，《教学与管理》2023年第28期。

郝建江、郭炯：《智能技术赋能精准教学的实现逻辑》，《电化教育研究》2022年第6期。

郝克明：《造就拔尖创新人才与高等教育改革》，《北京大学教育评论》2004年第4期。

河南省人民政府办公厅：《河南省人民政府办公厅关于新时代推进普通高中育人方式改革的实施意见》，《河南省人民政府公报》2020年第2号。

胡永红、刘伟庆、欧阳平凯：《推进学科基地建设　支撑学科创新发展》，《高等教育研究》2009年第4期。

湖南省人民政府办公厅：《湖南省人民政府办公厅关于印发〈湖南省"十四五"教育事业发展规划〉的通知》，《湖南省人民政府公报》2021年第16期。

《记事：大事记（五月二十四日至六月七日）》，《教育杂志》第11卷第7期，1919年7月。

纪德奎、赵晓丹：《文化认同视域下乡土文化教育的失落与重建》，《教育发展研究》2018年第2期。

江国华：《习近平法治思想中的主体间性》，《社会科学辑刊》2023年第2期。

江西省人民政府办公厅：《江西省人民政府办公厅关于新时代推进普通高中育人方式改革的实施意见》，《江西省人民政府公报》2020年第5期。

蒋南翔：《重新发表教育部关于纠正单纯追求升学率等问题的意见》，《人民教育》1982年第1期。

《教部创立国立中学六所，实施战时教育方针：三育兼重，文武合一》，《电声》1938年快乐周刊。

《教部规定各公私立中学收受战区学生办法》，《教育通讯》第33期，1938年11月。

《教部添设国立安徽中学》，《教育通讯》第17期，1938年7月。

《教部新创国立中学，所有中山中学班一律取消》，《学生之友》第3卷第4—5期，1941年11月。

《教部择定川黔等省设临时中学及中小学教师服务团》，《江西地方教育》第104—105期，1938年1月。

教育部：《国务院批转教育部2003—2007年教育振兴行动计划的通知》，《中华人民共和国教育部公报》2004年第4号。

教育部：《教育部关于加快建设高水平本科教育全面提高人才培养能力的意见》，《中华人民共和国教育部公报》2018年第9号。

教育部：《教育部2012年工作要点》，《人民教育》2012年第Z1期。

教育部等九部门：《教育部等九部门关于印发〈"十四五"学前教育发展提升行动计划〉和〈"十四五"县域普通高中发展提升行动计划〉的通知》，《中华人民共和国教育部公报》2022年第Z1期。

教育部等六部门：《教育部等六部门关于推进教育新型基础设施建设构建高质量教育支撑体系的指导意见》，《中华人民共和国教育部公报》2021年第9期。

教育部等四部门：《高中阶段教育普及攻坚计划（2017—2020年)》，

《新教育》2017 年第 13 期。
教育部：《教育部关于做好普通高中新课程新教材实施工作的指导意见》，《中华人民共和国教育部公报》2018 年第 7、8 号。
教育部、国家发展改革委、财政部：《教育部　国家发展改革委　财政部关于实施新时代基础教育扩优提质行动计划的意见》，《中华人民共和国教育部公报》2023 年第 7、8 号。
《教育部将在浙设国立中学》，《浙江战时教育文化月刊》第 1 卷第 9 期，1939 年 1 月。
《教育部设立国立第十三中学，并扩充国立第十一中学学生名额》，《教育通讯》第 2 卷第 38 期，1939 年 9 月。
《教育部在河南设临时中学师范，收容各省市战区学生》，《江西地方教育》第 98—99 期，1937 年 11 月。
《教育类：总动员时督导教育工作办法纲领（二十六年八月行政院颁布）》，《中央战时法规汇编》（下），江西省政府秘书处法制室 1939 年编印。
《教育资料：有关私立中学》，《邕宁教育》第 3 期，1948 年 12 月。
《开办国立中学六所》，《教育通讯》第 1 期，1938 年 3 月。
《抗战建国纲领》，《抗战建国旬刊》第 2 期，1938 年 7 月。
劳凯声：《一段不应被遗忘的历史：公办学校改制反思》，《华东师范大学学报》（教育科学版）2021 年第 10 期。
黎鸣：《论必须尽快取消中小学"重点教育"体制》，《社会学研究》1987 年第 2 期。
李爱民：《从学科规训的视角看我国高等教育管理学科的建设与发展》，《现代教育科学》2005 年第 1 期。
李桂强：《薄弱学校成因的政策分析》，《当代教育科学》2004 年第 19 期。
李桂强：《再谈薄弱学校成因》，《天津师范大学学报》（基础教育版）2005 年第 3 期。
李萍、张勇健、陈略韬等：《数据循证支持的高中教育质量发展性评价：基本内涵、模型构建与实践探索》，《现代教育技术》2022 年第 8 期。

李润州：《普通高中教育的定位："教育—人—社会"的视角》，《教育发展研究》2013年第22期。

李硕豪：《"拔尖计划"学生创造力发展影响因素实证研究》，《中国高教研究》2020年第4期。

李勇斌：《"县中模式"就是这样铸就的——一个农村教师的教育回眸与反思》，《上海教育科研》2010年第8期。

李振文：《县域普通高中振兴的问题与对策》，《中国民族教育》2023年第3期。

辽宁省实验中学：《重点高中应为实施素质教育做出示范》，《普教研究》1997年第2期。

廖军和、李志勇：《从精英到大众：我国普通高中教育定位之思考》，《教育科学研究》2011年第2期。

廖湘阳、王战军：《大学学科建设：学术性、建构作用与公共绩效》，《学位与研究生教育》2006年第3期。

廖哲勋：《关于深化普通高中教育改革的整体构思》，《课程·教材·教法》2009年第6期。

林崇德、胡卫平：《创造性人才的成长规律和培养模式》，《北京师范大学学报》（社会科学版）2012年第1期。

刘宝存、岑宇：《世界教育数字化转型的动因、趋势及镜鉴》，《现代远程教育研究》2022年第6期。

刘培鸿：《盘活资源，综合治理，加快薄弱学校更新工程》，《上海教育》1997年第1期。

刘巧利：《70年：新中国基础教育发展大事记（1949—2019年)》，《中小学管理》2019年第9期。

刘世清、苏苗苗、胡美娜：《从重点/示范到多样化：普通高中发展的价值转型与政策选择》，《华东师范大学学报》（教育科学版）2013年第1期。

刘一彬：《里斯与特劳特定位理论对我国高校定位的启示》，《现代大学教育》2009年第5期。

刘英进：《全面实施帮扶工程，全力推进均衡发展》，《广东教育》（综合版）2008 年第 5 期。

刘云杉：《拔尖与创新：精英成长的张力》，《清华大学教育研究》2018 年第 6 期。

柳斌：《在全国普通高级中学教育工作会议上的总结讲话》，《课程·教材·教法》1995 年第 10 期。

卢立涛：《全球视野下高中教育的性质、定位和功能》，《外国教育研究》2007 年第 4 期。

陆福根：《普通高中市域学科基地的功能定位与建设路径》，《天津市教科院学报》2014 年第 1 期。

吕叔湘：《教育工作要重视"大多数"》，《新闻战线》1980 年第 8 期。

吕文升：《现行重点中小学制度必须改革》，《教育研究与实验》1984 年第 3 期。

罗钰润：《调整巩固提高办好重点学校——试论重点学校的由来、作用及其发展方向》，《黄石教师进修学院学报》1985 年第 1 期。

马斌：《创新培养高素养人才的机制——关于建设高中教育课程基地的思考》，《中学课程辅导（江苏教师）》2011 年第 9 期。

孟宪和：《重点高中也要全面实行素质教育》，《教育研究》1996 年第 11 期。

《南渝中学创立经过》，《教育通讯》第 1 卷第 9 期，1938 年 5 月。

《南渝中学改名南开学校》，《教育通讯》第 1 卷第 29 期，1938 年 10 月。

宁夏回族自治区人民政府办公厅：《自治区人民政府办公厅印发关于新时代推进普通高中育人方式改革实施方案的通知》，《宁夏回族自治区人民政府公报》2020 年第 23 期。

潘雯、孙来斌：《马克思主义关于教育与政治辩证关系思想探析》，《毛泽东邓小平理论研究》2022 年第 3 期。

潘习敏：《试谈办重点学校的几方面问题》，《内蒙古社会科学》1982 年第 3 期。

任飚、陈安、张晨阳：《基础教育阶段创新型人才培养路径探析——以北京四中为例》，《中国教育学刊》2018 年第 4 期。

桑新民：《90 年代教育发展的趋势和提出的教育哲学课题》，《高等师范教育研究》1990 年第 3 期。

陕西省人民政府办公厅：《陕西省人民政府办公厅关于新时代推进普通高中育人方式改革的实施意见》，《陕西省人民政府公报》2021 年第 4 期。

邵东生：《高中与大学衔接培养拔尖创新人才国内研究综述》，《福建基础教育研究》2018 年第 8 期。

沈灌群：《我国中等教育之史的检讨》，《中等教育季刊》第 1 卷第 1 期，1941 年 3 月。

施晓光：《文化视域下的基础学科拔尖创新人才培养》，《北京教育（高教）》2022 年第 12 期。

石中英：《关于当前我国普通高中教育任务的再认识》，《清华大学教育研究》2015 年第 1 期。

时勘、李晓琼、黄杰等：《应对校园欺凌：社会情绪能力的干预研究》，《心理学探新》2022 年第 5 期。

《实施抗战建国纲领》，《国民参政论坛》第 2 期，1938 年 7 月。

《私立北仑女子中学校》，《河南教育月刊》第 5 卷第 3 期，1935 年 1 月。

孙传宏：《直面于事情本身——对重点学校存废之争的审视》，《教育参考》1996 年第 5 期。

孙德芳：《新高考下普通高中育人方式的重塑》，《教育研究》2022 年第 7 期。

檀传宝：《教育是人类价值生命的中介——论价值与教育中的价值问题》，《教育研究》2000 年第 3 期。

陶大镛、丁洁、叶溥源等：《来自中小学教师的声音——庆祝第二届教师节》，《群言》1986 年第 9 期。

汪栋、王子威、殷宗贤：《县中塌陷的区域异质性、成因与政策治理路径擘画》，《教育发展研究》2023 年第 2 期。

汪家正：《抗战期间教育设施的总清算》，《东方杂志》第 42 卷第 17 期，1946 年 9 月。

王海英：《示范性高中政策质疑》，《中小学管理》2005 年第 4 期。

王纪初：《十九年中等教育的总检查》，《河南教育月刊》第 1 卷第 4

期，1931年1月。

王继新、吴秀圆、翟亚娟：《共同体视域下的区域基础教育均衡发展模式研究》，《电化教育研究》2018年第3期。

王骏声、唐道海：《视察省立南京女子中学报告》（视察日期自二十四年四月十九日至廿五日），《江苏教育》第4卷第10期，1935年10月。

王坤：《从知识贫困中突围：论县域普通高中的塌陷与振兴》，《中国教育学刊》2022年第2期。

王星拱：《抗战与教育》，《国立武汉大学周刊》第292期，1937年。

魏红梅、钟志伟：《"县中振兴"计划的执行困境及破解路径》，《当代教育科学》2023年第12期。

武秀霞：《多样、特色与高品质教育——关于普通高中特色发展若干问题的反思》，《教育科学研究》2019年第12期。

向琪：《关于示范高中"示范"作用的再探讨》，《吉林省教育学院学报》2008年第1期。

肖银洁、吕宏山：《教育数字化赋能高校教学新形态的风险审视与纾解路向》，《大学教育科学》2023年第2期。

肖远骑：《为拔尖创新人才成长"拉开大幕"——来自中国人民大学附属中学的探索》，《中小学管理》2010年第5期。

辛逸、高洁：《口述史学新解——以山西十个合作社的口述史研究为例》，《中共党史研究》2011年第8期。

《新学制课程标准纲要》，《河南教育公报》第2卷第15—17期，1923年8月。

《修正国立中学暂行规程》，《教育通讯》第2卷第14期，1939年4月。

徐国民：《科技高中：科技拔尖创新人才早期培养的模式探索——以南京师范大学附属中学秦淮科技高中为例》，《江苏教育研究》2023年第7期。

许芹：《突破中考限制整体构建中学阶段英才教育课程体系——基于江苏省天一中学英才教育课程设计与实施的若干思考》，《中小学管理》2013年第2期。

《学部奏定女子小学堂章程》,《教育世界》第 145 号,1907 年 2 月。

阎光才:《从成长规律看拔尖创新型学术人才培养》,《中国高等教育》2011 年第 1 期。

杨海燕:《县域普通高中高质量发展的战略逻辑与治理策略》,《中国教育学刊》2022 年第 4 期。

杨建超、孙玉丽:《高中教育的历史演进及启示》,《河北师范大学学报》(教育科学版)2014 年第 5 期。

杨建超、孙玉丽:《我国高中教育定位问题研究述评与再认识》,《教育理论与实践》2015 年第 5 期。

杨润勇、杨依菲:《我国普通高中发展二十年政策回顾与分析》,《教育理论与实践》2010 年第 7 期。

杨四耕:《普通高中特色学科建设的维度和方法》,《江苏教育》2021 年第 54 期。

叶立群:《普通高中的任务和课程》,《课程教材教法》1989 年第 10 期。

尹后庆:《深入推进普通高中新课程体系建设》,《中国教育学刊》2020 年第 8 期。

游永恒:《教育中的重点制反思》,《教育评论》1997 年第 1 期。

喻小琴:《县(区)普通高中发展困境与治理》,《教育研究与实验》2022 年第 1 期。

《增办国立山西中学》,《教育通讯》第 10 期,1938 年 5 月。

《战时各级教育实施方案纲要》,《教育通讯》第 4 期,1938 年 4 月。

《战时国立中学课程纲要已颁布,注重实际以适应战时需要,另附〈国立中学暂行规程〉》,《教育季刊》第 14 卷第 4 期,1938 年 12 月。

张炳元:《"重点学校"及其政策理应成为历史兼与方勋臣同志商榷》,《教育参考》1996 年第 5 期。

张承先:《贯彻全面发展方针,提高教育质量——在全国重点中学工作会议上的讲话(摘要)》,《人民教育》1980 年第 9 期。

张华:《论我国普通高中教育的性质与价值定位》,《教育研究》2013 年第 9 期。

张华：《深刻理解普通高中教育的性质、定位与发展方向》，《人民教育》2018年第3—4期。

张民生：《向"一流教育"进军的奠基工程——上海实施新一轮"薄弱学校更新工程"》，《上海高教研究》1997年第3期。

张宁娟：《"六个下功夫"：新时代人才培养的行动指南》，《教育研究》2018年第9期。

张巧灵、冯建军：《公平视野下重点高中政策的合理性审视》，《教育导刊》2010年第10期。

张叔汉：《不能取消重点中小学》，《人民教育》1982年第1期。

张文明、章志敏：《资源·参与·认同：乡村振兴的内生发展逻辑与路径选择》，《社会科学》2018年第11期。

张志勇：《国家教育治理视野下的县中教育振兴路径》，《教育学报》2022年第18期。

赵平、马宏杰：《高中地理学科基地功能转型实践研究——以浙江省高中地理学科基地为例》，《地理教学》2017年第12期。

赵峥：《爱因斯坦与狭义相对论的诞生》，《大学物理》2015年第8期。

郑若玲、庞颖：《"强基计划"呼唤优质高中育人方式深度变革》，《中国教育学刊》2021年第1期。

郑森、司晓宏：《法国教育督导制度变迁的内在逻辑与动力机制——基于历史制度主义分析范式》，《比较教育学报》2023年第1期。

《中等学校男女分校之原委》，《教育通讯》第3卷第5期，1947年5月。

中共中央、国务院：《中共中央 国务院关于深化教育教学改革全面提高义务教育质量的意见》，《中华人民共和国教育部公报》2019年第7、8号。

中共中央、国务院：《中共中央 国务院印发〈深化新时代教育评价改革总体方案〉》，《中华人民共和国国务院公报》2020年第30号。

中共中央办公厅、国务院办公厅：《中共中央办公厅、国务院办公厅印发〈加快推进教育现代化实施方案〉（2018—2022年）》，《中华人民共和国教育部公报》2019年第1、2号。

《中国国民党抗战建国纲领》，《解放》第37期，1938年5月。

《中华民国训政时期约法》，《山东教育行政周报》第 140 期，1931 年 7 月。

《中学法》，《湖北省政府公报》第 19 期，1933 年 1 月。

《中学规程》，《社会周刊》第 52 期，1933 年 3 月。

《中央救济华北教育：在豫筹设临时中学师范》，《教育研究》第 80 期，1937 年 12 月。

周调阳：《北高附中实行男女同校后一年来经过之概况》，《教育丛刊》第 3 卷第 3 期，1922 年 5 月。

周光礼、马海泉：《教学学术能力：大学教师发展与评价的新框架》，《教育研究》2013 年第 8 期。

周浩波、李静：《现阶段我国普通高中教育功能定位研究》，《辽宁师范大学学报》（社会科学版）2016 年第 3 期。

周靖雅：《普通高中推进学科发展的组织模式建构实践探索——以"学科中心组"组建为例》，《现代教育》2021 年第 12 期。

周坤亮：《对普通高中教育定位的思考》，《教育发展研究》2013 年第 22 期。

周坤亮：《普通高中教育定位的历史考察》，《全球教育展望》2014 年第 4 期。

周旭：《着力推动普通高中教育走向均衡化、多样化、优质化发展之路——在重庆市深入推进普通高中学校捆绑发展全面提高普通高中教育质量工作会议上的讲话》，《科学咨询（教育科研）》2013 年第 2 期。

周一平、钱崇君：《为人民研究历史：历史研究的根本价值取向》，《河北学刊》2017 年第 6 期。

朱敬、蔡建东：《从"互联网＋教育"到"教育＋互联网"——互联网文化基因视域下的审思》，《中国教育学刊》2022 年第 6 期。

朱益明：《新时代普通高中学校发展定位与导向》，《人民教育》2020 年第 23 期。

三　报纸类

崔波：《以创造之人才造就创新之中国》，《人民政协报》2023年3月7日，第10版。

董纯才：《为培养社会主义社会全面发展的成员而努力》，《人民日报》1954年8月8日，第3版。

《赣省筹设国立中学》，《申报》1939年10月23日，第3版。

《赣南筹设国立十三中学，陈颖春任校长》，《申报》1939年11月8日，第7版。

《国立第十三中学筹设分校二处》，《申报》1939年11月24日，第10版。

《国立中学更改校名，依照设立次序》，《申报》1939年4月29日，第8版。

《国立中学要闻》，《申报》1940年10月23日，第8版。

《国立十八中学》，《中央日报扫荡报》1942年7月19日，第8版。

《国立中学决交由各省办理》，《中央日报》1945年10月14日，第3版。

《国立中学复员，教职员学生自定志愿，分发至省立中学教读》，《大公报》1945年11月19日，第2版。

《国立中学复员，教部拟定原则》，《申报》1945年12月28日，第4版。

《国立中学六校校长人选，每校经费一万八千》，《申报》1938年11月17日，第7版。

《国立四川中学校址设北碚，正在兴建校舍》，《申报》1938年2月15日，第2版。

《国立贵州中学决设在铜仁》，《申报》1938年2月7日，第1版。

《河南中学定五日上课》，《大公报》1938年3月2日，第4版。

《汉市昨截止登记员生于五百余人川黔设临时中学收容》，《大公报》1938年1月8日，第4版。

《教育部取消中山中学班名义，并入国立中学或改称》，《新闻报》1941年9月3日，第14版。

《教部筹设国立湖南中学》，《申报》1939年2月23日，第10版。

《教部添设国立中学三校：第十五六七三中学》，《申报》1941年9月11日，第9版。

《教部在豫设临时中学》，《申报》1937年10月30日，第4版。

《教育部在豫设临时中学》，《大公报》1937年10月30日，第3版。

《人民日报》记者：《教育部决定在全国办好一批重点中小学》，《人民日报》1978年1月25日，第1版。

《三民主义教育实施原则》（续），《新闻报》1931年9月7日，第12版。

《山西中学月底在陕开学》，《申报》1938年5月10日，第2版。

师延红：《打倒修正主义教育路线的总后台》，《人民日报》1967年7月18日，第2版。

《苏省教育最近状况（下）：中小学教师继续为教育尽瘁，江南北游击区中仍设置学校》，《申报》1939年2月22日，第15版。

《通过之学校系统案》，《新闻报》1928年5月23日，第3版。

《武大停课问题，王校长谈并无其事》，《大公报》1937年12月5日，第3版。

《行政院会议纪：呈请国府褒扬吕宓筹，通过设国立十二中学》，《申报》1939年3月29日，第4版。

叶帆：《"小历史"与大视野》，《人民日报》2008年11月25日。

叶圣陶：《我呼吁》，《人民日报》1981年11月26日。

张力：《培养什么人、怎样培养人、为谁培养人是教育的根本问题》，《中国教育报》2022年12月22日，第6版（理论周刊·教育科学）。

《指令：国民政府指令：渝字第二二三号（二十七年三月十六日）：令行政院：二十七年三月二十四日汉字第一零零一号呈一件，据教育部呈，为谋战区中等学校失业失学教职员生得继续其工作与学业起见，特于陕甘豫鄂川黔等省暂设国立中学各一所，以资收容，并订定〈国立中学暂行规程〉请鉴核等情，经提出本院第三五一次会议决议，修正通过，缮呈鉴核备案由》，《国民政府公报》第34号，1938年3月。

《中国青年报》记者：《羊肠小道上的竞争叫人透不过气来——来自中学生的呼声》，《中国青年报》1981年第20期。

四　学位论文类

陈志利：《愿景型领导视角下的普通高中多样化发展研究》，博士学位论文，南京师范大学，2015年。

付艳萍：《美国高中资优教育发展研究》，博士学位论文，华东师范大学，2016年。

顾霁昀：《普通高中特色发展路径研究》，博士学位论文，华东师范大学，2022年。

王蔚起：《从重点中学到示范性高中的转型研究》，硕士学位论文，湖南师范大学，2010年。

王伦信：《《清末民国时期中学教育研究》，博士学位论文，华东师范大学，2001年。

魏国东：《1977年以来中国高考制度改革研究》，博士学位论文，河北大学，2008年。

闻待：《论高中教育的多样化发展》，博士学位论文，华东师范大学，2010年。

五　网络资料类

安徽省教育厅：《安徽省新时代推进普通高中育人方式改革实施方案政策解读》，2020年4月30日，http：//jyt. ah. gov. cn/xwzx/tzgg/39921942. html，2023年12月20日。

福建省教育厅：《福建省"十四五"县域普通高中发展提升行动方案》，2022年10月18，日http：//jyt. fujian. gov. cn/xxgk/zywj/202210/t20221018_ 6018522. htm，2023年12月22日。

光明网：《西安这所中学设置"百门"校本课　学生"逛超市"选择》，2022年6月12日，https：//m. gmw. cn/baijia/2022 - 06/12/1302993302. html，2023年10月23日。

河南省教育厅：《28 + 32！我省县中帮扶共建工作启动》，2023年9月27日，https：//jyt. henan. gov. cn/2023/09 - 27/2822653. html，2023年12月20日。

河南省教育厅：《河南省教育厅等十部门关于印发〈河南省"十四五"教育发展提升行动计划实施方案〉和〈河南省"十四五"县域普通高中发展提升行动计划实施方案〉的通知》，2022年12月15日，https：//jyt. henan. gov. cn/2022/12－15/2657464. html，2023年12月22日。

湖南日报：《心系家乡　根叶情深——衡阳县一中校友欧阳毅回校讲座》，2024年1月8日，https：//baijiahao. baidu. com/s？id＝1787506161177933396&wfr＝spider&for＝pc，2024年1月20日。

黄龙县人民政府：《中国科学院院士武向平回母校黄龙县中学开展科普讲座》，2023年6月5日，http：//www. hlx. gov. cn/xwzx/bmdt/1665515485384454146. html？eqid＝c374d76e00027928000000036473aab，2024年1月20日。

江苏省教育厅：《推动育人模式转型的"江苏样本"——江苏省普通高中课程基地建设纪实》，2018年7月13日，http：//jyt. jiangsu. gov. cn/art/2018/7/13/art_ 57810_ 7742145. html，2023年12月22日。

秦佳：《华南女中，如歌岁月——献给母校福建师大附中140周年诞辰》，2021年7月6日，https：//sdfz. fjnu. edu. cn/78/f8/c14387a293112/pagem. htm，2023年12月20日。

山东省教育厅：《关于印发"十四五"县域普通高中发展提升行动计划重点任务及分工方案的通知》，2022年9月13日，http：//edu. shandong. gov. cn/art/2022/9/13/art_ 11990_ 10304487. html，2023年12月22日。

陕西省教育厅：《陕西省教育厅等九部门关于印发〈陕西省"十四五"县域普通高中发展提升行动计划〉的通知》，2022年10月31日，http：//jyt. shaanxi. gov. cn/news/jiaoyutingwenjian/202210/31/21258. html，2023年12月22日。

上海市教育委员会：《上海市人民政府办公厅印发〈关于本市新时代推进普通高中育人方式改革的实施意见〉的通知》，2021年2月4日，http：//edu. sh. gov. cn/zcjd_ xsdgzyrfs/20210204/9cf785a205c9495781203f0d8e5164fa. html，2023年12月20日。

新华报业网:《"十三五"教育回眸｜睢宁官山中学:立足"乡愁",为农村孩子创新思维培植"沃土"》,2021年2月9日,http：//www.xhby.net/zt/xjyxjs/hm/202102/t20210209_6977239.shtml,2023年12月20日。

浙江省教育厅:《浙江省教育厅关于印发〈浙江省普通高中学校实施分类办学促进特色发展的改革试点工作方案〉的通知》,2020年11月6日,http：//jyt.zj.gov.cn/art/2020/11/6/art_1532973_58916346.html,2023年12月22日。

浙江省教育厅:《浙江省教育厅等五部门关于印发〈浙江省山区26县和海岛县"县中崛起"行动计划〉的通知》,2022年10月28日,http：//jyt.zj.gov.cn/art/2022/10/28/art_1229266643_5018022.html,2023年12月22日。

浙江省教育厅:《关于高等学校面向普通高中学生开发开设大学先修课程的指导意见》,2012年10月22日,http：//jyt.zj.gov.cn/art/2012/10/22/art_1228998760_27488447.html,2023年12月22日。

中华人民共和国教育部政府门户网站:《广西壮族自治区南宁市持续深化改革,推进普通高中教育高质量发展》,2022年9月26日http：//www.moe.gov.cn/jyb_xwfb/s6192/s222/moe_1752/202209/t20220926_664758.html,2023年12月22日。

中华人民共和国教育部政府门户网站:《海南省教育厅:引育并举 强化保障 振兴发展县域普通高中》,2022年8月12日,http：//www.moe.gov.cn/jyb_xwfb/moe_2082/2022/2022_zl07/202202/t20220218_600461.html,2023年12月22日。

中华人民共和国教育部政府门户网站:《全面提升0.72万所县中办学水平》,2021年3月31日,https：//t.m.youth.cn/transfer/toutiao/url/news.youth.cn/gn/202103/t202103)31_12818958.htm,2023年12月20日。

中华人民共和国教育部政府门户网站:《浙江省以精准教研涵养教育"绿水青山"》,2021年3月22日,http：//www.moe.gov.cn/jyb_sjzl/s3165/202103/t20210322_521634.html,2023年12月20日。

中华人民共和国教育部政府门户网站：《推动育人模式转型的"江苏样本"》，2018年7月6日，http：//www. moe. gov. cn/jyb_ xwfb/moe_ 2082/zl_ 2018n/2018_ zl06/201807/t20180706_ 342167. html，2023年12月20日。

中华人民共和国教育部政府门户网站：《深化普通高中育人方式改革　为培养时代新人奠基》，2019年6月20日，http：//www. moe. gov. cn/fbh/live/2019/50754/sfcl/201906/t20190620_ 386629. html，2023年12月20日。

中华人民共和国教育部政府门户网站：《教育部年度工作要点》，http：//www. moe. gov. cn/jyb_ xxgk/xxgk/neirong/fenlei/sxml_ zwgk/zwgk_ gzyd/，2024年1月3日。

中华人民共和国教育部政府门户网站：《关于政协十三届全国委员会第五次会议第02315号（教育事业类228号）提案答复的函》，2022年8月19日，http：//www. moe. gov. cn/jyb_ xxgk/xxgk_ jyta/jyta_ gaojiaosi/202208/t20220819_ 654029. html，2023年5月5日。

中华人民共和国教育部政府门户网站：《怀进鹏出席教育变革峰会预备会议及2030年教育高级别指导委员会领导小组会议》，2022年6月29日，http：//www. moe. gov. cn/jyb_ zzjg/huodong/202206/t20220629_ 641937. html，2023年4月22日。

中国江苏网：《江苏印发关于新时代推进普通高中育人方式改革和资源建设的实施意见》，2020年7月3日，http：//jsnews. jschina. com. cn/swwj/202007/t20200703_ 2583162. shtml，2023年12月20日。

中国教师研修网：《凝聚共识　谋局布篇——教育部课程教材中心学科教研基地工作研讨会在京举行》，2019年1月14日，https：//www. 163. com/dy/article/E5GLOQIE0518IE5V. html，2023年12月20日。

中国教育新闻网：《县中要有文化自信》，2022年3月9日，https：//baijiahao. baidu. com/s？id＝1726785891582093810&wfr＝spider&for＝pc，2024年1月20日。

六　其他类

《民国以来有关教育宗旨及方针的重要参考资料》，1912—1947年，中国第二历史档案馆馆藏，全宗号5（2），案卷号662。

后　记

行文至此，心绪已然平静。之前怀抱致敬中国高中教育百年发展之心，严肃中难免惶惶，生怕挂一漏万，愧对历史。如今殚精竭虑终以完稿，竟能坦然面对。从1922年《学校系统改革案》普通高中成为独立学段至今百年间，中国高中教育在政策制定、实践推进与理论争鸣等方面经历了诸多探索，详尽梳理这些重要史实并探究其内在发展逻辑与动力并非易事，但面对历史责任、当下困惑与未来期许，我们有义不容辞的责任，必须迎难而上，倾力付出。我们回看历史，探究历史，同时也成为历史的组成部分。

本书是对中国高中教育发展百年的献礼，有整体考量，有具体案例，也有深度思索。我们希望在历史与现实的对话中为普通高中校长、教师以及相关研究者提供历史的借鉴与思想的启迪。特别是在当下普通高中教育多样化特色发展之际，本书如能引发高中教育实践者与研究者的些许思考，我们将万分欣慰。

从动议、分工、撰稿到无数次的改稿，我们通力协作，排除万难，但时间、精力与水平有限，难免有错漏之处，诚挚希望专家与读者给予批评指正。

感谢为我们提供支持与帮助的各位老师！感谢中国社会科学出版社及责任编辑李金涛老师的鼎力支持！

祝愿中国普通高中教育在新时代的机遇与挑战下持续创生出高质量的中国特色发展道路！

著者

2023年9月